Mística y coraje

La vida del Che

Diseño de tapa: María L. de Chimondeguy / Isabel Rodrigué

JEAN CORMIER

Con la colaboración de
HILDA GUEVARA GADEA
Y ALBERTO GRANADO JIMÉNEZ

MÍSTICA Y CORAJE

La vida del Che

Traducción de
AMANDA FORNS DE GIOIA

Revisión de la traducción: RICARDO GADEA

EDITORIAL SUDAMERICANA
BUENOS AIRES

PRIMERA EDICION
Abril de 1997

TERCERA EDICION
Octubre de 1997

© *Des cahiers photos*
L'homme: DR sauf p.1: René Burri / Magnum photos; p.6 photo 13: Magnum
Le combattant: DR sauf p.3, photo 4: Magnum; p.4 photo 5: Magnum

IMPRESO EN LA ARGENTINA

Queda hecho el depósito
que previene la ley 11.723
©*1997, Editorial Sudamericana S.A.*
Humberto I° 531, Buenos Aires

ISBN 950-07-1222-9

A mi madre, Engrace Eyheraguibel,

y a nuestra madre, la Pachamama

Nota: Los nombres de algunas ciudades argentinas mencionadas en el presente texto respetan la grafía registrada en el Diario del Che.

"Seamos realistas, exijamos lo imposible."

CHE GUEVARA

.

Primera parte

En la búsqueda
de los tiempos idos

I
El niño asmático

República Argentina, 14 de junio de 1928, bajo la presidencia de Hipólito Yrigoyen, Ernesto Guevara, quien luego será el Che, no estaba destinado a una vida sedentaria. Celia de la Serna desciende el río Paraná con su marido, rumbo a Buenos Aires, donde tiene previsto dar a luz, cuando los primeros dolores la sorprenden en Rosario, Santa Fe. Desembarcan. Un taxi lleva a la pareja a toda velocidad desde el muelle hasta la casa de unos parientes, y allí nace el bebé, bautizado Ernesto, como su padre.

Su ascendencia es movida: un abuelo buscador de oro en California, sangre irlandesa por el lado paterno, sangre vasca por el lado materno. Se cita especialmente a una tal Albertina Ugalde, muerta a los veinte años de fiebre amarilla en 1871. Un cóctel vasco-irlandés particularmente detonante circula por las venas de ese joven de buena familia.

Los Guevara no permanecen mucho tiempo en Rosario. No bien el niño está en condiciones de viajar, retoman por el río la ruta hacia el Atlántico. Alto breve en Buenos Aires, donde se conocieron antaño, de estudiantes; luego vuelven a partir en sentido inverso hasta el puerto fluvial de Caraguatay, donde Ernestito comienza a codearse con la vida. Ernesto Guevara Lynch ha obtenido, como ingeniero civil, un contrato de explotación en el alto Paraná, en los confines del Paraguay, una región donde las selvas siguen siendo en gran parte vírgenes y misteriosas. Planta yerba mate, crea un astillero para embarcaciones livianas. Ernestito da sus primeros pasos en ese inmenso y opulento jardín botánico, a la sombra de un pino gigantesco que custodia la casa de madera construida por su padre. El 31 de diciembre de 1929 la familia se agranda con una niña bautizada Celia, como su madre.

Una mañana de mayo de 1930, cuando se aprestan a celebrar los dos años de Teté, como apodan a Ernesto, Celia lo lleva a bañarse al río. Cuando sale del agua, el hombrecito tirita. El brusco cambio de temperatura propio de esa región de América del Sur le ha sido fatal. Esa misma noche empieza a toser. El médico diagnostica una neumonía, que debe vincularse con una congestión contraída en Rosario a poco de nacer. Es el comienzo de una maldición cuyo peso gravitará sobre la vida de los Guevara, y más tarde sobre todo el destino de Ernesto.

El asma del niño obliga muy pronto a la familia a una vida nómade en busca de un clima apropiado. Como el ambiente húmedo del alto Paraná le resulta nefasto, sus padres deciden regresar a Buenos Aires. Alquilan un departamento en el quinto piso de un edificio de la calle Bustamante, en la esquina de Peña. No obstante, las crisis de asma lamentablemente no cesan. Nuevo éxodo pues, esta vez en tren, hacia el aire más seco de la precordillera de los Andes. Al llegar a Córdoba, el niño parece respirar a todo pulmón. Así pues, los Guevara se instalan en Argüello, una localidad cercana. Pero al cabo de unos días, parece que el buen clima alimenta más su asma que su salud... Nueva partida, nueva instalación, en una Argentina que acaba de sufrir, el 6 de septiembre de 1930, el golpe de Estado del general Uriburu.

En Alta Gracia, en las Sierras Chicas, donde la familia para en el Hotel de la Gruta, el pequeño goza al fin de un poco de respiro. Sus padres deciden pues establecerse allí y encuentran una casa para alquilar en Carlos Pellegrini, un pueblo enclavado en el flanco de la montaña. Antigua y austera ciudad fundada por los jesuitas, Alta Gracia conserva intactas sus reducciones indígenas superpobladas. Un día, uno de los nuevos amigos que se ha hecho en la calle lleva allí a Ernestito, y éste descubre asombrado que su amigo vive con sus padres y cinco hermanos y hermanas en una sola pieza, con una única cama para todo el mundo y, en el invierno, con trapos y papel de diario a modo de frazadas. El niño se rebela y, de regreso en su casa, lo comenta con el padre. Es la primera conversación "política" entre ellos.

Ernesto padre le explica que, en efecto, la miseria existe, que hay que luchar contra ella, pero que el régimen autoritario que agobia al país casi no deja a los indígenas la posibilidad de rebelarse. Si hacen huelgas, sufren una represión brutal, la cárcel. Todo lo que él puede hacer es tratar de que los obreros que construyen bajo su dirección la cancha de golf del lujoso Hotel Sierras, sean pagados algo mejor. Es poco, pero es sin embargo mucho comparado con lo que se practica en otras partes.

En ese año 1936, alrededor de la torta con ocho velitas de Ernestito, se habla mucho de la guerra de España. El muchachito juega con sus camaradas a los republicanos y los franquistas, como otros juegan al vigilante y al ladrón. Es también la época en que comienza a recitar los poemas del chileno Pablo Neruda, antes de entrar a la escuela Manuel Belgrano para seguir sus estudios primarios.

14

En 1937, Ernesto padre funda un comité de apoyo a la República española. Por su parte, Ernestito transforma la casa familiar en una "casa del pueblo", como pronto se la denomina en el barrio, o también "vive como quieras". Los amigos hambrientos que el muchacho lleva todos los días a comer o a dormir, hijos de mineros, de obreros o de empleados de hotel, son recibidos con los brazos abiertos. Felizmente la casa es grande y el alquiler no es caro, pues tiene en el barrio la fama de estar embrujada. Fantasmas o no, los Guevara allí viven en paz, y la puerta nunca está cerrada.

Así crece el "niño Che", repartido entre sus amigos indígenas, la escuela a la que asiste entre dos crisis de asma, las horas de descanso forzado durante las cuales devora los libros que le presta su madre, mujer culta y gran lectora, especialmente de literatura francesa, o que él saca de la biblioteca de su padre. Muy pronto pasará sin transición de Sófocles a *Robinson Crusoe* y de Freud, que lo apasionará, a *Los tres mosqueteros*.

En 1939, mientras una terrible guerra comienza del otro lado del océano, Ernesto conoce personalmente la injusticia. Con su hermano Roberto —la familia cuenta ahora con cuatro hijos, Ernesto, Celia, Roberto, nacido el 18 de mayo de 1932, y Ana María, nacida el 28 de enero de 1934— pide autorización a su padre para participar en la vendimia en la hacienda del señor Fulan para ganar unos pesos. En ese mes de febrero la escuela está cerrada por las vacaciones de verano, y la madre ya ha dado su consentimiento, así que Ernesto padre accede al proyecto. "Siempre pensé que la mejor manera de educar a los hijos era darles la oportunidad de convertirse en hombres", escribirá más tarde en su libro *Mi hijo el Che*[1]. Pero los dos pequeños vendimiadores regresan al cabo de cuatro días. Ernesto, presa de una crisis asmática.

—¡Es un guacho de mierda! —dice a propósito del hacendado—. Cuando sentí venir el asma le dije que no podía seguir trabajando y le pedí que nos pagara lo que nos debía, pues debíamos regresar. Sólo nos dio la mitad. Es escandaloso portarse así, y según parece no es la primera vez. Vendrás con nosotros a romperle la cara...

A principios de 1943 la familia se muda nuevamente, para instalarse en Córdoba. El padre ha encontrado un empleo en un estudio de arquitectos; Celia, la mayor de las hijas, entra al liceo de señoritas y Ernestito, al Colegio Nacional Deán Funes, frecuentado por los niños del pueblo. En la casa de la calle Chile 288 nace el 18 de mayo Juan Martín, el hermano

[1] Ed. Planeta Sudamericana.

menor. La nueva "casa del pueblo" funciona rápidamente como la precedente; los adolescentes del vecino barrio de la Miseria, como lo llama el padre, un barrio que acaba de sufrir un hundimiento del terreno, se presentan en la casa de los Guevara buscando comida y, a veces, alojamiento. Ernesto también pasa horas escuchando al poeta Córdova Iturburu, conocido por sus ideas francamente de izquierda y casado con su tía materna, quien le recita sus poemas y le habla de la situación política de la Argentina.

A pesar de su asma, el muchacho se desarrolla físicamente. Juega al tenis con su hermano Roberto, juega al golf, descubre con pasión el ajedrez. Es la época en que entabla amistad con los tres hermanos Granado: Tomás, su compañero de colegio, Gregorio y Alberto, seis años mayor que él, que le impresiona mucho por haber sido encarcelado luego de una manifestación de estudiantes. Los Granado practican un juego extraño venido de Inglaterra, llamado rugby. Ernesto se presenta un día en la casa de ellos, en Río Primero, y pide a Alberto, medio scrum y capitán del equipo de Platense, que lo inicie en el juego. Alberto observa detenidamente al muchacho enclenque, de mejillas hundidas.

—¿Quieres jugar al rugby? Pobrecito, te vas a partir en dos al primer tackle...

La mirada de fuego que le devuelve el adolescente decide a Granado a permitirle una prueba. Le presta una camiseta y, colocando un bastón entre los respaldos de dos sillas, le pide que se arroje por encima y que caiga apelotonado.

—Dos veces, cinco veces, diez veces, saltó el obstáculo. A tal punto que tuve que calmarlo y obligarlo a detenerse —cuenta hoy Alberto Granado, más de medio siglo después, sorbiendo el fondo de una taza de ron en la terraza de su villa de Miramar, el barrio residencial de La Habana.

Alberto se convirtió luego en un gran biólogo y siguió a su amigo a Cuba. Luchó también a su manera contra el hambre, participando en la creación de una variedad de pequeñas vacas oscuras productoras de leche. Alberto es la memoria viviente de los años de juventud de Ernesto Guevara, quien más lo conoció antes de que se convirtiera en el Che.

Ernesto ha pasado la prueba; puede ya calzarse los botines con tapones. Como nombre de rugbier elige *Fuser*, contracción de "Furibundo de la Serna". Si bien no es un sprinter, tiene un tackle arrollador, que pronto lo convierte en un ala respetado. Alberto, más escurridizo, es apodado afectuosamente *Mial* (Mi Alberto). A veces Ernesto debe abandonar la cancha, presa de crisis asmáticas. Un amigo o un miembro de la familia está siempre listo para acudir con un atomizador en auxilio del adolescente que se ahoga. Un día sus padres ya no soportarán esa angustia y lo obligarán a abandonar el SIC (San Isidro Club) de Buenos Aires donde juega, uno de los clubes más famosos de la Argentina, del que por otra parte su padre había sido uno de los fundadores. Pero Ernesto firmará en secreto una licencia en Atalaya, un club de segunda, donde seguirá prodigándose a fondo, sin saberlo los suyos.

El rugby, deporte de abnegación, de humildad y de coraje, en el que se honra la divisa de los mosqueteros "Uno para todos y todos para uno", se adaptaba perfectamente a su carácter voluntarioso, a su gusto por el desafío. Alberto recuerda otro juego que practicaba en ese entonces:

—Se izaba sobre los antebrazos en el parapeto de un puente, y permanecía en equilibrio, veinte metros por encima del torrente que corría debajo.

Y Alberto extiende sobre la mesa decenas de fotos y recortes de diarios de la época. Un adolescente con camiseta de rugby en medio de sus compañeros de equipo. Ernesto solo, tan frágil, caminando sobre un angosto caño que une las dos paredes de un barranco, con un vacío de cuarenta metros bajo sus pies. De nuevo el rugby, otros adversarios, y siempre el mismo don de destacarse en las fotos. Le dirá más tarde a su padre que el rugby lo ayudó a enfrentar los momentos más difíciles, los combates más duros en la Sierra Maestra.

Sólo en el momento del tercer medio tiempo no se solidariza con sus compañeros de equipo. Les deja el vino de Mendoza o el temible aguardiente que enciende la mente y prefiere su mate con bombilla. Jamás en su vida le gustará el alcohol.

En 1946 Juan Domingo Perón accede al poder. Ernesto tiene dieciocho años y, tras aprobar su bachillerato en el colegio Deán Funes, piensa iniciar estudios de ingeniería, mientras busca pequeños trabajos para ganar un poco de dinero. Su padre les consigue, a él y a Tomás Granado, dos empleos como "analistas de materiales" en la Dirección Provincial de Vialidad de Córdoba. Los dos amigos no estarán mucho tiempo en esa empresa. A comienzos de 1947, Ernesto toma una decisión que asombra a los suyos: se inscribe en la Facultad de Medicina de Buenos Aires. ¿Tal vez a causa de su asma? ¿Tal vez por haber asistido a la agonía de su abuela, afectada de un cáncer de garganta? Quizá, pero sobre todo, porque ser médico es aliviar al prójimo.

Llegado a Buenos Aires, el novel estudiante se multiplica: rugby, fútbol, natación. Durante la primera olimpíada universitaria, participa en el torneo de ajedrez y en el concurso de salto con garrocha, lo que no le impide aprobar sus tres exámenes a fin de año. Crea igualmente con algunos compañeros, entre ellos Hugo Condoleo, la revista de rugby *Tackle*.

—Una tarde —recuerda Condoleo, todavía hoy periodista de rugby en Buenos Aires— trabajábamos en un número por publicarse de la revista, cuando la policía irrumpió en el departamento. ¡Creían que redactábamos panfletos comunistas!

Ernesto firma sus artículos con el pseudónimo de *Chancho*, o *Chang-Cho*. El humor, el rechazo de toda solemnidad, serán toda su vida rasgos predominantes de su carácter.

En 1948 su familia va a unírsele a la Capital, y la tribu Guevara se instala en la calle Aráoz 2180. Brillante alumno, Ernesto pronto se convierte en asistente del doctor Salvador Pisani, un alergólogo mundialmente conocido, y experimenta en trabajos de laboratorio. Pero también se le presenta la ocasión de descubrir la práctica sobre el terreno. Alberto, que también ha seguido Medicina y ya se ha diplomado, le propone reunirse con él durante las vacaciones en el leprosario de San Francisco del Chañar, donde trabaja, en las sierras, al norte de Córdoba. Con el entusiasmo de sus veinte años, Ernesto monta en seguida un motor Cucchiolo en el cuadro de su bicicleta y parte a encontrarse con su amigo, a ochocientos cincuenta kilómetros de la Capital. Como único equipaje lleva algunas mudas de ropa y *El descubrimiento de la India*, de Nehru, que apasiona al admirador de Gandhi en que se ha convertido.

En el camino tiene varios encuentros. Un día pincha un neumático cerca de donde un vagabundo dormita en un campo, después de haber colaborado en la cosecha del algodón. Mientras Ernesto repara su neumático, el hombre se despierta y va a conversar con él. Antes ha sido peluquero y le propone probárselo en el acto, ofreciéndole un corte. Después de aceptar Ernesto —¿por qué no?—, el otro extrae de su bolsillo un par de tijeras herrumbradas y pone manos a la obra. Pero cuando le muestra el resultado en un pedazo de espejo roto que saca de su otro bolsillo, su cliente ocasional traga saliva. No le queda más remedio que pedir al hombre del oficio que prosiga su obra hasta el fin, rasurando todos los picos y escalones que le cubren la cabeza.

Mial Granado recuerda todavía la llegada de su amigo Fuser al leprosario.

—Cuando llegó con su bicicleta, aferrado a su manubrio en "cuernos de toro", el rostro apretado por una gorra con visera y semioculto por grandes anteojos negros, con un neumático en bandolera como un cuerno de caza, me pregunté quién era el que llegaba. Luego el desconocido se quitó sus arreos y lancé un grito de sorpresa: "¡Pelao!"

El *Pelao* (el Pelado) fue a partir de entonces el otro apodo de Ernesto. En cuanto a Alberto, era también el *Petiso*, en razón de su estatura.

En San Francisco del Chañar, Ernesto aprende mucho viendo trabajar a su amigo. Le cuesta sin embargo aceptar la distancia que debe mantenerse a veces entre médico y enfermos. Alberto cuenta:

—Él se apasionó por una bella paciente de espalda carcomida por la lepra, y discutimos al respecto. Como ella también gustaba de Ernesto, me pidió permiso para salir del hospital y unirse a nosotros para participar de la fiesta que yo ofrecía en honor de nuestro visitante, en el local de la farmacia. Rehusé, lo que no le gustó a Ernesto. Para demostrarle que ella estaba realmente afectada, hice pasar a la bella mestiza la prueba del agua caliente. Es sabido que los leprosos no experimentan ninguna sensación en la parte contaminada. Ella no sintió nada, lo que probaba que estaba enferma, pero el Pelao, muy encolerizado, me tachó de bárbaro. Oigo todavía sus palabras: "¡Cómo has cambiado! ¡Te has vuelto cruel!..." Bajé la cabeza pues no estaba orgulloso de mí, aunque no me hubiese equivocado al actuar así.

Al término de esas vacaciones de estudio, Ernesto regresa a Buenos Aires tomándose su tiempo. Desea impregnarse de la vida cotidiana de los "argentinos de abajo", los gauchos, mirarlos beber ginebra, bailar por la noche con las chinas, sus compañeras, a la luz de las fogatas. Ese primer viaje le despierta deseos de hacer otros, más largos, más lejanos.

Mientras tanto, reencuentra la vida animada de la Capital. La Argentina está floreciente en esa época; el trigo y el maíz se exportan masivamente a los Estados Unidos y a Europa. El matrimonio Perón —Juan y Eva— está en el pináculo de su gloria. Buenos Aires es la más europea de las ciudades latinoamericanas: los cabarets no se vacían nunca; en las fiestas se bailan el tango al son de grabaciones del tolosano Carlos Gardel, o bien músicas caribeñas, particularmente el mambo, proveniente de Cuba. Para los porteños, los habitantes de la Capital —en todo caso para los de las clases acomodadas—, es la época de la utopía, donde la realidad concuerda con lo imaginario.

Ernesto participa por cierto de esa efervescencia, aunque no lleva la vida de los jóvenes de la burguesía que hubiese podido conocer. Tiene amigos en otros medios, otros barrios. Se ha relacionado con dos vagabundos que viven en una vieja casucha en pleno campo, en la periferia de Buenos Aires. Dejando a sus compañeros universitarios dedicados a sus discusiones en los bares, parte a menudo en bicicleta a visitar a los que llama los "trashumantes", y mientras asan juntos los chorizos, los escucha contar sus vidas. La mayor parte de las veces rehúsa el dinero para gastos menores que le ofrece su familia, pues desea ganarlo por sí mismo. Así se hace bibliotecario, empleado de una estación de servicio, de una zapatería, enfermero en un barco de la marina mercante que lo conduce al sur hasta la Patagonia y Tierra del Fuego, y al norte hasta Curaçao y Trinidad, en el mar de las Antillas. Continúa practicando deportes con ansias, todos los deportes, por curiosidad, para probarse: esgrima, boxeo, pelota paleta... En Cuba, los barbudos se asombrarán un día al verlo hacer en un río, en plena Sierra Maestra, una demostración de natación estilo mariposa.

Lee más que nunca; por la noche, cuando su asma le impide dormir, devora todo lo que cae en sus manos, como lo hará todavía en la Sierra Maestra cuando los otros guerrilleros se han sumido en el sueño. El asma es inseparable del destino del Che Guevara; explica en parte su actividad desbordante, sus jornadas que son el doble, el triple de las de los demás, también sus momentos de casi agonía, como cuando se desplomaba al borde de la cancha de rugby. Vivió toda su vida de una manera condicional, menos tiempo que otros —y la enfermedad tiene tal vez su parte— pero también más intensamente, como si cada instante pudiese ser el último.

A fines del año 1951 pasa nuevamente sus exámenes con éxito. El severo profesor Pisani lo considera uno de sus alumnos más prometedores. Pero por el momento otro proyecto ocupa por entero a Ernesto —y a Alberto con él—: un proyecto de viaje, de gran viaje. Desde el periplo a San Francisco del Chañar, lo han hablado mucho juntos, han vacilado mucho también. Alberto recuerda:

—Primero pensamos en Europa, la cuna de la civilización cuyo producto éramos, como argentinos. Grecia, Italia, Francia, país de la Revolución, cuyo idioma hablaba Ernesto. Y además España, nuestra madre patria en cierto modo. O también el Egipto de los faraones y de las pirámides. Vacilamos durante semanas enteras. Pero en el fondo, a Ernesto le atraía más nuestro propio continente. Partir en la búsqueda de nuestras raíces latinoamericanas, descubrir las civilizaciones precolombinas, trepar el Machu Picchu para intentar conocer sus secretos, tratar de comprender cómo vivían los incas... Europa, Egipto, el resto del mundo, quedarían para más tarde.

II
Correría en la *Poderosa II*

Los dos amigos han establecido su itinerario, un recorrido tortuoso, en forma de cabeza de perro vuelta hacia el Atlántico, que los conducirá hasta Chile. Partirán de Córdoba, en el centro de la Argentina, donde viven los Granado; se dirigirán a Rosario, donde nació Ernesto; luego serán Buenos Aires, la costa, Mar del Plata, Miramar, Necochea y Bahía Blanca, desde donde tomarán oblicuamente hacia la cordillera de los Andes.

Su cabalgadura tiene altivo porte: la *Poderosa II*, una antigua Norton 500 centímetros cúbicos comprada de ocasión por Alberto después de la muerte de la *Poderosa I*, la difunta motoneta de sus años de adolescente. El 29 de diciembre de 1951 cargan en ella el equipaje reunido para el viaje: carpa de lona, bolsas de dormir, un stock de mapas, máquina fotográfica, todo embalado en bolsos de yute, y hasta una parrilla, encaramada en la cima del montón, para asar lo que se les presente en el camino.

—La moto parecía un monstruoso animal prehistórico —recuerda Alberto.

Los compinches se ponen sus trajes de cuero, sus anteojos de pilotos de avión, y parten. Tal vez demasiado velozmente: Alberto, que ha tomado el volante al emprender viaje delante de los suyos, orgullo obliga, acelera a fondo y por poco choca con un tranvía. Finalmente desaparecen en una nube de polvo por el camino de tierra, para gran alegría de los chiquillos de la calle y bajo las miradas asombradas de los raros transeúntes.

Dos días más tarde, en Buenos Aires, en la casa de los Guevara el ambiente es tenso. Deben soportar varias salvas de preocupadas recomendaciones de los hermanos, las hermanas, la tía, la prima, sobre todo del padre y de la madre. Ernesto asiente dócilmente con la cabeza; Alberto deja pasar la tormenta.

—Y usted, Alberto —estalla al fin Celia Guevara—, puesto que es usted quien arrastró a Ernesto a esta locura, preocúpese por dos cosas: que vuelva a rendir su doctorado en Medicina, y que no olvide jamás su atomizador...

Pero ni así se liberan. Todavía deben recordar, emocionarse, enjugar una lágrima juntos. Se traen los álbumes de fotos, se abren sobre la mesa ante los ojos de Alberto. ¡Ernesto, tan frágil, aferrándose a las piernas de su hermana!...

—¿Cuántos años le parece que tenía entonces? —pregunta Ana María—. ¿Tres? Pues bien, no: tenía siete...

Y las fotos desfilan: Ernesto en traje de baño cerca de su padre en mameluco, Ernesto a los trece años, el pelo engominado, cuidadosamente peinado hacia atrás. La publicidad aparecida en el número de *El Gráfico* del 5 de mayo de 1950, en la que alaba, pulgar en alto, la calidad de los motores Micron. Alberto se interesa, menea la cabeza, sonríe complaciente. Hasta que Celia cierra bruscamente los álbumes, negra la mirada, y exclama:

—Si realmente tienen que irse, váyanse ahora.

El padre estrecha a su hijo contra su corazón, sin una palabra. Luego va a buscar algo en el cajón de su escritorio y se lo desliza en la mano: su revólver, para que lo pongan en el equipaje, por las dudas. Finalmente todo el mundo se besa por enésima vez y los dos motociclistas se ponen en camino, en medio de un triunfal estruendo.

En ese 4 de enero del verano de 1952 el tiempo es espléndido. Pasan por los jardines de Palermo, donde se reúnen tradicionalmente los vendedores de perros de compañía; Ernesto se encapricha con un pequeño bastardo, que compra para obsequiárselo a su novia del momento, Chichina Ferreyra, heredera de un riquísimo cordobés. Bautiza al cachorro *Come Back*, como una promesa velada a Chichina, a quien va a encontrar en Miramar.

En esa elegante ciudad balnearia —que unos años más tarde se convertirá en el paraíso del surf— los viajeros se detienen una semana. Si a Chichina la seduce el espíritu íntegro y brillante de Ernesto, no ocurre lo mismo con su padre, el señor Ferreyra, que aspira a otro partido mejor para su hija que ese izquierdista en ciernes. El año anterior, en una cena a la que Ernesto había sido invitado, en Malagueño, la estancia de los Ferreyra, había criticado a Winston Churchill, al que consideraba demasiado conservador, lo que enfureció al dueño de casa.

—Yo estaba presente en esa cena —cuenta un amigo de Ernesto de esa época, José González Aguilar—. El padre de Chichina lo trató de comunista, lo que era falso. Pero, entre las soluciones propuestas por los Estados Unidos y las de la URSS, es evidente que nosotros hubiésemos optado por estas últimas...

La estadía en Miramar está cargada de electricidad, pero resulta instructiva para los dos amigos. El contacto con la alta sociedad porteña fortalece su conciencia política. Un día, a la hora del té, Ernesto lleva la conversación al tema de la "igualdad", palabra que incomoda. Señala a cuatro sirvientes de piel cobriza y curtida:

—¿A ustedes no les molesta que ellos los sirvan, que vayan detrás recogiendo lo que dejan tirado? ¡Sin embargo son seres humanos como ustedes, a los que también les gusta bañarse en el mar, sentir la caricia del sol!

Sonrisas molestas, miradas irritadas, pero él no se deja intimidar y comienza a hablar de uno de sus temas favoritos, la socialización de la medicina por el gobierno laborista en Inglaterra. Alberto recuerda el verdadero alegato que pronuncia ante un público estupefacto:

—¡Hay que abolir la medicina comercial! Yo denuncio la distribución desigual de los médicos entre las ciudades y el campo, el abandono en que se encuentran los médicos rurales, que no tienen otra solución que tratar de hacer malabarismos con el presupuesto.

Más tarde, el trío Ernesto-Chichina-Alberto discute acaloradamente en la playa, sincerándose mutuamente. Alberto declara:

—Aquí encuentro personas que no estoy acostumbrado a frecuentar, de otro nivel social... y francamente, me siento orgulloso de mis orígenes populares. Estos hombres y mujeres tienen una extraña manera de razonar. Piensan manifiestamente que todo les es debido. Y en primer lugar, por una suerte de privilegio divino, el derecho de vivir al margen, en una nube dorada, sin preocuparse por nada que no concierna a su posición social o por alguna manera estúpida de matar el tiempo. Afortunadamente tú, Chichina, y Ana María, la hermana de Ernesto, no tienen nada que ver con esos imbéciles...

—Nosotros al menos hacemos funcionar nuestras meninges —apoya Ernesto—. Ya sea jugando al ajedrez, o en tu laboratorio de investigaciones, o hablando de literatura. Tratamos de llenar nuestras cabezas; ellos no piensan más que en llenarse los bolsillos, y luego se toman un trabajo loco en encontrar cómo vaciarlos...

La lucha de clases no toma más que un tiempo —aun con *petits fours* y con champaña— y hay que partir de nuevo. Dirección: la Suiza argentina, el lago Nahuel Huapi y la estación de esquí de Bariloche, vía Necochea y Bahía Blanca, a orillas del Atlántico. Los retoños del árbol de Guernica, símbolo del pueblo de Euskadi, se mantienen vivos en ambas ciudades, y Ernesto siente bullir en él la sangre vasca heredada de su madre.

El 16 de enero, la valiente *Poderosa II* ha recorrido mil

ochocientos kilómetros de ruta, y da sus primeras señales de fatiga. En Bahía Blanca, un mecánico atiende un carraspeo inquietante. El 21, día sombrío para la Norton: un temporal de arena en las dunas, atascamientos repetidos, problemas de carburación, falta de nafta, hasta un reventón... Pero eso no es nada comparado con la crisis que pronto sacude a Ernesto. Su asma, que no se había mostrado desde el comienzo del viaje, vuelve sin avisar, fulminante. Durante un descanso, mientras aspira la bombilla de su mate, el joven se pone súbitamente a temblar, es presa de náuseas, se estira para vomitar. El doctor Granado le prescribe una dieta total, lo calza en el asiento trasero de la moto y arranca para llegar a la ciudad más próxima, Choele-Choel. Allí pasarán tres días, del 24 al 26 de enero, combatiendo el ataque gracias a un producto todavía poco difundido en la zona: la penicilina. El director del hospital local se ocupa personalmente de su joven colega, y hospeda a los dos amigos en su propia casa.

Restablecido, sediento de vivir como al salir de cada una de sus crisis, Ernesto toma a la *Poderosa II* por las astas. Pone proa al interior: las montañas se aproximan, la ruta es más y más accidentada. Al atravesar los pueblos de Chelforó y Quenquén, el piloto comenta a su pasajero:

—¿Viste esos nombres de caciques? Es todo lo que nos queda del pasado, a partir del momento en que los "devoradores de tierras" enviaron, desde Buenos Aires, París o Londres, a sus ejércitos de brutos a "civilizar el desierto" y matar a los indios.

En Cipolletti —ciudad de nombre italiano como hay en toda la Argentina—, el asmático y el jockey chueco pasan la noche en la comisaría, sobre un jergón de paja, la mejor cama que han podido encontrar en la ciudad. En la celda vecina, dos presos se regalan ruidosamente con un pollo a la parrilla y una jarra de vino tinto. Fuser y Mial, con el estómago vacío, los observan con envidia. Son dos usureros encausados que se ganan la buena voluntad de los representantes de la ley comprándolos con algunos litros de vino. Para engañar el hambre, los viajeros de al lado entablan, sentados en su jergón, una discusión política. Cuarenta años más tarde, Alberto sólo tiene que cerrar los ojos para reencontrar los acentos ideológicos de ese debate.

—Esta situación es en realidad lógica —decía Ernesto—, pues el dinero de las multas impuestas a estos ladrones, llamados comerciantes, pasa tranquilamente de las cajas fuertes donde se encontraba a las arcas de los advenedizos que ocupan puestos oficiales. Y de allí a las de la oligarquía criolla o de la gran banca internacional. Éstas son las que, como siempre, aprovechan los bienes amasados gracias al esfuerzo del pueblo. Ese dinero debería ir a engrosar el presupuesto nacional, para educar a un pueblo que sólo conoce las bellezas del alcohol y de las carreras de caballos...

—Desde hace siglos —responde Alberto—, se ve empujado por la peligrosa trilogía formada por la escuela, la Iglesia y la prensa. Bajo la égida de los poderosos y de los ricos, se le ha quitado la posibilidad de conocer su propio poder.

Ernesto mueve la cabeza... luego, de pronto, como si el futuro Che, con su lirismo y su amplia visión geopolítica, apuntara bajo el joven ideólogo un poco arrinconado:

—Petiso, la cosa es así: cara o cruz, siempre las dos caras de la moneda. Al esplendor de los paisajes, a la belleza de la naturaleza se opone la pobreza de los que se matan trabajando la tierra. Y, frente a la nobleza y a la generosidad de los pobres, se yergue el sórdido y miserable espíritu de los terratenientes y de los representantes del Estado.

Los borrachos roncan ruidosamente en la celda vecina. Fuser y Mial se callan, pensando en la América Latina, en la belleza de los Andes y la pobreza de los indios, en los ricos porteños de Miramar... Cara o cruz, se repite Alberto, antes de hundirse a su vez en el sueño.

Al día siguiente, helos aquí rodando gallardamente por las tierras ardientes de los indios pampas. Mientras la noche cae más temprano que lo previsto a causa de las montañas circundantes, la Norton desaparece en un barranco, arrojando a sus pasajeros como un caballo de doma. Balance: cuadro roto. No hay nada que hacer más que esperar el alba, deslizándose en su bolsa de dormir. A la mañana siguiente, la *Poderosa II*, con el cuadro reparado con alambre, parte a la velocidad del caracol. Cruza el río Collón Cura en una balsa impulsada a lo largo de un cable para resistir la corriente.

De regreso en tierra firme, los viajeros —avanzando siempre al paso— ven llegar la tarde, y ni sombra de una posada en el horizonte. En cambio, una vasta hacienda se perfila sobre la izquierda, perteneciente a algún rico terrateniente. Los dos amigos abandonan la ruta y se dirigen hacia los edificios en cuestión, donde el patrón, alertado, sale pronto a recibirlos en persona. Es un extraño personaje, un ex oficial prusiano llamado Von Put Camer. Resultará ser uno de esos antiguos nazis que, al finalizar la guerra, vinieron a refugiarse a los lugares más apartados de América del Sur. Recibe muy cortésmente a sus huéspedes, les ofrece una habitación para la noche, y al día siguiente les hace visitar su propiedad.

—Un lugar increíble —recuerda Alberto—. Había recreado en su dominio un rincón de la Selva Negra, con pinos, ciervos, casas de arquitectura típica.

Ambos amigos son invitados a ir de pesca con compatriotas de Von Put Camer residentes en los alrededores, y pasan el día persiguiendo truchas en compañía de algunos viejos junkers nostálgicos. Eso recuerda a Ernesto la época en que, durante la guerra, su padre —militante de Acción Argentina, movimiento de oposición al nazismo— intentaba convencer a sus conciudadanos en Córdoba del peligro que representaban los alemanes instalados desde hacía poco en la región. Según él, estaban allí como una cabeza de puente, para preparar una llegada en masa ulterior. Hitler hace además alusión en *Mein Kampf* a una invasión de los países subdesarrollados de América del Sur. Y Ernesto había visto un día, en una colina pelada, a un grupo de alemanes salir de una casa sobre la que flameaba la cruz gamada.[1]

El 6 de febrero, la *Poderosa II*, cuyo cuadro fue reparado por un mecánico providencial, conquista las primeras cimas nevadas. Después de pasar los lagos Carrué Chico y Carrué Grande, enclavados al pie de picos vertiginosos, Fuser no resiste el deseo de trepar a uno de esos techos del mundo para sentir la quemadura de las nieves eternas. Mial lo sigue como una sombra. Cuatro horas de ascenso dificultoso en sus equipos de cuero, con piedras que ruedan bajo sus pies y amenazan arrastrarlos, para llegar al fin al imperio grandioso de los cóndores. Luego es el regreso, extenuante, hacia la tierra firme de las llamas. Un guardabosque los rescata, castañeteando los dientes, les ofrece una sopa caliente, y se duermen como troncos, con los Andes blancos como telón de fondo.

El deslumbramiento continúa. El lago Nahuel Huapi, el Espejo Grande. Una noche en que levantan su tienda al borde de este último debajo de un arrayán en flor, un vagabundo sale de la nada y se para delante de la Norton lanzándole ardientes miradas. Luego se dirige a los dos amigos en un confuso discurso, del que surge que un peligroso bandido chileno ha cruzado la frontera, que merodea por la región en busca de nuevas víctimas... Al cabo de un momento Fuser deposita su mate, extrae del bolsillo la Smith & Wesson de su padre que no lo abandona jamás, y abate con perfecta flema a un pato que nadaba en el lago delante de ellos, antes de retomar su bombilla como si nada ocurriese. Vivamente impresionado, el vagabundo se retira de inmediato sin chistar.

[1] Era plena guerra: excepto durante la presidencia de Roberto Ortiz, los nazis tuvieron vía libre en el país, sobre todo después de la toma del poder por los militares en 1943.

El 14 de febrero cruzan en Puerto Frías la frontera entre la Argentina y Chile. Veinte kilómetros más lejos aparece la primera población chilena, Peulla, a orillas del lago Esmeralda, del color de la piedra preciosa. El lugar recuerda pronto a Alberto el cara o cruz de su amigo: cara por la belleza del paisaje, por la hospitalidad de los habitantes; cruz por la explotación del sitio por la compañía que posee el hotel, los ómnibus, los barcos que navegan por el lago, en una palabra, toda la población. Nadie pasa por allí sin dejar algunos pesos en la caja de la compañía, salvo los dos motociclistas que duermen en un hangar abierto a los cuatro vientos, confeccionándose hamacas con unas cuerdas y unas velas rotas.

Los ríos de lava solidificados no facilitan la tarea de la *Poderosa* en las laderas del volcán Osorno. En la ciudad del mismo nombre, hacen una visita de cortesía al administrador de la clínica —lindamente llamada allí pensión de familia— y comienzan a discutir sobre política. Mial y Fuser empiezan a desarrollar sus teorías sobre el futuro de la democracia, los obreros que salvarán el país... Su huésped los interrumpe.

—Un hombre salvará al país, uno solo: el general Ibáñez del Campo. Y un solo régimen en el futuro de Chile: la dictadura. Todo el resto, pavadas.

El 17 de febrero la Norton pierde un elemento de la cadena y queda inmovilizada al borde del camino. Los viajeros paran una camioneta bamboleante conducida por un granjero. Izan la moto a la plataforma, ellos se ubican en el asiento al lado del conductor. Durante el trayecto, Fuser se entusiasma hablando de la reforma agraria, de la tierra que debe pertenecer a quien la trabaja y no a un lejano propietario que a veces no sabe siquiera dónde se encuentra... Cuando termina, el hombre sacude la cabeza.

—Yo no quiero que me den nada. Lo que deseo es que me paguen mi trabajo. Y eso el general Ibáñez del Campo me lo garantizará.

Mientras que la *Poderosa* viaja ahora en camioneta —después del granjero la carga un estudiante de veterinaria de ideas progresistas—, los *Easy Riders Hermanos* comienzan a ser conocidos. En Valdivia, señala su paso un artículo lleno de errores y exageraciones. En Temuco se enteran, leyendo *El Austral*, de que el objetivo de su viaje es la isla de Pascua, avanzada chilena en pleno Pacífico. Hermoso proyecto, en efecto, pero que lamentablemente no podrá concretarse.

La agonía de la desventurada Norton continúa. Ernesto logra armar de nuevo la cadena, pero apenas se sientan, fracasan otra vez a causa de una clavija y de un eje de rueda sueltos. El balance es catastrófico: cárter de caja partido; imposible continuar. Como además desde Bahía Blanca carecen de freno trasero, deben decidirse a recurrir a un mecánico, a pesar de los gastos que ello representa. Mientras el mecánico pasa los días en las entrañas de la *Poderosa*, ellos matan el tiempo en la milonga local. Tango, aguardiente, peones borrachos, hasta peleas: Fuser baila con la mujer de un peón, a la que aprieta demasiado, y Mial apenas tiene tiempo de desarmar al marido que se acerca con una botella en la mano. Es hora de partir.

Bajo un puente del ferrocarril la transmisión salta de nuevo. Empujan la moto hasta un pueblo que responde al bonito nombre de Culli Pulli —un nombre que invita al bel canto—. Allí un herrero fabrica la pieza rota, pero la Norton se niega a arrancar. Cierto desaliento comienza a ganar los ánimos. Nuevo camión hasta Malleco, luego Los Ángeles. Se cruzan con indígenas famélicos, con sus ponchos y sus sombreros de alas anchas desflecadas, montados en caballos tan flacos como ellos. En Los Ángeles, dos chicas simpáticas conducen a los viajeros al cuartel de bomberos, donde el capitán les ofrece hospitalidad. Hasta tienen derecho a la primicia de participar en una alerta de incendio: suena la campana, les tienden de oficio un casco y una chaqueta, saltan al vuelo a la motobomba Chile-España. Llegan, lamentablemente, demasiado tarde: los locatarios están a salvo, pero la casa, de madera de pino y de bambú, ya no figura en el catastro. Mial se apodera de una manguera y se encarniza con las últimas llamas mientras Fuser se pone a remover escombros, cuando se deja oír un desgarrador maullido bajo los restos todavía humeantes del techo. Ernesto se precipita a pesar de las protestas de los bomberos, para volver unos minutos más tarde con una bolita de pelo negro en las manos, bajo los aplausos de la concurrencia. El gato así salvado será la mascota del cuartel de bomberos.

Después de más de dos meses de viaje, llegan a Santiago. El 2 de marzo de 1952 resuelven separarse de la *Poderosa II*, cansados de transportarla en la plataforma de una camioneta. A la espera de mejores días la suben al granero de un compatriota de confianza, le quitan las mochilas, que contienen sus cosas, la envuelven finalmente en una lona para protegerla de la humedad y del polvo. Al hacerlo, tienen la sensación de envolverla en un sudario. Al fin se alejan, con el corazón entristecido.

Prosiguen luego su viaje haciendo "dedo". En Valparaíso deben renunciar con tristeza a la visita a Rapa Nui, isla de Pascua: hay una sola salida cada seis meses, y el barco acaba de partir. En esa ciudad, Fuser visita a una vieja asmática que conocieron en La Gioconda, el café local donde preparan su mate de la mañana.

"La pobre daba lástima —escribe en esa ocasión—; se respiraba en su pieza ese olor acre de sudor concentrado y patas sucias mezclado con el polvo de los sillones, única paquetería de la casa. Sumaba a su estado asmático una regular descompensación cardíaca. En estos casos es cuando el médico, consciente de su total inferioridad frente al medio, desea un cambio de cosas, algo que suprima la injusticia que supone el que la pobre vieja hubiera estado sirviendo hasta hacía un mes para ganarse el sustento, hipando y penando, pero manteniendo ante la vida una actitud digna.

"Es que la adaptación al medio hace que en las familias pobres el miembro de ellas incapacitado para ganarse el sustento se vea rodeado de una atmósfera de acritud apenas disimulada; en ese momento se deja de ser padre, madre o hermano para convertirse en un factor negativo en la lucha por la vida y, como tal, objeto del rencor de la comunidad sana que le echará su enfermedad en casa como si ésta fuera un insulto personal a los que deben mantenerlo.

"Allí, en estos últimos momentos de gente cuyo horizonte más lejano fue siempre el día de mañana, es donde se capta la profunda tragedia que encierra la vida del proletariado de todo el mundo; hay en esos ojos moribundos un sumiso pedido de disculpas y también, muchas veces, un desesperado pedido de consuelo que se pierde en el vacío, como se perderá pronto su cuerpo en la magnitud del misterio que nos rodea. Hasta cuándo seguirá este orden de cosas basado en un absurdo sentido de casta es algo que no está en mí contestar, pero es hora de que los gobernantes dediquen menos tiempo a la propaganda de sus bondades como régimen y más dinero, muchísimo más dinero, a solventar obras de utilidad social. Mucho no puedo hacer por la enferma: simplemente le doy un régimen aproximado de comidas y le receto un diurético y unos polvos antiasmáticos. Me quedan unas pastillas de dramamine y se las regalo. Cuando salgo me siguen las palabras zalameras de la vieja y las miradas indiferentes de los familiares."

Los viajeros terminan por embarcar, clandestinamente, como polizones —bonita palabra—, burlando la vigilancia de la policía portuaria, en el *San Antonio*, que remonta hacia el norte. Después del Atlántico y de la vida lujosa de Miramar, comienzan su viaje en el Pacífico ocultos en los baños de un barco de mala muerte, gritando alternativamente "ocupado" cada vez que alguien gira el picaporte.

—Felizmente había otros baños en el barco —comenta Alberto.

29

Al cabo de dos horas, vencidos por la exigüidad del lugar y el aire confinado, los polizones salen. Por fortuna el capitán es un buen hombre. Luego de un sermón paternal, confía a Fuser la tarea de limpiar los baños —ya que el lugar parece ser de su agrado— y a Mial la de pelar cebollas. La travesía se desarrolla ahora sin problemas, admirando, en los momentos de ocio, los cachalotes y los peces voladores. Los viajeros desembarcan en Antofagasta, desde donde piensan llegar a las minas de cobre de Chuquicamata, cerca del salar Chalviri boliviano.

Con el pulgar levantado, avanzan sin problemas. Los camiones son suficientemente numerosos para encontrar quien los lleve a destino. La ruta serpentea a través de colinas áridas, grises, luego ligeramente rojizas, sin la sombra de una mata de pasto. Ni siquiera un cactus. Se detienen en Baquedano, una simple calle trazada en el desierto, bordeada de una larga fila de casuchas de cinc, con las colinas de salitre como único horizonte. Esas casuchas son en su mayoría despachos de bebida adonde los obreros de las minas y los empleados del ferrocarril van a "reconfortarse". En la búsqueda de un albergue para la noche, Fuser y Mial conocen a una pareja de ropas gastadas. Él ha sido arrestado bajo la sospecha de ser comunista y encarcelado durante tres meses. Ahora lucha por conseguir empleo, lo que se le hace casi imposible con la fama que tiene.

A la luz de la luna, Ernesto prepara el mate al pie de una casucha, mientras la pareja tiembla en el frío de la noche. El hombre cuenta, en un tono cargado de emoción, que muchos de sus camaradas fueron asesinados en Huachipato o ahogados en el océano, por ser comunistas. Mientras habla, su compañera lo mira con amor y devoción. Ernesto se siente embargado de un caluroso afecto por esa pareja pobre, sin educación, pero rica de corazón, que enfrenta la desgracia y las persecuciones con filosofía. Después del mate, los cuatro buscan el sueño lo mejor que pueden en la penumbra glacial.

Al día siguiente, los dos amigos llegan a la meseta desértica de Calama. Delante de ellos no hay más que inmensos espejismos hasta donde alcanza la mirada, y de tanto en tanto un camión bamboleándose sobre la ruta rectilínea. Al ponerse el sol, todo se torna de pronto feérico y monstruoso. Fuser y Mial llegan al extremo de la meseta, donde los aguarda un espectáculo alucinante. Una colosal excavación debajo de ellos, una suerte de Gran Cañón del Colorado, pero cavado por hombres, una obra faraónica por el tamaño y el número de obreros que trabajan allí. En decenas de kilómetros, con caídas a pique de varios centenares de metros, una multitud de insectos, indígenas, arañan la tierra roja, la tierra en llamas. La amplitud de ese incendio es tan grande que quema las retinas y el alma.

Grandiosas, aterrorizadoras, las minas de Chuquicamata son a la vez el último templo solar de los descendientes de los grandes precolombinos, y el infierno donde los han sumido los nuevos conquistadores.

III
Chuquicamata, la revelación

En Chuquicamata, entre el 13 y el 16 de marzo de 1952, es donde Ernesto Guevara de la Serna comienza a convertirse en *el Che*. Un marco de excepción para un destino de excepción, un chispazo histórico.

En la entrada de la mina, una garita: allí no entran todos los que quieren. Sin embargo, y eso les sorprende, Fuser y Mial no son registrados ni sometidos a interrogatorio. Muy cortés, el comisario hasta los autoriza a visitar todas las secciones de la mina en una camioneta de la policía, en compañía de un oficial afable y conversador. A Ernesto le asombra ese recibimiento en un lugar que exhala un olor tan fuerte a dólar. Hay que señalar que se presentaron como médicos. Por la noche, los policías les proponen compartir su cena. Los visitantes devoran su comida, con tanto más apetito por cuanto no han comido desde la víspera. Luego se desploman, agotados, en el dormitorio, cada uno en un buen catre de campaña.

El 14, se levantan al alba para visitar a Mr. Mac Keboy, el administrador de la mina. Después de aguardar largamente en la sala de espera, les presentan a ese norteamericano a quien Ernesto considera verdaderamente demasiado típico: "Por la estatura, el peso, el chicle y las ideas fijas..." En su mal español, Mac Keboy les hace comprender de entrada que no están en un lugar para turistas; luego acepta sin embargo confiarlos a un guía, y el recorrido comienza.

Primero la mina misma, a cielo abierto. Está formada por gradas de unos cincuenta metros de ancho por varios kilómetros de largo. Se perforan agujeros para poner la dinamita, que hace saltar pedazos enteros de montaña. Los trozos así desprendidos se cargan en vagonetas, tiradas por una locomotora eléctrica que los transporta hasta un primer molino. Luego el mineral pasa a un segundo molino, pronto a un tercero, que lo reafina más y más. Convertido en polvo, se lo trata con ácido sulfúrico en inmensos tanques, después de lo cual esa solución de sulfatos es conducida a un edificio donde están las cubas electrolíticas que separan el cobre y regeneran el ácido. Los dos jóvenes científicos, apasionados por las investigaciones médicas, se sienten cautivados por lo que ven.

El cobre electrolítico es fundido luego en grandes hornos, a una temperatura de dos mil grados. El metal así licuado se vierte en amplios moldes, donde se lo empolva con una harina de huesos de animales calcinados. Los moldes se enfrían mediante un sistema frigorífico, y el cobre solidificado se extrae de ellos en forma de ladrillos por medio de grúas eléctricas. Una desbastadora pule el trabajo, y los lingotes de oro rojo salen regulares, calibrados, perfectos. Todo se realiza con una precisión digna del filme de Chaplin *Tiempos modernos*.

Más que las máquinas, a Ernesto le interesan los hombres. Observa, conversando con algunos obreros, que cada uno conoce solamente lo que ocurre en su sección, y a veces sólo parcialmente. Muchos, aunque llevan diez años de trabajo allí, no saben qué se hace en la sección vecina. Ese estado de cosas es alentado por la Braden Company, que así puede explotarlos más fácilmente, manteniéndolos en el nivel cultural y político más bajo. Los valientes dirigentes sindicales deben luchar constantemente —como uno de ellos le explica a Ernesto— para instruir a los trabajadores sobre los contratos que les proponen.

Cuando se alejan, el guía obsecuente que se les ha endilgado a los dos visitantes, comenta cínicamente:

—Cuando hay una reunión importante, yo y otros adjuntos del administrador invitamos a la mayor cantidad posible de mineros al burdel. Así no se alcanza el quórum requerido para que las mociones votadas en la reunión tengan efecto.

Y prosigue tranquilamente:

—Hay que decir que sus demandas son exageradas. No se dan cuenta de que una sola jornada de huelga, ¡es un millón de dólares perdidos por la compañía!

—¿Y qué piden, por ejemplo?

—¡Oh, hasta cien pesos de aumento!

Cien pesos equivalen a un dólar.

Al día siguiente, visita a una fábrica, esta vez inactiva, destinada a explotar los sulfuros de cobre que quedan intactos al salir de la cadena de producción. Se descuenta un rendimiento suplementario del orden del 30%. Se están construyendo hornos monumentales y una chimenea de noventa y seis metros, la más alta de Sudamérica. Fuser, al verla, no puede evitar el deseo de subir a ella. Primero por un ascensor hasta los sesenta metros, luego por una escalerilla de hierro hasta la cima. Alberto lo sigue como puede y, allá arriba, sobre ese improvisado minarete, escucha la arenga de su almuecín amigo perderse entre las nubes. Pero él, Alberto, la recuerda todavía:

—Esta región pertenece al pueblo araucano, que se mata trabajando para llenarles los bolsillos a los gringos. Por un pase de magia que escapa a los indígenas, su tierra roja se transforma en billetes verdes. Naturalmente, los yankis y sus lacayos tienen una escuela a su disposición (aquel edificio, Alberto), con profesores que vienen especialmente a educar a sus hijos. Pero también tienen una cancha de golf, y sus casas no son prefabricadas.

Fuser reflexiona observando las barracas donde se amontonan las familias andinas:

—Sin embargo, que este sistema podría resolver el problema del alojamiento. No sólo aquí, en Chuquicamata, sino en todo Chile y, ¿por qué no?, en toda América Latina. Bastaría con que se elaborara un buen plan y se lo realizara correctamente. Con un verdadero acabado y bonitos colores. Aquí todo está hecho de cualquier manera para dar a los obreros un alojamiento al menor costo y con el mínimo de comodidades. Se los mantiene aparte, no se les construyen siquiera desagües.

Volviendo la mirada hacia el inmenso terreno todavía virgen, para ser explotado en los próximos diez años, el hombre que más adelante firmará como *Che* los billetes desde su cargo de presidente del Banco Nacional de Cuba, calcula:

—Previendo que de aquí saldrán millones de dólares, que en el momento actual ya se tratan noventa mil toneladas de mineral por día, se comprende que la explotación del hombre por el hombre no está próxima a cesar.

Ocampo, en su obra sobre el cobre chileno, escribía que la productividad era tal que la inversión inicial se recuperaba en cuarenta días de trabajo. Al leerlo, Ernesto lo había encontrado excesivo y no había querido creerlo. Ahora piensa que es verdad. Vuelve a descender a tierra extrañamente resuelto, embargado de una fuerza nueva. Joven idealista, el futuro médico de ideas generosas actuará en favor de los otros, de los más pobres, de eso está seguro. Le falta todavía un empujón, una chispa, pero eso ya vendrá.

Y viene ya, sin esperar. Después de su descenso, pasan ante un vasto cementerio poblado de un bosque de cruces.

—¿Cuántos son? —pregunta Ernesto al guía.

—No lo sé. Tal vez diez mil —responde el otro distraídamente.

Fuser lo mira:

—¿Puede ser?

—No llevamos la cuenta exacta...

—Y a las viudas, a los huérfanos, ¿qué se les da?

El hombre se limita a encogerse de hombros sin responder. Ernesto se vuelve entonces hacia su amigo, y Alberto ve nacer en sus ojos la llama que, mezclada con el amor hacia los más desposeídos, forjará a los futuros combatientes, a los

34

futuros rebeldes: el desprecio hacia los bebedores de sudor, los bebedores de sangre.

Chuquicamata, palabra indígena que significa "la montaña roja", quedará grabada para siempre en letras de fuego en la mente del Che Guevara.

El 16 de marzo los dos amigos abandonan la mina y reanudan su odisea hacia Tocopilla. Otro desierto. En una carta a los suyos, Fuser se describe como Don Quijote sobre su Rocinante, cargando contra la bandera estrellada. Un camión que transporta troncos de árbol lleva a los viajeros hacia la frontera peruana. El conductor canta cuecas del folclore andino. Pasan la noche en el puerto de Iquique, en el fondo de un hangar, que comparten con una familia de ratas. Al día siguiente, parten hacia Arica, puerto fronterizo con el Perú. Pasan frente al monolito levantado al borde del camino en conmemoración de la llegada de los conquistadores Almagro y Valdivia. En esas rutas escarpadas, estrechas, calcinadas por el sol, Fuser y Mial piensan en los soldados castellanos, cargados de armaduras y corazas, que descendieron a pie o a caballo hasta el sur de Chile...

En Arica han avisado su llegada y se los espera en el laboratorio del hospital local. El doctor Granado hace una demostración de la coloración de Ziehl-Neelsen, que permite detectar fácilmente el bacilo de la lepra. El 23 de marzo entran al Perú por el puesto fronterizo de Chacalluta, del otro lado del río Lluta. Ernesto recita unos versos que hablan de los pobres de la tierra y de los ríos de las montañas:

—¿Neruda? —interroga Alberto.

—¡No, Martí!

José Martí, poeta y padre de la revolución cubana en el siglo XIX.

Luego de leer la correspondencia que los esperaba en el consulado de Tacna, deambulan por esa ciudad profundamente influida por las culturas quechua y aimara. Las calles céntricas, a medida que se acercan a las afueras del pueblo, se transforman en callejuelas que serpentean entre pequeñas chacras apenas separadas por algunos árboles, granados o higueras. Los colores vivos y cálidos de la ropa de las mujeres, sus grandes polleras, poncho y sombrero de hongo, inspiran a Ernesto un poema sobre el inca. Un colega les presta su jeep y su chofer para llevarlos por la ruta hacia el norte. El agua que corre por la calzada cae a veces en cascadas, anchas y tumultuosas, como para arrastrar el vehículo. En Tarata ("bifurcación" en aimara), a casi tres mil metros de altura, las calles están abrasadas por el sol, mientras se distingue perfectamente un tornado de nieve en segundo plano.

El jeep debe regresar, y los viajeros prosiguen su camino hacia el lago Titicaca en un camión-autobús abigarrado y repleto. Pronto llegan a una alfombra de hierba verde, donde pastan llamas y vicuñas. Más alto aún, en Ilave, que supera la barrera de los cinco mil metros, un extraño túmulo de piedras coronado por una cruz emerge en medio de los montones de nieve. Un indígena, de rodillas con mujer e hijos, sale de su recogimiento para pronunciar una palabra: "¡Apacheta!" Cada transeúnte deposita su piedra, como les explica a Fuser y a Mial un pasajero del autobús, de modo que el túmulo se convierte en pirámide poco a poco. La leyenda dice que el pobre desdichado deja allí, con su piedra, fatigas, penas y dolores, de los que se descarga sobre la Pachamama, la Madre Tierra nutricia, y reanuda el camino de su vida aliviado.

—¿Y la cruz? —pregunta Ernesto.

El hombre sonríe.

—El cura la pone allí para confundir al indio. Entre la Apacheta y la cruz, mezcla las religiones. Intenta primero recuperar la fuerza de la Apacheta, antes de asegurar a su grey que ella es católica. ¡Así puede jactarse de tener muchos parroquianos, cuando, en realidad, los indios continúan creyendo en la Pachamama y en Viracocha, las divinidades incas!

Que un representante de Dios practique esa clase de engaño choca profundamente a Ernesto, que siente por la mentira una aversión casi enfermiza. Sabe que los incas eran un pueblo extraordinariamente evolucionado, y que cinco siglos bastaron para minar sus convicciones, arruinar la conciencia que tenían de su grandeza, precipitar a sus hijos en la sumisión, la coca y el alcohol.

Cuando Ernesto y Alberto regresan al camión-autobús la noche se corta con cuchillo y, en la oscuridad, tropiezan con cuerpos dormidos. Ninguna reacción, ni de la voz ni del gesto. Sí, tienen la sensación de estar ante seres vencidos, resignados, aniquilados tal vez por la droga o la bebida. ¡Miserables indios, aplastados por una civilización venida de afuera, por hombres que se parecen tanto a ellos, a los dos argentinos de piel blanca!

La claridad del alba les pica en los ojos: el altiplano se extiende hasta el infinito, recordándoles la pre-Patagonia. El 26 al atardecer, el autobús está sobre Puno y el lago Titicaca. Saltan a tierra y corren para no perderse la puesta de sol sobre el lago, inmenso, silencioso, sereno, como un mar interior suspendido a casi cuatro mil metros de altura. Luego el viaje prosigue hacia el norte, en otro autobús. Cuando van a subir a él, vacilan por un momento: ya se encuentra en el interior una tribu completa de indios, veinte bolsas de papas, cinco barriles y varias especies de animales domésticos. Pero el conductor los hace subir autoritariamente, y todos se amontonan solamente un poco más. Un joven indígena hasta les pone sobre las rodillas una yunta de pollos a modo de obsequio de bienvenida, y así parten nuevamente.

En la parada de Juliaca, un suboficial, gritón y vanidoso, blande una botella de pisco y ofrece de beber a los dos argentinos. Para mostrarles su temple, extrae su revólver y tira, agujereando el techo. Pero cuando llega la patrona, alertada por el ruido, y se pone a vociferar al descubrir el agujero, el hombre pierde súbitamente su seguridad y tartamudea que se le escapó el tiro. Ella va a buscar a la policía, sigue una explicación y, para terminar, los dos visitantes salvan el amor propio del palurdo.

Más avanza el vehículo andino hacia el norte, más pasajeros de tipo europeo suben en él. Cuando un diluvio se abate sobre la plataforma sin toldo, se ofrece a los "señores" amontonarse en la cabina para estar a cubierto. Fuser y Mial comienzan negándose categóricamente, a la vista de las mujeres y de los niños empapados por la lluvia. Pero deben terminar aceptando pues se los mira de manera extraña ya que nadie comprende su rechazo. Vuelve a salir el sol, regresan a la plataforma y se canta a bordo.

En la parada siguiente, los dos amigos tienen hambre y los bolsillos vacíos. Entonces inventan un gag que casi siempre les dará resultado cuando sus estómagos griten de hambre y no tengan un centavo. Exageran su acento argentino para llamar la atención de los autóctonos, y siempre hay alguien que en el albergue les da la bienvenida.

—¡Buen día! —responde Alberto—. Hermoso día, ¿verdad? Hoy precisamente es el cumpleaños de mi amigo.

—¡Feliz cumpleaños! —lanza el parroquiano.

—Nos gustaría brindar con usted, pero no podemos ofrecerle más que un vaso de agua. No tenemos dinero —explica Mial con despreocupación—. ¡Así es la vida!

—¡Entonces yo los invito! —responde el otro en seguida, generoso—. ¿Qué toman?

—Lo siento —retruca Ernesto con una sonrisa dolida—, pero preferimos no beber sin haber comido nada. Hace arder el estómago.

Dos de cada tres veces, el buen hombre cae en la trampa y no puede hacer más que ofrecer un plato a cada uno.

El 31 de marzo llegan a Cuzco. Los incas llamaban a esa ciudad, situada en el centro de los territorios quechua y aimara, *el ombligo del mundo*. La primera visita de los viajeros es para el museo local, a fin de nutrir su mente antes de trepar a Machu Picchu. Allí conocen a una joven estudiante mestiza, que les servirá de guía durante toda su estadía en la ciudad. En la sala de antropología, comprueban que los incas practicaban la trepanación del cráneo, lo que hace decir a Ernesto que debían poseer un nivel de civilización comparable al de los egipcios. Les atrae una colección de pequeños ídolos en *champis*, aleación de oro, plata, estaño y cobre. La mayoría de esas figuritas representan escenas humorístico-eróticas, cuya gracia es muy elocuente acerca de los dones artísticos de sus creadores. Cabezas de llama en oro y figuras de caciques en esmeralda desfilan ante sus ojos. Apasionado por las antiguas civilizaciones, Ernesto nota una similitud entre esos vasos con asas representando a pájaros o pumas y ciertas figuras asirias. Más tarde se interesará en la tesis que sostiene que existió una corriente migratoria asiático-preincaica.

Los dos amigos van igualmente a las iglesias, con un block de dibujo en las manos. Les choca la riqueza de las ofrendas allí conservadas. Según un cartel, solamente el tabernáculo de la catedral pesa veintiocho kilos de oro fino, ¡y está adornado con unas dos mil doscientas piedras preciosas! Esa riqueza molesta sobre todo a la joven mestiza:

—Mientras ese oro está allí, improductivo, se carece de libros en muchas escuelas...

María Magdalena lleva a los viajeros a la casa del doctor Hermosa, un leprólogo que Alberto conoció dos años antes en la Argentina, en ocasión de un congreso de sífilis. Al principio éste no reconoce a su colega, con su pantalón remendado y su campera polvorienta. Es necesario que Mial indique los nombres de los médicos, en una foto tomada en el congreso del que participaron, para que Hermosa se confunda en disculpas. Unas vueltas de gin más tarde, escuchando un disco de Atahualpa Yupanqui[1], vuelven a ser los mejores amigos del mundo.

Hermosa pone un Land Rover a disposición de los viajeros, con el cual viajan a la fortaleza de Ollantaytambo. Las montañas que enmarcan el Valle de los Incas están enteramente cultivadas; son tan altas que, vistos desde abajo, los labradores y los bueyes parecen insectos. El aire es tibio y diáfano a la sombra de los eucaliptos. Espléndidas flores crecen a lo largo de los senderos. Los asnos de larga pelambre pastan en las laderas, mientras que las cimas desaparecen entre las nubes.

---

[1] Chavero Aramburu es su verdadero nombre, de origen vasco por su madre.

Llegan finalmente a Ollantaytambo, erigida sobre un pico vertiginoso, sus bloques de granito de varias toneladas suspendidos en pleno cielo. Afirma la leyenda que los incas dominaban el trabajo de la piedra gracias a una hierba cuyo jugo tenía la propiedad de ablandarla, de hacerla suave y maleable como la arcilla. La leyenda dice igualmente: "Hay un ave que hace su nido en las rocas, porque ella también conoce la hierba y lleva una brizna en su pico para horadar la roca y anidar en ella." La construcción está concebida y dimensionada a fin de poder ser utilizada tanto para el cultivo del maíz en tiempos de paz como para transformarse en fortaleza inexpugnable en caso de ataque.

Después de haber explorado entusiastamente las salientes, los reductos y los menores recovecos, Mial y Fuser regresan a Cuzco. Deambulando por Yucay, el centro de diversiones y de práctica deportiva de los incas, Ernesto extrae de su bolso un texto suyo, escrito cuando era enfermero en un barco, que da a leer a Alberto: "De tarde en tarde, como fugaces meteoritos que surcan el espacio, hechos difíciles de explicar conmueven al hombre y lo sacan de su rutina. Así podremos habitar por ejemplo una casa en la que nuestra salud será constantemente puesta a prueba, sin sospechar jamás que la causa reside en emanaciones radiestésicas (...) En el transcurso de uno de estos largos viajes por mares desiertos y tórridos, mi alma padeció tal angustia, tan largos fueron los días en que debí soportarla, que hoy, cuando los peligros se han alejado, sonrío lleno de optimismo y aspiro con fuerza el aire que me rodea. Sentado a la mesa de un pobre café, me quedo inmóvil como una hormiga en la miel, analizo los hechos y sus consecuencias, y me doy cuenta de que una persona o una palabra pronunciada pueden arrastrarnos de pronto a abismos espantosos o a cimas inaccesibles."

Poco después entablan conversación con un campesino que les narra su triste experiencia:

—Cuando me casé, hace unos diez años, construí una casita en plena selva. Talé, quemé los troncos, quité las piedras y preparé el terreno para hacerlo cultivable. Eso me llevó tres años, durante los cuales el propietario no se presentó. Cuando la cosecha estaba lista, me hizo expulsar por la policía. Me marché con mi mujer y nuestros dos hijos para instalarme mucho más arriba. Al cabo de cuatro años la cosecha se presentaba buena; fue el momento elegido por el propietario para mandarnos nuevamente la policía, que nos desalojó. Nunca pude sacar provecho de mi trabajo.

Fuser y Mial se miran, rebelados ante la injusticia de la

cual el hombre había sido víctima y con el corazón angustiado por la sumisión fatalista con que él la narra. "Me doy cuenta", escribía Ernesto en el texto que hizo leer a su amigo, "de que una persona o una palabra pronunciada pueden arrastrarnos a cimas inaccesibles."

IV

Machu Picchu

El 3 de abril de 1952 es el gran día tan esperado, tan soñado, del ascenso a Machu Picchu. Subida en zigzag primero, en
un tren carreta que marcha como un funicular: durante una
parte del trayecto la locomotora empuja a los vagones, durante
la otra tira de ellos. La vía férrea bordea el río Pomatales, un
afluente del Vilcanota. A medida que toman altura, la vegetación se hace más y más tropical y exuberante.

En sus apuntes de viaje, ambos amigos inscriben los nombres de los pueblos por los que pasan: Pucuyra, Iracuchaca,
Huarocondo. Ernesto dibuja hábilmente paisajes o escenas de
la vida cotidiana, gracias a los cursos seguidos por correspon
dencia cuando tenía catorce años. En cada parada —y Viracocha
sabe que son muchas— las cholas (mestizas) y las indias tienden sus bandejas de comida: sopas picantes, quesos de cabra,
humeantes choclos, yucas cubiertas de pimiento rojo. Nuevos
árboles comienzan a aparecer, torocs, chirimoyas, toda una
gama de helechos, de begonias. El torrente se acelera, se hace
más violento. El tren se detiene al fin ante un cartel: "Machu
Picchu". Fuser, seguido como por su sombra por Mial, salta del
vagón deja de lado el clásico camino turístico de ocho kilómetros para tomar un atajo por un sendero. Los edificios, de granito blanco, están situados a unos seiscientos metros sobre el
río, que salta ruidosamente en un estrecho barranco flanqueado
por abruptas montañas. En el crepúsculo, algunas nubes bajas envuelven las cimas de un sudario gris. Aquí la obra del
hombre se ha elevado al diapasón de la naturaleza: en primer
lugar el paisaje ofrecido por el Huayna Picchu, la montaña joven, luego la fabulosa majestad del Machu Picchu, la montaña
vieja, que ha dado su nombre a la ciudad.

Ésta parece vertical, como si sus constructores la hubie-
sen edificado horizontalmente antes de hacerla girar noventa
grados. Fuser y Mial, emocionados por tanta belleza, se de-
moran en la atalaya, a la que se llega por el sendero de la cara
sur. Más abajo se halla la ciudad real, con un templo que
domina el valle oriental. Los bloques de granito se ensam-
blan perfectamente unos con otros y nunca rompen la conti-
nuidad. Cuanto más se elevan los muros, más disminuye el

tamaño de los bloques que los componen, lo que confiere al templo gracia y solidez. Es en forma de semicírculo. Una de las ventanas presenta en su parte inferior agujeros cilíndricos de tres centímetros de diámetro, donde se fijaba el disco de oro simbolizando al sol.

A propósito de Machu Picchu, el Che escribirá más tarde: "Para Bingham[1], el arqueólogo descubridor de las ruinas, más que un refugio contra los invasores, éste fue el poblado origen de la dominante raza quechua y lugar sagrado para ellos; posteriormente, en la época de la conquista española, se convirtió también en guarida de las vencidas huestes... Coronando la ciudad, como es costumbre en este tipo de construcciones, está el templo del Sol con el famoso Intiwatana, labrado en la roca que le sirve de pedestal, y allí mismo, la sucesión de piedras cuidadosamente alisadas que indican que se trata de un lugar importante. Mirando hacia el río, con la forma trapezoidal de la construcción quechua, hay tres ventanas que Bingham, en relación, a mi entender, bastante forzada, identifica con las tres ventanas de donde los hermanos Ayar, personajes de la mitología incaica, salieron al mundo externo para mostrar a la raza elegida el sendero de la tierra de promisión."

Esa noche —una de las más bellas de su vida, como escribirá— Ernesto lucha contra el sueño leyendo cartas de Simón Bolívar, el libertador venezolano que dio su nombre a Bolivia. Con la lectura, su imaginación se inflama.

El 4 de abril al alba, inicia con Mial el ascenso al Huayna Picchu. Por escarpados que sean, los cuatrocientos últimos metros por sobre la fortaleza de Vilcapampa no son un obstáculo para los dos deportistas. Toma de fotos en la cima, firma de un trozo de papel puesto dentro de una botella que aguardará allí su retorno, un día futuro. Fuser la deposita en el suelo como si la abandonara en el océano del tiempo que pasa. Ese pasado que él descubre allí, pasado de las piedras y de los hombres, es también su futuro. Entona un poema de Neruda:

Alta ciudad de piedras escalares,
por fin morada del que lo terrestre
no escondió en las dormidas vestiduras.
En ti, como dos líneas paralelas,
la cuna del relámpago y del hombre
se mecían en un viento de espinas.

[1] Hiram Bingham, profesor estadounidense, descubridor de la ciudad incaica en 1911.

Madre de piedra, espuma de cóndores.
Alto arrecife de la aurora humana.
Pala perdida en la primera arena.

Un poco más tarde, en la sala de los sacrificios, impropiamente llamada Torreón, se instalan a calentar el agua de su mate sobre la piedra en que las vírgenes eran inmoladas. Tendido sobre la roca de la muerte, Mial se lanza a divagar:

—Me casaré con María Magdalena, y como es una descendiente de Manco Cápac II, yo seré a mi vez Manco Cápac III. Organizo a mi partido, hago votar a mi pueblo, y renace entonces la revolución de Túpac Amaru, es decir la verdadera revolución indoamericana.

Fuser sacude la cabeza.

—¿Una revolución sin tiros? ¡Vos estás loco, Petiso!

El viaje de regreso a Cuzco se prolonga. El tren pasa más tiempo detenido que en marcha. La gente sube y baja a cortar flores de *ñucchu* con miras a la procesión del lunes. Intervalo inca que no perturba a nuestros viajeros. Aprovechan para escribir a sus familias. El Petiso medita también sobre la sentencia que Fuser dejó caer sobre la piedra de los sacrificios. Recuerda otra frase pronunciada casi diez años antes.

—Cuando a fines de 1943, en Córdoba, se pidió a los estudiantes secundarios que organizaran una manifestación de protesta exigiendo la libertad de los centenares de universitarios encarcelados, entre los que me encontraba, Ernesto vino a verme al Cuartel Central de Policía, donde permanecíamos detenidos sin juicio. Cuando terminé mi arenga, Ernesto, que apenas tenía quince años, me retrucó: "¿Salir a desfilar sin armas para que nos caguen a palos? Ni loco. Yo no salgo si no cargo un bufoso."

Lo repetirá más tarde: "¡A la violencia reaccionaria no se puede responder más que con la violencia revolucionaria!" Ese viaje por América Latina sirve a Ernesto de revelación. Al abandonar Machu Picchu, y después de Chuquicamata, se encuentra en un período de "incubación revolucionaria".

De Cuzco, los hermanos de viaje se dirigen al interior del territorio. Después de Abancay, van directamente al norte, hacia Lima, a lo largo de los Andes. En camión, a pie, a lomo de mula. Huancarama, Andahuaylas, Ayacucho, Luricocha, Oxapampa... nombres que despiertan ganas de tomar una guitarra y ponerse a cantar. Allí los descubridores vuelven a ser médicos, aplicando a los niños la vacuna BCG, atendiendo a obreros heridos, a mujeres tuberculosas. El 13 de abril, a las cuatro de la mañana, Alberto debe aplicar una inyección de calcio a Ernesto, abatido por una crisis asmática, para provocarle un estrés que estimule la secreción de adrenalina de las suprarrenales.

Llegan a la ciudad de los virreyes el 1º de mayo, día de la fiesta del Trabajo, y lo primero que hacen es sentarse en un banco con inmenso alivio: sus pies están ensangrentados de tanto caminar. Con su ropa remendada, arañados por todos lados y sus barbas de merodeadores, tienen un extraño aspecto. Por la noche, sentados a la mesa de su anfitrión, el doctor Pesce, han recuperado su figura humana. La reunión es brillante: se habla de los últimos descubrimientos científicos, de política internacional, de deportes, de literatura. Ernesto impresiona a los invitados por la seguridad de sus puntos de vista, por su eclecticismo y su brío.

Pesce, el dueño de casa, es un personaje de vida muy plena. Cuando el general Odría tomó el poder en el país[2], ocupaba la cátedra de Medicina Tropical en la Universidad. Sus opiniones progresistas le valieron ser transferido a Huambo, un pueblo indígena miserable a ochocientos kilómetros de Lima y a tres mil metros de altura. Sus colegas, sancionados como él, se convirtieron por lo general en asiduos clientes de bares, tugurios y burdeles locales. El profesor Pesce, en cambio, se dedicó a la investigación sobre el terreno, con instrumentos tan simples como una balanza, un termómetro y un esfigmomanómetro para medir la presión arterial. Aprovechó su estadía en el altiplano para redactar una importante monografía sobre la fisiología de sus habitantes. Él fue el primero en diagnosticar el tifus exantemático, y clasificó tres tipo de flebótomos; una de las lancetas utilizadas en medicina para hacer una incisión y provocar una sangría lleva ahora su nombre. Descubrió un foco leprógeno en la región donde se encontraba y fundó un pequeño leprosario. Los resultados de sus investigaciones eran publicados en revistas científicas internacionales, de modo que no tardó en recibir, en sus montañas perdidas, una voluminosa correspondencia que agobiaba al pobre cartero local. En parte a causa de esa notoriedad, y también porque la represión militar se había suavizado, su cátedra terminó por serle restituida.

Esa noche, antes de despedirse de sus huéspedes, el profesor Pesce entrega a cada uno de ellos un ejemplar de su libro *Latitudes del silencio*. Por la manera como se los tiende, se percibe que se siente muy orgulloso de él. Lamenta-

[2] El golpe militar del general Manuel Odría (27/10/48) destituyó al presidente democrático Luis Bustamante y persiguió duramente al APRA y otros partidos de izquierda.

blemente, después de leerlo los dos amigos se ven obligados a coincidir: a la inversa de los apasionantes relatos de su autor cuando cuenta su experiencia de viva voz, el libro es ilegible. Se propuso dar exotismo y no lo consiguió. En vez de describir simplemente lo que lo rodeaba en su "páramo a 3.000 metros de altura", ha adoptado un estilo ampuloso. Mial obtiene sin embargo la promesa de Fuser de que no abordará el tema.

Pero la última noche, en una comida de despedida ofrecida por el doctor a los dos viajeros, el propio Pesce les pregunta qué les pareció su libro. Mientras Ernesto hunde la nariz en el plato, Alberto se lanza a una respuesta dificultosa, del tipo de: "Muy bonitas las descripciones del altiplano. Uno cree encontrarse allí. Y la vida de los indios, el trabajo de los campesinos, ¡qué impresión de desolación!... Todo eso está muy bien logrado." Lamentablemente el profesor se vuelve entonces hacia su otro invitado:

—Y usted, Guevara, ¿qué piensa?

Ernesto siente un horror casi físico por la mentira, aun con las mejores excusas del mundo. Evita mirar a su anfitrión, revolea unos ojos perdidos, toma una gran cucharada de guiso para ganar tiempo. Alberto se apresura a acudir en su auxilio:

—Me gustó mucho, doctor, el pasaje en que describe las crecidas del Urubamba. Es muy animado, muy conmovedor.

La señora Pesce a su vez pronuncia algunas palabras halagadoras sobre la obra de su marido, y la conversación cambia de tema. Pero en el momento de la despedida, cuando se abrazan a la manera sudamericana palmeándose la espalda, el profesor pregunta nuevamente a Ernesto:

—Y bien, Guevara, no se va a ir sin darme su opinión sobre mi libro...

Fuser hace una profunda inspiración, levanta el dedo índice, y enumera de un tirón todos los defectos de la obra. Mial ve a su desventurada víctima achicarse ante él poco a poco, contentándose con menear afirmativamente la cabeza, resignado. A modo de conclusión, Ernesto le espeta:

—Es increíble que usted, un hombre de izquierda, haya escrito ese libro decadente, que no ofrece ninguna alternativa al indio y al mestizo.

Deshecho, derrotado, Pesce no sabe más que repetir:

—Tiene razón, Guevara, tiene razón...

Después de despedirse de sus anfitriones en una atmósfera embarazosa, los dos amigos regresan sin una palabra a su alojamiento, situado al otro lado de la ciudad. Sobre el puente que cruza el Rimac, Mial explota:

—¡Hay que ser un perfecto grosero y un gran cretino para

humillar a ese profesor como lo hiciste! Nos recibió, nos aga-
sajó, nos prestó un jeep, y porque tiene el defecto, el único
defecto, de creerse un novelista, se lo enrostras así. ¡Bravo y
gracias!

Ernesto le responde, terriblemente consternado:

—Pero te diste cuenta de que yo no quería decir nada de
entrada, que hice todo lo posible para no responder...

Sufre profundamente por haber herido a alguien que estima. Sin embargo, una mentira lo habría hecho sufrir más.

De Lima, donde pasaron cerca de tres semanas, los compinches retienen dos rostros: el del doctor Pesce y el de Zoraida
Boluarte. Bella, servicial, cumple de maravillas el papel de
hada buena, con una marcada ternura por el más joven de los
dos aventureros. Mientras que su madre los mima con deliciosas comidas, los tres escuchan grabaciones de Carlos
Gardel. En el momento de reanudar el viaje, Zoraida les obsequia un pequeño calentador Primus. Pensarán en ella cada
vez que lo enciendan en la continuación de su viaje. El 17 de
mayo, adiós a Lima, rumbo al Amazonas. Pero antes de poder
navegar por el río de mayor caudal del mundo, hay que partir,
dedo pulgar al viento en la carretera, a merced de los encuentros y de los conductores amables. El 19 atraviesan Cerro de
Pasco, el centro minero más importante del Perú: oro, cobre,
hierro, estaño —desde luego en manos de los yanquis, comprueba Fuser—. Después de Tingo María, franquean la Bella
Durmiente, como los autóctonos han bautizado a la cadena
de montañas que de lejos se asemeja a una mujer acostada.
Se dice que los camioneros que sufren mal de amores atraviesan su vientre soñando...

Llueve a cántaros desde hace varios días y las ruedas se
atascan en el barro, al punto de que hay que poner cadenas.
Se encuentran en la zona de la selva llana y, mientras comienzan a aparecer las primeras plantaciones de café, los viajeros se apean una vez más al borde del camino. Al escrutar el
horizonte, no es uno, sino sesenta camiones que surgen de
pronto, un inmenso convoy que se dirige al este a reparar las
rutas destruidas por las lluvias. El jeep que sirve de cabeza a
la monstruosa anaconda levanta al paso a Fuser y a Mial.
Poco después arriban a Pucallpa, para embarcarse a bordo
del *Cenepa*, en el que comienzan a descender el curso del
Ucayali, que más tarde será el Amazonas.

La pesca de red permite a Ernesto atrapar a un caimán
bebé, inmediatamente devuelto al agua. Escribe a sus padres:
"Queridos viejos: si no reciben ninguna noticia mía de aquí a
un mes, es que los cocodrilos me devoraron, o bien que los

indios jíbaros me digirieron; secan las cabezas de sus prisioneros y las venden a los turistas norteamericanos. Podrán ir a verme a un negocio de recuerdos de los gringos." Pasan por Iquitos, ciudad que tuvo su momento de gloria durante la guerra, cuando el caucho era buscado ávidamente; luego por Belém, lejos de la otra gran Belém de la desembocadura del Amazonas. Tras una crisis asmática de Ernesto, eficazmente tratada en el centro de lucha contra la fiebre amarilla, el viaje continúa a bordo de *El Cisne*, en compañía de indios, mujeres, niños y perros famélicos. ¡Dieciséis personas, más una carga de tabaco de montaña para hacer trueque, es mucho para cuatro tablas flotantes!

Luego de doblar San Mateo, la embarcación, que ahora navega por el Amazonas, se acerca al lazareto de San Pablo, justo antes de la confluencia con el río Altacaruari.

V

San Pablo, la luz de los leprosos

A las tres de la mañana de ese domingo 8 de junio de 1952, en una noche sin luna y bajo torrentes de agua, *El Cisne* desembarca en San Pablo a sus dos pasajeros argentinos. Un manto gris oscuro pesa sobre el paisaje y disimula sus contornos. No bien se entera de que los "científicos" han llegado, el doctor Bresciani se levanta de un salto y se presenta a ellos, antes de recibirlos en su bungalow construido sobre pilotes.

La súbita aparición de la luna en una abertura entre las nubes ilumina los alrededores. Emergen tres partes distintas. En primer lugar, el sitio donde los depositó *El Cisne*, una pequeña península que avanza en el Amazonas y en la que viven cerca de doscientos habitantes: hermanas de la caridad, monjes, curas, médicos, dentistas, y desde luego indios, los habitantes básicos. Luego, un poco más lejos, al borde del río, una ciudad lacustre que sirve de vestuario al personal médico. Un cedazo de salubridad, en cierto modo, para ponerse guantes de goma y una máscara de protección a la ida y para ducharse a la vuelta, luego de visitar a los leprosos incurables. Finalmente, más o menos a un kilómetro, el leprosario propiamente dicho. Cuenta con un millar de enfermos, más o menos afectados, y se sitúa en ese inmenso pantano que forman los alrededores del río-mar, eternamente a merced de las crecidas.

Tras unas pocas horas de sueño, un barquito de motor conduce a Mial y a Fuser a la etapa número uno, "la boîte del striptease". De allí, una vez que están con la ropa autorizada, el ronronear del motor los acompaña hasta los leprosos declarados incurables en su mayoría. Primera impresión, trivial: se creería estar en cualquier pueblo de la Amazonia. Igual conjunto de cabañas construidas sobre pilotes y, para probar que "aquí se está como en otras partes", con canoas y algunos barquitos de motor, que abandonan el embarcadero cargados de yucas, de papayas, de pescado fresco o seco.

Luego, a medida que avanzan, los visitantes se enfrentan con las miradas de los mutilados. No son los caimanes los que los atacaron, sino la lepra. Faltan dedos de las manos o de los pies, cuando no un pedazo de otro miembro, una nariz, unos labios. Todo ese mundo vive en familia; los padres no aceptan separarse de su prole. Los enfermos vienen de los meandros de los ríos Ucayali y Yavarí, donde la lepra es endémica y forma parte de la vida cotidiana. El tiempo y la costumbre hacen que se la acepte, que se viva con ella, lo que, evidentemente, no es lo ideal para luchar contra la enfermedad e intentar vencerla.

Esos indios contaminados, que encuentran absurdo que se quiera privarlos de sus hijos, forman una comunidad organizada. Algunos de ellos venden objetos, aparatos de todo tipo que han logrado trocar por productos de su artesanía, anzuelos o redes de pescar. Otros cultivan la tierra o establecen pequeños negocios. Los más tenaces y los más hábiles pueden pagarse una lancha de motor. En cuanto a los leprosos más graves, considerados contagiosos, viven aparte, en una zona prohibida, adonde no dejan de ir los médicos argentinos. Un rápido examen de los más afectados convence al doctor Granado y a su "adjunto" Ernesto de que esa lepra, por penosa que sea, no es contagiosa. Para probarlo, tocan a los enfermos y les quitan las vendas que los momifican. En los días siguientes, organizan partidos de fútbol entre los pacientes y el personal hospitalario. Fuser y Mial juegan siempre en el equipo de los leprosos.

Ernesto opera él mismo, bajo el control de Alberto, el codo de un enfermo. La operación, sencilla, consiste en extraer un nódulo que dificulta el movimiento del brazo. Una vez que el paciente recupera la completa movilidad de su miembro, el prestigio del doctor Guevara sube a las nubes entre los indios. La franqueza de su mirada le confiere un aura que no posee ninguno de los otros médicos, ni siquiera el vivaracho Alberto. Los leprosos se convierten en sus hermanos. Los alivia aun más con su palabra que con sus cuidados. Come en su compañía, está todo el tiempo con ellos, sin esfuerzo, y eso se siente.

Años más tarde, el periodista Andy Dressler irá al hospital de San Pablo y conocerá a Silvio Lozano. Silvio afirma que Ernesto le salvó la vida y tiene actualmente un bar al que ha llamado Che. Él cuenta:

"En 1952, yo era uno de esos numerosos leprosos condenados a morir a breve plazo. Pocos de mis compañeros sobrevivieron. En nuestros días existen toda clase de medicamentos contra la lepra, pero en aquella época no había muchas cosas. Una noche totalmente oscura que jamás olvidaré, un médico desconocido entró en San Pablo, un joven que no debía de tener veinticinco años. Delgado, simpático. Daba la impresión de ser muy voluntarioso pero de carecer de fuerza física. Se decía que era argentino.

"Yo ya no era más que piel y huesos. La lepra me había atrapado por el brazo izquierdo y me devoraba lentamente. Tenía fiebre y un tumor. Punzadas intermitentes me recorrían el cuerpo, como si gotas de un líquido ardiente cayeran sobre mi piel. Los médicos de la estación me habían desahuciado.

"Una mañana, cuando el dolor me arrancaba lágrimas, pedí que al menos me aliviaran. El nuevo médico estaba sentado en el suelo, como un yoga. Lo recuerdo: leía un libro de medicina, en inglés. Yo estaba tan debilitado que no tenía fuerzas para tenderle la mano. Él la tomó, la palpó largamente y de pronto, con una agilidad que me dejó estupefacto, se levantó y abandonó la pieza. Luego volvió unos instantes más tarde y me dijo: 'Su nervio está afectado, hay que operar.' A pesar de la mano fresca del joven médico sobre mi frente ardiente, me acometió el terror. 'Usted va a morir si no hacemos nada...', insistió él. Grité como un loco cuando me pusieron dos agujas en la llaga, luego busqué la mirada del joven médico y me desvanecí.

"Él me salvó. Fue el comienzo de una era nueva en el leprosario. ¡Los instrumentos quirúrgicos no tuvieron tiempo de herrumbrarse! Mucho después, cuando él era ministro de Economía en Cuba, me escribió una carta requiriendo noticias mías."

Los dos viajeros providenciales no pueden empero permanecer indefinidamente en San Pablo. Los leprosos terminan por admitir, con la muerte en el alma, que deben volver a partir. Deciden construirles una balsa para la continuación de su viaje.

El 14 de junio, día en que Ernesto cumple veinticuatro años, las jóvenes de la colonia, leprosas o no, lo besan veinticuatro veces cada una. En los acordes de un baile improvisado se encuentra un nombre para la balsa: *Mambo-Tango*. Mambo, el ritmo cubano que hace furor en esa época, y tango, el baile tan caro al sentimiento de los argentinos. El estimable y encantador doctor Bresciani, con la complicidad del cocinero que toca el saxofón, bautiza la embarcación. Esa noche, Ernesto entona con su voz de falsete *Rencor*, el único tango cuya letra conoce de memoria, en honor a los bellos ojos de una enfermera que muere de amor por él.

El 19, los enfermos dan una fiesta de despedida a los dos extranjeros que embellecieron sus vidas. En el embarcadero de los leprosos, considerados contagiosos antes del paso de los argentinos, sus compañeros del equipo de fútbol los aguardan bajo una lluvia fina y tibia, con mujeres e hijos. Al acercarse Fuser y Mial, lanzan hurras, seguidos de inmediato por canciones, a las que responde la música de la comunidad blanca. Durante horas los instrumentos de los unos hacen eco a las voces de los otros. Ya de noche, tres enfermos expresan a sus amigos en el momento de la partida, en frases a veces deshilvanadas, su admiración y su afecto, y les desean un futuro tachonado de estrellas sobre la *Mambo-Tango*. Cuando el tercer orador ha terminado, Fuser y Mial están al borde de las lágrimas. El más joven empuja a su compañero mayor hacia adelante; Alberto comienza a farfullar, antes de encontrar palabras simples para expresar su emoción y su alegría por haber conocido seres de tal calidad humana. Los músicos vuelven a tocar con todo brío; otro enfermo, el "maestro", hace uso a su vez de la palabra; salvas de aplausos, coro de canciones de despedida. Hay un nudo en la garganta de los viajeros mientras se alejan en su balsa, una balsa que debe espantar a los malos espíritus que pudieran presentarse en el río. Al menos es así como los indios la concibieron.

Pronto éstos pierden de vista a la *Mambo-Tango*. Sus ocupantes permanecen largo rato mudos. Mial lleva el timón, mientras Fuser toma la pluma para escribir a su madre, a la luz de un farol. Como si ella sola mereciera conocer en caliente lo que fue la despedida de los leprosos de San Pablo.

"...nos dieron una serenata de despedida y dijeron algunos discursos muy emocionantes. Alberto, que ya pinta como sucesor de Perón, se mandó un discurso demagógico en forma tan eficaz que convulsionó a los homenajeantes. En realidad fue uno de los espectáculos más interesantes que vimos hasta ahora: un acordeonista no tenía dedos en la mano derecha y los reemplazaba por unos palitos que se ataba a la muñeca, el cantor era ciego y casi todos con figuras monstruosas provocadas por la forma nerviosa de la enfermedad, muy común en la zona, a lo que se agregaban las luces de los faroles y linternas sobre el río. Un espectáculo de película truculenta."

En septiembre de 1993, Alberto Granado les pedirá a dos artistas franceses de paso por La Habana, el pintor Frédéric Brandon y el dibujante Michel Bridenne, que resuciten esa famosa escena que ha quedado como la más fuerte de su vida. Tal como aparece en la carta de Ernesto a su madre, fue fijada para la eternidad en el papel que Mial conserva actualmente en su casa.

La *Mambo-Tango* lleva abundantes provisiones: piñas, carne y pescado secos, potes de manteca, salames, garbanzos, almacenados en una suerte de cobertizo. En el techo han fijado un cartel que dice *Mambo* de un lado y *Tango* del otro. Además, llevan a bordo el calentador de Zoraida, un farol, petróleo, un mosquitero y dos gallinas vivas. Nuestros barqueros a la manera antigua gozan como escolares, aunque dominar una embarcación tan rudimentaria en un espacio tan inmenso requiera mantener firmemente el remo de popa que sirve de timón. Deben tener muy presente la recomendación que les hicieron los viejos indios: cuidado con las flotillas de jangadas, grandes troncos unidos por lianas que descienden el Amazonas, poco o nada escoltadas. Si uno de esos monstruos llegara a chocar contra los maderos de balsa de la embarcación, adiós viaje.

Tres días de navegación apacible, amenizada por los gritos de los monos, los loros, y por la noche por los borborigmos de los caimanes, los conducen a Leticia, el puerto fluvial de las tres fronteras (Perú, Colombia, Brasil). Allí llegan en canoa, pues han debido abandonar la *Mambo-Tango* en una isla en territorio brasileño, adonde los arrastró la corriente, antes de remontar las aguas en una embarcación más adaptada a la situación. Leticia es una ciudad de guarnición donde, como buenos camaleones, los ex polizones se presentan ¡como entrenadores de fútbol! Ernesto lo explicará en una carta a los suyos:

"Lo que nos salvó (ya no teníamos dinero) fue que nos contrataron como entrenadores de un equipo de fútbol mientras esperábamos el avión, que es quincenal. Al principio pensábamos entrenar para no hacer papelones, pero como eran muy malos nos decidimos también a jugar, con el brillante resultado de que el equipo considerado más débil llegó al campeonato relámpago organizado, fue finalista y perdió el desempate por penales. Alberto estaba inspirado; con su figura parecida en cierto modo a Pedernera y sus pases milimétricos, se ganó el apodo de 'Pedernerita', precisamente, y yo me atajé un penal que va a quedar para la historia de Leticia."

En ese rectángulo de tierra ocre arrancado a la selva amazónica, Fuser y Mial cumplen su contrato de entrenadores con mucha seriedad, y un premio sustancial los recompensa. Pero no se limitan a eso. Después de las horas de entrenamiento, ensayan la psicología de grupo para hacer comprender a los jugadores que un equipo es una microsociedad que funciona no tan bien si uno solo de sus componentes tira hacia otro lado. Enseñan a sus futbolistas colombianos el sentido del famoso "Uno para todos, todos para uno."

Luego de tomarse el tiempo de dar una vuelta en canoa hasta Tabatinga, en Brasil, el 2 de julio vuelan a Bogotá en un hidroavión del ejército, que se zarandea peligrosamente. Levantan vuelo a las siete de la mañana en medio de las sacas de correo y de una pila de uniformes. Durante tres horas planean sobre un techo verde. En Tres Esquinas, el bimotor desciende a cargar gasolina.

Llegados a Madrid[1], un camión de las Fuerzas Armadas colombianas deposita a los viajeros en un cuartel, donde dejan su equipaje antes de presentarse en la embajada argentina a recoger su correspondencia y solicitar dos camas en la ciudad universitaria.

Bogotá no les agrada. Mial la considera "sombría, macabra o casi. Con el infernal ruido del tránsito, los gases de los escapes y los de las fábricas en el cielo. ¡Qué increíble contaminación! Pensar que venimos de una atmósfera límpida, con perfumes de árboles y flores. Siglos separan a la Amazonia de Bogotá, siglos de progreso tecnológico que permiten a los capitales latinoamericanos explotar el interior de los países, pero también siglos de retroceso, durante los cuales se ha olvidado el contacto con la naturaleza". Ernesto está totalmente de acuerdo con la opinión de su amigo mayor; en razón de su asma, lo afecta particularmente la contaminación ambiental.

Los dos argentinos respiran peor en Bogotá pues tienen la oprimente sensación de vivir en una ciudad conquistada. El gobierno de Laureano Gómez impone un verdadero terror. Una reunión de estudiantes aclara a los viajeros el panorama político del país, donde el temor a la represión desalienta las veleidades de oposición. Los dos amigos también se las ven mal, ellos mismos, con la policía: un día en que se han perdido, con su aspecto de exploradores mal afeitados, en el dédalo de calles, Fuser extrae de su bolso de viaje un cortapapel en forma de facón, y con la punta traza en la tierra el itinerario que deben seguir para regresar. En ese momento, un esbirro de uniforme, al que no han visto llegar, trata de quitarle su instrumento. Ernesto reacciona vivamente y se apodera a su vez del fusil del hombre. El incidente termina en la comisaría sin consecuencias, lo que deja estupefactos a sus amigos estudiantes cuando se enteran de la historia.

Al cabo de una semana bastante aburrida, salvo las visitas a los museos y el paso de una carrera de bicicletas, los médicos han perdido toda esperanza de ejercer su profesión allí o de conocer a colegas. Aconsejados por el paternalista cónsul argentino presente en ese país convulsionado, deciden seguir viaje a Venezuela. Parten el 11 de julio a las cinco de la mañana, en ómnibus. Fuser sufre dos nuevos ataques de asma: el primero en Málaga, el segundo en Cúcuta, en la frontera de Colombia y Venezuela, donde debe abandonar la efervescencia de un cabaret, su música, sus bandidos y sus prostitutas, para correr a aplicarse una inyección de adrena-

---

[1] Nombre del aeropuerto de Bogotá.

53

lina. Cúcuta es una curiosa plataforma internacional donde se conoce a gente de todo el mundo, ocupada en los trabajos más variados.

En San Cristóbal, primer pueblo en la larga ruta hacia Caracas, Fuser y Mial brindan por la toma de la Bastilla: un 14 de julio lleno de optimismo para Ernesto, que se repone de sus problemas de salud. Mitad a pie, mitad haciendo "dedo", nuestros trotamundos pasan por Mérida el 16, por Barquisimeto el 17, para encontrar al fin el Atlántico y Caracas el 18. Allí los espera un giro de la familia Guevara que les permite darse un festín. En la embajada son recibidos como perros sarnosos. "¡Huelen a bosta de vaca!", oyen decir de ellos, lo que sin duda no es falso, pero la tía de un amigo argentino, Margarita Calvento, se esmera por atenderlos.

Para los dos compañeros de ruta se acerca la hora de la separación. Ellos, que lo comparten todo desde hace casi siete meses, comienzan a pensar en su futuro individual. Alberto buscará un puesto en un laboratorio de Caracas, mientras que Ernesto regresará a Buenos Aires a terminar sus estudios de Medicina. Uno de sus tíos, agente de un comerciante norteamericano de caballos de carrera, se encuentra precisamente en la capital venezolana y debe volver a la Argentina luego de enviar una carga de cuadrúpedos desde Miami; Fuser regresará al país con él, después de pasar por la Florida.

Una noche, sentados a la mesa de la buena tía Margarita, un periodista argentino que trabaja para la agencia norteamericana UPI se lanza a exponer una gran teoría sobre la inferioridad de los latinos con respecto a los anglosajones, que no tarda en irritar a sus compatriotas. Por consideración a su anfitriona, Ernesto se abstiene empero de todo comentario. Hasta que oye decir:

—Es una lástima que los argentinos hayan derrotado a los ingleses en 1806, pues de lo contrario los dos continentes americanos hablarían inglés, ¡y todo marcharía como en los Estados Unidos!

Réplica tajante de Fuser:

—¡Yo prefiero ser un indio analfabeto a un norteamericano millonario!

Y Mial apoya:

—O tal vez seríamos como los hindúes, que padecen sed y desnutrición, y tienen un 90% de analfabetos, doscientos años después de haber sido colonizados por los ingleses...

El 26 de julio de 1952, muy temprano en la mañana, Ernesto Guevara se apresta a abandonar el aeropuerto de Maiquetía, con la carlinga de su avión llena de caballos. Los dos hermanos de ruta acortan la despedida. Cada uno reprime la emoción que lo embarga y disimula para atenuar la del otro.

—Aprueba tus exámenes y vuelve a verme; reanudaremos viaje a México —lanza Mial, con un nudo en la garganta.

Al ascender la pasarela del avión, Fuser evita darse vuelta, para que su amigo no vea la tristeza impresa en su rostro.

VI
Entre los gringos

Un motor descompuesto detiene a Fuser en Miami. Allí está, solo en tierra norteamericana, por un lapso indeterminado, con un solo y único dólar en el bolsillo. Después de haber acompañado al tío y a sus caballos a destino, se pregunta cómo va a matar el tiempo. Comienza por encontrar un trabajo de lavaplatos en un restaurante para asegurarse el mínimo vital. Luego, como eso le deja tiempo libre, pasea. Para ver, para comprender "cómo funciona la cosa".

Lo primero que le sorprende es el poder del dólar. Todo gira alrededor de los *dollar bills* (billetes de banco) y, en broma, Ernesto llama a todos los norteamericanos Bill. Pasea por la pequeña ciudad que cuenta entonces con trescientos mil habitantes (dos millones ahora), come salchichas (hotdogs), y descubre cuán fuerte es la segregación allí. Los descendientes de esclavos no tienen nunca los mismos derechos que sus "hermanos" blancos. En el cine, los westerns enfrentan a buenos vaqueros con indios malvados. Ernesto no reduce los Estados Unidos a ese maniqueísmo, no experimenta odio hacia los "Señores Bill", sino que los considera como niños grandes, joviales, sin real conciencia política, practicando la religión del dólar.

Si bien no odia al pueblo norteamericano, detesta en cambio a sus dirigentes políticos y a sus patrones de la industria, que hacen pesar un yugo sobre los países latinoamericanos para impedirles evolucionar como ellos quieren.

Al cabo de un mes, el 31 de agosto, el Douglas está por fin en condiciones de partir. Ernesto se duerme entre los cajones de fruta que han reemplazado a los caballos. Tras una escala en Caracas, llega a Buenos Aires. La alegría de la familia, que va a esperarlo en pleno al aeropuerto, es desbordante. De regreso en el departamento de la calle Arenales, en el barrio de Palermo, lo mandan primero al baño a lavarse y a ponerse ropa limpia, luego se pasa a la mesa. Allí se encuentran sus platos favoritos: empanadas, asado a la parrilla con vino de Mendoza. Y para cerrar el festín, el mate con su bombilla de plata traída de Córdoba y con su nombre grabado. Todos escuchan, boquiabiertos, el relato de su viaje, suavizado sin embargo en cuanto a los detalles más críticos. Se lee orgullo en los ojos de la concurrencia, también un malestar, una imperceptible inquietud. Ya no es el mismo. "Su rostro se ha endurecido, algo ha cambiado en él", susurra ante Ana María la bella Matilde, apodada Minucha, novia de su hermano Roberto.

Él está decidido a terminar lo antes posible las quince materias que le falta aprobar para obtener su doctorado. Se sumergirá pues totalmente en el estudio. Para ello elige la casa de su querida tía Beatriz, donde nadie lo molestará, y se fija como objetivo terminar en mayo de 1953, lo que parece bastante utópico. En noviembre aprueba tres materias: Urología, Oftalmología y Dermosifilopatía. A fines del año 1952 aprueba otras diez, entre ellas Medicina Legal, Higiene, Ortopedia, Tuberculosis, Enfermedades Infecciosas. Luego, un poco más tarde, la decimocuarta, y finalmente, el 11 de abril de 1953 aprueba la última materia de su maratón: Neurología. Su madre está feliz; él, aliviado. El profesor Pisani se frota las manos, seguro de haber encontrado en Ernesto a su futuro adjunto y más adelante a su sucesor. A Pisani lo ha impresionado el relato del paso por el leprosario de la Amazonia.

Por fin Ernesto puede respirar un poco, ver nuevamente a sus amigos, asistir a un partido de rugby. Con un pensamiento para Mial, que debe de estar con el ojo pegado a un microscopio en un laboratorio de Caracas.

Segunda parte

Hilda Gadea y Fidel Castro

VII

¡Aquí va un soldado de América!

Dos días antes de festejar sus veinticinco años, Ernesto Guevara de la Serna recibe el diploma de médico, firmado por el doctor Carlos A. Bancalari.

Hombre de palabra, ha respetado la promesa hecha a su madre antes de partir con Granado. Se prepara a cumplir otra que lo liga a este último: encontrarlo en Caracas para proseguir juntos el viaje...

Ernesto no se lanza solo a su segundo viaje por América Latina: Carlos Ferrer, apodado *Calica*, un allegado a la familia Guevara, que no ha terminado sus estudios de Medicina, lo acompaña. En la tarde del 7 de julio de 1953, ambos jóvenes saltan al tren Yacuiba-Pocitos, que acaba de entrar en la estación Retiro del Ferrocarril General Belgrano. Celia de la Serna de Guevara se propone conservar su dignidad y no llorar. Esta vez, no ha intentado torcer la decisión de su hijo. Tanto más, por cuanto ahora lo sabe apto para cuidarse por sus propios medios; como alergólogo, el asma ya no tiene secretos para él.

Cuando el tren arranca, súbitamente la embarga un mal presentimiento. Escuchando sólo su corazón, corre por el andén, a lo largo del tren que comienza a tomar velocidad. La cabeza sonriente de Ernesto emerge por la ventanilla. En esa tarde gris y fría del invierno argentino, Celia oye a su hijo lanzar estas palabras al viento de la historia:

—¡Aquí va un soldado de América!

Es un soldado de América el que parte...

En La Paz, verdadero nido de cóndores, Ernesto comparte con Calica un cuchitril en la calle Yanacucho. Pasa la mayor parte del tiempo escuchando los rumores que circulan en los cafés de la avenida 16 de Julio, donde bebe chocolate con leche. Como también suele ir a la terraza del elegante Sucre Palace Hotel, puede apreciar el contraste entre los ricos clientes y el pueblo humilde de la calle: cholas e indias con sus hijos sujetos a la espalda, viejos indios desdentados masticando su coca, jóvenes tratando de llamar la atención de los extranjeros para venderles algún objeto. Al lado de la fachada dorada del hotel más selecto, Ernesto mira desfilar a ese pueblo andino vestido de harapos que no sonríe jamás.

Al observar a esas personas agobiadas, no se diría que Bolivia está bullendo. A la sombra de las banderas de la insurrección, aparece una nueva clase. La lucha popular ha permitido la instauración del gobierno reformista de Paz Estenssoro, que Ernesto ve con buenos ojos. Se irá desilusionando a medida que evolucionen los acontecimientos.

El bullicioso y colorido mercado Camacho, donde se venden hasta frascos con fetos de animales, recibe regularmente la visita de los argentinos, golosos de los grandes frutos tropicales. En su viaje con Alberto Granado, el mayor de los Guevara ha aprendido a saciar su apetito cuando se presenta la ocasión. No deja de darse un festín en la casa de un tal Nougès, un exiliado argentino convertido en plantador de caña de azúcar. Capaz de devorar verdaderos banquetes y luego soportar largos períodos de completo ascetismo, hay en este hombre algo del camello antes de la travesía del desierto.

Al regresar de la casa de Nougès, unos disparos levantan tierra alrededor del vehículo que los lleva de regreso a La Paz. Tres guardias de la Revolución, indios harapientos con sus armas humeantes en la mano, quieren saber quiénes son los pasajeros.

—¡Hombres de paz! —exclama Ernesto.

Unos kilómetros después de Obrajes, el llamativo cartel y la música del cabaret El Gallo de Oro atraen la atención de los argentinos. Lejos de los indios que se congelan vigilando los caminos, los peces gordos del MNR (Movimiento Nacionalista Revolucionario) la pasan bien. Evidentemente, la Revolución es confiscada por una pequeña minoría, en detrimento de un pueblo cegado por una libertad tan nueva como embriagadora.

En ese 26 de julio de 1953, en la isla de Cuba, un líder estudiantil que responde al nombre de Fidel Castro Ruz ha atacado un cuartel, el Moncada, al este del país, en Santiago.

Deseosos de hacerse una idea más exacta del estado mayor revolucionario boliviano, Ernesto y Calica solicitan una audiencia al ministro de Asuntos Agrarios.

A la entrada del ministerio, una interminable fila de indios de rostros quemados por el viento del altiplano aguardan en silencio, calzados con ojotas, vestidos con pantalones de lona y chaqueta. Esperan que se les atribuya la tierra que la nueva ley agraria les ha prometido. Sobre esa multitud impasible, un empleado, trepado sobre un cajón, agita un pulverizador de DDT. Uno a uno, los pacientes campesinos se ven cubiertos por una nube de polvo.

En una carta a su madre, que firma Chancho, Ernesto expresa su pesimismo: "Si bien reina en Bolivia un formidable clima de libertad, me interrogo sobre el futuro de esta Revolución. La gente que está en el poder echa DDT a los indios para librarlos temporariamente de los piojos que los asaltan, pero no resolverán el problema esencial de la proliferación de los bichos."

Humillado por el tratamiento infligido a sus semejantes, Ernesto escucha con oídos críticos el discurso del ministro en cuestión. Está convencido: si esa revolución no logra sacar a los indios de su aislamiento espiritual, si es impotente para alcanzarlos en profundidad, para devolverles su dignidad de seres humanos, entonces fracasará.

El jugador de ajedrez Ernesto Guevara todavía no ha tomado posición en el tablero político, pero aprecia cada vez menos a los teóricos. En él resuena una rebelión pronta a romper con quienes faltan a sus promesas. Cuando pida dos lugares para subir a bordo de un camión que parte hacia el Perú, el vendedor le dirá:

—¿En Panagra, desde luego?

—¿Qué es Panagra?

—En clase Panagra, es decir, en la cabina del conductor...

—¡Ni lo piense! Iremos atrás, como todo el mundo.

De esa manera continúa descubriendo "Nuestra Mayúscula América", como él llama a las Américas.

Se toma su tiempo para deleitarse con los esplendores del lago Titicaca. En barco, descubre los encantos del templo del Sol construido en una isla del lago-mar. Regresa a Machu Picchu, esta vez con libros que le permiten profundizar lo que ve. Más tarde escribirá una obra titulada *Machu Picchu, enigma de piedra en América*.

Según su futura esposa Hilda, es en La Paz donde reencuentra a Ricardo Rojo, un amigo de la adolescencia politizado como dirigente estudiantil, pero que adoptará una línea menos radical que Ernesto. Rojo le mete en la cabeza la idea de ir a Guatemala, lo que lo incitará a modificar su recorrido: en vez de proseguir a Caracas, subirá hacia la América Central. En Guatemala se está desarrollando una revolución, y por nada del mundo quiere perdérsela, sobre todo porque ya los norteamericanos la han condenado.

Atraviesa Bolivia, nuevamente Perú, luego Ecuador, donde toma un barco que va desde el puerto de Guayaquil hasta Nicaragua, pero se queda en Panamá. Prosigue su viaje haciendo "dedo". Ya no con Carlos Ferrer, que se ha quedado en Guayaquil, sino con otro argentino, Eduardo García, un extraño personaje apodado *el Gualo*. Harapiento, los pies ensangrentados, Ernesto Guevara se acerca a su destino.

En San José de Costa Rica, lugar de concentración de los exiliados latinoamericanos durante el primer año del gobierno de José Figueres, Ernesto conoce a refugiados cubanos en la cafetería Soda Palace, rebautizada El Internacional. Tiene igualmente ocasión de conversar con el doctor Rómulo Betancourt y con Juan Bosch, los futuros presidentes de Venezuela y de la República Dominicana, y de demostrar que tiene la envergadura necesaria para lanzarse, si lo desea, a la acción política. A principios de diciembre, traba relación con dos de los que habían participado en el asalto del Moncada, Calixto García, que será comandante del ejército rebelde, y Severino Rosell, también futura figura de la revolución. Han debido huir tras el fracaso de la ofensiva en cuyo transcurso su jefe, Fidel Castro, fue hecho prisionero.

Profundamente impresionado por el relato de los hombres de Castro, escribe a su querida tía Beatriz: "Tía, tía, tía: durante mi viaje por los dominios de la United Fruit" (él resume así el sistema norteamericano), "he podido verificar cuán terrible es su poder. He jurado no parar hasta no ver a esos pulpos capitalistas exterminados. Me dirijo a Guatemala donde me perfeccionaré para convertirme en un revolucionario auténtico." Al pasar, indica a su tía: "Además de ser ocasionalmente médico, publico artículos en los diarios, lo que me procura un poco de dinero. Doy igualmente conferencias sobre las civilizaciones precolombinas..." Termina con un encendido: "Te abrazo, te beso y te amo. Tu sobrino, el de la salud de hierro, el estómago vacío y la luminosa fe en el futuro socialista."

En ese mes de diciembre de 1953 se encuentra en Guatemala, desde donde escribe a su madre:

"Querida vieja: Aquí, siento por fin que se prepara algo... Pero ante todo te cuento. Después de salir de San José, hicimos "dedo" con García y avanzamos hasta donde el camino lo permitía. Luego recorrimos a pie los cincuenta kilómetros que nos separaban de la frontera nicaragüense. Yo, con un talón maltrecho. El camión que nos transportaba cayó en el lecho de un río y me lastimé el pie. Conocí a los hermanos Beveraggi Allende, de los que papi debe de haber oído hablar pues se cuentan entre los antiperonistas más decididos. Continuamos en su compañía, después de que ellos tuvieron la buena idea de levantarnos. ¡Y decir que con su gran chapa de la Universidad de Boston, los habíamos tomado por gringos! Seguimos así hasta Managua donde me esperaba, en el consulado argentino, el estúpido telegrama del viejo, que se cree siempre obligado a tomar esa clase de iniciativas." (Le proponía enviarle dinero.) "Tiene que comprender que, aunque tuviese que reventar, yo no les pediría un peso. Entonces, por favor, be-

64

ban a mi salud la plata que ponen en sus telegramas; será más útil..."

En otro estilo que el de la aventura con la *Poderosa II*, el recorrido a bordo del auto de los hermanos Beveraggi resulta igualmente sabroso. Cuando Ernesto y el voluminoso Gualo García suben al enorme coche americano, éste ya está lleno de objetos heterogéneos: faroles, neumáticos, alimentos de toda clase, tres gatos. "Tuvimos que vender todo de kilómetro en kilómetro para tener con qué subsistir; salvo los gatos... ¡nadie los quería!"

En la ciudad de Guatemala, Ernesto consigue un puesto de enfermero en el leprosario local, con un sueldo de doscientos cincuenta quetzales y la tarde libre. Nada muy sustancial, pero mantiene la esperanza: "De todas maneras, las cosas se arreglarán, pues aquí faltan médicos", escribe. "Y si no encuentro nada mejor, me alejaré de la ciudad para interesarme de cerca en las civilizaciones antiguas. En esta capital, no más grande de lo que es Bahía Blanca, tan apacible como ella, existe un auténtico clima de democracia, de solidaridad con los extranjeros presentes."

Ernesto conocerá pronto a la que será su primera mujer, la peruana Hilda Gadea Acosta, nacida en Lima el 21 de marzo de 1925. A causa de sus ojos oblicuos, debido a sus orígenes andinos, sus amigos la llaman *la China*. Estudiante de Ciencias Económicas, se ha enrolado en las filas de la Juventud Aprista. Brillante oradora, fue el miembro más joven y la única mujer del Comité Ejecutivo Nacional (CEN) del APRA[1].

El 27 de octubre de 1948, se produce el golpe de Estado del general Manuel Apolinario Odría en el Perú; Hilda rechaza la idea de vivir en un país conducido por un dictador militar y, antes de exiliarse en Guatemala, se refugia en la embajada de ese país en Lima. En la ciudad de Guatemala encuentra sobre todo un alimento intelectual, pues, en cuanto al resto, comparte el pan seco de los otros exiliados peruanos.

Esa mujercita posee una vitalidad, una confianza en el futuro que electrizan a sus allegados. De su personalidad emana una fuerza que seduce a Ernesto. Además, es de una rara elegancia, contrastante con el aspecto descuidado de su pretendiente. Está decidido: es a ella a quien quiere. De hecho, ella ocupará un lugar muy importante en su vida. Si en

---

[1] Alianza Popular Revolucionaria Americana (APRA), movimiento antiimperialista latinoamericano fundado en Perú, en 1924, por Víctor Raúl Haya de la Torre.

su primer encuentro, el 20 de diciembre de 1953, él se siente atraído de entrada por el entusiasmo y la claridad de sus palabras, ella reacciona por su parte de manera más circunspecta: lo encuentra demasiado buen mozo para ser inteligente, y un poco suficiente. No obstante, él no tardará en conquistar el corazón de la Egeria de los izquierdistas latinoamericanos de la ciudad de Guatemala.

Ernesto e Hilda vuelven a verse varias veces. Todos los pretextos son buenos para acercarlos. Intercambian libros. Los grandes escritores rusos gozan de su preferencia: Tolstoi, Gorki, Dostoievski... Ernesto se sumerge en *Las memorias de un revolucionario,* de Kropotkin, que ella le ha prestado. Sus debates plantean grandes interrogantes: "¿Adónde va el mundo? ¿Cuál es la solución para la humanidad? ¿Para cuándo el fin del capitalismo?". Pero también el origen de la propiedad, el Estado, *El Capital* de Marx... Ernesto le cuenta cómo, cuando niño, devoraba todas las obras que caían en sus manos. Le señala que ha leído a Salgari, Julio Verne y Stevenson. Hilda lo ayuda a completar su educación política prestándole *La nueva China,* de Mao tse Tung. Después de impregnarse de ella, él le dice:

—No hay duda de que la realidad china se asemeja a la realidad latinoamericana. Las masas chinas tienen problemas similares a los nuestros. Sólo una política mundial igualitaria podrá resolverlos.

Estimulado por *La nueva China*, Ernesto se propone llevar a Hilda a la Gran Muralla. Le fascina el gran coloso chino. Después de presentarle a sus compatriotas peruanos, Hilda lo pone en contacto con los cubanos. Ernesto le había hablado de su encuentro con Calixto García y Severino Rosell en San José de Costa Rica. En ocasión de la reunión de fin de año del 31 de diciembre de 1953, en la casa de Myrna Torres, hija de un exiliado nicaragüense, en la 6ª Avenida, conoce a Mario Dalmau, Armando Arancibia y Antonio Darío López. Conoce igualmente a Ñico López, llamado *el Flaco*, por alto y delgado. Ese atacante del cuartel de Bayamo el 26 de julio de 1953, día del Moncada en Santiago, alimenta una fe inquebrantable en la victoria de los revolucionarios cubanos. Ernesto le pide que le diga todo lo que sabe de Castro, que a sus ojos se perfila cada vez más como la figura de la escena internacional.

Conoce también a los Roa, padre e hijo, ambos llamados Raúl, y a la madre, Ada Kouri, cardióloga. El padre dirige la revista *Humanismo*, redactada por un grupo de exiliados políticos; hubiera podido ser el primer presidente de la República de la posrevolución. El hijo, ex secretario de *Humanismo*, es actualmente embajador de Cuba en París.

En México, se hace preceder el nombre de los argentinos del término *che*. Ernesto no escapa a la regla: ha pasado a ser el Che Guevara. Cuando Ñico López, los Roa y los otros cubanos comenzaron a frecuentarlo, él ya respondía a ese apodo. Para simplificarlo, se convirtió en *Çhe*. De hecho, Ernesto se distinguía de sus amigos latinoamericanos sirviéndose del *che* en casi todas las frases. Esa palabra se le pegó a la piel. Una de las teorías indica que el origen de la interjección se encuentra en el idioma italiano: *¿Che cosa c'e?...* (¿Qué hay?) Habiendo emigrado los italianos masivamente a la Argentina, su *c'e* se habría convertido en *che*. La otra teoría sostiene que proviene del guaraní, lengua indígena del noreste argentino, y equivale al posesivo *mi* o *mío*.

Una noche de fiesta en la casa de Myrna Torres, Ernesto invita a Hilda a bailar un tango. Arrastra los zapatos, como si anduviera en patines. Esa manera particular de conducir su baile, sin despegar los pies del suelo, enternece y divierte a su compañera.

El grupito de unas quince personas, entre las que se cuentan muchos cubanos, suele reunirse después en picnics en el campo. En el menú: salame y papas. A veces, cuando se presenta la ocasión, montan a caballo. Ejercicio en el que se destaca Ernesto, más a gusto sobre un caballo que en una pista de baile. Las cabalgatas le recuerdan su infancia en Alta Gracia cuando montaba con los gauchos.

Ya amigo, cómplice de Hilda, el bello argentino se ha puesto en la cabeza ser también su marido. Se lo dice, a su manera, en un paseo por el campo:

—Tú eres sana, de padres sanos, por lo tanto nada se opone a que yo obtenga tu mano...

Si bien no recibe esa mano en la cara, Ernesto no deja de ser tratado con aspereza en pleno campo florido: —Dame tiempo para pensarlo. Para estar segura de que hablas en serio.

Por ahora, Hilda da prioridad a sus certezas políticas.

Un buen día Ernesto, acompañado por Gualo, golpea a su puerta para pedirle una ayuda financiera: ¡están en la calle! Con su salario del Departamento de Estudios Económicos del Instituto de Fomento de la Producción, una parte del cual ella envía mensualmente a sus padres, tampoco Hilda nada en la abundancia. No importa: extrae de un cofrecillo una medalla y un anillo de oro; los empeñarán por una suma de dinero. Si bien Hilda ayuda a Ernesto, puede estarle a su vez agradecida por una prueba de confianza muy rara: ¡recordemos cómo envió de paseo a su propio padre a ese respecto!

Ambos argentinos se emplearán vendiendo objetos, imágenes piadosas, Cristos y santos de madera, pacotillas, a fin de reunir con qué recuperar las alhajas. Operación cumplida en tiempo récord. ¡Honor obliga! Durante todo ese tiempo, Ernesto no deja de trabajar gratuitamente en un hospital del gobierno constitucional. Lee muchísimo y frecuenta con asiduidad a los cubanos, que le cuentan en detalle lo que pasa en su isla. Él da forma a sus ideas revolucionarias. Ya sueña con combatir. Chuquicamata fue una revelación; el Moncada es una obsesión. Ellos estuvieron allí, él no...

En Guatemala, en la tierra de los mayas, los únicos centroamericanos que conocieron el cemento, en ese pequeño país donde palpita el corazón de América Central, al sur de México, al norte de El Salvador y de Honduras, allí donde los pueblos se ven encerrados entre la América del Norte, heraldo de una concepción del mundo basada en el dólar, y la del Sur, que marcha a tientas en un triste y penoso juego de la gallina ciega, allí, entre el mar Caribe y el océano Pacífico, él prosigue su transformación en el Che Guevara.

—Siendo el hombre un lobo para el hombre, él luchará junto con los oprimidos y los más débiles —comenta hoy Alberto Granado.

Romántico tal vez, seguramente. Pero de los románticos con un cerebro, un corazón y unos cojones como tenía él; un hombre de tres "C" como el Che, no se encuentra muy a menudo en los libros de historia.

No cabe duda: en la ciudad de Guatemala Ernesto eligió su bando. Está del lado de los pobres y de los indios. De todos: de los descendientes de los incas, de los aztecas, de los mayas y de los pieles rojas del Norte. Está con los que considera como los verdaderos americanos. A su manera, él ya danza con lobos.

En febrero de 1954, el panorama se ensombrece sobre el pequeño Estado libertario del presidente Jacobo Arbenz. El caldo de cultivo que enardece las mentes molesta en la cumbre, en el Norte, por el lado de la Casa Blanca. Por las calles circulan noticias alarmantes según las cuales el país será invadido. Ernesto está exaltado. Conoce a los miembros del gobierno. ¿No se presentó en la ciudad de Guatemala con una carta de recomendación para Juan Ángel Núñez Aguilar, uno de los colaboradores cercanos del presidente? Está dispuesto a tomar un fusil si es necesario. El 21 de febrero, mientras una psicosis de temor comienza a apoderarse de la ciudad, Ernesto telefonea a Hilda para invitarla a una reunión en celebración del cumpleaños del guerrillero nicaragüense Augusto César Sandino. Asombra a su "prometida" apareciendo con un soberbio traje gris, regalo del Gualo antes de su partida a la Argentina. Pero dos días más tarde, realiza un nuevo y desesperado llamado telefónico:

—Estoy clavado en la cama con una crisis de asma...

Al llegar a la vieja y pobre pensión de la calle 5ª donde se aloja Ernesto, solo desde la partida del Gualo, Hilda recibe un terrible impacto. La visión que tiene del hombre amado es insoportable. Está tendido en el sillón de la entrada, pálido, cadavérico. Un ligero silbido sale de su pecho. Pero Hilda pronto percibe de qué carácter está hecho el hombre.

—Ve a buscar una jeringa limpia, una ampolla que encontrarás en el cajón de la mesa de luz, y también algodón y alcohol —le pide calmadamente.

Hilda obedece y vuelve, para verlo inyectarse solo, como tiene la costumbre de hacerlo desde la edad de diez años. Ella ha tenido tiempo de ver, en el breve camino que va de la habitación al sillón, que se trata de una ampolla de adrenalina. Ernesto rehúsa toda ayuda suplementaria y sube lentamente a su habitación, utilizando la rampa como un bastón. Su fuerza de carácter y su disciplina impresionan a Hilda, que conversa ahora con la propietaria, quien trae una frugal comida al enfermo: arroz hervido y una manzana. Indica a Hilda:

—Nada más que esto, pues los excesos que cometieron en la fiesta para despedir a su amigo son los que provocaron la crisis.

Hilda no puede evitar contestar:

—¡Qué pena que un hombre de tal valor, que puede hacer tanto por la sociedad, se vea disminuido de este modo! En su lugar, yo me dispararía un tiro en la cabeza. No podría soportar jamás semejantes sufrimientos.

Se podría pensar —aunque su hija Hildita lo refuta— que en cierto modo es lo que ocurrirá. Con la diferencia de que la bala la disparará otro, en un lugar perdido del Chaco boliviano. ¿Había impulsos suicidas en el Che, como lo creyó Nasser? Podría discutirse largamente sobre el tema. Digamos que Ernesto Guevara cumplía un tiempo suplementario en la Tierra, después de haber logrado no dejarse asfixiar por su asma. Es difícil imaginarlo terminando su vida en pantuflas junto al fuego. Creyó en su lucha, hasta el momento en que comprendió que le era imposible ganarla...

Durante tres días más, Hilda irá a interesarse por la salud del enfermo a la pensión Toriello. Raros momentos de intimidad en los cuales ella descubre la naturaleza profunda de Ernesto, sobre todo su gusto por la poesía. Ella le lleva poemas del peruano César Vallejo, y de otros publicados en la prensa local. Uno de ellos, "Tu nombre", impresiona a Ernesto. Lo aprende de memoria y se lo recita a Hilda. El hecho de que él conozca la obra de Neruda los acerca aun más. Él le revela el nombre de sus poetas de lengua española preferidos: Federico García Lorca, José Hernández, el autor del *Martín Fierro*, obra que conoce por así decirlo de memoria, pero también Jorge Luis Borges, Leopoldo Marechal, Alfonsina Storni, y las uruguayas Juana de Ibarbourou y Sara de Ibáñez. En lengua inglesa, Rudyard Kipling tiene toda su estima. Ernesto trata también de transmitir a Hilda su entusiasmo por la literatura francesa: Voltaire, Rousseau, Rimbaud, Baudelaire, Apollinaire. Obsequia a su amiga *La piel,* de Curzio Malaparte, y también *Huasipungo*, de Jorge Icaza, escritor ecuatoriano que conoció en Guayaquil.

Ernesto nuevamente en pie, Hilda le presenta a un norteamericano, Harold White, del que sabe poca cosa pero al que considera un auténtico revolucionario. White ha dado clases de marxismo en la Universidad de Utah. Los dos hombres simpatizan en una curiosa mezcla de español e inglés. Rehacen el mundo: Freud, Pavlov, Engels, cuyo *Anti Dühring* los apasiona.

—Estábamos de acuerdo en la manera de pensar —dice Hilda—. Adheríamos a una filosofía materialista de la vida, a una concepción socialista que considera al individuo como un elemento de la sociedad. Lo mismo que estábamos de acuerdo en superar la noción de individuo para contribuir mejor al desarrollo social de todos. Porque al final, eso recaería en el individuo, que entonces saldría ganando.

En cambio, sus opiniones divergen sobre Sartre y principalmente sobre Freud: Ernesto cree que la sexualidad es el fundamento de la vida; Hilda, por su parte, considera ese razonamiento simplista. Una noche van al teatro a ver *La putain respectueuse,* de Jean-Paul Sartre. Los problemas raciales y existencialistas planteados en la obra alimentan durante horas sus justas verbales.

Otro día, Hilda invita a un conocido suyo, Herbert Zeissig, un alemán del Este. Ese joven comunista parece estar en condiciones de conseguirle a Ernesto una visa para México. La idea de que se vaya cuanto antes es de Hilda. Teme por su seguridad: en caso de derrocamiento del gobierno, corre el riesgo de ser encarcelado como simpatizante de Arbenz. En lo inmediato, necesita renovar su permiso de estadía. Cuál no es su sorpresa cuando Zeissig le propone sin ambages:

—¡Te adhieres al Partido y tienes el permiso de estadía!

Eso es exactamente lo que no hay que decirle a Ernesto Guevara. Detesta que le impongan algo. Si desea inscribirse en el Partido, lo hará por propia decisión. No es que rechace el ideal comunista: simplemente lo irrita esa clase de métodos destinados a engrosar el número de adherentes.

A partir de ese momento está fuera de la ley, por haber rehusado el ofrecimiento de un comunista cuya táctica de reclutamiento se parece mucho a la del cura que clavó su cruz en el túmulo sagrado de la Apacheta. El hecho de carecer de documentos en regla no lo perturba demasiado: Ñico López y sus amigos se presentan el sábado siguiente y lo llevan a pasar el día a orillas del lago Atitlán, en uno de los doce pueblos con nombres de apóstoles que lo rodean. Pero López está intrigado:

—Che, ¿por qué traes tu bolsa de dormir si regresaremos esta noche?

Ernesto desea reflexionar. Sobre la situación de Guatemala, sobre la suya propia, sobre su futuro con Hilda. Entonces dormirá a orillas del lago. Desde luego, al regreso, Hilda tendrá la primicia de sus reflexiones:

—El presidente Arbenz debería apoyarse en el pueblo en armas e irse a luchar a la montaña. No importa el tiempo que eso dure.

A mediados de junio de 1954, obtiene una entrevista con dos de los políticos más notorios del país: Marco Antonio Villamar y Alfonso Bauer Pais. El primero le comunica que se presentó al arsenal del ejército con un grupo importante de obreros a fin de conseguir armas. Los militares se lo impidieron y amenazaron con abrir fuego. En cuanto al presidente, parece que ha tomado la decisión de renunciar. De allí la actitud de los soldados. El 26 de junio se produce la dimisión oficial de Jacobo Arbenz. Pánico entre los latinoamericanos. Toman por asalto sus embajadas. Las fuerzas manipuladas por la CIA y comandadas por el coronel Castillo Armas han invadido Guatemala. La tía Beatriz recibirá esta carta: "Los yanquis se han quitado definitivamente la máscara de 'buenos' que les había puesto Roosevelt, y ahora llevan a cabo un juego entre bambalinas que no es muy limpio. Si hay que llegar a pelear con los medios que tengamos contra una aviación y tropas modernas, combatiremos. El ánimo del pueblo es excelente y un verdadero clima de lucha armada existe actualmente en Guatemala. Ya me inscribí para intervenir como médico en el servicio de urgencia, y me enrolé en las 'brigadas de la juventud' para recibir instrucción militar e ir adonde haga falta (...) Una misión militar norteamericana entrevistó al presidente Arbenz y lo amenazó con bombardear el país hasta destruirlo si no se retiraba. A lo que se suma una declaración de guerra de Honduras y de Nicaragua, aliadas de los Estados Unidos. Al conocer estas noticias, los militares guatemaltecos obligaron a Arbenz a renunciar. Me preparo a partir para México. Pase lo que pase, participaré en la próxima revuelta armada."

Se anuncia el color: rojo como el comunismo, rojo como la sangre que será derramada para asegurar el triunfo de la Revolución Cubana.

Bajo las bombas de intimidación que caen sobre la ciudad de Guatemala para forzar la renuncia del presidente Arbenz, el médico-viajero se convierte en el Che. Recorre las calles y experimenta un extraño júbilo. En la noche, surcada por los relámpagos del fuego de las ametralladoras de la aviación, se siente transportado por un poder irresistible. Es indestructible.

En una carta que su madre recibirá a fines de junio de 1954, escribe: "Hace unos días (el 15 de junio), un avión pirata, venido sin duda alguna de Honduras, se limitó a sobrevolar la capital. Al otro día, y los que siguieron, se inició el bombardeo de las instalaciones militares por mercenarios, y hace dos días una nena de dos años fue muerta por una ametralladora. Se podría haber explotado ese drama para unir al pueblo y al ejército..."

VIII

Luna de miel

La noche del 26 de junio de 1954, en el desorden de una ciudad destrozada, en un país que sabe que cambiará de poder y de orientación, Ernesto Guevara propone de nuevo a Hilda Gadea que sea su mujer. Esta vez, hay un sí en el aire sulfuroso de la ciudad de Guatemala. Con un ligero "pero" que depende de la situación, decididamente demasiado inestable y peligrosa para incitar al matrimonio.

De hecho, los azares de su vida de militantes decidirán su destino. Hilda se propone viajar a la Argentina, donde podrá contar con los padres de Ernesto, en vez de regresar al Perú, cuya situación política no le conviene demasiado. En el orden de las prioridades, necesita ante todo cambiar de domicilio. Precisamente la noche en que se apresta a llevar sus cosas a la casa de una amiga segura, es interceptada por un policía de civil que la aguarda delante de su puerta.

Fotos, cartas desparramadas, cajones dados vuelta... su habitación es registrada de punta a punta. El policía la conduce en auto a la cárcel de mujeres. Ernesto debería haberse hallado presente para ayudar a Hilda en la mudanza, pero era el día sagrado de escribir a su familia... Escapó por pura casualidad. Hilda se encuentra detrás de las rejas con prisioneras de derecho común, a quienes enseñará a leer y a escribir, antes de comenzar una huelga de hambre. Finalmente, dos peruanos, Nicanor Mujica Álvarez Calderón y Juan Figueroa, le transmiten la noticia que ella espera: el Che está a salvo. Ernesto ha encontrado asilo en la embajada de su país. Cuando quiere salir para liberar a Hilda, sus compatriotas lo disuaden: ¿acaso no está fuera de la ley?

Como la embajada de Perú se hace la sorda, Hilda sigue prisionera, contentándose con un bol de caldo diario. Hasta el día en que pide por teléfono una audiencia con el nuevo presidente, Castillo Armas, a quien ha conocido en el pasado. Como refugiada política que es, no desea regresar a su país. ¡Que la dejen salir de Guatemala! El atrevimiento de Hilda da resultado antes de lo que ella espera. El responsable de la prisión se da cuenta de que quizá no es conveniente conser-

73

var más tiempo a la sombra a esa peruana que no vacila en golpear la puerta del presidente...

La libera; ella corre a la embajada argentina. Una camioneta llena de policías vigila la entrada. Imposible cruzar la barrera. Se irrita, vuelve al día siguiente, después de haber descansado y comido en casa de una amiga. Logra al fin comunicarse con Ernesto haciéndole llegar unas esquelas. Una de ellas contiene estas palabras: "No quieren dejarme pasar en la embajada, por miedo de que te lleve órdenes provenientes no sé de dónde. A menos, lo que es también probable, que teman que yo misma les solicite asilo político..."

Cuando ella ya no lo esperaba, invitan a Hilda a concurrir al palacio presidencial. Se presenta con su ropa más sentadora. La registran a la entrada del salón y luego la introducen ante el sucesor de Jacobo Arbenz. Apenas reconoce en ese personaje de rostro gris y barriga prominente protegida por un chaleco antibalas, al hombre jovial con el que conversó hace tiempo en una velada. Castillo Armas está flanqueado por dos oficiales que asisten a la entrevista. Al solicitar garantías para los otros exiliados, se le responde:

—Cada caso será examinado individualmente. En cuanto a usted, si tiene algún problema, puede contar conmigo.

Ella no cree en esas engañosas palabras. En cuanto a Ernesto, rehúsa tomar el avión enviado por el general Perón para rescatar a sus compatriotas. Por otra parte, escribe a los suyos una carta de recomendación para unos guatemaltecos que van a exiliarse en la Argentina: "Cuando yo caminaba por las rutas polvorientas de Guatemala con mis suelas de carne, uno de ellos me regaló un sólido par de zapatos, con los que pienso abrir camino en otras regiones. Como única recompensa, lo gratifiqué con un simple gracias; ésta es la ocasión de saldar mi deuda de gratitud con él."

En esos primeros días de septiembre de 1954, dos años después del fin de su aventura con Alberto Granado, Ernesto se refugia a orillas del lago Atitlán, en un pueblo donde nadie lo conoce. Aprovecha ese respiro para mejorar sus conocimientos sobre los mayas. Redacta también un largo artículo titulado "Yo vi la caída de Arbenz", en el que vacía su cólera y grita su odio hacia los invasores. Hilda será su primera lectora.

Ella lo acompaña a la estación donde él toma el tren a México. Ha obtenido documentos por intermedio de sus amigos cubanos. Ella sube al vagón... y no se baja hasta la primera parada, en Villa Canales. Allí, él toma su mano, declama el poema de Vallejo, "su poema", y concluye:

—Nos veremos en México. Te espero.

Sin pasaporte, ¿cómo pensarlo siquiera? En el andén donde se queda sola, Hilda se pregunta si el beso cuyo sabor conserva no será el último.

De regreso en la capital, la novia del Che va directamente de la estación al domicilio de la amiga que la aloja. Nota delante del edificio la presencia de un ciclista, que ya ha visto por primera vez en la estación, y cuando entra en el vestíbulo es interpelada por dos hombres, uno de los cuales es precisamente el ciclista. Le piden sus documentos y, al leer su nombre, le informan su arresto y su expatriación... a México. Ninguno de los esbirros comprende la sonrisa que se dibuja en su rostro. Mientras tanto, la conducen a la prisión, donde las reclusas se sienten felices de recuperar a su "profesora". Pero Hilda sólo pasa una noche con ellas.

En la ciudad fronteriza de Malacatán, donde Ernesto la ha precedido, la compañera del Che es malamente sorprendida: se la lleva a una nueva prisión, ésta decididamente infecta. Un pobre hombre sobrevive allí, un español cuyo único delito fue dar de comer, en su condición de posadero, a funcionarios del gobierno de Arbenz. Se le ha confiscado su posada antes de hacerlo desaparecer en ese sórdido agujero.

Seguramente con propósitos libidinosos, el oficial de servicio propone a Hilda acompañarlo a cazar caimanes. Ella se rehúsa. Su segundo, encantado de que el cerdo de su jefe haya sido rechazado, se acerca a su vez con un plan escabroso:

—Nos escapamos los dos a México. Yo te hago pasar, y luego tú me ayudas a encontrar trabajo.

¡No, no y no! Los dos atrevidos son puestos en su lugar y no harán nuevos intentos. Mientras Hilda piensa cómo salir del paso, el oficial gordo, ahíto de sopa y de tequila propone:

—Pueden mandarse a mudar los dos, si pagan cincuenta quetzales cada uno.

El español no posee ninguno, e Hilda sesenta. Con aplomo ella responde:

—Cuarenta, o sea veinte cada uno. Eso o nada.

Felices de desembarazarse de la "india que no va a la cama" y del "pollo mojado español", los representantes de la ley los sueltan. Un botero los hará cruzar el río, peligroso en época de crecida.

En México, ciudad a la que llega en avión gracias al dinero de sus padres advertidos por telegrama, Hilda se lanza a la búsqueda de Ernesto. Tiene éxito. Se encuentran en el hotel Roma, cerca del cuchitril que él comparte, en la calle Cuauhtémoc, con un joven guatemalteco conocido en el tren, Julio Cáceres Valle, apodado *el Patojo*[1]. De entrada se hizo

---

[1] Modismo guatemalteco que significa pequeño o niño.

75

amigo de ese muchacho cuyos padres eran seguidores de Arbenz, en ese tiempo que Ernesto llama ya "la buena época".

Por la mañana, trabaja en un hospital como voluntario. Sobrevive gracias a su máquina fotográfica, con la que toma fotos de madres paseando a su prole; el Patojo revela las películas en la pileta, y lleva luego las fotos a domicilio, donde las cobra. A veces, Ernesto se dedica a cazar mariposas. En los meses siguientes, reunirá elementos para redactar un opúsculo, *La misión del médico en América Latina*. Terminados sus trabajos científicos, escribirá a su padre diciéndole ¡que espera obtener una beca de estudios en París!

Después de que Hilda le cuenta su encarcelamiento, por cuarta vez le pide que se case con él. Nuevamente el "sí" que esperaba es tan sólo un "puede ser". Ernesto cambia de conversación:

—¿Si fuéramos al cine Real a ver *Romeo y Julieta*?

Es un filme soviético sobre el ballet de Tchaikovski. Entusiasmados, al regreso hablan de Shakespeare.

Ese miércoles de octubre de 1954, Ernesto no sólo ha reencontrado a Hilda. También ha vuelto a ver a Ñico López, que ha pasado de casualidad por el hospital donde él trabaja.

Como en los buenos viejos tiempos de la ciudad de Guatemala, se reconstituye el grupo compuesto por Hilda, Ernesto y los cubanos. Los "fumadores de cigarros", apodo que les ha puesto Ernesto —que entrará a su vez en la Sierra Maestra—, aguardan la liberación de Fidel Castro y de su hermano Raúl, prisioneros del Moncada. Solamente entonces será creado el M 26-7, Movimiento del 26 de julio de 1953, en recuerdo de la primera manifestación armada de importancia contra Batista.

El Che y su inseparable "socio" Julio Cáceres son invitados a celebrar la Navidad en la casa de la poeta Lucila Velázquez, que comparte su techo con Hilda. Después de la pequeña fiesta, Ernesto acompaña al Patojo a la librería donde éste gana unos pesos como vigilante nocturno y, para no dejarlo solo en esa noche cristiana, se tapa con una manta y se queda a acompañarlo.

El propio Che contará más tarde, acerca de ese fiel compañero:

—El Patojo prosiguió su vida trabajando en el periodismo, estudiando Física en la Universidad de México, dejando de estudiar, dando marcha atrás, no siempre sabiendo lo que hacía. Muchacho sensible, inteligente y orgulloso, era muy introvertido. Le propuso a Fidel formar parte de su expedición; Fidel se negó, no queriendo llevar más extranjeros.

Inmediatamente después del triunfo de la Revolución, el Patojo se reunirá en Cuba con el Che, quien, como en México, le hará un lugar en su casa, hasta el día en que se marche por llamarlo su deber a Guatemala. Partirá para ayudar a liberar a su país, a fin de que vuelva a ser lo que era en la época de Arbenz. La noticia de su muerte, con un grupo de compañeros guatemaltecos, llegará algo más tarde a La Habana. La carta contendrá este poema suyo, considerado un canto a la Revolución, a su patria y a la mujer que dejaba en Cuba:

Toma, es sólo un corazón,
tenlo en tu mano
y cuando llegue el día,
abre tu mano para que el sol lo caliente.

En el Ministerio de Industrias, donde trabajó el Patojo y dejó numerosas amistades, una Escuela de Estadística fue llamada en su memoria Julio Roberto Cáceres Valle.

Siempre al acecho de pequeños trabajos para aumentar su magro peculio, el Che es contratado, a comienzos de 1955, para cubrir como fotógrafo los Juegos Panamericanos que se desarrollan en la capital mexicana. Esos mini Juegos Olímpicos dan lugar a justas importantes, en las que los atletas de los Estados Unidos han tomado la costumbre de conseguir la parte del león. Se disputan cada cuatro años y en el año que precede a los Juegos Olímpicos. La Agencia Latina de Noticias se muestra satisfecha con el trabajo de su recluta. No sabe que, en realidad, es una agencia de una sola persona: él. Con la ayuda del Patojo y de los cubanos, ha podido cubrir no solamente los partidos, sino también los entrenamientos y la vida cotidiana de los atletas en el hotel.

Con su billetera llena, el Che hace una vez más su pedido a Hilda. Y, alabados sean Viracocha, Bolívar, Karl Marx, Martí, Baco —en recuerdo de su discípulo Mial—, ella acepta. La fecha de la boda se fija para mayo, o sea dos meses más tarde. Ernesto tendrá entonces casi veintisiete años, edad perfectamente conveniente para ponerse el anillo al dedo.

Los futuros esposos piensan pasar su luna de miel en China, gracias al hijo de un amigo, gerente de una agencia de viajes, que tiene la posibilidad de obtener pasajes a precios módicos. Pero el viaje organizado coincide con la fecha prevista para la ceremonia y, como los novios necesitan dinero para la boda, el paseo a ver a Mao finalmente es postergado. Ambos lo realizarán, pero no juntos. El Che irá a Pekín después de la Revolución Cubana; será entonces "la voz de Cuba". Hilda recorrerá la Gran Muralla después de una serie de conferencias en Japón sobre las explosiones atómicas.

Finalmente es en Cuernavaca, cuando ya Hilda está embarazada de su hija, donde pasan su luna de miel, antes de la boda misma, que se celebrará más tarde de lo previsto. Momentos de felicidad, durante los cuales Ernesto olvida su humor corrosivo y se muestra lleno de benevolencia. Decora con flores su habitación del hotel, escribe y recita poemas. Ese Géminis revela la faceta "amor y sensibilidad" de su signo, mientras que la otra muestra al guerrero indiferente al peligro, que aguarda para mostrarse. Dos facetas de una personalidad compleja, que brillarán juntas en las futuras batallas.

El hecho de que, cuando estudiante, se haya dedicado con esmero al examen grafológico de su propia letra, prueba el interés que ponía en la evolución de su carácter. Recopiaba entonces el mismo texto a intervalos regulares, en la lengua de Molière, las últimas palabras de un condenado a muerte francés: *"Je pense avoir la force suffisante en ces instants pour monter à l'échafaud la tête levée. Je ne suis pas une victime, seulement un peu de sang qui fertilisera la terre de France. Je meurs parce que je dois mourir pour que le peuple perdure."*[2]

Médico, arqueólogo, escritor, periodista, fotógrafo, poeta, jugador de ajedrez, deportista, será luego guerrillero, presidente del Banco Nacional, ministro, embajador. No cabe duda de que el Che es múltiple. Ha dirigido su *yo*, con lucidez y tenacidad, hacia un *nosotros*. Es un calidoscopio, en el que cada faceta ilumina y orienta a las demás.

Sin duda el doctor Guevara se ha especializado en alergología y se ha interesado en las enfermedades cardíacas para poder ser su primer paciente. Pues, más que los dictadores o los bebedores de sudor de toda clase, su peor enemigo estaba prisionero en su caja torácica, y él luchaba sin tregua para no ser su esclavo. Todas las mañanas, en el hospital, una interminable fila de enfermos lo espera. No se contenta con auscultarlos y tratarlos: discute con ellos, dosificando su tiempo en función del número de los que aguardan. Prosigue una suerte de vasta encuesta sobre "el latinoamericano".

En una carta del 27 de mayo, hace esta confidencia a su padre: "La Habana me atrae de una manera muy particular: quisiera llenar mi corazón de paisajes estrechamente ligados a ciertas páginas de Lenin." Incuestionablemente la idea de ir a Cuba, que le ronda en la cabeza desde que conoció a Ñico López en Guatemala, va madurando en él. Proyecto todavía

---

[2] Pienso tener la fuerza suficiente en estos instantes para subir al cadalso con la cabeza erguida. No soy una victima, solamente un poco de sangre que fertilizará la tierra de Francia. Muero porque debo morir para que el pueblo perdure.

incierto, agazapado en lo más profundo de su mente, pero que está allí, a la espera de nuevos elementos para tomar cuerpo.

Unos días más tarde, escribe a su madre: "He ascendido al Popocatépetl y pude al fin ver las vísceras de la *Pachamama*. Hay aquí, en México, una cantidad de muchachos apasionados por mis aventuras, que se muestran curiosos por ser instruidos en los preceptos de San Carlos." [3]

De hecho, Ernesto empieza a preparar a los suyos con la idea de que irá a Cuba. Ya sabe que no será para hacer turismo. Unos días antes de enviar esa carta, ha conocido a Raúl Castro, el hermano de Fidel.

—Un joven de venticuatro años, un tipo estudioso —le recuerda Hilda.

Después de verificar que los elogios de sus compatriotas acerca del Che eran justificados, Raúl promete a Ernesto presentarle a Fidel no bien éste llegue a México...

[3] Carlos Marx.

IX
El encuentro en la casa de María Antonia

El 9 de julio de 1955, hacia las veintidós horas, en una noche fría, tiene lugar el encuentro de Fidel Castro con el Che Guevara. En el departamentito de María Antonia Sánchez González, una cubana más bien bonita, de ojos y cabello castaño claro, de voz ronca, casada con un mexicano. Allí, en el 49 de la calle Emparán, cerca de la plaza de la República, se presenta Fidel, hombre apuesto de casi un metro noventa, en la treintena, de una fortaleza impresionante, de bigotes y con el cabello muy negro, brillante y ondulado. Más bajo, el Che, con sus veintisiete años, no puede dejar de sentirse impresionado por el atacante del Moncada.

La mirada franca e impactante de Ernesto no es de las que desagradan a Fidel, que necesita auténticos guerreros para ayudarle a construir su Revolución. Sin muchos preliminares, ambos hombres abordan la absoluta necesidad de liberar a los pueblos de América Latina del agobio del imperialismo. Fidel explica a su atento interlocutor que en Cuba existen doscientos mil *bohíos*[1] y que cuatrocientas mil familias, en las ciudades y en el campo, sobreviven hacinadas en tugurios insalubres, con un 90% de niños atacados por los parásitos. En esa noche en blanco, Ernesto impresiona a los hermanos Castro por la precisión de su análisis de los problemas sociales. Solamente cerca del amanecer, Fidel le confía su proyecto de armar un barco hacia Cuba. En Guatemala, Hilda y Ernesto ya se habían enterado de que Fidel había estado presente en Colombia, y de que había querido luchar con el pueblo como líder estudiantil cuando fue asesinado el líder liberal Gaitán, en 1948.

Ernesto es integrado al Movimiento 26-7. En adelante, es *el Che*. El día los sorprende y, en el momento de separarse, el abrazo tradicional sella su amistad. El Che ya se siente cubano. Arde en deseos de partir a liberar la isla. Fidel ha estimulado su imaginación. Ha luchado con las armas en la mano,

[1] Chozas de adobe y techo de paja.

80

ha padecido la prisión; su experiencia revolucionaria es mucho más rica que la suya propia.

—Fidel —dice a su compañera— es un gran dirigente político. De un estilo nuevo, modesto, que sabe adónde quiere ir, dotado de gran firmeza.

Fidel va regularmente a cenar a la casa de Ernesto e Hilda. Se encuentran de noche, por temor a los espías del dictador cubano Batista. En una de esas veladas, hablan nuevamente del proyecto de una invasión por mar. Hilda experimenta terribles deseos de intervenir, no sólo en la conversación sino en la expedición misma. Se muere de ganas de pedirle a Fidel que la embarque con ellos. Pero está embarazada del hijo del Che, y el proyecto no resiste el análisis. Hilda no será la única mujer de la invasión.

La conversación se torna más precisa. Punto de partida, trayecto, desembarco... Una noche, después de que Fidel se ha marchado de la casa, los revolucionarios en ciernes se interrogan:

—¿Qué piensas de esa locura de los cubanos por invadir una isla hiperarmada? —pregunta Ernesto.

Hilda comprende que él quiere saber qué piensa ella de su eventual participación. Todavía no se han casado...

—No hay duda de que es una locura. Pero hay que intervenir en ella...

—Yo también lo creo. Quería simplemente conocer tu parecer. He decidido ser de la expedición. Primero participaré en la fase de preparación física. Quiero ir con ellos como médico.

Ernesto no vacila ni la sombra de un segundo cuando Fidel se lo propone; su respuesta es sí. Con una condición: recuperar su libertad de revolucionario errante tras el triunfo de la Revolución Cubana. Si es que hay triunfo. Sabe los riesgos de un proyecto tan enorme; sabe también que su partida implicará una separación por tiempo indefinido, tal vez para siempre, de Hilda. Y que es posible que no vea crecer a su hijo. Pero su misión, "ayudar a la Revolución Cubana", está primero. E Hilda, la Egeria, la musa, lo ha comprendido.

En una carta que dirige por una vez a su madre y a su padre, Ernesto escribe: "Este México inhospitalario y duro no me ha tratado mal, a pesar de todo. Con la publicación de varios artículos, más o menos válidos (que firmo con mi respetable nombre), se sedimentan una serie de ideas y de aspiraciones que existían en forma de nebulosa en mi cabeza. Conservo en mente la esperanza de ser médico. Pero creo que ése es un sueño, y que tengo otros proyectos que realizar antes de esa ambición completamente personal."

Puesto que el imperialismo castiga a toda América Latina, Fidel Castro estima —en total comunión de pensamiento con Ernesto— que la lucha cubana está ligada con la acción continental, como Bolívar y Martí lo comprendieron y demostraron. De hecho, entre 1953 y 1955, hubo en México una clara repercusión de las sacudidas provocadas en Cuba por el Movimiento nacido del ataque del Moncada. Se oponen dos corrientes: una oficial, cercana a Batista, la otra popular, cercana a la oposición castrista. Hasta los Estados Unidos vacilan: ¿por quién apostar? ¿Por Batista, cuyos excesos molestan, o por Castro, interlocutor válido y menos codicioso que el dictador en el poder? Por otra parte, en ese mes de julio de 1955, la situación política en la Argentina, con el intento de golpe de Estado de los militares organizado por la Marina y por una parte de la población, sumen a Ernesto en un abismo de reflexión. Siente perfilarse lo inevitable: la caída de Perón y el acercamiento con los Estados Unidos.

Pero, por el momento, concentra su energía en Cuba. Habrá que estar en buena forma física para enfrentar los combates, la vida penosa y peligrosa de la Sierra Maestra, montañas del este de Cuba donde Fidel ha previsto comenzar la invasión. El programa de entrenamiento de los futuros guerrilleros es cada vez más intenso y duro. Practican lucha, especialidad del marido de María Antonia, que servirá para el combate cuerpo a cuerpo. Pero también basket y fútbol para la agilidad, la coordinación de movimientos, la respiración, la resistencia. Y severas competencias de remo entre varias embarcaciones fidelistas en el lago de Chapultepec. Ernesto pasa sus fines de semana escalando el Popocatépetl o el Iztaccíhuatl, que se elevan a más de cinco mil metros, en los que satisface su amor a la montaña y al mismo tiempo prepara sus pantorrillas para las asperezas de la Sierra Maestra.

Vuelve al domicilio conyugal agotado, al término de jornadas enloquecedoras en las que acumula, además de su preparación física, su trabajo en el hospital, sus investigaciones científicas, sus escritos de periodista político o sobre el mundo precolombino. Duerme cinco horas por noche. Se ha reducido considerablemente el tiempo de las interminables conversaciones con Hilda, en las que deshacían el mundo para reconstruirlo mejor, esos hermosos tiempos de amor y romanticismo compartidos. La vida de Ernesto le pertenece cada vez menos: la consagra cada vez más a la Revolución.

El 8 de agosto, Fidel Castro firma el Manifiesto Nº 1 al Pueblo de Cuba, en nombre del M 26-7. Un texto en el que se ocupa de la reforma agraria, en el que retoma sus primeras propuestas publicadas bajo el título de "¡La historia me absolverá!". Se coloca bajo la égida de José Martí, absteniéndose al mismo tiempo de criticar directamente a los Estados

Unidos, a los que no quiere disgustar. A partir de ese Manifiesto Nº 1 no cesará de bombardear a Cuba con órdenes y comunicados, no sin exhortar a la dirección estudiantil a la prudencia.

El 18 de agosto al mediodía, en el pueblo de Tepozotlán, Ernesto e Hilda se casan al fin. El Che hubiese deseado que Fidel fuese su testigo; por razones de seguridad, renuncia a ello. Raúl Castro, así como Jesús Montané, otro gran nombre de la Revolución, no dejan empero de estar presentes en la ceremonia privada. La fiesta tiene lugar en México. Fidel se une a los invitados, llegando a tiempo para saborear la apetitosa parrillada preparada por Ernesto y beber mezcal[2] del pico de la botella típica donde se macera con una oruga.

Fidel promete entrar a la cocina una noche próxima y preparar spaghetti con mariscos, plato que le encanta. Los había preparado el 26 de julio, para el segundo aniversario del ataque del Moncada. Ese día tuvo lugar una manifestación conmemorativa en el parque Chapultepec, al pie de la estatua de José Martí. Reunión discreta sin embargo, pues los cubanos no deseaban llamar la atención de la policía mexicana, ni, sobre todo, la de los espías de Batista. Fue en torno a la mesa humeante de los spaghetti de Fidel donde se decidió hacer público su discurso de defensa durante el juicio del Moncada: "¡La historia me absolverá!"

Al día siguiente, 19 de agosto, a fin de poder comprar armas, Fidel parte a los Estados Unidos a buscar dinero entre los cubanos que han cruzado el golfo de México. Se hará enviar su correspondencia al domicilio de los Guevara, en la Colonia Juárez, Nápoles 40, no lejos de la plaza de toros, al nombre de soltera de Hilda. Quiere movilizar a los cubanos que se han refugiado en el norte por razones económicas o por hostilidad a Batista. El 30 de octubre de 1955, en el hotel Palm Garden de Nueva York, reúne a los tres grupos de oposición que actúan en los Estados Unidos: Acción Cívica Cubana, el Comité Ortodoxo y el Comité de los Obreros Democráticos. Ochocientas personas, ante las cuales el ex abogado lanza su histórico:

—¡En 1956, seremos libres o seremos mártires!

En Miami, el ex presidente cubano Prío demostrará ser uno de los donantes más generosos para la causa; ¿acaso Batista no es el enemigo común?

El fin del año 1955 marca la caída de Perón en la Argentina. El Che comprueba que se repite la historia de Arbenz.

[2] Aguardiente de maguey.

Escribe a su madre: "La caída de Perón me afecta mucho. No por él, sino por lo que representaba a los ojos de toda América. Con él la Argentina tenía, para nosotros que situamos el enemigo al norte, el papel de paladín de nuestros pensamientos. El Partido Comunista desaparecerá con el tiempo. Habrá que pensar en luchar verdaderamente..."

En noviembre del mismo año, mientras el vientre de Hilda se redondea, los Guevara deciden otorgarse un tiempo de vacaciones. En Yucatán, en Papaloapán y en Palenque, en la tierra de los mayas, recorren los templos, las pirámides, los monumentos funerarios. Pero el clima húmedo de Palenque resulta nefasto para Ernesto. Su asma se despierta y arruina la estadía. Como de costumbre, él se trata solo.

Un día, sorprendidos por el hambre en el puerto de Veracruz, se sientan a la mesa de un bodegón. Se ponen a evocar el esplendor de los templos cuando en la mesa de al lado, donde beben unos marineros de juerga, se levanta el jefe del grupo. Se acerca a los Guevara con su jarro de cerveza en la mano para brindar con Ernesto. Y hace un brindis inesperado:

—¡Un brindis por ti y otro por la reina!

Lo que provoca esta respuesta al importuno, tan viva como definitiva:

—¡Todo conmigo, pero nada con ella!

Sorprendido, cortado, el marinero vuelve a sentarse. En el momento de pagar la cuenta, vuelve a la carga:

—¡Brindo por la reina!

El Che aprieta las mandíbulas, aferra al marinero por el cuello de la camisa, lo levanta y lo sienta en su silla bajo la mirada estupefacta de sus compañeros, diciéndole, cortante:

—¡Te dije que conmigo todo, pero con ella nada!

Como si el Che ya quisiera deslizarse en la piel del marinero en que tendrá que convertirse, esa luna de miel termina en Mocambo, en un barco, donde un ciclón casi adelanta el parto de Hilda. Después de la crisis de asma, del ascenso a los templos y del ciclón, la joven regresa a México con un suspiro de alivio.

Ernesto escribe a su tía Beatriz: "Espero dentro de poco a Vladimir Ernesto. Desde luego, yo lo espero, pero lo tendrá mi mujer. Estos últimos días ha llovido tanto que el agua casi atravesó mi impermeable de tela de Córdoba."

A medida que se acerca el fin de año, Ernesto pasa más tiempo con Fidel y sus cubanos. Los preparativos se intensifican. Ernesto decide bajar más de peso. Quiere estar afilado como una daga para participar en los combates. Si bien parte como médico, tiene profundamente arraigada la intención de combatir. Sacrifica el pedazo de carne que acostumbraba comer a la mañana en el desayuno, limitándose en adelante a un sándwich en el hospital y algo liviano a la noche. Su cuerpo se transforma en el de un verdadero miembro de comando. A principios de enero de 1956 escribe a su madre: "Los volcanes continúan siendo atacados por mis pies furiosos de conquistador. El bebé verá la luz en la última semana de febrero. Después del mes de marzo, decido mi vida." Ernesto la prepara para el anuncio de su incorporación a la tropa del jefe revolucionario Fidel Castro Ruz.

A principios de febrero comienza el entrenamiento de tiro en el polígono de Los Gamitos, en los suburbios de México. Ejercicio en el que Ernesto, habituado en su infancia a tirar con revólver en Alta Gracia, se muestra hábil y preciso. La preparación se intensifica al punto de que Fidel pronto encuentra insuficiente el stand de tiro de Los Gamitos. Envía a su amigo, el ex coronel republicano español Alberto Bayo[3], ex combatiente en la guerra contra Franco, asistido por el futuro héroe Ciro Redondo, a buscar un refugio más vasto, de hecho un verdadero campo de entrenamiento. A sólo unos cuarenta kilómetros de la capital, la suerte les sonríe en la persona de un ex combatiente que luchó contra los yankis en tiempos de Pancho Villa. Engañándolo un poco, pues él intenta vender esa propiedad que posee en las afueras de la ciudad de Chalco, le hacen creer que son los representantes de un rico propietario salvadoreño y le proponen, antes de cerrar trato, llevar a unos cincuenta obreros de América Central para reacondicionar la propiedad, obreros que no son otros que los futuros guerrilleros. Así Fidel no tendrá que pagar más que un alquiler simbólico de ocho dólares por mes.

Allí se le encomiendan al Che sus primeras funciones: jefe de personal. En su diario, escribe: "En vista de la organización y del giro disciplinado que toman las cosas, tengo por primera vez la impresión de que contamos con una probabilidad de éxito, lo que hasta ahora había considerado como muy dudoso cuando me dejé enrolar por el comandante de los rebeldes, con quien sigo manteniendo relaciones de amistad basadas en el sentimiento de vivir una novela de aventuras y en nuestra común convicción de que vale la pena morir en una playa extranjera por un ideal de semejante pureza."

Día y noche, después de las marchas forzadas dirigidas por la brújula, el coronel Bayo hace dormir a los hombres sin

---

[3] En 1948, los sandinistas nicaragüenses le dieron el título honorífico de General, por su apoyo al movimiento revolucionario centroamericano.

comodidades. El Che juega al ajedrez con ese ex guerrillero, que ha escrito *Tempestad en el Caribe*, uno de sus libros de cabecera. Ernesto compone también poemas épicos, como éste:

CANTO A FIDEL

Vámonos,
ardiente profeta de la aurora,
por recónditos senderos inalámbricos
a liberar el verde caimán que tanto amas.

Vámonos,
derrotando afrentas con la frente
plena de martianas estrellas insurrectas,
juremos lograr el triunfo o encontrar la muerte.

Cuando suene el primer disparo y se despierte
en virginal asombro la manigua entera,
allí, a tu lado, serenos combatientes,
nos tendrás.

Cuando tu voz derrame hacia los cuatro vientos
reforma agraria, justicia, pan, libertad,
allí, a tu lado, con idénticos acentos,
nos tendrás.

Y cuando llegue al final de la jornada
la sanitaria operación contra el tirano,
allí, a tu lado, aguardando la postrer batalla,
nos tendrás.

El día que la fiera se lama el flanco herido
donde el dardo nacionalizador le dé,
allí, a tu lado, con el corazón altivo,
nos tendrás.

No pienses que puedan menguar nuestra entereza
las doradas pulgas armadas de regalos,
pedimos un fusil, sus balas y una peña.
Nada más.

Y si en nuestro camino se interpone el hierro,
pedimos un sudario de cubanas lágrimas
para que se cubran los guerrilleros huesos
en el tránsito a la historia americana.
Nada más.

X
Hildita

No es un varón.

Vladimir Ernesto cede su lugar a Hilda Beatriz, a la que sus padres llamarán Hildita. Nace el 15 de febrero de 1956, en el Sanatorio Inglés de Ciudad de México, bajo el signo de Acuario, con una semana de anticipación. Su padre la llama "el pétalo más profundo del amor", y compone un poema en su honor.

Su tallo más vigoroso
tuvo corteza argentina
y la firmeza del tronco
era de montaña andina.
Perú le dio de su raza
suave, fina, piel morena
y México con su tierra
la dejó de gracia llena.

No se puede pensar en criar a la niña en el local confinado de la calle Nápoles. Los Guevara se apresuran a tomar un pequeño departamento en el primer piso, a la calle. Cuando las dos Hildas se reincorporan al nido familiar tras una corta permanencia en la clínica, Fidel, presente, las recibe con estas palabras:

—¡Esta muchacha será criada en Cuba!

Y Ernesto escribe a su madre: "Mi alma de comunista se dilata desmesuradamente: ¡nuestro bebé mofletudo es el vivo retrato de Mao tse Tung!"

La última semana de mayo, Ernesto va al campamento de Chalco. Una etapa importante para saber más sobre las condiciones del embarque. Dos días después de su partida, Fidel Castro Ruz es arrestado en compañía de otros cuatro cubanos. Permiso de estadía vencido. El arresto, ampliamente comentado por la prensa, es el resultado de los esfuerzos combinados de la policía mexicana, del FBI norteamericano y de los esbirros de Batista. Una tela de araña sabiamente tejida.

Fidel no tenía sin embargo domicilio fijo, como tampoco lo tendrá después de la Revolución en La Habana. Fue interceptado en plena calle el 20 de junio de 1956. La policía utilizó a Ramiro Valdés y a Universo Sánchez, a los que acababa de detener, como escudos humanos. Por consiguiente no hubo disparos de armas de fuego. A ese arresto se suma el de una quincena de otros rebeldes. Todos son llevados a la calle Miguel Schultz, a la prisión del Ministerio del Interior. Raúl Castro, por su parte, se ha escurrido entre las mallas de la red.

Parece ser que el gobierno mexicano, después de no pocas vacilaciones, se rindió a la voluntad de Batista de desmantelar la red del M 26-7. Como La Habana reclama la extradición de los prisioneros, es imperativo reaccionar cuanto antes. Prío escribe desde Miami una carta al presidente de México, Ruiz Cortínez. Por su parte, viejos colegas de Fidel, abogados, presionan sobre el mismo Ruiz Cortínez por intermedio del ex presidente Lázaro Cárdenas, el último de los verdaderos revolucionarios mexicanos, para que sean excarcelados esos defensores de la libertad.

Ante la noticia del encarcelamiento de Castro, Hilda no pierde un minuto: lleva todos los papeles comprometedores a la casa de su amiga doña Laura[1], donde estarán seguros. Buena idea. A la mañana siguiente, dos policías de civil se presentan en el domicilio de los Guevara.

—¿Usted es Hilda Gadea?

—No. Soy Hilda Gadea de Guevara.

—¿Recibe correspondencia?

—Sí, desde luego, de mi familia del Perú.

—No hablamos de eso. ¿No recibe telegramas de otros países?

—No.

—Síganos. Queremos verificar si usted no sabe nada de un telegrama que la compromete.

—Tengo una hijita de cuatro meses. Le doy de mamar y no puedo dejarla sola.

—¡Muy bien! No la llevaremos ahora, pero no se mueva de su casa. Le avisaremos.

En cuanto dan vuelta la esquina, Hilda va a su peluquero. No para hacerse cortar el cabello, sino para saber si es seguida. Una hora más tarde, está en un bar que los cubanos acostumbran frecuentar. Encuentra a Crespo, uno de los futuros miembros de la expedición.

Por la tarde vuelven los dos policías, y esta vez no vaci-

[1] Doña Laura Meneses de Albizú Campos, esposa del dirigente independentista portorriqueño Pedro Albizú Campos, encarcelado durante 30 años por las autoridades norteamericanas.

lan: se llevan a la madre y a la hija al Departamento de la Policía Federal. Allí le muestran un telegrama proveniente de Cuba que contiene estas palabras sibilinas: "Alguien irá a visitar a Alejandro." Hilda ignora ese nombre de guerra de Fidel. Por consiguiente no miente al afirmar que ese escrito no le está destinado. Recomienzan las preguntas:

—¿Quién vive con usted en el departamento de la calle Nápoles 40?

—Mi marido, el doctor Ernesto Guevara.

—¿Dónde está él?

—En Veracruz[2].

—¿Dónde, en Veracruz?

—En un hotel. Pueden buscarlo.

—¿Fueron ustedes juntos a Veracruz?

—Sí, en excursión.

—¿Y qué hace él allá?

—Investigaciones sobre la alergia; es su especialidad. Verifíquenlo en el Hospital Central.

Cambio de habitación. El interrogatorio prosigue en la oscuridad.

—¿Recibían ustedes a centroamericanos?

—No, solamente a peruanos.

—¿Está usted politizada?

—Sí, soy aprista, del Partido Aprista en el Perú. ¿Pero por qué estas preguntas? ¡Solicito un abogado!

Los policías terminan por soltarla con su bebé, pidiéndole que vuelva a firmar sus declaraciones. Ella se cree libre. No es así: los dos policías que la acompañan a su casa, siempre los mismos, se instalan en el sofá del comedor. Por turno se apostan en la ventana.

—¿Cuándo piensa que regresará su marido?

—A fin de semana.

Hilda espera que Crespo haya podido actuar. Tarda en dormirse, ganada por el temor de que aparezca Ernesto.

A las siete de la mañana los policías le anuncian:

—Nos vamos inmediatamente. Sí, sí, traiga a la niña...

El tercer interrogatorio comienza con un acondicionamiento psicológico:

—Usted sabe que podemos encerrarla durante años...

Luego, rápidamente, pasan a las preguntas que interesan verdaderamente a los policías:

—Cuando estaba en Guatemala, ¿el doctor Guevara mantenía relaciones con los rusos?

---

[2] Era la respuesta convenida de antemano con Ernesto.

—Jamás oí hablar de eso.

Insisten para saber de dónde proviene el dinero que permite a la pareja vivir y viajar por el país.

—Tengo un buen sueldo en la Organización Mundial de la Salud, y mi marido se gana la vida en el hospital.

La redada ha llevado mucha gente a la prisión del Departamento de la Policía Federal: aparte de Fidel y de algunos de sus hombres, entre ellos Ramiro Valdés y Universo Sánchez, están María Antonia, las dos Hilda y el Patojo. Al enterarse de que Hilda está allí con la "chiquita", Fidel utiliza toda la influencia de que puede disponer para que se les dé una comida decente. Insiste ante los responsables de la prisión para que se deje en libertad a "esa dama peruana casada con un médico argentino". Fidel escribe entonces acerca de su encuentro con Ernesto: "Es una de esas personas que despiertan de inmediato simpatía por su sencillez, su carácter, su tranquilidad, su fraternidad, pero también por su personalidad y su originalidad."

Mientras tanto, el Che prosigue su entrenamiento en la hacienda de Santa Rosa. Como un loco. Se ha ganado la estima y la amistad de todos por su combatividad, su voluntad y su resistencia. El 24 de junio de 1956, diez días después de cumplir sus veintiocho años, la policía cerca de noche la hacienda, de cuya existencia y funcionamiento se ha enterado. Se apresta a lanzarse al asalto cuando Fidel, que ha obtenido el derecho de salir de la prisión para evitar una masacre, y que ha corrido hasta allí, interviene a tiempo:

—En Cuba es donde combatiremos, no aquí —grita.

Luego pide a sus hombres, una treintena entre los que se cuenta el Che, que se rindan sin derramamiento de sangre. Todos son arrestados, la policía incauta documentos secretos. Ahora le toca a Ernesto pasar por el interrogatorio. Directamente en la oscuridad:

—Sabrás que tu mujer y tu hija están aquí a nuestra merced. Si no hablas, podemos torturarlas.

El Che permanece como de piedra. Da respuestas breves, lacónicas.

—¿Se ha encontrado con personas provenientes de la Unión Soviética?

—¡No!

—¿Jamás?

—¡Jamás!

Ernesto está intrigado por un personaje sentado en la penumbra, que de tanto en tanto murmura algo en inglés a los hombres que lo interrogan. "Éste es un agente del FBI o de la CIA", piensa. "Es evidente que esta gente se preocupa sobre todo por saber si existe una influencia comunista en la actividad de los cubanos…"

Después de ese interrogatorio, que no ha servido de nada, Ernesto recibe la visita del guatemalteco Alfonso Bauer Pais, que desea intervenir para hacerlo liberar, con la complicidad de Ulises Petit de Murat, un amigo de su padre. Se propone consultar a un abogado. Hilda sabe que su marido rehusará esa clase de intervención. A su vez, Fidel Castro desea que Ernesto, por su lado, salga del paso: es argentino, y por consiguiente lo que se trama no le concierne directamente. Pero el Che se empecina:

—Estoy ligado al destino de los cubanos; me quedo con ellos.

En esa ocasión Ernesto se entera de que Castro posee relaciones políticas importantes en México. Para que el M 26-7 sobreviva, hay que darlo a conocer; por eso Fidel se mantiene en contacto con los partidos de izquierda: desde la ORIT[3], cuya sede se encontraba anteriormente en México, hasta los grupos marxistas.

Desde su prisión, donde realiza una huelga de hambre, el Che escribe a su madre; "No soy ni un Cristo ni un filántropo. Soy todo lo contrario de un Cristo, y la filantropía me parece nula comparada con las cosas en las que creo. Pelearía con todas las armas a mi alcance, en vez de dejarme clavar en una cruz o en lo que ustedes quieran."

[3] Organización Regional Interamericana del Trabajo.

Tercera parte

Los ochenta y dos del *Granma*

ORGANIZACIÓN DE LA COLUMNA

Estado Mayor

Comandante en Jefe	Fidel Castro Ruz
Jefes de Estado Mayor	Capitán Juan Manuel Márquez y Capitán Faustino Pérez
Jefe de Intendencia	Pablo Díaz
Ayudantes	Félix Elmuza y Armando Huau
Jefe de Sanidad	Teniente Ernesto Guevara
Oficiales adscriptos al Estado Mayor	Capitán Antonio López
	Teniente Jesús Reyes
	Teniente Cándido González
Otros integrantes	Onelio Pino
	Roberto Roque
	Jesús Montané
	Mario Hidalgo
	César Gómez
	Rolando Moya

La tropa quedó formada por tres pelotones de 22 hombres cada uno, que tendrían los siguientes jefes:

Pelotón de Vanguardia	Capitán José Smith Comas
Pelotón del Centro	Capitán Juan Almeida Bosque
Pelotón de Retaguardia	Capitán Raúl Castro Ruz

Cada pelotón se componía de tres escuadras, al frente de cada una de las cuales se encontraba un teniente.

Jefes de escuadras

Primer Pelotón	Horacio Rodríguez
	José Ponce Díaz
	José Ramón Martínez
Segundo Pelotón	Fernando Sánchez-Amaya
	Arturo Chaumont
	Norberto Collado

Tercer Pelotón

Gino Donne
Julio Díaz
René Bedia

Integrantes de los pelotones

Evaristo Montes de Oca
Esteban Sotolongo
Andrés Luján
José Fuentes
Pablo Hurtado
Emilio Arbentosa
Luis Crespo
Rafael Chao
Ernesto Fernández
Armando Mestre
Miguel Cabañas
Eduardo Reyes
Miguel Saavedra
Pedro Sotto
Arsenio García
Israel Cabrera
Carlos Bermúdez
Antonio Darío López
Oscar Rodríguez
Camilo Cienfuegos
Gilberto García
René Reiné
Jaime Costa
Norberto Godoy
Enrique Cámara
Raúl Díaz
Armando Rodríguez

Humberto Lamothe
Santiago Hirzel
Enrique Cuélez
Mario Chanes
Manuel Echevarría
Francisco González
Mario Fuentes
Noelio Capote
Raúl Suárez
Gabriel Gil
Luis Arco
Guillén Zelaya
Calixto García
Calixto Morales
Reinaldo Benítez
René Rodríguez
José Morán
Jesús Gómez
Francisco Chicola
Universo Sánchez
Efigenio Ameijeiras
Ramiro Valdés
David Royo
Arnaldo Pérez
Ciro Redondo
Rolando Santana
Ramón Mejías

EL HOMBRE

1. 1929. Primeros pasos de Ernesto con su madre y una amiga, Mercedes Gramas.

2. La familia Guevara en pleno: el padre alzando a Juan Martín junto a Ana María, Ernesto, la madre, Roberto y Celia.

3. Ernesto, su padre y su hermana Celia.

4. Primer viaje, en el leprosario de San Francisco del Chañar.

5. Vestidos para la ocasión, con la Poderosa II: Ernesto a la izquierda, Alberto detrás de su hermano Tomás que sostiene la moto.

6. En el balcón del departamento de Buenos Aires en 1950.

4

5

6

7

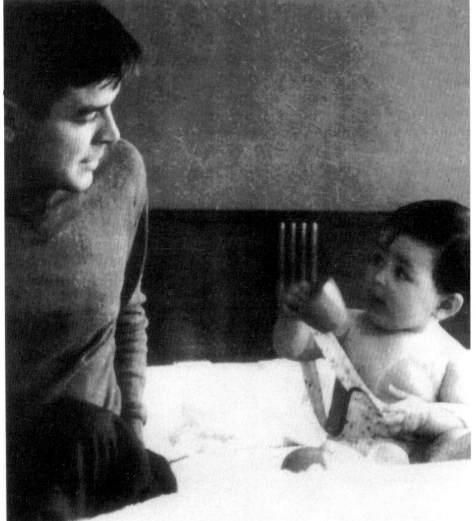

8

7. El equipo de rugby: Ernesto está abajo a la izquierda, con la pelota.

8. Con su hija Hildita.

9. Con Hildita y Núñez Jiménez.

10. En la Sierra, en compañía de Goethe.

11. El Che rodeado de sus padres, en La Habana, después del triunfo de la Revolución.

12

12. El encendido vínculo entre los dos grandes barbudos.

13. El inolvidable Camilo Cienfuegos.

14. La Revolución toma el poder.

15. El golf no tiene secretos para él.

16. Durante un tiempo se ganó la vida con su cámara fotográfica.

17. Dando ejemplo de trabajo voluntario.

18. En la máquina cortadora de caña de azúcar que ayudó a perfeccionar.

13

14

15

16

17

18

19. Con Khruschev.

20. Con Ben Bella.

21. Frente a Mao.

19

XI
Médico a bordo

A falta de cargos serios y gracias a la intervención de los que lo apoyan, Fidel Castro es liberado el 24 de julio de 1956 y obtiene la renovación de sus papeles. Como Calixto García, cuyo permiso de residencia también está vencido, Ernesto Guevara queda entre rejas.

Antes de abandonar el lugar, Fidel discute con el Che, que lo incita a partir sin él a Cuba.

—Che, te esperaremos, y voy a ocuparme de hacerte liberar lo antes posible —le responde Fidel, que pasa su primera tarde de libertad en el domicilio de los Guevara con el doctor Faustino Pérez. (Será uno de los sobrevivientes de la expedición.)

Ernesto está en la cárcel desde hace más de un mes. Mata el tiempo escribiendo cartas que hace llegar clandestinamente a los suyos. En respuesta a un envío de su padre, revela a su familia su proyecto y las razones profundas de su adhesión a la causa cubana:

"Hace ya algún tiempo, un joven líder cubano me ha invitado a integrar su movimiento, movimiento de liberación armada de su país, y por supuesto he aceptado. Mi futuro está pues ligado a la Revolución Cubana. O triunfo con ella o muero con ella. En lo inmediato, o salgo de esta prisión, o me quedo en ella. Hilda regresará al Perú, donde un nuevo gobierno concede amnistía política. Por diferentes razones, disminuiré mi correspondencia. Como además la policía mexicana tiene la agradable costumbre de secuestrar el correo, no me escriban más que trivialidades. (...) Consideren estas líneas como de despedida, no muy grandilocuentes, pero sinceras. En mi vida, me he pasado el tiempo buscando mi verdad en falsos pasos, y aquí, en camino y con una hija que me perpetúa, he cerrado el círculo. A partir de ahora no consideren mi muerte como una frustración. Como Hikmet: 'Me llevaré solamente a la tumba la pena de un canto inconcluso'. Los abrazo a todos."

Hilda y su hija tienen derecho a dos visitas semanales. Con Hildita trepada sobre los hombros de su padre, dan vueltas al patio interior. Un cesto de basket le permite mantener sus reflejos. Sean cuales fueren sus pensamientos por su mujer y su bebé, él sólo piensa en la gran partida. Se imagina navegando hacia Cuba...

Fidel encuentra finalmente una solución: obtiene para el Che y para Calixto el derecho de asilo en El Salvador. Gracias a una suma bastante abultada, ha comprado el apoyo de un burócrata venal. Luego Alberto Bayo deberá conducirlos a Guatemala, donde tratarán de pasar inadvertidos. En realidad, una vez salido de prisión —una semana después de Fidel, el 31 de julio—, Ernesto permanecerá oculto en México. Antes de partir, tiene tiempo de festejar, el 15 de agosto, los seis meses de Hildita.

Dos semanas más tarde, un tal Aldama se presenta en el domicilio de los Guevara. Da a Hilda la dirección de un hotel de Cuautla, donde *el señor González* la espera. Nombre de pila: Ernesto... Corre a verlo con su hija a la primera ocasión; luego se verán varias veces en el famoso balneario de Acapulco, donde cohabitan norteamericanos llenos de dólares y mexicanos carentes por completo. Allí, en la habitación de su hotel, Ernesto se separará de sus dos Hildas. No sin haber recitado a su "pequeño Mao" este último poema en prosa:

"He recorrido los caminos de América. En la tierra de los mayas, en Guatemala, me detuve para descubrir una Revolución. Allí encontré en mi camino a un camarada que se convirtió en mi guía. Juntos, hemos vivido con la idea de defender a ese pequeño país contra los yankis. Ahora ha llegado para mí la hora de combatir, esta vez en otro pequeño país, un pedazo de nuestro continente, para desalojar la explotación y la miseria. Con la voluntad de construir un mundo mejor en el que tú vivirás."

Dirigiéndose a su mujer, que llora lágrimas de felicidad y de tristeza, añade:

—No hay que llorar, hay que pensar en lo que se debe hacer. Es posible que yo muera. Pero solamente importa el triunfo de la Revolución.

Hilda regresará al Perú con su hija y creará allí un comité de apoyo al M 26-7, como lo hará también, en la Argentina y en el Uruguay, Ernesto Guevara padre. En Cuba, adonde ella irá en enero de 1959, justo después del triunfo, descubrirá que el Che se ha vuelto a casar. Duro para ella... Pero la Revolución y la felicidad de su hija están primero. Se divorciarán el 22 de mayo de 1959 y seguirán siendo buenos amigos. Ella morirá de cáncer el 11 de febrero de 1974, después de haberse casado nuevamente con el pintor cubano Miguel Nin Chacón.

La amplia redada de la policía mexicana ha quebrantado al M 26-7. Evidentemente, Batista sabe que el jefe de la rebelión, Fidel Castro Ruz, prepara un golpe. Por el lado cubano, se esmeran en rechazar todo intento de abordar las costas. Además de haber tenido que abandonar por la fuerza la hacienda de Santa Rosa, los rebeldes han sufrido la confiscación de un stock de armas.

Ya ha pasado el momento de la preparación; ahora es el de la acción. Fidel acaba de comprar un barco, que no es nuevo, pero al que de todos modos no se le pedirá más que un único esfuerzo. Su nombre: el *Granma*, del inglés *grandmother*. Fue comprado a un norteamericano, Robert B. Erickson, quien, además de del barco, se separa de una pequeña propiedad a orillas del río Tuxpán, donde tendrá lugar el embarque. Es un yate de madera construido en 1943. Mide 13,25 m de eslora por 4,79 m de manga y es propulsado por dos motores Diesel Gray General tipo 6 M 4, de seis cilindros. Los cuatro tanques contienen ocho mil litros de combustible. Consumo: veinte litros por hora. "Está hecho para transportar a veinticinco personas", ha indicado el vendedor. Se le encarga a Chuchu Reyes, el único de los fidelistas que conoce algo de mecánica marítima, que acondicione el *Granma* para transportar a alrededor de ochenta personas, o sea tres veces más que la carga prevista.

Por el momento, los rebeldes se hallan diseminados por todo México. Treinta y ocho tienen su base en el nordeste del territorio, cerca del pueblo de Abasolo. El 21 de noviembre, la desaparición de dos de ellos hace acelerar el proceso de partida, por temor a una delación. En México, el Movimiento ya ha juzgado y ejecutado a un traidor.

En ómnibus, auto, barco, venidos de México, Veracruz, Jalapa o Victoria, los castristas llegan al punto de embarque. A la llegada son ochenta y cinco, tres más de lo que permite la capacidad extrema del yate. Fidel debe decidir: se les da prioridad a los menos gordos. Ernesto no tiene por qué temer con sus setenta kilos para un metro setenta y tres de estatura. En una tarde lluviosa, los miembros de la expedición comienzan a cargar el *Granma*. El orden es el siguiente: armas, combustible, alimentos y agua. Fidel, envuelto en una capa negra, ordena finalmente subir a bordo. Los hombres se apiñan a punto de asfixiarse. Entre ellos figuran veinte sobrevivientes del ataque del Moncada y cuatro no cubanos: el italiano Gino Donne, el mexicano Guillén, el piloto dominicano Ramón Mejías y el argentino Ernesto Guevara. Este último en calidad de médico, pero con el grado de teniente.

A la una y media de la mañana del 25 de noviembre de 1956, el *Granma*, de color blanco, pone en marcha sus motores. Los ochenta y dos iluminados que lo ocupan se miran gravemente. Llevan la ropa verde oliva que pronto será célebre en el mundo entero. Con todas las luces apagadas, el yate desciende el río hacia la desembocadura. Como un barco fantasma, pasa delante de los edificios de las autoridades portuarias. La noche negra y la lluvia son sus aliadas. Pronto sus ocupantes serán "libres o mártires", según la frase de Fidel repetida por la prensa gubernamental cubana.

En la isla de Cuba, el Movimiento 26 de Julio ha organizado el apoyo logístico del desembarco en varios puntos de la costa sudoeste: Manzanillo, Campechuela, Media Luna, Niquero y Pilón. Se ha instalado un dispositivo de recepción por campesinos ganados a la causa. Frank Pais, joven jefe nacional de acción del M 26-7, ha confiado la organización de la recepción a Celia Sánchez Manduley, gran figura del Movimiento. Por su parte, el ejército de Batista no permanece inactivo: comunica a sus guardacostas una lista de barcos de paseo a vigilar. Entre los nombres citados figuran el *Magdalena*, el *Corinthya* y el *Granma*. Ya los aviones C-47 y B-25 se alternan a lo largo de las costas: deben señalar cualquier embarcación sospechosa. Se refuerza la vigilancia de la parte oriental mediante el envío de tropas terrestres a esa zona de la isla. El 24 de noviembre, mientras los miembros de la expedición se reúnen en Tuxpán, el general Pedro Rodríguez Ávila despacha una compañía de artillería del departamento militar de La Cabaña en La Habana a la región de la isla que ahora se halla bajo alta protección.

En medio de la niebla que envuelve al *Granma*, Ernesto Guevara se lleva súbitamente las manos a la frente: ha olvidado sus medicamentos antialérgicos. El inhalador y la Ventolina quedaron en el muelle, dentro de las cajas consideradas no prioritarias. Sin esos productos, sabe que va al encuentro de penosos momentos.

Se ha perdido a la distancia el haz luminoso del faro de la marina mexicana. El barco adquiere su ritmo de crucero. Al penetrar en el golfo de México, los vientos conspiran contra la buena marcha del *Granma*. Avanza a 7,2 nudos en vez de los 10 previstos. Por eso, al día siguiente, apenas estará a la altura del faro Triangular, un islote situado cerca de la península de Yucatán. El mar, agitado en exceso, zarandea la embarcación, poniendo el ánimo —y el estómago— de sus pasajeros por el suelo. El 29 de noviembre por la mañana, dos barcos de pesca mexicanos se cruzan con el yate. Ya están listos los fusiles antitanques, pero a los pescadores no les interesa ese barco que debe de pertenecer a algún rico norteamericano. En guardia, los 82 prosiguen su camino.

El *Granma* navega ahora en el mar Caribe, tras franquear el canal de Yucatán, no lejos de las costas cubanas situadas al norte. Al cabo de cinco días de navegación, el stock de provisiones está casi agotado. De los miles de naranjas, cuarenta y ocho latas de leche condensada, seis jamones, dos cajones de huevos, cien tabletas de chocolate y diez libras de pan, no queda casi nada. La ropa, sucia por los vómitos provocados por el mareo, se lavan en agua salada. En la inmensidad gris, una guitarra intenta estimular la moral de las tropas tocando la célebre *Guantanamera, guajira guantanamera*; Pero no hay buen ánimo. Una crisis de asma pronto ataca a Ernesto que, en un lugar tan exiguo, no puede disimularla. Por fortuna, no es el único médico a bordo. Superado su mal, se dedica a reanimar a los hambrientos.

Una vez pasadas las islas Gran Caimán y Pequeño Caimán, el *Granma* endereza el timón y pone proa a Cuba. Ya es tiempo de que se vean las costas: no hay más agua potable ni combustible; ni un gramo de comida... ¡y el faro Cayo Cruz que no aparece! A fuerza de subir y bajar del techo de la cabina, el vigía Roberto Roque resbala y cae al agua. Su milagroso salvamento ocurre unos minutos antes de que por fin se perfile a lo lejos la costa cubana.

El 2 de diciembre, al alba, el *Granma* encalla en los pantanos de Belic, en la playa de Las Coloradas, cerca de un punto conocido con el nombre de El Purgatorio. Triste presagio. Están por cierto en el golfo de Guacanayabo, pero muy al sur de Niquero, en un lugar donde sus compañeros no los esperan. Para colmo, la nave ha encallado en un banco de limo; deben abandonar el armamento pesado. En el día naciente, los fidelistas se hunden, armas y mochilas sobre la cabeza, en un manglar, un bosque de mangles, en el que les cuesta enormemente mantenerse de pie. Es un infierno de mosquitos, de lianas podridas y de hojas cortantes. Cuando por fin la tierra se torna firme, faltan ocho hombres al pasar lista, perdidos en ese magma.

"Libros pedidos agotados. Firmado: Editorial Divulgación." Este telegrama de Castro, enviado a Arturo Duque de Estrada para Frank Pais en Santiago, capital del Oriente, justo antes de la partida, dejaba suponer que el *Granma* llegaría dentro de los siguientes cinco días. De hecho, por culpa de las condiciones meteorológicas, del excedente de carga y de la inexperiencia de la tripulación, la pesadilla duró siete días y seis horas. Cansados de esperar y no deseando llamar la atención, los activistas del Movimiento se replegaron a su base, y no hubo nadie para recibir a los expedicionarios, sobre todo en ese rincón putrefacto donde tuvieron la mala suerte de encallar.

"Eso no era un desembarco", dirá el Che, "era un naufragio."

El ejército regular no pierde el tiempo. El *Granma*, vacío, ha sido descubierto por un pescador, quien se apresura a alertar a las autoridades. Ya los Piper apuntan sus ametralladoras. Afortunadamente los guerrilleros están lejos, pero no dejan de ser señalados. Comienza a circular por la isla el rumor de que han desembarcado más de doscientos hombres armados, comandados por Fidel Castro.

Los primeros contactos con los campesinos se realizan satisfactoriamente. Uno de ellos, Pérez Rosabal, conduce a los fidelistas a su cabaña y les ofrece de comer. Son setenta y cuatro: Juan Manuel Márquez y siete compañeros siguen faltando a la cita. Mientras se alimentan, oyen deflagraciones provenientes del guardacostas y de los aviones de la FAC que tiran sobre el manglar de Las Coloradas. La columna se pone en movimiento de inmediato en dirección de la Sierra Maestra, tierra adentro. A la medianoche, llega a El Ranchón. El campesino ha sido un guía valioso; abandona a sus nuevos compañeros después de haberles indicado el camino que deben seguir.

XII
Alegría del Pío, la opción

Aunque el cuartel general de Frank País ha sido alertado por un campesino, los invasores siguen librados a sí mismos. Pasan la noche del 3 al 4 de diciembre en la cima de una colina, la Trocha. Imposible pensar en dormir.

Los fidelistas avanzan al tanteo y se dejan guiar por un tal Tato Vega. Cuando éste desaparece, a nadie se le ocurre que pueda haber ido a informar al enemigo. El martes 4, los futuros "barbudos", con su todavía naciente barba, marchan hacia el este hasta Agua Fina, donde un comerciante les ofrece latas de salchichas. Con las montañas de la Sierra Maestra como horizonte, Fidel opta por la marcha nocturna. Pasan por las guardarrayas[1] de la explotación Pilón, y se alimentan de trozos de caña de azúcar en las plantaciones del propietario más rico de Cuba, Julio Lobo.

El 5 de diciembre, al alba, la columna extenuada se detiene cerca de una plantación llamada Alegría del Pío, en el municipio de Niquero, en los contrafuertes de Cabo Cruz. Los hombres descansan en una calma engañadora: el campesino Tato Vega ha ido a informar su posición a los soldados de Batista. Un cómplice, Laureano Noa Yang, igualmente fiel al ejército, lo reemplaza. Los fidelistas no prestan particular atención al paso repetido de avionetas. Comen tranquilamente sus galletas de maíz cuando les intriga el ruido de un fusil que se arma. Es el ataque.

Son las 16.45 y las ametralladoras del capitán Juan Moreno Bravo, jefe de la 3ª compañía del 1er batallón de artillería de la costa, comienzan a lanzar sus balas. Perseguidos como conejos, los rebeldes se precipitan a los cañaverales. Ernesto Guevara recibe el doble bautismo de fuego y de sangre. Cuenta en su diario:

"...los aviones Piper y otros tipos de avionetas del ejército y de particulares empezaron a rondar por las cercanías. Algu-

---

[1] Pasajes entre los campos de caña de azúcar, que permiten caminar a los campesinos.

103

nos de nuestro grupo, tranquilamente, cortaban cañas mientras pasaban los aviones (...)

"El compañero Montané y yo estábamos recostados contra un tronco... cuando sonó un disparo... y un huracán de balas se cernía sobre el grupo de 82 hombres. Mi fusil no era uno de los mejores, deliberadamente lo había pedido así porque mis condiciones físicas eran deplorables después de un largo ataque de asma soportado durante toda la travesía marítima y no quería que fuera a perder un arma buena en mis manos.

"Fidel trató en vano de agrupar a la gente en el cañaveral cercano... en ese momento un compañero dejó una caja de balas casi a mis pies, se lo indiqué y el hombre me contestó con cara que recuerdo perfectamente, por la angustia que reflejaba, algo así como 'no es hora para cajas de balas'... Quizás ésa fue la primera vez que tuve planteado prácticamente ante mí el dilema de mi dedicación a la medicina o a mi deber como soldado revolucionario. Tenía delante una mochila llena de medicamentos y una caja de balas, las dos eran mucho peso para transportarlas juntas; tomé la caja de balas...

"Cerca de mí un compañero llamado Arbentosa caminaba hacia el cañaveral. Una ráfaga que no se distinguió de las demás nos alcanzó a los dos. Sentí un fuerte golpe en el pecho y una herida en el cuello; me di a mí mismo por muerto. Arbentosa... gritó algo así como 'me mataron'... Inmediatamente, me puse a pensar en la mejor manera de morir en ese minuto en que parecía todo perdido. Recordé un viejo cuento de Jack London, donde el protagonista, apoyado en un tronco de árbol, se dispone a acabar con dignidad su vida, al saberse condenado a muerte por congelación, en las zonas heladas de Alaska... Alguien... gritaba que había que rendirse y se oyó atrás una voz, que después supe que pertenecía a Camilo Cienfuegos, gritando: ¡Aquí no se rinde nadie, carajo!"

Esas palabras se graban en letras de fuego en la memoria del Che. Para él, Cienfuegos será por siempre el "señor de la vanguardia".

El capitán Juan Almeida Bosque saca al herido de ese mal paso, estimulándolo con la voz y con el gesto. Nadie puede narrar las escenas de pánico que siguen mejor que el propio Che:

"... las avionetas... pasaban bajo, tirando algunos disparos de ametralladora, sembrando más confusión en medio de escenas a veces dantescas y a veces grotescas, como la de un corpulento combatiente que quería esconderse detrás de una caña, y otro que pedía silencio en medio de la batahola tremenda de los tiros, sin saberse bien para qué... En ese momento se oían los primeros gritos: ¡Fuego!', en el cañaveral y se levantaban columnas de humo y fuego..."

Detrás del jefe Almeida, van reptando siete, entre ellos Guevara, más muerto que vivo. Su sangre se derrama, lucha para no perder el sentido. La tripulación del *Granma* ha sido destrozada. Las pérdidas son muchas. La Revolución paga muy caro el hecho de haber posado el pie en el suelo que pretende liberar. Tres hombres han sido muertos al comienzo del asalto. Los sobrevivientes forman catorce grupitos. Seis de ellos, aislados, se buscan evitando al enemigo.

El balance completo será desastroso: veintiún fidelistas hechos prisioneros son eliminados en los días siguientes al ataque. El segundo de Fidel, Juan Manuel Márquez, es capturado y ejecutado. Jesús Montané, también hecho prisionero, es encarcelado en La Habana, así como una veintena de sus compañeros. Otros se mezclarán con la población civil, algunos de los cuales regresarán más tarde a ponerse al servicio de la Revolución.

Después de una noche en que los sobrevivientes erran bajo las estrellas, el Che comprueba que está menos herido de lo que creía. Su amigo Ñico López no es tan afortunado. Ha sido víctima de la traición de un campesino, Manolo Capitán, quien lo condujo a una choza con otros tres barbudos. Cuando salen, los soldados abren fuego. Smith y Cabañas caen heridos; Royo se desploma al costado del camino; en cuanto a Ñico López —quien ha sido el primero en el grupo en llamar a Ernesto *el Che*—, trata de meterse nuevamente en el bohío y es tomado prisionero, para ser ejecutado unas horas más tarde. En esas primeras semanas en suelo cubano, los fidelistas, presentados como monstruos sanguinarios, sin fe ni ley, serán denunciados de tanto en tanto por los campesinos. Pero el tiempo trabajará en su favor...

Un poco más tarde, en la Argentina, la familia Guevara recibirá un sobre despachado en Manzanillo, Cuba, con una hoja firmada Teté, el primer apodo de Ernesto. Unas pocas palabras solamente: "Queridos viejos: Todo va de lo mejor. He perdido dos, me quedan cinco." Hace alusión a la leyenda de las siete vidas del gato. Forma velada, muy a su manera, de hacerles comprender que estuvo cerca de lo peor.

El rumor del desastre ha recorrido los montes y los valles de Oriente, en esa provincia de Bayamo, situada a unos ochocientos kilómetros de La Habana, donde la Sierra Maestra pronto será el escenario del gran teatro de la Revolución. La Sierra Maestra es un macizo de ciento treinta kilómetros de largo y de apenas cincuenta de ancho. Se divide en dos: al oeste la Sierra Turquino, al este la Sierra Gran Piedra. A cerca de dos mil metros, con la cima entre las nubes, el pico Turquino domina un paisaje grandioso e inquietante. A sus pies se adivina una fosa abismal, dominio de los tiburones.

Cangrejos y tortugas pueblan las marismas. Senderos de mulas serpentean por el terreno, erizados de "dientes de perro", nombre con el que se designa a los guijarros que muerden los pies. En las laderas, palmeras, cocoteros, cactus, mangos, cabras, algunos cerdos, pocas vacas.

Aquí la civilización es una vaga promesa. No se ven la menor escuela ni el menor dispensario en esa región, teatro de combates históricos entre los patriotas cubanos y el ejército español. En febrero de 1874, en San Lorenzo, Carlos Manuel de Céspedes lanzó la frase que se hizo célebre: "No somos más que doce; eso basta para realizar la independencia de Cuba." Jefe de la insurrección que provocó la "Guerra de Diez Años", Céspedes es considerado por los cubanos como el padre de la patria, y la Sierra Maestra como la cuna de la Revolución.

El 23 de diciembre de 1956 por la tarde, Fidel Castro marchará allí por los senderos de la historia. No serán once hombres los que tendrá a su lado, sino diecinueve —los únicos que pudieron reagruparse—, veinte piromaníacos del alma, dispuestos a encender el fuego en el espíritu de los campesinos. Enfrentados a un ejército moderno de cuarenta mil soldados.

Mientras tanto, nadie sabe dónde está Fidel. El Che Guevara, momentáneamente separado de su jefe y amigo, abre en la Sierra Maestra el camino arduo de su destino, en compañía de Juan Almeida, Ramiro Valdés, Rafael Chao, Reinaldo Benítez, Camilo Cienfuegos, Francisco González y Pablo Hurtado.

El alimento es un problema cotidiano. Durante una semana la pequeña tropa no tiene casi nada que comer. Ernesto ve con asombro a Camilo Cienfuegos devorar cangrejos crudos en una playita donde se bañan en la tarde del 7 de diciembre para aliviar sus pies cortados por las piedras, tan filosas que rompen el cuero de las botas antes de destrozar la piel. Camilo, lleno de humor, bromista, de mente vivaz y astuta, que hace recordar al Che a su querido Alberto Granado, será sin duda su mejor compañero en la Sierra Maestra.

Un día en que han salido con otros dos compañeros en busca de alimento, se encuentran de frente con un extraño personaje todavía más barbudo que ellos, un predicador, Argelio Rosabal, adventista del séptimo día. Recolector de caña de azúcar durante la semana y pastor el domingo, ese flaco cincuentón, de rostro salido de un cuadro de El Greco, ha escuchado a los fieles hablar después de la oración de la masacre de Alegría del Pío. Toma la defensa de los expedicionarios y aconseja a sus parroquianos ayudar a esos hombres, pues supone "que algo de bueno hay en ellos". O al menos, si temen albergarlos, avisarle a él su paso. Al enterarse de que un grupito busca refugio, sale a su encuentro y alberga a cuatro en su cabaña, antes de colocar a los otros en las de colegas adventistas. Así el Che forma parte de los invitados del pastor. Cuando el enjuto campesino cristiano se pone a rezar por el alma de ellos, Ernesto y sus compañeros no pueden hacer menos que imitarlo. Es quizá la única vez en su vida que el Che pone una rodilla en tierra.

Oye pronunciar cada vez más a menudo el nombre de la tercera Celia que desempeñará un papel en su vida, después de su madre y de su hermana mayor. Celia Sánchez, de la que le habla Almeida, es hija de un doctor y vive en Manzanillo, en el golfo Guacanayabo, cerca del lugar donde abandonaron al *Granma*. Comprometida políticamente, esa soltera joven y morena ha conocido a los dirigentes del Partido ortodoxo en La Habana, después del golpe de Estado de Batista en 1952. Pronto se vincula con el M 26-7 y prolonga la acción de Frank Pais trabajando para la causa en Oriente. No tardará en convertirse en uno de los grandes personajes de la Revolución, luego en el brazo derecho de Fidel, del que será jefa de gabinete, secretaria del Consejo de Ministros y del Consejo de Estado. En la Sierra acostumbra llevar una mariposa blanca, la flor de la Revolución, en la oreja. A la manera de las mensajeras del siglo pasado que utilizaban esas mariposas blancas para transportar minúsculos mensajes codificados pinchados en el cáliz, destinados a los combatientes de Carlos Manuel de Céspedes.

No tarda en difundirse la noticia: Fidel Castro ha muerto. Pronto el mundo entero se convence. A tal punto que, a mediados de diciembre, el alto mando del ejército retira una importante partida de sus unidades del sector de la Sierra Maestra, que cree definitivamente purgada. En Buenos Aires, Celia Guevara y los suyos están desolados. Pero en Cuba, la madre de Fidel y de Raúl rehúsa abdicar:

—Déjenme ir a las montañas de Niquero. Si es verdad que ha muerto como ustedes dicen, traeré sus despojos.

A medida que pasa el tiempo, se instala la duda. Por su parte, Celia Sánchez no vacila. Punta de lanza del Movimiento, envía a sus hombres a la montaña. Gracias a uno de ellos, el guajiro[2] Alfredo González, las dos facciones comandadas respectivamente por Castro y por Guevara se reúnen en el sitio de Alto Regino.

Tras la alegría del reencuentro, los ánimos se calman. Los barbudos se reparten la ropa que les han llevado y esta-

[2] Campesino.

blecen la nueva estrategia de la guerrilla. Ésta consiste en apoyarse en los campesinos y en combatir en las montañas, de las que nadie podrá desalojarlos, al abrigo de los bombardeos de la aviación. Día a día, además de los campesinos, miembros del Movimiento van a engrosar los efectivos. Sorpresa: los de Manzanillo traen armas, producto raro en esa época, esencialmente fusiles de caza...

En un repliegue de la montaña, en el Cilantro, en plena Sierra Maestra, los barbudos pasan su primer fin de año cubano. A modo de festín, algunos tragos de ron. Los tiempos no están para festejos. Acampan a orillas del río Magdalena, a unos cincuenta kilómetros del lugar donde encalló el *Granma*. Por la noche, Ernesto lee a Goethe, y guarda bajo el brazo las obras marxistas que le han traído a lomo de burro desde Manzanillo.

Los jefes, Fidel, Raúl, Almeida, así como Ernesto, invitado a dar su opinión, están de acuerdo en atacar el cuartel vecino de La Plata, en la desembocadura del río del mismo nombre, en la costa sur de la provincia de Oriente. ¡Por cierto no es una fortaleza! Pero es una acción que debe ser intentada, aunque más no sea para levantar el ánimo de la pequeña tropa, que ya cuenta con unos cuarenta hombres.

El ejército cubano, por su parte, no está inactivo. Al principio se había creído a todos los sublevados muertos, pero el problema fue que no se encontraron sus cuerpos. Se encomendó su búsqueda al general Díaz Tamayo, jefe del 1er Regimiento de la Guardia Rural, pero regresó con las manos vacías. No cabe duda de que no todos han sido eliminados, y la radio se apresura a anunciar la noticia. Los militares están nuevamente listos para el ataque, y se refuerza la aviación con seis bombarderos B-26 Invader alquilados a los Estados Unidos, capaces de transportar cada uno dos toneladas de bombas a más de 500 km por hora. Eso no hace más que estimular el entusiasmo de los barbudos:

—En la Sierra, necesitarán buenos prismáticos para descubrirnos —ironiza Camilo Cienfuegos.

Un mes después de la tragedia de Alegría del Pío, los barbudos responden atacando el cuartel de la marina en La Plata. El 14 de enero de 1957, los rebeldes franquean el terreno escarpado que separa su campamento del borde del mar y toman posición. Antes del asalto contra el modesto puesto militar, el inventario del armamento se reduce a nueve fusiles con mira telescópica, cinco semiautomáticos, cinco de guerra (viejos modelos), dos metralletas Thompson, dos fusiles ametralladora y un fusil de calibre 16, o sea veinticuatro piezas.

Al caer el crepúsculo de ese día, un joven campesino de diecisiete años, Dariel Alarcón Ramírez, ve con angustia a unos hombres armados invadir su pedazo de tierra. Dariel vive en el lugar llamado Los Cabezos de La Plata, a orillas del río La Plata, que se une al mar en el puerto del mismo nombre, donde se encuentra el cuartel.[3] Su padre adoptivo, *el Gallego*, ha muerto hace cuatro años, y el adolescente se ocupa solo de la pequeña granja. No le falta nada: los cerdos están gordos, las gallinas son numerosas y la yuca crece profusamente. Cuando los intrusos le piden sacrificar un cerdo para ellos, no se atreve a negarse, creyendo habérselas con un pelotón especial del ejército, y temiendo que le saqueen todo.

—Uno gordo de cerca de cien kilos, que ellos cocinaron en una cuba —recuerda él—. Yo no comprendía nada; me decía que esos hombres, que no llevaban el uniforme militar, debían de ser militares sin embargo, pues me parecía imposible que personas armadas de fusiles no pertenecieran al ejército.

Uno de ellos le pregunta si no ha visto a un médico, y Dariel le responde que no. Entonces el hombre le examina los ojos, y llega a la conclusión de que goza de buena salud.

—Era el Che...

El 15, las barracas de los soldados están al alcance de la vista de los fidelistas, justo del otro lado del río. Ernesto escruta con los gemelos las idas y venidas de esos hombres, algunos de los cuales están con el torso desnudo serruchando madera y transportándola. Blancos a los que tirará, matando tal vez así a su primer enemigo, eliminando a un hombre en la esperanza de permitir a muchos otros vivir en libertad. Está preparado para ello desde la contrarrevolución de Guatemala.

Una barca llena de soldados asegura el relevo. Dos jinetes son desmontados oportunamente y hechos prisioneros. Sus informaciones sobre el funcionamiento interno de la pequeña base militar resultan valiosas. Confirman a los rebeldes que tendrán que enfrentar apenas a una veintena de hombres. Les informan igualmente que el llamado Chicho Osorio, el mayoral del señor Laviti, riquísimo potentado local, no tardará en pasar.

Pronto aparece el enorme Chicho Osorio, tan borracho que ya no se sostiene sobre su mula. El fidelista Universo Sánchez lo para:

—¡Alto, en nombre de la guardia! —Y agrega la contraseña aprendida de boca de uno de los jinetes—: ¡Mosquitos!

---

[3] El nombre es debido a las minas de plata que se encuentran aguas arriba del río.

—Adoptando un aire superior e indignado, Fidel avanza y se presenta al borracho como un coronel del ejército leal, que ha venido a inquirir las razones por las cuales los rebeldes no han sido liquidados totalmente. Habla de "esos perros venidos de México". El borracho Chicho afirma que los soldados cometen un error al atracarse como patanes en vez de dedicarse por entero a atrapar a "esos hijos de puta". Luego revela entre dos hipos:

—¡Míreme a mí! Yo maté con mis propias manos a dos de esos inútiles campesinos, y no me hicieron nada. ¡Gracias, mi general Batista!

Continúa vanagloriándose de haber castigado más de una vez a esos "malcriados campesinos", mientras que esos cretinos de los guardias no son capaces de hacer nada.

Fidel le pregunta:

—¿Qué harías si encontraras a Fidel Castro?

A modo de respuesta, con un gesto preciso de las dos manos, indica que le cortaría los testículos. Mientras divierte así a su interlocutor y a sus compañeros, el tonto no se da cuenta de que firma su sentencia de muerte:

—¡Mira estas botas! —termina diciéndole Fidel—. Vienen de México. Son las que llevan esos cabrones del barco.

Como hay que evitar toda deflagración en las proximidades del cuartel, la suerte de Chicho será decidida más tarde. Por el momento, lo atan como un enorme embutido. Hay orden de no derrochar municiones.

Se forman cuatro grupos. El de Camilo cercará la barraca de techo de hojas de palma aledaña al cuerpo de edificio principal. El grupo de Fidel, el Che y Calixto atacará en el centro. Raúl y los suyos, apoyados por el grupo de Almeida, lanzarán su ofensiva sobre el flanco izquierdo. El tiroteo comienza bajo la luna llena a las 2.40 de ese 17 de enero. Habiéndose acercado sus hombres a unos cincuenta metros, Fidel abre las hostilidades con una ráfaga de metralleta, en el preciso instante en que una bala manda a Chicho, el borracho, al otro mundo, donde podrá brindar con Baco con toda tranquilidad.

El ataque choca contra una encarnizada resistencia. Fusil ametralladora en mano, un sargento responde con una salva cada vez que se le intima con la orden de rendirse. Hay que recurrir a las viejas granadas brasileñas. Mientras Crespo y el Che lanzan las suyas, Raúl propulsa un cartucho de dinamita que resulta no ser más que un petardo mojado. Puntas de lanza de la ofensiva, el Che y Crespo salen al descubierto para incendiar un hangar donde se almacenan maíz y cocos. El incendio impresiona a los soldados al punto de emprender la huida. El sargento se bate en retirada. Han ganado.

El botín —¡tan necesario después de la desbandada de Alegría del Pío!— es de ocho fusiles Springfield, una metralleta Thompson y un millar de cartuchos. Además de combustible, cuchillos, cartucheras, ropa y alimentos. Pérdidas de la guardia: dos hombres muertos, cinco heridos y tres prisioneros. Del lado de los atacantes, ni un rasguño. Y hasta un recluta suplementario: uno de los prisioneros se pasa a la tropa rebelde.

—Nuestra actitud con los prisioneros contrasta con la del enemigo —dice el Che—. Ellos ultiman a nuestros heridos y abandonan a los suyos. Con el tiempo, esta diferencia será un factor de éxito para nosotros.

Para él, la guerrilla tiene que ser limpia. No se mata por placer. Ese respeto al adversario se expresa igualmente después de la victoria. El argentino comienza a enseñar esas nociones a sus hermanos de armas. Les explica también que, del otro lado, entre los soldados que apoyan la causa del dictador Batista, no todos son fundamentalmente malos.

Cuando los barbudos vuelven a pasar por la finca del joven Dariel, éste se ha enterado por radio Bemba, el tam-tam de la Sierra, que el cuartel de La Plata ha sido tomado por los invasores desembarcados en la playa de Las Coloradas.

—Y también —narra él— que habían arreglado cuentas con esa basura del Chicho Osorio. Esta vez, con tanto placer como orgullo, desplumé mis gallinas y los ayudé a cocinar arroz y frijoles negros. Yo ya había elegido mi bando.

Habiendo sido incendiado su bohío en represalia por los soldados de Sánchez Mosquera, informados como veremos por Eutimio Guerra, el joven se enroló el 25 de marzo en la guerrilla.

—Campesinos de la zona me indicaron dónde encontrar a los que los de Batista llamaban bandoleros. En Alto Naranjal, a unos diez kilómetros de mi pequeña granja, más arriba de la mina cerca de la cual Fidel instalará luego su cuartel general. El Che me hacía preguntas sobre la forma de vida de los campesinos. De hecho, hablaba poco, leía enormemente y escribía mucho.

Dariel Alarcón Ramírez participará de la toma de la isla, como responsable de la ametralladora pesada de la columna conducida por Camilo. Formará parte del contingente de los cubanos que partirán con .el Che al Congo en 1965. Finalmente, bajo el nombre de guerra de Benigno, participará en la campaña de Bolivia, siendo uno de los seis sobrevivientes.

XIII
¡El doctor es cojonudo!

La jungla húmeda, sujeta a violentas lluvias entre mayo y octubre, con sus heladas blancas en invierno, sus profundas gargantas donde se ocultan los barbudos, favorece los ataques de asma del Che. Sin embargo, aprecia la belleza de la región, y le interesa la historia de las poblaciones autóctonas. Descubre así que al pasar Cristóbal Colón a lo largo de las costas cubanas en 1492, existían tres grandes familias de indios: los guanajuatabeyes, los taínos y los siboneyes. Los siboneyes, más conocidos, eran robustos trogloditas que salían de sus cavernas para pescar y cazar. Los guanajuatabeyes eran menos conocidos, y sus rastros casi se han perdido. Los taínos, de cultura más desarrollada, eran esbeltos, aptos para la carrera. Combatieron a los caribes, indios feroces de las islas vecinas, y habitaron en esa parte oriental de la isla donde tomará forma la Revolución. El Che se entera así de lo que fue la trata de negros, que se aceleró tras la abolición de la esclavitud de los indios en 1548. Se interesa en la cultura africana, especialmente en la de los congos, los yorubas y los lucumis, en la de los carabalís y los araras.

Por el momento, lo que prima es el terreno. Después de dejar en libertad a los prisioneros, la columna rebelde se retira el 17 de enero antes del alba en dirección de Palma Mocha, hacia el interior de la Sierra Maestra. La moral de la tropa verde oliva está en alto. Para hacerles perder la fe, se necesita algo más que los "dientes de perro" que, de tanto en tanto, les arrancan un grito de dolor. Por su parte, el ejército de Batista reacciona: se envían nuevas fuerzas a la región, con la misión expresa de cercar a esos rebeldes y exterminarlos.

Los fidelistas deciden entonces imponerse en otro terreno que no sea solamente el del combate: quieren ganar la confianza de los guajiros que habitan la Sierra Maestra. Si logran embarcarlos en la Revolución, será un paso importante hacia la victoria. En esa empresa, impregnada de espontaneidad, de sinceridad y también de riqueza intelectual, se destaca el Che. Por su profesión de médico, trata a los niños, conquista simpatías. En una cabaña de adobe, donde sobrevive una familia de siete personas, el guerrillero toma en sus brazos a una niñita de dos años y la levanta hasta el techo bajo la mirada pasmada de los suyos. Nunca han visto doctores en la Sierra Maestra. Se sabe que existen, que viven en las ciudades y que ir a verlos cuesta caro. Éste, con su sonrisa y su extraño acento, no pide nada.

Ernesto se pone al alcance de esas gentes simples. Sus viajes le han dado esa sabiduría que posee el guajiro. El Che no hace proselitismo político, él habla al corazón de las personas. Es, con toda seguridad, el mejor embajador del M 26-7. Ya radio Bemba lo anuncia: "Hay entre los rebeldes un doctor de piel blanca, al que llaman 'el Che'"...

Si en esa parte oriental de la Cuba sometida, los campesinos sienten cada vez más que la guerrilla les concierne, en La Habana nadie se preocupa. ¡La Sierra Maestra está tan lejos, a ochocientos kilómetros! Empero, el ataque al cuartel de La Plata provoca desorden en el ejército. "Se lo comenta" entre los militares. Si bien nada aparece en los diarios serios de La Habana, *El diario de La Marina* y *El Mundo*, Batista no puede evitar una conferencia de prensa con periodistas extranjeros. Aunque más no sea para explicar el alquiler o la compra de bombarderos a los Estados Unidos. No terminarán allí sus sinsabores.

Puesto que la costa del mar les dio buenos resultados en La Plata, Fidel y sus jefes deciden atacar otro campamento en el arroyo del Infierno. El Che ya forma parte definitivamente de los jefes. La historia de las cajas de medicamentos y de municiones impresionó tanto a Almeida que se la contó a Fidel. Reacción de Castro:

—¡El doctor es cojonudo! ¡Es un auténtico guerrillero!

Fidel decide golpear el hierro mientras está caliente y no dejar decaer el efecto producido por el primer ataque. Se los creía a todos muertos, pero están bien vivos, y la guerrilla lo probará. Ya el 19 de enero de 1957, siete pequeños grupos se preparan para asaltar un conjunto de bohíos donde se aloja la guarnición, a orillas del arroyo, que desemboca en el río Palma Mocha. Fidel y el Che recorren el terreno.

De regreso al campamento base, el Che roza la catástrofe: "Yo había llevado como trofeo de la lucha en La Plata, un casco completo de cabo del ejército batistiano y lo portaba con todo orgullo, pero al ir a inspeccionar las tropas, lo hicimos por pleno monte y la vanguardia nos oyó venir desde lejos y vio el grupo encabezado por uno que llevaba casco. Afortunadamente en ese momento se estaban limpiando las armas, y solamente funcionaba el fusil de Camilo Cienfuegos que disparó sobre nosotros, aunque inmediatamente comprendió su error; el primer disparo no dio en el blanco y el fusil automático se trabó y le impidió seguir disparando".

Los dos amigos caen en brazos el uno del otro; luego, arrojando el casco a un pozo, el Che opta por una gorra con visera.

Antes de dormirse, anota en su cuaderno: "Este hecho revela nuestro grado de tensión. Aguardamos el combate como una liberación. Son los momentos en que los nervios más sólidos no pueden impedir que las rodillas tiemblen. En verdad, no tenemos el gusto enfermizo del combate. Lo hacemos porque es necesario."

La mañana del 22 de enero, los que pronto serán llamados *los barbudos* oyen tiros aislados por el lado de Palma Mocha. El día comienza sin desayuno; no es cuestión de encender fuego con soldados en las cercanías. Con el guajiro Crespo, el Che descubre sin embargo un nido de gallinas, pero los huevos fritos serán para después. En la tarde, los siete pequeños grupos están en su lugar. Los gemelos detectan a un soldado que sale de un bohío para dormir la siesta contra un árbol; un tiro de Fidel lo duerme para siempre. Otros dos soldados caen bajo el fuego graneado de los rebeldes. El Che hiere a uno, del que no ha visto más que los pies, luego su segunda bala destroza el pecho del hombre, que cae hacia adelante clavando en el suelo la bayoneta de su fusil. El Che va a ver más de cerca a su primer muerto. Comprueba que la bala ha impactado en el corazón y que por lo tanto no ha sufrido. "Ya presentaba los primeros síntomas de rigidez", anota en su diario.

Terminado el combate —"y fue de gran ferocidad"— se produce el repliegue, cada uno por su lado. Una desorganización que disgusta al metódico Ernesto y que recordará en los próximos combates. El enemigo ha perdido a cuatro hombres. En el escaso botín de guerra está el fusil Garand del jefe del puesto, que se le asigna al Che. Los rebeldes dan la vuelta, optando por rodear la montaña por encima del Arroyo del Infierno. Feliz iniciativa: una columna del ejército marcha a lo largo del flanco por el que llegaron. Siempre la misma veintena de hombres de base del lado de los fidelistas, y unos cien del otro: el enfrentamiento directo sería demasiado desproporcionado. Los barbudos no tardarán en enterarse, por boca de un campesino, de que el jefe del batallón encargado de liquidarlos no es otro que Sánchez Mosquera. Un horrible personaje que quema a sus víctimas después de rociarlas con nafta, pero cuyo coraje y tenacidad están a la altura de su ferocidad.

Por el momento la moral es alta entre los rebeldes. Luego de la catástrofe de Alegría del Pío y de la toma de un cuartel, acaban de privar a la columna enemiga de su vanguardia. El Che participa cada vez más en las conversaciones concernientes a la táctica por emplear en los combates, así como a la manera de replegarse. Ahora es considerado un auténtico jefe guerrillero. Además de revelarse como un estratega sagaz, un combatiente de sangre fría, eficaz y clarividente, es también capaz de curar a los enfermos y a los heridos y, llegado el caso, de operarlos.

Desde el rudo golpe sufrido en Alegría del Pío, en parte por la traición de un campesino, los fidelistas desconfían. No obstante, cuando el 29 por la mañana el guía Eutimio Guerra pide permiso para abandonar el campamento y acudir a la cabecera de su madre enferma, Fidel acepta, y hasta le da algunas monedas para el viaje. El 30, a la hora en que los que se levantan primero beben su café después de una noche fría, comienza la ronda de aviones del ejército. Sin duda han sido prevenidos por alguien, pues para descubrirlos en esa cima de Las Caracas, tendrían que haber sido adivinos. Los bombarderos ubican su blanco, describen un arco de círculo en el cielo y, después de tomar altura, vuelven para lanzar sus artefactos de muerte. Los barbudos que dormían todavía apenas tienen tiempo de ponerse los pantalones y corren a protegerse debajo de las rocas. Afortunadamente los rebeldes han tomado la costumbre de encender su fuego unos doscientos metros más abajo del campamento propiamente dicho, lo que evita una nueva catástrofe.

Una vez alejados los bombarderos, los barbudos vuelven sobre sus pasos, y el espectáculo los hace estremecer. Todo está agujereado, hasta el hornillo para calentar el café y cocinar las bananas, que fue pulverizado. Por fortuna, no hay que lamentar ninguna víctima. La columna de los fidelistas retoma los caminos de montaña. A la madrugada descubren una granja en llamas, y delante de la puerta el cuerpo calcinado del campesino que se ha negado a marchar con el ejército. Una maldad del comandante Castillas, quien, al igual que Mosquera, actúa como un pirata sembrando el terror en la región.

El día siguiente, 1º de febrero, será de alegría. Unos treinta hombres, enviados de Manzanillo por Frank Pais y Celia Sánchez, llegan como refuerzo. Vienen con ropa bordada amorosamente por delicadas manos locales con las iniciales del M 26-7 en la manga, el pecho y la gorra, pero también traen alimentos, ron y libros para el Che. Además medicamentos y material quirúrgico. Noche de fiesta con guitarras, canciones y ron. Es la vida de soldados de licencia, despreocupada pero breve. No es posible demorarse allí, en esa región peligrosa de Las Caracas, donde han sido bombardeados. Se decide volver atrás, hacia la zona donde los campesinos simpatizan con el Movimiento, y desde donde podrán mantener contactos con

Manzanillo y Celia Sánchez. Así estarán informados de lo que acontece en el resto del país.

Son largas las horas de inacción entre dos combates. En el campamento, alrededor del café —que el Che bebe siempre amargo— se organiza la vida. Ernesto empieza a educar a los analfabetos. Su primer alumno, Julio Zenón, es un guajiro de cuarenta y cinco años. Le enseña a distinguir la A de la O y la E de la I. El ejemplo de Julio Zenón Acosta se propaga como mancha de aceite. Bajo las estrellas, o con mayor frecuencia en pleno día, con su pipa o un cigarro y, cuando recibe yerba, el mate al alcance de la mano, el Che se transforma pronto en maestro de escuela. Le enseña también francés a Raúl Castro. Después de esas clases, se sumerge en los libros, que siempre lleva consigo, sobre las civilizaciones precolombinas o sobre el testamento político-intelectual de José Martí. Normalmente es el último en apagar su vela, y así se convierte en el mayor consumidor de cera del grupo. Las lámparas de querosén escasean, y la penumbra es de rigor en el campamento.

Ese hombre que demuestra tanta bravura en el combate, tanto sentido cívico, tanta humanidad, pasa a ser el más frágil de la tropa ante las crisis asmáticas. Lo que no le impide, cuando los mosquitos se muestran agresivos, consumir más cigarros que de costumbre: fuma una parte, deja macerar la otra en agua y se pasa el líquido amarillento por las partes del cuerpo expuestas a la intemperie. Vieja receta conocida por los autóctonos, que él había descubierto por su parte en la Amazonia, con Granado.

Eutimio regresa antes de lo que había dicho. Nadie lo interroga sobre la coincidencia del ataque aéreo con su partida: el hecho de que haya vuelto prueba su buena fe. Probablemente haya sido el humo de la fogata lo que los delató.

En realidad, detenido por los soldados de Sánchez Mosquera, Eutimio salvó su vida revelando el escondite de los rebeldes. Luego le dijeron:

—Si matas a Fidel Castro, tendrás una granja, diez mil pesos y un grado en el ejército.

En efecto, en La Habana, Batista comienza a impacientarse. No sólo el hombre que no logró eliminar después del ataque del Moncada sigue vivo, sino que además está perturbando al ejército y matando a sus hombres. Se pasa pues al ofrecimiento de premios a quien ayude a capturarlo o a abatirlo.

Con la mente así envenenada, Eutimio se reintegra al campamento de los barbudos. Simula tan bien, que logra nuevamente despertar la piedad del Jefe al verlo castañetear los dientes por la noche, con tanta insistencia que Fidel le ofrece compartir su manta, lejos de imaginar que su invitado nocturno está armado de un P 45. En conflicto con su conciencia, o demasiado miedoso, el traidor no se decide empero a actuar. Abandona de nuevo el campamento al día siguiente, afirmando que va a buscar comida. En realidad va a encontrarse con el enemigo y a proporcionarle más informaciones.

En las conversaciones alrededor de la fogata, habitualmente Camilo es el más locuaz, pero esa noche son las palabras de Faustino Sánchez las que retienen la atención.

—Cuando desembarcamos en suelo cubano, ninguno de nosotros pensó que el peso de los combates recaería casi por completo en una pequeña tropa oculta en las montañas... Imaginábamos un movimiento de amplitud nacional, una huelga general, en la que la presencia de un grupo de guerrilleros revestiría una gran importancia simbólica; pero no que esa tropa de rebeldes debiera enfrentar y vencer a los ejércitos de la tiranía...

Fidel está de acuerdo: las cosas no ocurren como lo habían previsto. Razón de más para mantener la presión. Y hasta para intensificarla.

A la una y media, cuando se preparaban para almorzar, un campesino se precipita a advertirles que el enemigo está allí, muy cerca. Sin esperar más, los barbudos se evaporan en la naturaleza. Justo a tiempo. Se abate la metralla sobre el campamento, pesada e intensa. Agazapados en una gruta, al abrigo de las rocas o de los árboles, los fidelistas asisten a la masacre de la que escaparon. El Che echa pestes contra sí mismo: ha dejado en el lugar su mochila llena de medicamentos, de latas de conserva, de libros y una manta. El ataque cuesta la vida a Zenón, el Guajiro, que no utilizará jamás, para escribir, sus nuevos conocimientos.

Esta vez, el crédito de Eutimio está en baja; ya casi no se cree en otra coincidencia. Hacia las siete de la tarde unos diez hombres, entre ellos el Che y Almeida, se reagrupan en las laderas del monte Espinosa y deciden una marcha forzada hasta Lomón.

—Es un lugar del que Eutimio nos habló varias veces. Entonces desconfiemos —pone en guardia Camilo.

Sin embargo, es esencial conectarse con la gente del Llano que también forma parte del M 26-7. Santiago, donde tuvo lugar el ataque del Moncada, punto de partida de esta Revolución, está situado a orillas del océano, más al este, hacia la punta de la isla. En Los Chorros, a unos cincuenta kilómetros a vuelo de pájaro de Manzanillo, en la finca del campesino Epifanio Díaz —un lugar aislado y protegido en plena montaña—, los jefes guerrilleros se encuentran con los responsables del Llano. Hacia las cuatro de la mañana, Fidel y los suyos irrumpen en la pequeña propiedad. María Moreno, la compañera de Epifanio, se esmera en las hornillas. Al claro de luna, los rebeldes descubren, al lado de Frank Pais y de Armando Hart, a Celia Sánchez, la morena de mirada de fuego, conmovida y orgullosa de conocer a los famosos barbudos de los que habla todo el mundo en Oriente. También están presentes Vilma Espin, que será luego la compañera de Raúl Castro, y Haydée Santamaría, futura presidenta de la Casa de las Américas.

La intención de Frank Pais y de Haydée al ir a la Sierra es convencer a Fidel Castro —¡no lo conocen bien!— de que abandone Cuba y espere días más propicios en un país vecino, desde donde podrá dirigir el Movimiento en total seguridad. Subrayan que su vida es lo más valioso para ellos. Unas pocas horas de sueño, y Fidel, remozado, dice señalando el valle esta frase que barre toda objeción:

—¡Miren a esos soldados que tiran desde abajo y no osan subir aquí! Tráigannos fusiles y balas y les aseguro que dentro de dos meses estaremos en plena batalla. ¡Créanme, con sólo unos veinte hombres armados más, ganaremos la guerra contra Batista!

Celia devora con los ojos al hombre que será su amigo hasta que ella muera, veintitrés años más tarde, de cáncer. Fidel y los suyos impresionan fuertemente a la gente del Llano por su sinceridad, su entusiasmo y su determinación. En este caso, la Montaña domina plenamente al Llano. Frank Pais, Armando Hart y, evidentemente, Celia se marchan convencidos de que Fidel es el jefe de la guerra que hace falta para atacar a Batista. Por consiguiente, ahora es necesario ayudarlo en hombres, en armas y, más aún, en logística, con los campesinos. Culmina una gran etapa.

Los Chorros es también lugar de otro encuentro, que provocará a su manera una minirrevolución. Celia ha preparado un encuentro entre Fidel y el periodista norteamericano Herbert L. Matthews, de *Time*, una de las plumas más respetadas de los Estados Unidos. Fidel comprende el interés que ofrece al Movimiento esa entrevista, que será sin duda reproducida en el mundo entero, y volverá como un boomerang al rostro de Batista. Miente un poco, haciendo creer al periodista que está al frente de muchos más hombres que los que tiene en realidad. En su nido de águilas de La Plata, desde donde conduce las operaciones y adonde ha llevado a Matthews, llega sin aliento un mensajero y le dice, según un libreto preparado de antemano:

—Comandante, el agente de enlace de la columna número 2 acaba de llegar.

—Dígale que espere —responde el comandante, imperial.

La historia divierte mucho al Che. Pero Matthews logra una primicia mundial. Escribe como conclusión de su artículo: "Según el giro que toman las cosas, el general Batista tendrá dificultades en dominar la rebelión castrista. Su única posibilidad es que una columna de su ejército logre caer sobre el joven jefe rebelde y su estado mayor para exterminarlos. Pero es dudoso que eso se produzca..." En La Habana, el artículo, abundantemente reproducido por la prensa, sin censura en esa época, causa el efecto de una bomba, como lo esperaba Castro.

Después de la partida de Matthews, se reanudan las discusiones en el Llano con los representantes de la Dirección Nacional. Pues los adversarios de Batista están pocas veces de acuerdo entre sí. *Que el Llano ayude a la Sierra*, es un estribillo que vuelve sin cesar a la boca de Fidel. Con el apoyo de las Egerias de la Revolución, Celia, Vilma y Haydée, los hombres del Llano deberán secundar a los fidelistas, pues, como lo anota el Che en sus apuntes: "Es ilusorio imaginar sublevaciones simultáneas de un extremo al otro de la isla."

En el momento en que ambas corrientes tienden a unirse, reaparece el traidor Eutimio. Esta vez lo pescan al vuelo. Almeida y Camilo se apoderan de él y lo registran. Lleva el P 45, tres granadas y un salvoconducto de Castillas. Sabiéndose perdido, se arroja de rodillas a los pies de Fidel pidiéndole no su perdón, pues sabe que es inútil, sino que lo mate él mismo. En ese mismo momento los relámpagos surcan el cielo, estalla la tormenta... y Eutimio se desploma, fulminado. Un barbudo ya había extraído su arma para evitar que su jefe se ensuciara las manos. El médico Manuel Fajardo quiere clavar una cruz sobre la sepultura, pero el Che se opone: sería poner en peligro al propietario del lugar. Con el cuchillo, hace una marca en el árbol al pie del cual fue enterrado Eutimio, el traidor.

Los fidelistas reanudan su interminable marcha. Por la noche, antes de sumergirse en sus libros, el Che recorre el campamento. Con una palabra de aliento para los más fatigados, una palmada en la espalda para el jovencito recién incorporado, un "buenas noches" para todos. Sin duda, a menudo piensa también en sus dos Hildas. La pequeña ha cumplido un año el 15 de febrero. ¿Habrá empezado a hablar, a caminar? En la noche de la Sierra Maestra, con la mirada puesta en las estrellas, él le recita poemas.

XIV
Llamado al pueblo de Cuba

Lentamente, en una jungla donde hay que avanzar con machete, perseguida por el ejército leal, la tropa se pone nuevamente en marcha. Es alcanzada felizmente por Gil, Sotolongo y Raúl Díaz, tres sobrevivientes de la matanza de Alegría del Pío. Llegan oportunamente, en momentos en que los simpatizantes venidos del Llano abandonan la lucha en altura, incapaces de superar las dificultades de esa vida de nómades acosados. Se esperan refuerzos para la primera semana de marzo.

En su cuaderno, el Che anota: "¡Ataque de asma!". Cuando tiene los medicamentos apropiados, controla su mal no bien siente los síntomas precursores; por desgracia, desde la ofensiva aérea se ve privado de ellos. Celia le ha prometido hacérselos llegar. Tiempo antes, había sido abatido por la malaria. Curado gracias a la quinina, ahora es el asma lo que transforma una vez más su pecho en una forja ardiente. Debe recurrir a lo más profundo de sus reservas morales para no claudicar. El 27 de febrero, la columna hace alto a fin de permitirle recuperarse un poco. En la tarde del 28, Universo Sánchez desciende, ágil como un puma, del árbol desde donde vigilaba los alrededores. Ha avistado la vanguardia de la columna enemiga. —No sé cuántos son en total. Dada la importancia de este primer grupo, son al menos cien. Llegan por el camino de Las Vegas.

Hay que escapar entonces por el otro lado de la cima, antes de que los soldados les corten el acceso. En el momento en que, presa de una crisis, el Che quema la aguja de una jeringa para inyectarse, se desploma. Inmóvil en el suelo, como muerto, es una imagen mítica para quienes lo consideran el Cristo guerrillero. Un dragón se encarniza en el volcán de su pecho. No solamente no puede caminar, sino que hasta es incapaz de levantarse. Gime, con los ojos desmesuradamente abiertos. Uno de sus compañeros del *Granma*, Luis Crespo, se inclina sobre el moribundo, lo sacude, lo increpa fraternalmente:

—¡Muévete, Che, los soldados se acercan! ¡Vamos, arriba!

¡Nada! Con la mirada perdida, el Che está en el umbral del abandono. Luis, *el Guajiro*, cambia de tono:

—¡Vamos, argentino de mierda! ¿Vas a mover el culo? ¡Yo te voy a hacer avanzar!

Esas palabras —en realidad del habla habitual de los barbudos— tampoco surten efecto. Entonces el Guajiro, viendo que no hay más remedio, carga al Che sobre sus espaldas. Bajo los disparos de los primeros soldados que han avistado a la tropa de los rebeldes, Crespo se ve obligado a tenderse en el suelo y a reptar, cargado con su fardo del que tira con los brazos. Un bohío, una choza semiderruida, les sirve de refugio. El Guajiro coloca a Ernesto boca abajo, en posición de tiro, por si se acerca una patrulla. Cae la noche como una gran hermana protectora. Poco a poco la crisis se calma, el Che revive y comprende que Luis lo ha salvado. La columna de los barbudos está lejos y los soldados de Batista, más lejos todavía; al menos así lo esperan. Al cabo de unas horas, algo recuperado, el Che hace señas a su salvador de que se siente mejor. Extraen una brújula, escrutan el cielo y reanudan la marcha.

Cuando se siente más fuerte, el Che pregunta:

—¿Por qué arriesgaste tu vida para salvar la mía?

—Mi padre era asmático. Lo he visto en la agonía cuando era pequeño y era una tortura para mí. Pensé en él. Eso es todo.

El Che se lo agradecerá a su manera, empecinándose en enseñarle a pronunciar las palabras por completo y no "a lo guajiro", comiéndose la mitad. Más adelante, en 1958, en el M 26-7 en Camagüey, Luis Crespo contará al escritor y archivista de la Revolución Cubana, Mariano Rodríguez Herrera, gran amigo de Hilda Guevara, lo siguiente:

—Como el Che había perdido muchas fuerzas al salir de las marismas después del desembarco, cuando el camino que seguíamos se hacía más ríspido, le dije: "Dame la mochila, voy a ayudarte." Se negó, diciéndome que había ido a Cuba a combatir, no a quejarse.

Mientras el Che sufría el martirio, el puesto de radio de los barbudos les daba una noticia importante: el impacto del artículo de Matthews es tal, que el ministro de Defensa se ha sentido obligado a declarar:

—Se habla mucho de las acciones de esos "terroristas", y también de la entrevista de Matthews con Fidel Castro. ¡Pues bien! Esa entrevista es una mentira y una provocación.

Los fidelistas comentan la noticia divertidos en el momento en que Crespo y el Che se les reúnen. Otra noticia, lamentablemente mucho menos grata: Frank País habría sido encarcelado en Santiago. Fidel ya ha lanzado su manifiesto *Llamado al pueblo de Cuba*, que será difundido en toda la isla. Y sin embargo en La Habana, Batista, influido por su

121

Estado Mayor, no da su brazo a torcer: ¡para él, Fidel Castro está muerto!

En su manifiesto, este último asegura: "Si es necesario, combatiremos durante diez años en la Sierra Maestra." Con el Che agobiado por el asma, los guerrilleros extenuados, flacos, sucios, reducidos a dieciocho sobrevivientes del *Granma*, Fidel hace bluff como en el póquer, pregonando, en una isla donde se padece cruelmente el hambre: "¿Qué importa tener el estómago vacío hoy, si se trata de conquistar el pan de la libertad de mañana?". Fidel trata de ser el hombre de la coincidencia entre los diferentes partidos y tendencias que tienen en común el deseo de liberarse del dictador Batista. Alienta la gran idea de una huelga general que paralice el país y muestre al tirano que no hay más solución que dimitir.

Frente a la escasez, hay que repartir equitativamente la comida, y el Che, como siempre, vigila que eso se cumpla escrupulosamente. Al pie del Turquino, cerca del pueblo de pescadores de Ocujal, sus partidarios preparan para los barbudos la sal que les permitirá conservar la carne de vaca y de ternera, no la de cerdo, pues los cerdos son devorados inmediatamente después de haber sido sangrados. Un día de principios de marzo, Ernesto desciende con unos quince hombres a buscar el valioso producto. De regreso en el campamento, con una bolsa de veinticinco kilos sobre sus espaldas, como sus hombres, el Che se reúne con el resto de su tropa sentados a la mesa común. El cocinero, uno de los nuevos, sirve dos chuletas a todo el mundo y tres trozos de malanga. Cuando le toca el turno al Che, pone en su plato de lata tres chuletas y cuatro trozos de malanga. ¡Qué ha hecho! El plato le llega de vuelta como un boomerang sobre el pecho, con estas palabras:

—¡Fuera de aquí, carajo! Ya veremos si tienes los mismos cojones para quitarle un fusil al enemigo. Preparar la comida de los guerrilleros es un privilegio que tú no mereces. ¡Eres un *guataca*[1]!

Y el Che envía al hombre a la primera línea, sin armas, por haber insultado a todos los guerrilleros pretendiendo congraciarse con uno solo de ellos, porque era el jefe. Crimen de lesa majestad, la majestad del pueblo igual y fraterno.

Solamente el 16 de marzo de 1957 los voluntarios del Llano llegan a la cita, tras enfrentar mil y una dificultades en el camino. Son cincuenta y ocho voluntarios, con sólo veintisiete fusiles, los que vienen a engrosar las filas de los barbudos.

[1] Chupamedias

Cincuenta y ocho novicios, más dieciocho barbudos aguerridos, da un total de setenta y dos hombres, cuya voluntad tiende hacia un único objetivo: liberar a Cuba del tirano que la gobierna. Los nuevos reclutas se enteran al llegar, de boca de los barbudos que lo oyeron por radio, que el líder del Directorio Estudiantil, José Antonio Echeverría, *el Gordo*, acaba de ser asesinado en La Habana. Ocurrió en una refriega cerca de la Universidad, tras un intento de asalto al Palacio presidencial. Han muerto también otros cuarenta miembros del Directorio. Muchos han sido encarcelados, torturados; se dice que otros habrían sido pasados por las armas.

El fin de marzo y los meses de abril y mayo servirán para reorganizar la tropa rebelde, formar a los "pequeños barbudos" y convertirlos en verdaderos combatientes. Pronto se elegirá y se acondicionará el lugar del campamento. Domina un valle abrupto, que permite ir por el camino de las cumbres a Altos de Conrado; se llama El Hombrito, porque al acercarse a la montaña parece un hombre acostado. El Che comprueba rápidamente la falta de disciplina de los nuevos. Recuerda su propia odisea cuando abandonaron el *Granma*, y sonríe. En tres meses los fidelistas han cambiado: han asestado golpes al enemigo, soportaron otros, se han endurecido y organizado. La Sierra descubre al Llano y el Llano a la Sierra. El jefe de los recién llegados, Jorge Sotús, no quiere recibir órdenes más que de Fidel. Discute todos los proyectos de los hombres de la Sierra, mira desde arriba al Che, considerándolo un extranjero. Camilo, que se ha dado cuenta de que ambos hombres no simpatizan, bromea con Ernesto llamándolo *el argentino* para hacerlo rabiar.

Fidel redistribuye las responsabilidades: Raúl Castro, Juan Almeida y Sotús son confirmados en su grado de capitán. Camilo Cienfuegos será responsable de la vanguardia y Efigenio Ameijeiras, de la retaguardia. El Che sigue encargado de la salud de todos. Pero debe pensar también en la suya. La mayoría de los barbudos, viejos y nuevos, duermen en hamacas, alejados de la humedad del suelo y de los bichos rastreros, pero Ernesto no soporta las redes de yute que fijan el polen al cual es alérgico. Hay algunas hamacas de lona, pero para merecerlas es menester, democráticamente, haber dormido antes mucho tiempo en las de yute. El Che no quiere sustraerse a la ley general, así pues no reclama ninguna. Hasta la noche en que, por una conversación con el guajiro Crespo, Fidel se entera de la historia y se apresura en hacerle llevar una hamaca de lona.

Gracias sobre todo al reportaje de Matthews, la fama de los rebeldes crece en los Estados Unidos. Al principio son tres jóvenes soldados los que desertan de la base norteamericana de Guantánamo, situada a unos doscientos kilómetros al este —base de la Marina que los cubanos llaman su cáncer—, para unirse a los guerrilleros, por amor a la aventura. A causa del clima, días calurosos y noches glaciales, humedad, bichos, dos de ellos no tardan en cargar al hombro sus mochilas y en regresar a su base. El tercero aguantará más tiempo y realizará su sueño: participar en un combate en la Sierra Maestra. Más adelante viene un equipo de la CBS a realizar un filme documental: *La historia de los combatientes en la jungla de Cuba*. Haydée Santamaría y Marcelo Sánchez, coordinadores del M 26-7 en La Habana, acompañan al equipo. Durante dos meses, Robert Taber y Wendell Hoffman filman la vida diaria de los barbudos. El documental apasionará al público norteamericano —Fidel, hábil político, ha evitado siempre decir cosas desagradables sobre los Estados Unidos— y volverá como un boomerang al rostro de Batista.

Puesto que no se ha verificado la fama de asesinos y de truhanes que les hicieron los militares, sino que por el contrario su leyenda comienza a difundirse como una canción popular, los barbudos ven acercárseles cada vez más campesinos a entablar el diálogo y a proponerles su ayuda. Eso torna la región mucho más segura para ellos. Hasta se proponen cerrarla para convertirla en un verdadero "territorio libre". Se establece una logística que impedirá poco a poco acercarse a los soldados de Batista. Los guerrilleros se familiarizan con los campesinos y los habitantes, mientras preparan sus futuros combates. Comienzan a dominar el terreno: "Los primeros quince días del mes de mayo fueron de marcha continua hacia nuestro objetivo. Al iniciarse el mes, estábamos en una loma perteneciente a la cresta de la Maestra, cercana al pico Turquino; fuimos cruzando zonas que después resultaron teatro de muchos sucesos de la Revolución. Pasamos por Santa Ana, por El Hombrito; después Pico Verde, encontramos la casa de Escudero en la Maestra, y seguimos hasta la loma del Burro."

El Burro queda al este, lejos de las bases habituales. El objetivo de la maniobra es recuperar armas provenientes de Santiago, ocultas cerca de Oro de Guisa, en la escabrosa zona del Burro. Caminata por terreno difícil, con largos pasos por los dolorosos "dientes de perro". Una noche, alrededor de la fogata, se echa de menos a Ernesto, y la preocupación crece con el paso de las horas. Se ha alejado simplemente del campamento, con ánimo de vagabundear, y camina largo rato bajo las estrellas, hasta que se extravía y pierde su camino. Después de dormir un momento, aborda por la mañana a un campesino que trabaja en su campo, no sin aprensión: ¿será un simpatizante o no? Cuando se decide a decirle quién es —ha aprendido a hablar como un guajiro— el otro sonríe, lo invita a comer algo en su casa, luego le indica cómo regresar al campamento, cuyo emplazamiento conoce. Unas semanas antes, ¿habría sido igual la reacción del campesino? El Che, que cree tanto en el hombre, asegura que sí.

Esa "República libre" que se crea en la Sierra Maestra supone también que en ella reinan el orden y la justicia. Un "tribunal popular" presidido por Camilo juzga a tres campesinos acusados de traición. El llamado Nápoles, que ha robado y denunciado, será ejecutado allí mismo de una bala en la cabeza. A los otros dos se les da una oportunidad. La ley de los barbudos es dura: hay que ser temidos para ser respetados. Lo mismo ocurre con un pillo que se hace pasar por el doctor Guevara y visita los pueblos pidiendo a las mujeres, jóvenes de preferencia, que se desvistan para "auscultarlas". Como el miserable ha robado y violado bajo su nombre, el Che ordena su ejecución.

Ernesto ya es conocido como médico en toda la región. En ese período de relativa calma, utiliza menos su fusil que su estetoscopio. En cada pueblo, o más simplemente en todo lugar habitado, radio Bemba anuncia su presencia. Así ocurre por ejemplo en El Hombrito: del 3 al 6 de mayo el doctor Ernesto Guevara prodiga allí sus cuidados a la población local y se gana la simpatía de todos.

En su diario, habla de ese trabajo: "En aquella época tenía que cumplir mis deberes de médico y en cada pequeño poblado o lugar donde llegábamos realizaba mi consulta. Era monótona pues no tenía muchos medicamentos que ofrecer y no presentaban una gran diferencia los casos clínicos de la Sierra; mujeres prematuramente avejentadas, sin dientes, niños de vientres enormes, parasitismo, raquitismo, avitaminosis en general, eran los signos de la Sierra Maestra.

"Recuerdo que una niña estaba presenciando las consultas que daba a las mujeres de la zona, las que iban con mentalidad casi religiosa a conocer el motivo de sus padecimientos; la niñita, cuando llegó su mamá, después de varios turnos anteriores a los que había asistido con toda atención en la única pieza del bohío que me servía de consultorio, le chismoseó: 'Mamá, este doctor a todas les dice lo mismo'.

"Y era una gran verdad; mis conocimientos no daban para mucho más, pero, además, todas tenían el mismo cuadro clínico y contaban la misma historia desgarradora sin saberlo. ¿Qué hubiera pasado si el médico en ese momento hubiera interpretado que el cansancio extraño que sufría la joven madre de varios hijos, cuando subía una lata de agua del arroyo hasta la casa, se debía simplemente a que era mucho trabajo para tan poca y tan baja calidad de comida?" Sin duda el Che tiene un pensamiento para la vieja asmática de la Gioconda en Valparaíso.

Extiende recetas para los campesinos. Esas recetas de nada servirían si Celia, o su gente, no les dieran en seguida el dinero para comprar los medicamentos. La cadena de la solidaridad funciona en la Sierra.

XV
Un fusil nuevo para el Che

Ese mes de mayo de 1957 debe marcarse con una piedra blanca en lo que concierne a las relaciones de los campesinos con los barbudos. El Che lo expresa a su manera:

"Nosotros representamos la única fuerza capaz de mantenerse y de castigar los vejámenes que comete el ejército contra la población civil. Lo que explica que los campesinos sean nuestros aliados y que se protejan a nuestro lado."

Cuando un oficial torturador o el esbirro de un mayoral sin escrúpulos soporta el castigo de los barbudos, los guajiros aplauden. Las buenas relaciones se sellarán con mayor fuerza aun cuando, justamente a principios de ese mes de mayo, los barbudos dejen de lado sus fusiles para ayudar en la cosecha del café. El rumor concerniente a los fidelistas se hace leyenda; por poco se convierte en seres sobrenaturales a esos hombres venidos en barco, cubiertos de fetiches, a veces con flores en las orejas, que caminan de noche y se ocultan de día.

En el terreno escarpado de la Sierra Maestra, la guerrilla y los campesinos comienzan a ser una sola cosa. Esa ósmosis no es mágica; responde a la necesidad del encuentro entre combatientes que luchan por expulsar a un dictador del poder y un pueblo dominado que entrevé una libertad hasta entonces inconcebible. Tiene un nombre: Revolución.

Permanentemente a la escucha de la radio, una noticia llama la atención de los fidelistas: algunos compañeros del *Granma* han sido condenados en La Habana. Un solo magistrado ha elevado su voz contra la sanción: el juez Urrutia. Esa valiente actitud no será ajena a su acceso a la presidencia de la República después del triunfo de la Revolución.

Pero la política no es lo único en ese momento. Más que un agente de la CIA disfrazado de periodista —que se hace llamar Andrew Saint-George—, más aún que los soldados de Mosquera y de Castillas, el enemigo más temible de los barbudos es un tábano llamado *macagüera*. Un horrible bicho que pica él solo como un escuadrón de mosquitos. Un minivampiro que chupa hasta la embriaguez la sangre de sus víctimas. Pone sus huevos en el mes de mayo en un árbol llamado macagua, de allí su nombre. Su blanco preferido son desde luego las partes no protegidas del cuerpo: muñecas, manos, cara, y sobre todo el cuello, apodado el "pasaje de la macagüera". Las infecciones debidas a esas picaduras se transforman en pústulas, que dan trabajo suplementario al Che.

El 15 de mayo, los fidelistas seguían esperando informaciones sobre las armas que les prometieron. Al pasar lista, falta uno: ha desaparecido uno de los hombres del Llano. Dado que la inminente llegada de las armas es conocida por todos, hay motivo para preocuparse. Una patrulla parte tras las huellas del fugitivo; regresa anunciando que el hombre se ha embarcado en Santiago con rumbo desconocido. ¿Quizá para ir a informar al enemigo? Pero como nadie viene a perturbar a los barbudos en los días siguientes, deducen que se trata de un desertor que no soporta más la dureza de esa vida, o que tal vez no estaba suficientemente motivado. "La lucha contra la falta de preparación física, ideológica y moral de los nuevos combatientes es cotidiana", escribe el Che.

En Pino del Agua, el 18 de ese mes de mayo arruinado por la ofensiva de las macagüeras, cunde la noticia:

—¡Llegaron las armas!

Han venido por barco en bidones de aceite. Harán falta ocho horas para bajar a recuperarlas a orillas del mar. Es un momento de gran emoción para todos los barbudos. Las armas están allí, expuestas sobre el suelo: tres ametralladoras con trípode, tres fusiles ametralladoras Madzen, nueve carabinas M-1, diez fusiles automáticos Johnson y municiones para seis mil disparos. La distribución se hace en una atmósfera de recogimiento. El Che recibe, de manos de Fidel, uno de los tres fusiles ametralladoras, prueba de la alta estima que se le tiene. Lo dice él mismo:

"Una nueva etapa comienza para mí en la Sierra..." Más tarde reconocerá: "En realidad, ese fusil ametralladora era viejo y no se hallaba en muy buen estado, pero no importa, siempre recordaré el momento en que lo recibí."

En esa época, en la Sierra Maestra, el Che se interesa por el joven Joel Iglesias. Tiene apenas quince años, "cojones de toro", miedo a nada y ganas de todo. A Ernesto le recuerda al Patojo, que ha quedado en México. Valiente, es él quien lleva los cargadores del fusil ametralladora. Siempre con una sonrisa y a veces cantando, el Che lo ha tomado bajo su protección para instruirlo. Mientras Joel entra a la escuela primaria de Ernesto, Camilo, por su parte, ya está en Filosofía. De viva inteligencia, hace más que comprender: su mente se anticipa.

Ahora que poseen pólvora, tienen que hacerla hablar. Son ásperas las discusiones entre los barbudos en cuanto a la manera más eficaz de atacar al enemigo. Durante un tiempo, el Che sostiene la idea de apoderarse de un camión lleno de soldados, pero finalmente se decide atacar el puesto de Uvero.

—Fidel tiene razón —reconoce Ernesto—. El impacto de una acción como ésa repercutirá en todo el país. Es importante psicológicamente.

Uvero está situado en la costa, a unos veinte kilómetros al este de Turquino. Con el apoyo de unos cincuenta hombres del Llano, los fidelistas se aprestan a dar un golpe fuera de su zona habitual de acción. Se dedican en primer lugar a calcular el número de soldados que deberán enfrentar, luego a conocer el tipo de comunicaciones que utilizan, a descubrir los caminos de acceso y finalmente, a evaluar la ubicación de la población civil. Una noticia proveniente de los contactos de Celia obliga a acelerar las cosas: se ha detenido a dos campesinos pagados por Castillas que se aprestaban a divulgar la posición de los rebeldes. El hecho de que hayan sido interceptados a tiempo no elimina por completo el peligro. Tal vez otros se preparan a imitarlos; no es el momento de vacilar. A los espías se los manda ahora a hacer contraespionaje: sólo se les perdonará la vida si tienen informaciones interesantes que proporcionar.

Entre los fidelistas de barba naciente, un tal Caldero, que será comandante en 1959, es originario de la región. Será responsable de todo lo concerniente al aserradero de Uvero y se desempeñará como un guía perfecto, aportando al Estado Mayor valiosas informaciones. Una marcha nocturna de unos veinte kilómetros partiendo de Peladero, por caminos tortuosos abiertos con machete, permitirá acercarse al aserradero, propiedad de la compañía Babún. Deberán avanzar como el cangrejo, evitando los caminos frecuentados. Una vez que el cuartel esté a tiro de fusil, la táctica será simple: desalojar a los soldados de sus puestos acribillando a balazos las barracas de madera, concentrando el esfuerzo en los puestos llamados 3 y 4 que albergan la mayor cantidad de enemigos.

Nuevamente a la luz de la luna, en la noche del 27 al 28 de mayo de 1957, los barbudos se preparan para el ataque, tratando de no dañar a la población civil. El Che, apostado entre Raúl y Guillermo García, aguarda con su fusil ametralladora que Fidel abra las hostilidades. No tarda en percibir a su izquierda el pañuelo rojo de Camilo Cienfuegos.

"Desde mi posición, apenas a unos 50 o 60 metros de la avanzada enemiga, vi cómo de la trinchera que estaba delante salían dos soldados a toda carrera y a ambos les tiré, pero se refugiaron en las casas del batey[1] que eran sagradas para

---

[1] Conjunto de granjas.

nosotros. Seguimos avanzando aunque ya no quedaba nada más que un pequeño terreno, sin arbustos para ocultarse, y las balas silbaban peligrosamente cerca de nosotros. En ese momento escuché cerca de mí un gemido y unos gritos en medio del combate; pensé que sería algún soldado enemigo herido y avancé arrastrándome, mientras le intimaba rendición; en realidad era el compañero Leal, herido en la cabeza. Hice una corta inspección de la herida, con entrada y salida en la región parietal; Leal estaba desmayándose, mientras empezaba la parálisis de los miembros de un costado del cuerpo, no recuerdo exactamente cuál. El único vendaje que tenía a mano era un pedazo de papel que coloqué sobre las heridas. Joel Iglesias fue a acompañarlo, poco después, mientras continuábamos nuestro ataque."

Los barbudos limpian la trinchera: en menos de tres horas el asunto está arreglado. No obstante, las pérdidas son grandes: quince fidelistas han sido puestos fuera de combate. El primero en caer fue el vecino inmediato de Fidel, Julito Díaz, seguido del guía Eligio Mendoza. Supersticioso, éste se creía protegido por un santo: cuando pasó al frente haciéndose el bravo, sus vecinos le dijeron que se agachara, pero él se negó, asegurando que nada podía ocurrirle. No tardó en caer fulminado.

Otros cuatro atacantes se les unirán en el paraíso de los revolucionarios: Moll, Nano Díaz, Vega y el Policía. Con dos heridos graves, Leal y Cilleros, con la caja torácica hundida, y heridos de mayor o menor gravedad: Maceo en un hombro, Hermes Leiva en el pecho, Almeida en el brazo y en la pierna izquierda, Quique Escalona, brazo y mano derecha, Manal en el pulmón —"sin síntomas importantes", comprobará el Che—, Pena en una rodilla y, finalmente, Manuel Acuña en el brazo derecho. Balance del lado contrario: catorce muertos, diecinueve heridos, catorce prisioneros y seis prófugos. Con la satisfacción de no haber lastimado a nadie entre la población civil.

El Che rinde homenaje a todos los contendientes:

"Fue un ataque por asalto de hombres que avanzaban a pecho descubierto contra otros que se defendían con pocas posibilidades de protección. Debe reconocerse que por ambos lados se hizo derroche de coraje. Para nosotros fue, además, la victoria que marcó la mayoría de edad de nuestra guerrilla."

Por fortuna, una de las primeras balas disparadas destruyó el aparato telefónico, cortando así al mismo tiempo la línea con Santiago, lo que evitó que la aviación fuese alertada.

Se deja en libertad a los prisioneros. Sería demasiado gravoso llevarlos, y eliminarlos no corresponde a las costumbres de la casa. Se toman unas cincuenta armas. El anuncio de esta nueva victoria no tarda en llegar a los oídos del presidente, en La Habana, y, lo que es aún peor para Batista, a los de la isla entera. En efecto, la censura acaba de ser momentáneamente levantada, y el golpe de Uvero, en el que el treinta por ciento de los combatientes pagó con su sangre la victoria de los barbudos, impresiona a la gente.

Al terminar el combate, el Che troca su arma por un bisturí. Se encuentra frente a frente con su colega, el doctor del otro bando: un hombre calvo de unos cincuenta años, que se apresura a decirle, dirigiendo una mirada desolada a los cuerpos de ambos bandos que yacen gravemente heridos, algunos ya rígidos, sobre camas y tablas:

"Mira, chico, hazte cargo de todo esto, porque yo me acabo de recibir y tengo muy poca experiencia".

Así el Che se encuentra en la posición de tener que salvar la vida del enemigo que acaba de dispararle. El médico cirujano Ernesto Guevara se arremanga y moja sus manos en la sangre, sin preocuparse en saber a quién pertenece. De los treinta heridos que aguardan, hay unos veinte que se quejan. Los dos barbudos más seriamente heridos, Leal y Cilleros, a quienes no se puede trasladar, serán confiados a los ex prisioneros puestos en libertad, bajo promesa de que serán bien tratados. Por temor a que los hombres de Batista tomen su gesto por un adiós, Ernesto elude abrazar a sus hermanos de armas. Cilleros no llegará vivo a Santiago. En cuanto a Leal, sobrevivirá para ver el resultado de la Revolución tras las rejas de la Isla de Pinos.

Después de ayudar a subir a los camiones, junto a los despojos mortales, la mayor cantidad de botín útil, en particular medicamentos, el Che es el último en abandonar el lugar. Adelante, la columna de los fidelistas acelera la marcha, pues evidentemente el ejército no ha de tardar en reaccionar. Una vez enterrados los muertos, el Che, sus tres compañeros enfermeros improvisados, más otros cinco barbudos, forman un extraño cortejo para evacuar en hamacas, sin ambulancia ni Cruz Roja, a los siete heridos menos graves que sus dos infortunados camaradas. Separado de la columna madre, la "José Martí", el Che se desvive atendiendo a los demás. Durante todo el mes de junio va de uno a otro prodigando cuidados, reconfortando, velando para que las heridas no se agraven. El capitán Juan Almeida Bosque, alcanzado en dos partes de su cuerpo, conserva todavía hoy una bala en su interior. Es ese mismo Almeida, negro, robusto y generoso, que había salvado a Ernesto en Alegría del Pío.

El Che resiste. Hasta que su diablo se despierta en él y el asma reinicia el incendio de su pecho. Tiene con qué calmarla, pero en plena jungla, debiendo salvar la vida a los heridos, la prueba es terrible. No obstante, rehúsa quejarse, disimula

131

su sufrimiento y continúa trabajando con la respiración entrecortada, los pies ensangrentados. Se presentan ocasionales aliados, como el campesino Pancho Tamayo, que aporta un valioso reabastecimiento para la enfermería de campaña. Es en realidad uno de los "enviados especiales" de Celia, encargado de organizar relevos de guías para permitir al grupo del Che alcanzar al grueso de la tropa. El campesino Israel Pardo y su mujer Emelina albergan y dan de comer a los sobrevivientes. Allí permanecerán el tiempo necesario para proseguir viaje suficientemente recuperados. El mayoral, conocido por el nombre de David, sacrifica una vaca para alimentar a los doce apóstoles de la Revolución, y las informaciones que les proporciona resultan muy valiosas: "Ha aliviado nuestra situación", afirmará el Che.

Pronto los que se encuentran bien, el guía Sinecio Torres, Joel Iglesias, Alejandro Oñate, apodado *Cantinflas* (pues se parece al célebre cómico mexicano), y también Vilo Acuña y el Che, ya no tendrán que ocuparse más que de cinco heridos. Quique Escalona y Manal, demasiado graves, son trasladados al Llano. Así son diez los que componen la columna cuando ésta se acerca, en la región de Buey Arriba, a lo que será una de las cimas de la epopeya guevarista: la Mesa. Una roca chata sobre un estrecho valle, en el corazón de una verdadera cordillera, uno de cuyos picos es El Hombrito. Se inicia el interminable descenso hacia el río La Mula en el fondo del valle, que corre hacia el mar, cerca del cual cambia su nombre por el de río Turquino. Cerca de mil seiscientos metros separan la cima del fondo de ese abismo encastrado en el seno de las montañas.

La columna llega a la casa del campesino Hipólito Torres Guerra y se apodera de él para sondear sus intenciones: nunca se es demasiado prudente. El Che se acerca a ese guajiro descalzo, de intensa mirada azul grisácea.

—Nos miramos a los ojos —recuerda Hipólito—. Nos miramos en lo más profundo, en la verdad, allí donde el hombre es él mismo. Dije al Che, mostrándole los alrededores: "Aquí estás en tu casa." Es verdad, yo le habría dado mi finca. Esto no se dice, pero cuando me enteré de su muerte en Bolivia, lloré. Por única vez en mi vida.

El Che comprende cuán auténtico es ese hombre, cuán absoluta es su sinceridad, límpida su alma. Lo escucha contarle su historia de pionero. Hipólito, apodado *Polo*, llegó allí solo, en barco. Remontó lo más lejos posible el curso de La Mula, luego prosiguió a pie hasta ese lugar que lo sedujo. "Una linda finca", se admira Ernesto. Es cierto, una bonita y pequeña propiedad, pero pegada a la montaña, en medio de una vegetación tan densa que sólo se penetra con machete. Allí el café crece libremente. Polo se instaló al principio con su hamaca en una gruta, y conoció en los alrededores a la tierna y curtida Juana, a quien tomó como mujer. Entonces roturó la tierra y construyó con sus fuertes manos una casita para Juana y para él.

Le muestra al Che la roca encima de La Mula.

—Es chata como una mesa. Por eso yo la bauticé la Mesa —explica.

Cuarenta años más tarde, en este mes de abril de 1994, la Mesa sigue ante nosotros, pedazo de roca cargado de historia. La casita está en ruinas; sólo queda el armazón. Hace mucho que Polo ya no vive allí. El Che lo elevó directamente al grado de capitán —la historia lo recuerda con el nombre de "el capitán descalzo"— y vive ahora en Manzanillo con su mujer, sus hijos y sus nietos y una cantidad de animales. El patriarca está a la cabeza de una tribu que vive en el recuerdo del Che y alimenta su culto. Han creado una asociación, "Los Caminos del Che", que lleva todos los años a unas cincuenta personas, mochila al hombro, a recorrer en la Sierra los senderos por donde pasó el Comandante.

—Quisiéramos un año hacerlo con ochenta y dos, como los ocupantes del *Granma* —me dice Polo—. Estoy seguro de que lo lograremos.

Yo también seguí "los caminos" con Polo, lo escuché contarme esas jornadas de junio de 1957 cuando la columna de los rebeldes llegó allí. El Che, siempre preocupado por el reabastecimiento para sus hombres, apreciaba dos tubérculos que crecen en abundancia en la Mesa: la malanga y el ñame. La malanga, especie de papa dulce, amarilla o blanca, chata, se descubre por sus largas hojas verdes y tupidas. Crece en todas partes en la Sierra, al punto de que los periodistas de La Habana hablarán de *Revolución de la malanga* a propósito de la epopeya de los barbudos. Polo se empeña por otra parte en señalar su diferencia con el resto de los barbudos:

—Ellos, que no comían más que ñame o malanga, cagaban blanco, mientras que nosotros, los guevaristas, comíamos carne, y cagábamos normalmente.

En cuanto al ñame, o iñame, muy difundido en África, verdadera escultura del suelo que puede superar los dos y hasta los tres kilos, se hace ablandar en agua hirviendo antes de comerlo en sopa, puré, o cortado en trozos. Polo, como lo comprueba el Che, no tiene igual para descubrir el tallo índigo que señala la presencia de los ñames en la tierra. La poco sociable Juana los prepara con sal y ajo. Para Ernesto, ella saca de su reserva salsa de tomate y realza las comidas con bananas fritas, plátano morteño, cortadas en finas rodajas.

Los recursos del lugar, el sitio natural en medio de las montañas y la protección que ofrece a los combatientes hacen que el Che se decida a convertir la Mesa en una de las bases de la guerrilla. Muchas veces volverá en los meses siguientes. Polo nos muestra también la gruta donde Juana ocultaba los libros del Comandante cuando él abandonaba su refugio:

—Había unos quince, la mayoría muy gruesos. Como nosotros no sabíamos leer, ignorábamos de qué hablaban, pero sabíamos que algunos de ellos trataban del marxismo.

A esa Mesa, el Che la completa a su manera:

—Puesto que está dada vuelta, cabeza abajo, hay que ponerle patas —le dijo a Polo.

Así, el Pico de la Botella, la Loma de la Bruja, los Altos de las Leches y los Altos de Conrado serán las cuatro patas de la Mesa.

El Che intentará educar al "capitán descalzo", enseñarle a leer y escribir, como ha hecho con tantos otros compañeros, pero pronto comprenderá que ese hombre es de un temple particular. Que ha nacido con un saber que no se aprende en los libros. Él "sabe" la naturaleza, la respeta; a su manera, domina la Sierra y su vegetación. Por la noche, acurrucado en su hamaca cerca del fuego de leña, analiza, en medio del extraño e intenso ruido de fondo que asciende hacia las estrellas, los menores murmullos de la penumbra, los explica, los cuenta.

Poco a poco irá adquiriendo importancia entre los revolucionarios, desempeñará un papel crucial de mensajero entre fidelistas y guevaristas. Eso no se hizo solo. Recuerda, después del encuentro con el grueso de la tropa:

—Fidel y el Che me tendieron una trampa, contándome cada uno una historia y preguntándome alternativamente, y en lugares diferentes, lo que me había dicho el otro. Yo no me inmuté, obstinándome en repetir: ¡No me dijo nada!

Así Polo se convirtió en el vínculo vital entre el Che y Fidel, que desde ese día le tuvieron una confianza total.

Una vez restaurada más o menos la escuadra, el Che la moviliza de nuevo para trepar a las cimas de la Sierra, siguiendo como su sombra los pies descalzos del nuevo compañero. Un poco más lejos, le toca el turno al campesino Tuto Almeida de cumplir la peligrosa función de guía.

Con fecha 26 de junio, el Che anota en su diario de ruta: "Sacamuelas". Varios guerrilleros padecen de abscesos o de dolores de muelas que los hacen sufrir mucho, y él debe convertirse en dentista improvisado. Su primera "víctima", con los medios a su alcance, es decir unas tenazas, es Israel Pardo. Como no tiene anestesia a mano, utiliza lo que él llama "anestesia psicológica", una andanada de insultos lanzada a su paciente mientras lo opera. El segundo en requerir sus servicios es Joel Iglesias. Pero allí, nada que hacer: "Hubiese necesitado un cartucho de dinamita para hacerle saltar su grueso molar. No pude sacárselo y continúa con él." Joel, por su parte, reemplaza los productos que ahora le faltan al Che para tratar su asma con hojas secas de clarín, una planta que tiene esa forma, remedio que los campesinos utilizan cuando alguno padece tos.

Tras arduas peregrinaciones, la columna continúa avanzando. Dos mujeres negras, adventistas como aquel Rosabal encontrado seis meses antes, huyen cuando ellos se acercan. Una vez convertidas por las palabras del Che, esas enemigas declaradas de la violencia se recogen las mangas y las faldas para transformarse en fieles aliadas. A los diez sobrevivientes de Uvero se les han sumado algunos partidarios venidos de Bayamo y campesinos, unos treinta hombres en total. Dos ex militares, Gilberto Capote y Nicolás, también están allí, llevados por el guía Arístides Guerra, que se convertirá en un gran guerrillero y quedará en las memorias como "el rey del rancho", el rey de la comida común, pues nadie se le compara para traer abastecimientos a la tropa. Almeida, salvado milagrosamente, comienza a caminar de nuevo, pero todavía carece de fuerzas para asumir el mando, por lo que el Che continúa dirigiendo la pequeña tropa.

Al enterarse de la presencia de enemigos en Mar Verde, por donde pensaba pasar para llegar a la Nevada, decide cortar camino por los abruptos senderos del Turquino. Cuando se reanuda la marcha forzada, una noticia alarmante lanzada por la radio afecta la moral de la columna: Raúl Castro habría sido gravemente herido en combate en la zona de Estrada Palma. El Che calma los ánimos haciéndoles notar que esas informaciones emanan del enemigo y que no hay que darles más que un crédito relativo. Tiene razón: la noticia resultará ser pura propaganda enemiga. Se detienen a pasar la noche en la casa de un vasco-español refugiado en 1936 y apodado *el Vizcaíno*, porque viene de Vizcaya, una de las siete provincias que componen el Euskadi. Alberga a los hombres y los alimenta con galletas de maíz, fruta y gigantescas tortillas. Al alba, la columna sigue su marcha hacia las cimas. Escribe el Che: "Era muy difícil mantener la moral de la tropa, sin armas, sin el contacto directo con el jefe de la Revolución, caminando prácticamente a tientas, sin ninguna experiencia, rodeados de enemigos que se agigantaban en la mente y en los cuentos de los guajiros..."

Tras rudas jornadas de marcha, los sobrevivientes de Uvero llegan a Palma Mocha, sobre la vertiente occidental del

Turquino, en la región de Las Cuevas. Algunos guajiros los reciben solícitamente, cuidando a los heridos, y el sacamuelas es llamado a usar nuevamente las tenazas. Luego continúan camino, para ascender hasta El Infierno. Finalmente, el 15 de julio, el campesino Cabrera informa al Che la presencia del intrépido Lalo Sardiñas en la región.

El encuentro con los fidelistas se efectúa el 16. Descubierto cuando llevaba víveres a éstos, Sardiñas no tuvo más remedio que unirse a las filas de la Revolución. Ahora tiene la misión de ubicar a la tropa del obstinado Sánchez Mosquera, por el momento a la defensiva.

—Ese hombre es un monstruo —asegura el Che—. Se comporta como un vándalo, sigue ahorcando a los campesinos que descubre como aliados nuestros y luego quema sus cadáveres.

Cuando Fidel festeja el regreso de los guevaristas, en una fogata improvisada junto al río de El Infierno, le dice a Almeida:

—¡Felicitaciones! ¡Lo que hiciste es formidable!

El capitán se vuelve hacia el Che y responde:

—No fui yo. Él es el formidable...

XVI
La estrella de comandante

Al día siguiente, 17 de julio de 1957, en una reunión del Estado Mayor, Fidel asciende a Ramiro Valdés, a Ciro Redondo y al Che al grado de capitán. A este último se le asigna la responsabilidad de una nueva formación, la columna Dos. Se le confía la vanguardia a Lalo Sardiñas, el centro a Ramiro Valdés y la retaguardia a Ciro Redondo. El todo forma un conjunto heterogéneo de setenta y cinco barbudos desaliñados, vestidos y armados a la buena de Dios. Ese aspecto de *beatniks* anticipados agrada al Che, firmemente decidido a convertirlos en un grupo unido, disciplinado, que enaltezca los colores sangre y noche del M 26-7. Un rojo y negro stendhaliano que recuerda a Ernesto al escritor francés, cuyo ardor y entusiasmo le gustan tanto. Llama con orgullo a su columna el "Éxodo de los campesinos".

Unos días más tarde, el 21 de julio, ocurre un acontecimiento inesperado que el Che cuenta así:

"Enviábamos una carta de felicitación y reconocimiento a 'Carlos', nombre clandestino de Frank Pais, quien estaba viviendo sus últimos días[1]. La firmaron todos los oficiales del ejército guerrillero que sabían hacerlo (los campesinos de la Sierra no eran muy duchos en este arte y ya eran parte importante de la guerrilla). Se firmó la carta en dos columnas y al poner los cargos de los componentes de la segunda de ellas, Fidel ordenó simplemente: 'Ponle comandante', cuando se iba a poner mi grado. De ese modo informal y casi de soslayo, quedé nombrado comandante de la segunda columna del ejército guerrillero, la que se llamaría número 4 posteriormente."

La escena tuvo lugar en un bohío del que el Che, a pesar de su memoria infalible, no guarda recuerdo. De hecho, fue en la finca del campesino Ramón Corria. Él, el extranjero, el "argentino", es elevado al grado de comandante aun antes que Raúl, el propio hermano de Fidel, antes que Almeida, uno

---

[1] Asesinado el 30 de julio de 1957. Su hermano Josué había sido asesinado un mes antes.

del Moncada. A pedido de Fidel, Celia Sánchez le entrega la estrella de comandante, una estrellita dorada que ella extrae de su mochila, la estrella de José Martí, el padre de la Revolución Cubana[2]. El Che se apresura a fijarla en la gorra negra que ha reemplazado en su cabeza a la gorra con visera. Así será inmortalizado, el 5 de marzo de 1960 en La Habana, por la celebérrima foto de Alberto Korda.

Ese día recibe igualmente un segundo regalo, un reloj pulsera negro ofrecido por Fidel. Esa promoción inesperada lo conmueve en sus fibras más sensibles; él, que se consideraba inepto para el servicio militar a causa de su asma: "La dosis de vanidad que todos tenemos dentro, hizo que me sintiera el hombre más orgulloso de la Tierra ese día", confiesa en esa ocasión.

Ahora autónomo y libre en sus movimientos, el nuevo comandante decide trasladarse a El Hombrito para instalar allí su base. Fidel no aprueba la idea: estima peligroso tener como campamento fijo ese lugar, demasiado expuesto para su gusto. Pero deja sin embargo a su brazo derecho tomar sus responsabilidades.

El Che se asigna igualmente una misión a la altura de su nuevo grado: cercar a Sánchez Mosquera. Lamentablemente este último acaba de abandonar la región. Entonces Ernesto busca cómo dar un gran golpe el 26 de julio, fecha conmemorativa del ataque del Moncada, cuatro años antes. Fidel le ha recomendado prudencia, pero le deja carta blanca. Elabora un plan ambicioso consistente en atacar primero el cuartel de Estrada Palma[3], en la noche para no faltar a la tradición, luego dirigirse a los pueblos vecinos de Yara y Veguitas y destruir allí las guarniciones establecidas, antes de regresar al campamento de base. Pero la guerrilla, como el Che lo está aprendiendo, no es un juego de ajedrez donde sólo cuenta la inteligencia, donde se mueven las piezas como uno quiere contra el adversario: hay que contar también con el propio bando. Por la radio se entera de que Raúl Mercader, que se encontraba en los parajes del Turquino, se apresta también a atacar a Estrada Palma, y hasta que ya se encuentra en el lugar. Como no es cuestión de pisarle los pasos al otro Raúl de la Revolución, Ernesto debe cambiar nuevamente su fusil de hombro.

---

[2] Oris Zaldívar, el armero del Che, había sido encargado en secreto por Fidel de confeccionar una estrellita dorada, del tamaño de una moneda pequeña, sin saber para quién era.
[3] Llamado más tarde Bartolomé Masó.

Decide atacar el cuartel de Bueycito, a unos treinta kilómetros al sur de Bayamo, ciudad de guarnición de cien mil habitantes. Allí puede esperar un importante apoyo logístico de parte de la población: el M 26-7 está profundamente arraigado en Las Minas de Bueycito, una ciudad minera vecina que produce cobre y un poco de oro. Lalo Sardiñas confía a Armando Oliver, que vive en Caña Brava, en el límite de California, la misión de reunir los vehículos necesarios para la empresa. Es así como pronto tiene el Che la satisfacción de ver reunidos: una camioneta Power Wagon, propiedad de Conrado Santiesteban, de California, un camión de Luis Ribeiro conducido por Israel Pardo, otra camioneta Power Wagon perteneciente a Rubén Fernández de la finca Guasimilla, igualmente en California; dos autos, uno de Idalberto Guerrero (Las Minas de Bueycito), el otro de Niní Oró, de Ortiz (Bueycito); más un jeep Willis de la Mina Holton prestado por Reynaldo Navarro de Las Minas de Bueycito.

En la esquina de una calle y un terreno baldío, el cuartel de Bueycito, de anchos muros amarillos, está ocupado por el 13° escuadrón del 1er regimiento de infantería, Maceo. Ese cuartel existe desde mediados del siglo XIX, puesto intermedio entre las ciudades de Bayamo y Manzanillo. Defendido por los españoles, fue atacado y tomado por los mambises[4] comandados por el general Calixto García y Antonio Maceo. La historia tiene pues cita con la historia grande en ese pueblo encantador donde, en tiempos de paz, todo es dulzura de vivir.

En esa región en que los barbudos tratan de implantarse, 31.508 hombres —de los 42.000 con que contaba el ejército cubano al comienzo de la guerrilla— los enfrentan bajo la bandera de Batista, distribuidos alrededor de la poderosa base del Turquino: 16.311 en el ejército regular, 3.432 conscriptos del Servicio de Emergencia, perezosos, reclutados de prisa y mal pagos, y 11.765 provenientes de otros cuerpos, sin contar la marina de guerra, la policía, el Buró de la Represión Anticomunista (BRAC) y los grupos paramilitares, los secuaces del coronel Masferrer. Con sus casi trescientos hombres más o menos bien armados, los invasores hacen el papel de David frente al Goliat de Batista.

---

[4] De *mambí*, nombre indio del caracol marino, el gran molusco que servía de cuerno de bruma y que permitía a los autóctonos comunicarse entre ellos. Los españoles llamaron mambises a los guerrilleros cubanos del siglo pasado, imposibles de ubicar, como el sonido del caracol, ese tam-tam de los insulares cuya procedencia no se lograba situar.

La columna del Che se despliega en abanico para sorprender a los soldados en su sueño. A las cinco y veinte de la mañana del 31 de julio comienza el ataque. Pero los "aprendices de barbudos" no respetan rigurosamente las consignas y la situación pronto se torna confusa. Cuando, al percibir una sombra en la esquina de una fachada, el Che lanza un conminatorio "¿Quién vive?", el otro, persuadido de que se trata de uno de los suyos, responde: "¡Guardia rural!" En el tiempo que tarda Ernesto en apuntarle, el soldado salta por una ventana al interior de la casa más cercana. En la oscuridad voltea una mesa, rompe vajilla, tropieza con dos sillas y huye por la puerta trasera. Como escapa en dirección opuesta a su base, el Che no lo persigue.

Un centinela, intrigado por los ladridos de un perro despertado por el episodio, presta atención y va a ver más de cerca qué es lo que pasa. Sin saberlo, el Che con su Thompson y el centinela con un fusil Garand avanzan el uno hacia el otro. Al llegar a algunos metros del hombre, Ernesto lo percibe y grita: "¡Arriba las manos!"... Al ver que el otro se apresta a tirar, quiere vaciar su cargador en él, pero su Thompson se niega a disparar. Para colmo de infortunios, el pequeño fusil 22 de Israel Pardo también permanece mudo.

"No sé bien cómo Israel salió con vida; mis recuerdos alcanzan sólo para mí que, en medio del aguacero de tiros del Garand del soldado, corrí con velocidad que nunca he vuelto a alcanzar y pasé, ya en el aire, doblando la esquina para caer en la calle transversal y arreglar ahí la ametralladora."

Los hombres del Che pronto hacen irrupción por la puerta de atrás en el puesto de los guardias. La cosa termina rápidamente: cinco guardias están heridos, dos de los cuales morirán, los otros son tomados prisioneros, con una sola pérdida del lado de los barbudos, Pedro Rivera, uno del Llano, con el pecho hundido. Y un herido grave, Rafael Ramírez. El campesino Manuel Espinosa se había arriesgado a trepar a un poste a la entrada del pueblo para cortar la línea telefónica, por lo que no pudo darse la alarma.

En abril de 1994, durante el viaje que hacemos a la Sierra Maestra siguiendo las huellas del Che, conducidos por Polo, el capitán descalzo, pasamos por Bueycito. Hilda está con nosotros, la ex Hildita, la propia hija del Che. Una vieja de rodete se acerca a ella, la besa con emoción, luego le cuenta, con lágrimas en los ojos:

—A menos de un kilómetro de la salida del pueblo, después del puente, el sanguinario Sánchez Mosquera amontonaba los despojos y los restos calcinados de sus víctimas. Cerca de cuatrocientas en total.

Por todas partes donde pasamos, en esa región de Buey Arriba, el Che permanece vivo.

—Está en nosotros, con nosotros. Sigue siendo nuestro guía —nos dice Ramón Oliva García, el historiógrafo de la Revolución en esa parte de la isla.

Diez fusiles de calibre 30, un fusil automático, seis Garand, nueve revólveres 45, diecisiete cartucheras... el botín del ataque es abundante. Los guevaristas se llevan igualmente un jeep y varias mulas heridas que no pudieron escapar al ruido de los disparos.

Una vez que la columna de los barbudos ha cruzado el puente de madera a la salida del pueblo, el Che detiene su jeep y pide al encargado de los explosivos, Cristino Naranjo, que lo haga volar para proteger la retirada. Está sólo satisfecho a medias por el comportamiento de sus hombres, que se mostraron demasiado nerviosos en la acción. Pero de todos modos ha estrenado sus galones con una victoria conquistada no ya en los terrenos escarpados de la Sierra, sino en sus contrafuertes. Éxito que quebranta la moral del ejército oficial y estimula la acción antibatistiana en todo el país. La isla entera conoce ahora a Ernesto Guevara; se lo apoda el "guerrillero heroico".

Después del asalto, escribe a Fidel: "A las diez pudimos replegarnos, sin ser molestados por la aviación..." Luego comenta las graves consecuencias que no dejará de tener la muerte de Frank Pais, y sugiere algunas propuestas para reemplazarlo en el M 26-7. Indica igualmente que con veinticinco nuevos reclutas —diez de los cuales no están armados— su columna cuenta ahora con cien hombres. Así la Uno de Fidel y la Cuatro (ex Dos) del Che, reunidas, superan ya los trescientos miembros.

Una vez de regreso en el campamento de El Hombrito, la principal preocupación del Che es encontrar comida para su tropa. En los primeros días de agosto de 1957, va a lomo de mula con Ramón Pérez a la zona de Vega Grande, al norte, por el camino de San Pablo de Yao. Allí encuentra a un rico miembro del Movimiento, Sergio Pérez Camillo, padre del guerrillero Ramón Pérez, y establece rápidamente con él el abastecimiento de sus hombres. Así la vida se organiza poco a poco en el campamento. El Che recuerda el entrenamiento al que los sometió en México el general Alberto Bayo, en el rancho de Santa Rosa, y prepara para sus guerrilleros un difícil camino del combatiente, con árboles para trepar, torrentes que cruzar, descenso de rápidos, campamentos nocturnos al aire libre con un frío glacial...

El 29 de agosto por la noche, un campesino advierte a la

columna de Ernesto que una importante tropa recorre los contrafuertes de la Sierra Maestra, dirigiéndose precisamente hacia El Hombrito. Como el campesino es un desconocido, se lo interroga sin miramientos, para asegurarse de que no miente. Luego, convencido, el Che decide salir al encuentro del enemigo y tenderle una emboscada. Se hacen las verificaciones: se trata de un batallón comandado por Menelao Sosa, que ha tomado posición en las tierras de Julio Zapatero, a "un par de kilómetros", como lo indicará el Che en sus memorias.

En la noche, los guevaristas se despliegan frente al enemigo. El Che comentará así el plan de batalla que adoptaron:

"El pelotón de Lalo Sardiñas debía ocupar el lado este de la posición del sao de helechos secos de poca altura y castigar con su fuego a la columna cuando ésta fuera detenida. Ramiro Valdés, con la gente de menor poder de fuego por el lado oeste, debía hacer una 'hostilización acústica' para sembrar la alarma. Aunque tenían pocas armas, su posición era menos peligrosa porque los guardias debían atravesar un profundo barranco para llegar a ellos.

"El trillo por donde debían subir bordeaba la loma por el lado donde estaba emboscado Lalo. Ciro los atacaría en una forma oblicua y yo, con una pequeña columna de los tiradores mejor armados, debía dar la orden de fuego con el primer disparo. La mejor escuadra estaba al mando del teniente Raúl Mercader, del pelotón de Ramiro, por lo que sería colocada como fuerza de choque para recoger los frutos de la victoria. El plan era muy sencillo: al llegar a una pequeña curva del camino donde éste hacía un ángulo casi de 90 grados para bordear una piedra, yo debía dejar pasar diez o doce hombres aproximadamente y disparar sobre el último en cruzar el peñón donde torcía el camino, de manera que quedaran separados del resto; entonces los otros debían ser rápidamente liquidados por los tiradores, la escuadra de Raúl Mercader avanzaría, se tomarían las armas de los muertos y nos retiraríamos inmediatamente protegidos por el fuego de la escuadra de retaguardia mandada por el teniente Vilo Acuña."

Los guevaristas han tomado posición en las alturas que dominan la propiedad de Julio Zapatero, en una plantación de café. El Che tiene una nueva arma, un fusil ametralladora Browning. Al despuntar el día, se distingue hacia abajo en la penumbra a los hombres del campamento, levantándose. Pronto se ponen sus cascos, lo que prueba que en realidad se trata de la columna enemiga. Los barbudos están en posición de combate.

"La espera se hacía interminable y mi dedo jugaba en el gatillo de mi Browning, listo para entrar en acción por primera vez contra el enemigo."

Por fin se dejan oír voces bullangueras, sonoras risas de

gente que evidentemente no se siente espiada. Pronto aparece la cabeza de la columna por el sendero; un primer soldado, un segundo, un tercero, pasan la roca fatídica, pero lo que no estaba previsto es que marcharan alejados unos de otros. El Che calcula que en esas condiciones no tiene tiempo de dejar pasar tantos como había previsto. En el momento en que ha contado seis, un grito resuena más arriba y uno de los soldados levanta los ojos; entonces Ernesto no vacila más:

"Abrí el fuego al instante y el sexto hombre cayó; en seguida se generalizó el fuego."

El Che ordena atacar a la escuadra de Raúl Mercader, reforzada con algunos voluntarios venidos de prisa al lugar. Pasada la primera sorpresa, la tropa de Batista se recupera y utiliza las bazucas. Los guevaristas, aparte del fusil ametralladora del Che, no tienen más que una ametralladora Maxim como arma pesada para responderles. Pero la Maxim no funciona, y Julio Pérez no logra destrabarla. Ramiro Valdés, Israel Pardo y Joel Iglesias avanzan por su parte sobre el enemigo. Sus escopetas tiran en todas direcciones y tienen poco alcance, pero hacen un ruido infernal que siembra el pánico en las filas adversarias.

El Che imparte entonces la orden de replegarse a los pelotones laterales, y no tarda en imitarlos él también, mientras deja a la retaguardia cubrir la retirada de los hombres de Lalo Sardiñas. Vilo Acuña viene a anunciar la muerte de Hermes Leyva, el primo de Joel Iglesias. En su repliegue, la Cuatro encuentra a un pelotón enviado por Fidel —a quien el Che había advertido la inminencia de un combate contra fuerzas sin duda superiores en número—, pelotón conducido por el capitán Ignacio Pérez.

Los barbudos se detienen a un kilómetro del lugar del combate, en emboscada, dispuestos a atacar de nuevo si el enemigo los persigue. En cuanto a los guardias, reagrupados ahora en la pequeña eminencia donde se desarrolló la lucha, se vengan quemando el cuerpo de Hermes Leyva. El Che asiste de lejos a la escena, impotente, ardiendo interiormente. La manera como se desarrollaron las cosas confirma sus temores: su tropa carece de disciplina, de entrenamiento, y ello explica su relativa ineficacia; en varias ocasiones, encontrándose a menos de veinte metros de su blanco, los más novicios de sus combatientes erraron el tiro.

Si bien reconocen haber carecido a veces de sangre fría, los guevaristas estiman empero que el resultado del combate les ha sido favorable:

—Es innegable que mantuvimos a raya a una columna enemiga más importante que la nuestra, y que debió retirarse, matando, como ruin consuelo, a uno de nuestros hombres, al que le quitaron su revólver —afirma Ramiro Valdés.

El propio Ernesto hace este comentario:

"Todo esto lo habíamos conseguido con un puñado de armas medianamente eficaces contra una compañía completa, de ciento cuarenta hombres por lo menos, con todos los efectivos para una guerra moderna y que había lanzado una profusión de bazucas y, quizá, de morterazos..." En cuanto a Fidel, se hace eco del "severo golpe" que el Che y su columna infligieron a las fuerzas de Batista. A decir verdad, exagera el acontecimiento para minar la moral del enemigo y levantar la de su tropa. Él mismo acaba de atacar un campamento y sus hombres han sufrido varias pérdidas. Por la Sierra ya circula una historia: el negro Pilón descubrió en un bohío "un paquete de unos gruesos tubos extraños con varias cajitas al lado", que evitó tocar cuidadosamente, ya que se trataba de bazucas y de sus cohetes...

El caso es que, a partir de ese momento en que el Che desorganiza una de sus compañías, las tropas de Batista abandonarán definitivamente la Sierra. Sólo entrará de tanto en tanto en ella el obstinado Sánchez Mosquera, a quien el Che considera "el más bravo, el más asesino y uno de los más ladrones de todos los jefes militares de Batista".

Después de una nueva reunión con los fidelistas a fines de agosto en Dos Brazos de Guayabo, las dos columnas marchan algunos días juntas por las laderas del Turquino, teniendo como objetivo el aserradero de Pino del Agua, al sudeste de Las Minas de Bueycito. Fidel proyecta atacar la guarnición con base allí, o al menos hacer acto de presencia en esos parajes antes de proseguir hacia la región de Chivirico. El Che precisa:

"La Cuatro debía permanecer emboscada a la espera del ejército de Batista, que en esos casos se precipitaba a hacer una demostración de fuerza y disipar en la mente de los campesinos el efecto revolucionario de nuestro paso."

Con la llegada a Pino del Agua, se suceden algunos hechos importantes. Primero es la deserción de los hermanos Manolo y Pupo Beatón, campesinos originarios de la región, enrolados antes del episodio de Uvero[5]. Segundo incidente pe-

---

[5] Fidel les perdonará luego su traición y serán readmitidos en las filas de la guerrilla. Pero más tarde, después del triunfo de la Revolución, Manolo, que vive entonces del bandolerismo, asesinará al comandante Cristino Naranjo. Detenido, encarcelado en la Cabaña, escapará para fomentar una pequeña guerrilla en la Sierra Maestra, en la misma región donde combatiera junto a los barbudos, asesinando, entre otros, al valeroso Pancho Tamayo. Manolo y su hermano Pupo serán finalmente capturados por los campesinos, y luego fusilados en Santiago.

noso: un compañero llamado Roberto Rodríguez es desarmado por insubordinación. No lo puede soportar y, arrancándolo de las manos del barbudo que acaba de heredar el revólver que le han quitado, se da muerte con él.

Finalmente, el 4 de septiembre ocurre uno de los episodios más enojosos de la guerrilla. El capitán Ciro Redondo captura en Las Minas de Bueycito al soldado Leonardo Baró. Ante sus insistentes pedidos, este último pronto es incorporado a la Cuatro, a la que parece integrarse completamente. Al cabo de cierto tiempo se presenta ante el Che afirmando que su madre está enferma y solicitándole permiso para ir a verla a La Habana. Ernesto, conmovido, se lo concede, con una condición: que en seguida pida asilo en una embajada, donde declarará que rehúsa combatir al movimiento revolucionario y que denuncie al régimen de Batista. Como Baró le hace notar al Che que no le parece bien denunciar un régimen por el cual sus amigos siguen combatiendo, se admite que respetará simplemente la primera cláusula de ese contrato moral.

Es acompañado hasta Bayamo, donde debe tomar el ómnibus para La Habana, por cuatro barbudos del Llano, quienes tienen orden de ocultarse y de impedirle encontrarse con alguien en el camino. Pero pronto olvidan la consigna y aprovechan la ocasión para ofrecerse en un pueblo una borrachera de todos los diablos. Ebrios, roban un jeep y se lanzan a toda velocidad por el camino, rumbo a Bayamo. Ocurre lo inevitable: la temeraria hazaña es interrumpida por la tropa gubernamental y los pobres diablos son fusilados. Para salvar el pellejo, Baró asegura que ha emborrachado a propósito a sus acompañantes por el bien de la causa leal. Liberado, parte solo con el jeep a unirse a Sánchez Mosquera en Las Minas de Bueycito. Allí, comienza a identificar uno a uno a los campesinos que van a hacer sus compras al pueblo, y que sabe en contacto con la guerrilla:

"Numerosas fueron las víctimas de mi error", confesará más tarde el Che.

Baró será detenido y se arreglarán cuentas con él unos días después del triunfo de la Revolución.

Al día siguiente de ese incidente, la Cuatro llega a San Pablo de Yao, más arriba de Bueycito, donde en nuestros días funciona una transmisora de la *Tele Serrana* destinada a los campesinos. Los barbudos entran en el pueblo después de haber enviado a dos hombres como avanzada a verificar si no hay soldados en las calles, y participan de una fiesta, un baile al aire libre animado por dos guitarras, una normal y una pequeña llamada la *tres*, un güiro, que se rasca, y las clásicas maracas. Es una buena ocasión para distraerse. Una campesina más bien bajita, de opulentas formas, no aparta la mirada del Che. Como a Ernesto no le gusta bailar, ella se contenta con conversar largamente con él, bajo la mirada divertida de sus hombres. Se llama Lidia Doce y va a enrolarse en la guerrilla, para convertirse, hasta su muerte en La Habana, en una de las mensajeras más eficientes de la organización de Celia. A ella confiará el Che la misión de izar el estandarte rojo y negro del M 26-7 en El Hombrito, en lo alto del inmenso mástil de nueve cañas unidas por las puntas erigido por el guía Manuel Escudero. En el estandarte pintarán en grandes letras, dedicadas irónicamente al ejército de Batista, las palabras "Feliz año 1958"...

Terminada la fiesta de San Pablo de Yao, los guerrilleros se reabastecen en los comercios locales y llenan tres camionetas de productos variados. Dentro del territorio que dominan, pagan ahora sus compras con cupones impresos clandestinamente en Santiago, en nombre del Movimiento 26 de Julio, y que Ernesto ya firma "Che". Los comerciantes los aceptan, apostando al triunfo de la Revolución para cambiarlos por dinero contante y sonante. Por otra parte, casi no tienen otra opción que recibirlos.

Finalizadas las compras, la columna abandona el lugar. El Che no bromea con la disciplina ni siquiera en día de fiesta: expulsa inmediatamente de la tropa a uno de los centinelas apostados a la entrada del pueblo que se emborrachó. Al llegar a los senderos escarpados de la Sierra Maestra, deben abandonar las camionetas, y son las viejas y buenas mulas, infatigables, las que las reemplazan, con todo el cargamento sobre el lomo.

La Cuatro llega por fin a las inmediaciones de Pino del Agua. En esa ocasión, Fidel conducirá las operaciones. En una primera etapa, hace de modo que la mayor cantidad posible de campesinos esté al corriente del camino por el que llegarán los barbudos, descontando que siempre habrá uno que los delate. Cuando la tropa de Batista se apreste a caer sobre el Che, en el camino indicado, éste se desviará con sus hombres y tomará a la tropa por detrás. Los guevaristas se preguntan no sin ansiedad si el plan de doble ataque funcionará.

Cuando el 10 de septiembre están emboscados alrededor del paso supuestamente obligatorio, un centinela da la alarma bajando a la carrera de su observatorio rocoso:

—¡Allí vienen!

El terreno accidentado no permite ver acercarse al enemigo, pero el ruido de sus camiones lo delata. La táctica prevista consiste en bloquear el primer vehículo, y luego, con el camino obstruido de ese modo, abrir fuego sobre los ocupantes de todos los camiones, antes de que tengan tiempo de dispersarse en los alrededores. Es necesaria una perfecta sincronización para ejecutar con éxito semejante plan. Cada uno aguarda en su puesto de combate a ambos lados de la pequeña ruta; el capitán Ignacio Pérez está encargado de ocuparse del primer camión. Pero interviene un elemento imprevisto: una súbita tormenta, que inunda el paisaje en un momento. El Che afirma a sus vecinos para alentarlos:

—Esta agua es más molesta para ellos que para nosotros. Va a distraerlos; pensarán sobre todo en no empantanarse.

Ignacio Pérez abre fuego como estaba previsto sobre el primer camión, pero sin darle a nadie. La cortina de lluvia es tan densa que da la impresión de que las balas de la Thompson rebotan en ella. En cambio los soldados, alertados, saltan precipitadamente de los vehículos y corren a ponerse a salvo. En esas singulares condiciones, con los relámpagos de los disparos perforando el diluvio, se entabla el combate. Uno de los primeros, el joven poeta José de la Cruz, llamado *Crucito*, cae muerto en ese decorado de epopeya.

Los barbudos quedan bajo el fuego de un francotirador que no logran localizar. Uno de los guerrilleros, llamado Tatín, que remonta reptando la fila de camiones vacíos, grita de pronto al Che:

—¡Allí está, debajo del camión! ¡Vamos! ¡Aquí se ven los machos!

El Che se une entonces al valiente, sabiendo que ese gesto de guapo puede costarle la vida.

"De hecho no arriesgamos gran cosa. El muchacho de la ametralladora se rindió en cuanto comprendió que de todas maneras estaba perdido..."

Un buen número de sus ocupantes abandonó los vehículos no bien comenzó el tiroteo. El botín es bueno: un fusil automático Browning, seis Garand, una ametralladora con trípode con sus cargadores, pistolas. Además, la acción ha permitido a un barbudo capturado tiempo antes, Gilberto Cardero, escaparse del cuarto camión donde era retenido como prisionero y reintegrarse a la columna.

Luego de enterrar a Crucito, la Cuatro pasa por el pico de la Botella, más arriba de la Mesa, para reencontrar a la columna madre de Fidel en El Zapato. En eso llega Ramiro Valdés, portador de una mala noticia: Lalo Sardiñas, el capitán de la vanguardia, ha matado en Peladero a uno de sus hombres de un balazo en la cabeza, lo que provocó un motín. El Che acude de inmediato al lugar, pero el asunto resulta tan complejo que se remite a Fidel. En el campamento de El Infierno, cerca de La Plata, éste decide hacer votar a los hombres. Resultado: sesenta y cuatro votos por la muerte, sesenta y tres en contra... Fidel, que conoce el valor en el combate del homicida, le da una oportunidad. Toma la palabra, alaba sus cualidades y se vuelve a votar: ¡sesenta y tres por la muerte, sesenta y cuatro en contra! El hombre se salva, lo que provoca la deserción de sus más encarnizados opositores. Lalo Sardiñas será degradado y proseguirá la lucha como simple soldado. Primero sin arma, antes de ganar una en el combate.

El Che ha perdido al capitán de su vanguardia. Camilo Cienfuegos, el inefable, el maravilloso Camilo, lo reemplaza, con la misión de terminar con el bandolerismo en la región. No lejos de El Hombrito, en la zona de Caracas, al este del Turquino, hace estragos un personaje sin fe ni ley, el Chino Chang. Cubre sus delitos bajo la bandera del M 26-7, de allí la ira de Ernesto. En unos diez días, la Cuatro depura la zona, como lo narra el Che:

"Allí, en una casa campesina, fue juzgado y condenado a muerte el Chino Chang, jefe de una banda que había asesinado a campesinos, que había torturado a otros y que se había apropiado del nombre y de los bienes de la Revolución sembrando el terror en la comarca. Junto con el Chino Chang fue condenado a muerte un campesino que había violado a una muchacha adolescente, también valiéndose de su autoridad como mensajero del ejército rebelde."

Tres muchachitos de la banda son fusilados simbólicamente. Se les apunta, pero las balas se elevan hacia el cielo, en lugar de sus almas, como lo ha decidido Fidel, que desea dar una oportunidad a esos jóvenes. Uno de ellos, al darse cuenta de que sigue vivo, salta al cuello del Che para abrazarlo, "como si estuviese frente a su padre", recordará Ernesto. El periodista y agente de la CIA Andrew Saint-George, testigo de estos hechos, publicará sobre ellos un reportaje fotográfico en la revista *Look*, premiado en los Estados Unidos.

Después del combate de Pino del Agua, se distribuyen a los hombres las armas capturadas en la lucha como certificados de valor. Uno de los Garand es para Joel Iglesias. El Che aprovecha la ocasión para estimular la moral de su tropa y darle aún más cohesión, preocupación constante en él. Al teniente López y a algunos otros jóvenes, todos de menos de veinte años, se les encarga hacer reinar la limpieza en el campamento de El Hombrito —donde se construye la primera base militar del ejército rebelde— y mantener la fe revolucionaria de los hombres. Se los nombra a la cabeza de una verdadera comisión de disciplina.

Ernesto suele deambular por el campamento con un cabito en la boca, una colilla de cigarro, corta como para quemarle los labios, como es costumbre entre los barbudos, vigilando que las porciones de alimentos distribuidas a cada uno sean iguales. Llega a marcar con una señal al que termina el contenido de la cafetera, para asegurarse de que no se hará servir una segunda vuelta: un deseo de igualdad con visos de manía.

Cuando enrola a un campesino o a un hombre del Llano, el Che lo interroga, lo prueba:

—¿Por qué quieres combatir?

Si su respuesta es satisfactoria, lo acepta. Y el Che no deja de recordarle que Batista no es el único dictador en esa región del mundo. Cita a Pérez Jiménez en Venezuela, a Trujillo en Santo Domingo y a Rojas Pinilla en Colombia.

Un día, se presentan tres campesinos a la "oficina de enrolamiento".

—¿Saben leer y escribir? —les pregunta el Che.

Dos responden sí, y el tercero:

—Yo soy "analfabético"...

Tiempo más tarde, dos de los hermanos pasan delante de la comisión de disciplina, uno por haberse dormido durante la guardia, el otro por haber engrasado demasiado su fusil. Bajo su árbol, San Luis Guevara[6] decide mandar cuatro días al agujero al que descuidó su arma, y solamente tres al que no resistió el cansancio. Sorprendido, el campesino que sabe leer (un poco) le pregunta la razón de su veredicto:

—Porque él es "analfabético"...

El Che da clases otra vez. Los nuevos reclutas van por la noche a un bohío transformado en "Facultad de Ciencias Humanas", donde les explica el sentido profundo de la lucha que realizan. De día prepara a los combatientes, de noche forma sus espíritus, o viceversa.

El refugio de El Hombrito, donde revolotean mariposas de cristal, se transforma poco a poco en una verdadera zona industrial. Ernesto ha construido un dispensario-hospital; un médico, Sergio del Valle, llega desde La Habana para secundarlo. Una pequeña fábrica de armamentos surge de la tierra, en la que se produce un lanzaproyectiles concebido allí mismo, que arroja granadas también de tipo casero. Se reparan igualmente las armas defectuosas y se confeccionan los cartuchos de los fusiles de caza. Además de la armería, hay un matadero, un horno de pan, un fabricante de calzado y de mochilas, un herrero con callos en las manos de tanto trabajar con las mulas que pierden con frecuencia las herraduras en los senderos pedregosos. El Che llega hasta a supervisar la confección de gorras, que provocan la hilaridad de los barbudos, comenzando por Fidel, cuando las descubren. Se las pasan de mano en mano, asegurando a su creador que serían perfectas para los *guagüeros*, los conductores de ómnibus urbanos.

---

[6] Luis IX, rey de Francia, canonizado como San Luis, solía administrar justicia debajo de una encina en Vincennes. (N. de la T.)

Un día, la escuela de guerrilla y de ciencias humanas de El Hombrito ya no bastará. Demasiado pequeña, demasiado alejada, no responde a las nuevas necesidades. Ernesto abre entonces otra más abajo, en Minas del Frío, siempre en la Sierra Maestra, donde seguirá sembrando el saber que levanta la tormenta de la Revolución. No cesará tampoco de explicar a sus hombres que el combate no es más que la parte emergente del témpano. Que siempre hay que comprender lo que se hace y por qué se lo hace.

—La muerte de algunos deberá servir para la felicidad de todos —les repite.

Insiste en un punto:

—Los casos de bandolerismo que tengan por autores a guerrilleros deben ser severamente castigados. No podemos ser contaminados ni ensuciados por el bandolerismo al que nos han acostumbrado los soldados de Batista.

En octubre de ese año 1957, que parece estirarse y no terminar más, la guarida de El Hombrito se fortifica. Dos estudiantes llegan de La Habana trayendo noticias frescas: Batista está irritado y prepara una vasta ofensiva para limpiar de una vez por todas la Sierra Maestra. El Che no se preocupa demasiado. En cambio le interesan los mensajeros: son estudiantes, uno de ellos futuro ingeniero, el otro veterinario. Ernesto les expone sus proyectos, habla en primer lugar de la pequeña usina hidroeléctrica que desearía levantar en el torrente vecino. Les sirve de guía para recorrer el lugar; la campesina Chana Pérez —que hoy tiene noventa años y vive siempre en el mismo lugar en el recuerdo del Che—; les ofrece un trozo de "pan de los rebeldes", galletas duras sin levadura a las que llaman "pastel de piedra" y que ella extrae en su presencia de un horno de barro. ¡Hasta les dan cigarros de fabricación casera! Sí, los barbudos confeccionan su propio tabaco. Ernesto enciende un fósforo, ellos aspiran, tosen; los cigarros de El Hombrito son más bien fuertes. Un poco más lejos, en la fábrica de armamentos, les muestran bombas lanzadas por los aviones de Batista que no explotaron y que se reacondicionan para utilizarlas desde tierra.

—Ya no caerán del cielo —comenta alguien—, pero pueden todavía mandar allí a unos cuantos.

XVII

Don Quijote en su Rocinante

En ese fin del año 1957, el Che recorre nuevos senderos de la Sierra Maestra recitando a su mula, a la que ha bautizado Martín Fierro, pasajes enteros del poema de José Hernández contando la vida de ese gaucho de las pampas argentinas. Canturrea también su canción favorita, el viejo *Lamento borincano*, que habla del jibarito que va a vender sus productos a la ciudad para comprar un traje a su "viejita". De tanto en tanto, vuelan sobre su cabeza aves del paraíso, o el tocororo, el ave de Cuba, que tiene los tres colores de la bandera nacional: blanco, azul y rojo. Se lo llama también pájaro de Dios, porque su cola es en forma de cruz, y está prohibido cazarlo en la Sierra. Cuando canta, dice "tocororo"...

En su diario de ruta, Ernesto da libre curso a su sensibilidad redactando este relato que será publicado en la revista *L'Europe* bajo el título: "El cachorro asesinado":

"Para las difíciles condiciones de la Sierra Maestra, era un día de gloria. Por Agua Revés, uno de los valles más empinados e intrincados en la cuenca del Turquino, seguíamos pacientemente a la tropa de Sánchez Mosquera; el empecinado asesino dejaba un rastro de ranchos quemados, de tristeza hosca por toda la región, pero su camino lo llevaba necesariamente a subir por uno de los dos o tres puntos de la Sierra donde debía estar Camilo. Podría ser en el firme de la Nevada, o en lo que nosotros llamábamos el firme 'del cojo', ahora llamado 'del muerto'.

"Camilo había salido apresuradamente con unos doce hombres, parte de su vanguardia, y ese escaso número debía repartirse en tres lugares diferentes para detener una columna de ciento y pico de soldados. La misión mía era caer por las espaldas de Sánchez Mosquera y cercarlo. Nuestro afán fundamental era el cerco, por eso seguíamos con mucha paciencia y distancia las tribulaciones de los bohíos que ardían entre las llamas de la retaguardia enemiga; estábamos lejos, pero se oían los gritos de los guardias. No sabíamos cuántos de ellos habría en total. Nuestra columna iba caminando dificultosamente por las laderas, mientras en lo hondo del estrecho valle avanzaba el enemigo.

"Todo hubiera estado perfecto si no hubiera sido por la nueva mascota: era un pequeño perrito de caza, nacido hacía pocas semanas. A pesar de las reiteradas veces en que Félix lo conminó a volver a nuestro centro de operaciones —una casa donde quedaban los cocineros—, el cachorro siguió detrás de la columna. En esa zona de la Sierra Maestra, cruzar por las laderas resulta sumamente dificultoso por la falta de senderos. Pasamos una difícil 'pelúa', un lugar donde los viejos árboles de la 'tumba' —árboles muertos— estaban tapados por la nueva vegetación que había crecido y el paso se hacía sumamente trabajoso; saltábamos entre troncos y matorrales tratando de no perder el contacto con nuestros huéspedes. La pequeña columna marchaba con el silencio de estos casos, sin que apenas una rama rota quebrara el murmullo habitual del monte; éste se turbó de pronto por los ladridos desconsolados y nerviosos del perrito. Se había quedado atrás y ladraba desesperadamente llamando a sus amos para que lo ayudaran en el difícil trance. Alguien pasó al animalito y otra vez seguimos; pero cuando estábamos descansando en lo hondo de un arroyo con un vigía atisbando los movimientos de la hueste enemiga, volvió el perro a lanzar sus histéricos aullidos; ya no se conformaba con llamar, tenía miedo de que lo dejaran y ladraba desesperadamente.

"Recuerdo mi orden tajante: 'Félix, ese perro no da un aullido más, tú te encargarás de hacerlo. Ahórcalo. No puede volver a ladrar'. Félix me miró con unos ojos que no decían nada. Entre toda la tropa extenuada, como haciendo el centro del círculo, estaban él y el perrito. Con toda lentitud sacó una soga, la ciñó al cuello del animalito y empezó a apretarlo. Los cariñosos movimientos de su cola se volvieron convulsos de pronto, para ir poco a poco extinguiéndose al compás de un quejido muy fino que podía burlar el círculo atenazante de la garganta. No sé cuánto tiempo fue, pero a todos nos pareció muy largo el lapso pasado hasta el fin. El cachorro, tras un último movimiento nervioso, dejó de debatirse. Quedó allí, esmirriado, doblada su cabecita sobre las ramas del monte.

"Seguimos la marcha sin comentar siquiera el incidente. La tropa de Sánchez Mosquera nos había tomado alguna delantera y poco después se oían unos tiros; rápidamente bajamos la ladera, buscando entre las dificultades del terreno el mejor camino para llegar a la retaguardia; sabíamos que Camilo había actuado. Nos demoró bastante llegar a la última casa antes de la subida; íbamos con muchas precauciones, imaginando a cada momento encontrar al enemigo. El tiroteo había sido nutrido pero no había durado mucho; todos estábamos en tensa expectativa. La última casa estaba abandonada también. Ni rastro de la soldadesca. Dos exploradores subieron el firme del 'cojo', y al rato volvieron con la noticia: 'Arriba hay una tumba. La abrimos y encontramos un soldado enterrado'. Traían también los papeles de la víctima hallados en los bolsillos de su camisa. Había habido lucha y una muerte. El muerto era de ellos, pero no sabíamos nada más.

"Volvimos desalentados, lentamente. Dos exploraciones mostraban un gran rastro de pasos, para ambos lados del firme de la Maestra, pero nada más. Se hizo lento el regreso, ya por el camino del valle.

"Llegamos por la noche a una casa, también vacía; era en el caserío de Mar Verde, y allí pudimos descansar. Pronto cocinaron un puerco y algunas yucas y al rato estaba la comida. Alguien cantaba una tonada con una guitarra, pues las casas campesinas se abandonaban de pronto con todos sus enseres dentro.

"No sé si sería sentimental la tonada, o si fue la noche, o el cansancio... Lo cierto es que Félix, que comía sentado en el suelo, dejó un hueso. Un perro de la casa vino mansamente y lo tomó. Félix le puso la mano en la cabeza, el perro lo miró; Félix lo miró a su vez y nos cruzamos algo así como una mirada culpable. Quedamos repentinamente en silencio. Entre nosotros hubo una conmoción imperceptible. Junto a nosotros, con su mirada mansa, picaresca con algo de reproche, aunque observándonos a través de otro perro, estaba el cachorro asesinado."

El 24 de noviembre el Che escribe a Fidel que ha hecho incendiar varios centrales[1] de caña de azúcar, como si hubiese decidido practicar la política de la tierra quemada. Y también que tendió una emboscada al enemigo, en el patio de la granja de Caña Brava, pero que no se disparó ningún tiro, pues los soldados se hicieron un escudo humano con una docena de campesinos y así lograron escapar.

Como movido por un sexto sentido, agudizado por la vida de guerrillero, Ernesto salta de pronto, en plena noche, de su cama de campaña. Sale en busca de informaciones y un campesino le dice que unos soldados acampan no lejos de allí, en el bohío de Reyes. Por haberse atrevido a inmiscuirse en esa región de Mar Verde, alejada de toda base leal importante, al Che sólo se le ocurre un nombre: Sánchez Mosquera. En efecto es él, que marcha hacia El Hombrito con un centenar de soldados. Despunta el alba y la vanguardia enemiga no tarda

[1] Palabra cubana para designar una explotación completa, que reúne producción de la caña y refinado del azúcar.

en perfilarse en el horizonte del Turquino. Parten precipitadamente mensajeros a El Hombrito a buscar refuerzos. Camilo ya se ha enfrentado a los soldados la víspera en la zona de Altos de Conrado, y reaparece oportunamente para combatir.

Se tiende la emboscada en el paraje de Nevada, especialmente en el cementerio. El Che se oculta detrás de un mango, junto con Joel Iglesias y algunos compañeros. La táctica consiste en que él elimine al primer soldado y sus hombres se encarguen de los siguientes. Pero aparecen tres soldados aislados por donde no se los esperaba, más arriba en la ladera, por encima de los guevaristas, que se vuelven al oír sus pasos. El Che, con su Lüger armada, no está muy bien ubicado para tirar en esa nueva dirección; sin embargo abre fuego, pues así se había decidido, y yerra el tiro. Como estaba previsto, el ataque se generaliza rápidamente, y la granja donde se halla el grueso de la tropa es tomada por asalto. Alcanzado por los disparos de no menos de tres fusiles Garand, Joel Iglesias sobrevivirá sin embargo a sus heridas, dos en un brazo, dos en una pierna.

Los barbudos enfrentan con sus escopetas a soldados mucho mejor armados. Sánchez Mosquera no se deja encerrar en la trampa: no tarda en salir por la puerta trasera y corre a ponerse fuera del alcance de los proyectiles. La metralla no cesa en toda la jornada, más o menos espaciada; soldados y rebeldes, ocultos en los bosquecillos circundantes, se entregan a un mortal juego de las escondidas. Varios leales están tendidos boca abajo sobre el techo de cinc de la casita, en una posición que hace muy difícil apuntarles y que a la vez los favorece para ajustar sus propios tiros. Ello le costará la vida a Ciro Redondo, compañero de la primera hora, uno de los venidos en el *Granma*. Cae, ese 29 de noviembre de 1957, tratando de desalojar a los soldados emboscados en el techo de la granja. La columna con la cual el Che terminará su recorrido a través de la isla de Cuba, la Ocho, será bautizada Ciro Redondo en su honor. Mal día para los guevaristas: Sánchez Mosquera se les sigue escapando; ellos han perdido a uno de los mejores, y por pocos centímetros una bala no le abre la cabeza al Che.

2 de diciembre de 1957: los sobrevivientes del *Granma* tienen un nudo en la garganta, pero igualmente brindan. El ron pasa de mano en mano para celebrar el primer aniversario del desembarco en la playa de Las Coloradas, tres días antes del funesto episodio de Alegría de Pío.

Ocho de diciembre: en una acción contra Sánchez Mosquera, en cuyo transcurso tres soldados son eliminados, el Che es herido en el talón por una bala de M-1. Siente una quemadura, "y también la impresión de que la carne se me dormía en el pie". Camilo fue quien abrió las hostilidades, apostado como francotirador sobre el camino por donde pasarían los soldados. Estos últimos son derrotados, y el Che se arrastra dificultosamente durante dos kilómetros, saltando en un pie, luego reptando, hasta un bohío donde puede protegerse. Más tarde, llega a caballo hasta el campamento, donde el doctor Machado le extrae la bala con la ayuda de una hoja de afeitar. El Che se concede unos días de reposo en la Mesa, donde está edificando una nueva base, ya que El Hombrito se ha convertido en el objetivo número uno de Mosquera y de la aviación que lo apoya.

Desde la "pata" más alta de la Mesa invertida, el pico de La Botella, de cerca de 1.600 metros de altura, hasta el fondo del estrecho valle, a sólo diez metros sobre el nivel del mar, se mide la nueva prudencia del Che. Ya no expone a sus guerrilleros, como un desafío, a la cólera del enemigo en el techo de la Sierra; los oculta, por el contrario, en lo más profundo, lo más lejos posible de los disparos de la aviación, esta vez con el aval de Fidel Castro.

En cambio, una noticia proveniente de Miami enfurece al mismo Fidel: acaba de firmarse un pacto de unidad de la oposición cubana frente a la dictadura de Batista, con el objeto de formar una "Junta de Liberación". Para el jefe de los invasores del *Granma*, ese mamarracho es obra de burócratas y de ex cómplices de Batista en su golpe de Estado de 1952. El 14 de diciembre reclama, en un manifiesto tan brillante como explosivo, que "los cuerpos de ejército de la República se reconstituyan y que sea presidente el doctor Manuel Urrutia Lleo." Firmado: Fidel Castro Ruz, los dirigentes del Partido Revolucionario, la Organización Auténtica, la Federación de Estudiantes, el Directorio Revolucionario y el Directorio de Obreros Revolucionarios.

He aquí algunos extractos del manifiesto: "El Movimiento 26 de Julio reclama para sí la función de mantener el orden público y reorganizar los institutos armados de la República.

1º. Porque es la única organización que posee milicias organizadas disciplinadamente en todo el país y un ejército en capaña con veinte victorias sobre el enemigo.

2º. Porque nuestros combatientes han demostrado un espíritu de caballerosidad ausente de todo odio contra los militares, respetando invariablemente la vida de los prisioneros, curando a sus heridos en combate, no torturando jamás a un adversario ni aun sabiéndolo en posesión de informes importantes y han mantenido esta conducta de guerra con una ecuanimidad que no tiene precedentes.

3º. Porque a los institutos armados hay que impregnarlos de ese espíritu de justicia e hidalguía que el Movimiento 26 de Julio ha sembrado en sus propios soldados.

4º. Porque la serenidad con que hemos actuado en esta lucha es la mejor garantía de que los militares honorables nada tienen que temer de la Revolución, no habrán de pagar las culpas de los que con sus hechos y crímenes han cubierto de oprobio el uniforme militar."

Y para concluir, estas frases de fuego de los jefes de la guerrilla:

"Y sólo sabemos vencer o morir. Que nunca será la lucha más dura que cuando éramos solamente doce hombres, cuando no teníamos un pueblo organizado y aguerrido en toda la Sierra, cuando no teníamos como hoy una organización poderosa y disciplinada en todo el país, cuando no contábamos con el formidable respaldo de masas evidenciado con la muerte de nuestro inolvidable Frank Pais. Que para caer con dignidad no hace falta compañía."

Después de la redacción de ese manifiesto, Fidel declara:

—Cuando las viejas barbas de la política comienzan a interesarse en alguien, significa que éste está triunfando... Mi objetivo ahora es contar con el apoyo de los sindicatos obreros. Vamos a proclamar una huelga general, a preparar el sabotaje en las ciudades. Debes apoyarme en esto. Necesito que me hagas un periódico rebelde.

—¿Y con quién?

—Oye, chico, si has creado una escuela, si has sido capaz de organizar un hospital en la Sierra, ¿cómo puedes hacerme esa pregunta?

Fue así como, en un bohío, tipiando sus artículos con dos dedos en una vieja máquina de escribir, con un mimeógrafo arcaico, algunos litros de tinta de imprenta y resmas de papel traídas quién sabe de dónde, el Che crea *El Cubano Libre*, la publicación mensual en la que en adelante profesará sus ideas y su fe revolucionaria. Pronto circulan ejemplares del periódico, ocultos debajo de la guayabera[2], hasta en La Habana, llevando al colmo la rabia de Batista y de sus esbirros.

La difusión del periódico y de las ideas que propaga acelera la formación del Frente Obrero, que multiplica rápidamente los actos de sabotaje. Entre otros el de la central energética de La Habana, que provoca un corte de electricidad, de gas y de teléfono de cincuenta y cuatro horas.

Frente a esa agitación, Fidel se presenta como el "ensamblador", el "unificador del Movimiento 26 de Julio". Publicó su manifiesto para dejar bien sentado que el intelectual, el

---

[2] Camisa cubana que se lleva suelta por encima del pantalón.

abogado, el político que cuenta con apoyos en la isla y a la vez en los otros países latinoamericanos y hasta en los Estados Unidos, no forman más que uno con el guerrillero. Eso es esencial pues, como dirá el Che: "Nosotros sabíamos que no era posible imponer nuestra voluntad desde lo alto de la Sierra Maestra, y que por lo tanto debíamos esperar que nuestros numerosos 'amigos' trataran de utilizar nuestro poderío militar y la gran confianza que el pueblo ya acordaba a Fidel, en beneficio de sus maniobras personales."

Es fácil concebir en tal contexto la cólera de Castro cuando se entera de la existencia del pacto firmado en Miami por los grupos de oposición —incluidos dirigentes del M 26-7 del Llano—, pacto según cuyos términos sus fuerzas revolucionarias serían recuperadas para convertirse en un simple componente del futuro ejército leal. Ahora necesita pasar a la velocidad superior, descender de sus montañas y conquistar la isla combatiendo.

Además se ha probado que los Estados Unidos juegan a dos puntas. El gobierno norteamericano flirtea con Batista en las ceremonias oficiales y le concede condiciones de favor para sus compras de armas, mientras que la CIA hace llegar fondos bajo cuerda al M 26-7, que ignora probablemente el verdadero origen de ese maná. Lo cierto es que Fidel, en su deseo de forzar el curso de los acontecimientos, busca atraerse el apoyo de los Estados Unidos, evitando chocar con ellos y mostrándose como un compañero político serio.

Mientras tanto, Sánchez Mosquera llega a El Hombrito y ocupa el campamento sin dificultad, pues el Che ya ha instalado a sus barbudos en la Mesa. Furioso, saquea, incendia, mata a los desventurados campesinos que captura. Cuando abandona el lugar el 16 de diciembre, sólo queda en pie el horno del pan. Al partir, Sánchez Mosquera se lleva consigo todo lo que tiene algo de valor, desde muebles hasta bolsas de café, y luego va a continuar más lejos su metódica empresa de terror.

XVIII
Educar para combatir mejor

Mientras que las aspiraciones políticas de Fidel se afirman cada vez con mayor claridad, la exaltación revolucionaria del Che no cesa de crecer. Se entrega por entero a la Revolución. Su preocupación primordial es formar oficiales responsables y soldados conscientes de sus deberes. Los quiere así, no solamente por Cuba, ni por una sed cualquiera de poder: él, que llega de un país lejano, se considera un ciudadano del mundo y, como hombre universal, lucha y lleva a otros hombres al combate. En su escuela de Minas del Frío, da su definición de la guerrilla:

"Porque la guerra de guerrillas no es, como se piensa, una guerra minúscula, una guerra de un grupo minoritario contra un ejército poderoso, no; la guerra de guerrillas es la guerra del pueblo entero contra la opresión dominante. El guerrillero es su vanguardia armada; el ejército lo constituyen todos los habitantes de una región o de un país. Ésa es la razón de su fuerza, de su triunfo, a la larga o a la corta, sobre cualquier poder que trate de oprimirlo; es decir, la base y el sustrato de la guerrilla están en el pueblo."

En adelante, las relaciones con los campesinos son también económicas. El ejército rebelde les compra sus cosechas de fréjoles, maíz, arroz, la mayor cantidad posible de cerdos y algunas vacas. Ahora se ven filas enteras de mulas escalar las laderas de la Sierra, cargadas de productos de toda clase. Las infraestructuras están nuevamente en pie. El 14 de enero el Che anuncia a Fidel:

—Para reemplazar el hospital que teníamos en El Hombrito, hice construir uno de cinc en la Mesa, en plena montaña, lejos de todo sendero. Hay también una bodega, un horno de pan y una fábrica de calzado que trabaja a rendimiento pleno.

Con gran satisfacción de los campesinos, el gobierno de las montañas reemplaza poco a poco al de La Habana. Con la llegada a la Sierra a fines de enero de 1958 del jurista Antonio Llibre, consagrado al Movimiento, se instala un embrión de justicia autónoma en lo que concierne, por ejemplo, a los títulos de propiedad. Hasta ese momento la justicia de los barbudos era expeditiva: ni juicio, ni abogado, ni cura, ni, por así decirlo, prisión; se fusilaba a los traidores y punto, lo mismo que se hacía un siglo antes, durante la guerra de la Independencia, cuando se los colgaba de la guásima, gran árbol de la selva cubana. Con la llegada de Llibre, las cosas comienzan a cambiar; está allí para hacer respetar la ley en la Sierra.

Ésta está ahora tranquila; los barbudos ya no son molestados, como si se hubiese establecido una tregua. Lo que no impide a Sánchez Mosquera asegurar regularmente a La Habana que inflige fuertes pérdidas al enemigo, cuando, como lo escribe el Che, "en realidad, continuaba asesinando a campesinos indefensos, con cuyos cadáveres inflaba sus partes de guerra."

Fidel, hasta entonces nómade, se establece a su vez en La Plata, al sudoeste del Turquino, al abrigo de las miradas indiscretas de la aviación. Posición avanzada de un territorio libre con los colores del M 26-7, que él pretende ampliar rápidamente. A tal efecto confía la columna llamada Seis o también Frank Pais, a su hermano Raúl. Con números pomposos como "la Seis", Castro "bluffea"; hace creer al enemigo que dispone de un millar de combatientes, cuando en realidad no puede siquiera contar con trescientos barbudos verdaderamente dispuestos a luchar. Con ochenta y dos hombres —la cifra del *Granma*—, la columna de Raúl tiene la misión de abrir un nuevo frente en la Sierra Cristal, más al norte de la provincia de Oriente, hacia Holguín. Es la región donde nacieron los hermanos Castro. El ex albañil Juan Almeida y su columna Tres, equivalente en hombres a la Seis, tendrá que limpiar la parte más oriental de la Sierra Maestra, hacia Santiago. Camilo, por su parte, preparará la campaña contra las elecciones previstas para abril, en la llanura del río Cauto. Llegado el momento, Fidel se pondrá a la cabeza de la columna madre, la Uno, la José Martí. En cuanto al Che, sigue siendo su propio jefe y continuará operando en el corazón de la Sierra Maestra.

Como primer blanco, se elige otra vez Pino del Agua, a unos quince kilómetros de la Mesa. ¿Por qué de nuevo? Porque el precedente ataque incitó al Estado Mayor de Batista a reforzar el puesto. Un acontecimiento estimula a los guerrilleros: se ha levantado nuevamente la censura, lo que hace pensar que la prensa se hará eco ampliamente de su primera ofensiva del año. Antes de lanzarse al ataque del cuartel, se hace el inventario de las armas disponibles, y se cuentan doscientas noventa y dos. Es una suma ridícula frente al poder de fuego total del enemigo, apoyado además por la aviación, pero eso permite sin embargo cambiar de táctica de combate. Hasta allí, la prioridad era tratar de apoderarse de las armas del adversario. En Pino del Agua

159

hará sus pruebas un nuevo tipo de arma: un fusil submarino M-6 que proyecta una pequeña bomba de hojalata fijada en el arpón y que —en principio— explota al tocar su blanco. Esa arma secreta, ingeniosa pero no siempre eficaz, es bautizada *Sputnik*. Más adelante el explosivo será proyectado ya no por la goma del fusil submarino, sino por un verdadero fusil.

A principios de febrero comienzan los preparativos del ataque y los reconocimientos del terreno. Como pueden comprobarlo los barbudos, Pino del Agua se ha protegido notablemente mediante toda una red de trincheras y de muros. Pero también por la presencia a unos doce kilómetros, en San Pablo de Yao, de Sánchez Mosquera, y la del capitán Sierra Oro a dieciséis kilómetros. Además hay una guarnición de la marina en Uvero, a veinticinco kilómetros. Atacar el cuartel en tales condiciones es una provocación. El propio Fidel conducirá las operaciones.

El 16 de febrero, todos están a su lado: el Che, Raúl, Almeida y Camilo. El ataque tiene lugar de noche, como de costumbre. Los seis morteros tomados al enemigo sirven primero para probar la resistencia del adversario. Camilo está en primera línea y su escuadra entra al interior del cuartel para apoderarse de once armas, de las cuales dos son fusiles ametralladoras. Luego la resistencia se organiza en el segundo cuerpo de edificios, y rechaza las nuevas olas de ataque de los fidelistas. Varios quedan en el suelo, entre ellos Ángel Guevara, un homónimo de Ernesto.

La batalla se prolonga; las horas pasan. Las bombas molotov y los Sputnik de los barbudos, que hacen un ruido infernal, son impresionantes pero de eficacia limitada. Al alba, Fidel y el Che oyen gritos de triunfo lanzados por el bando adverso:

—¡Ohé! ¡Aquí tenemos la metralleta de Cienfuegos!

Alguien enfrente enarbola un arma, en cuyo extremo han colgado una gorra, que reconocen en efecto como la de Camilo. Los embarga la angustia. Se informan. Por cierto Cienfuegos ha sido gravemente herido, pero tuvo suerte: la bala entró por el abdomen y salió por las costillas, sin perforar ningún órgano vital, y pudo ser transportado a lugar seguro. El Che pondrá todo su arte en cuidarlo y en levantarlo de nuevo.

Mientras tanto, Raúl, emboscado al paso de una columna enemiga que llegaba como refuerzo, es traicionado por dos campesinos leales a Batista que advierten a la columna sobre la trampa que los aguarda. El hermano de Fidel se ve así privado de combatir. De todos modos ha neutralizado indirectamente a sus adversarios pues, con el rodeo que éstos deben dar para evitarlos, llegarán después de la batalla.

En el momento en que el Che se apresta a intervenir en la contienda, un mensajero le tiende un trozo de papel firmado por Fidel:

"16 de febrero de 1958. Che: Si todo depende del ataque por este lado, sin apoyo de Camilo y Guillermo, no creo que deba hacerse nada suicida porque se corre el riesgo de tener muchas bajas y no lograr el objetivo.

"Te recomiendo, muy seriamente, que tengas cuidado. Por orden terminante, no asumas posición de combatiente. Encárgate de dirigir bien a la gente que es lo indispensable en este momento."

Caso de conciencia para Ernesto, que arde por lanzarse a la tormenta. Pero él, que preconiza la disciplina, obedecerá el consejo de su superior. Además sabe que la vida del jefe es preciosa para el resultado final de la guerra. El 19 de septiembre firmará con Camilo, Raúl, Almeida, Celia Sánchez y cincuenta y cuatro barbudos una súplica a Fidel:

"Por amor a la Patria, a la causa y a nuestras ideas, en nombre de las generaciones pasadas, presentes y futuras, le pedimos que no arriesgue más la vida en el combate..."

Al terminar el enfrentamiento, el enemigo ha perdido una veintena de hombres y dejado en el terreno cinco ametralladoras, treinta y tres fusiles y un cargamento de municiones. Los barbudos pueden estar satisfechos; acaban de asestar un severo golpe a la tropa de Batista. Pino del Agua II marca un nuevo hito en la guerrilla. Los boletines y comunicados publicados por los dos ejércitos demuestran la amplitud del combate.

El Cubano Libre desempeña ya un papel importante en la difusión de la guerra revolucionaria. Cuando el Che y Fidel regresan al campamento de la Mesa, tienen además la feliz sorpresa de encontrar a Eduardo Fernández, con todo el equipo necesario para realizar otro de sus viejos proyectos: una estación emisora. Ese técnico, que se ha unido a la guerrilla para escapar a la prisión como simpatizante del M 26-7, utilizará un motor de auto como grupo electrógeno, y así la voz de la Sierra pronto se hará oír en toda la isla. El responsable de la antena será Orlando Rodríguez, periodista en La Habana y revolucionario de alma[1]. Ya ha actuado antes creando el diario *La Calle*, que ataca con coraje al déspota Batista, mientras que *Hoy*, el órgano comunista de la época, se atrinchera

[1] Será entrevistado en 1987 por el actor francés Pierre Richard y por el autor para su documental sobre el Che.

en una prudente neutralidad a la espera de ver qué giro toman los acontecimientos. El Che encontrará más tarde, para su desgracia, la misma pasividad, teledirigida desde Moscú, en el seno del PC boliviano.

El 24 de febrero, se realiza un primer intento en Alto de Conrado, más arriba de la Mesa. Con una antena de cuarenta metros, *Radio Rebelde* llega demasiado lejos; se la acorta a veinte metros. El objetivo fijado son dos interferencias cotidianas en las ondas. Lo cumplirán, en un nuevo golpe severo asestado al poder de Batista.

En la Mesa, en el nuevo campamento, la vida sigue su curso. Los reclutas venidos del Llano recuperan los restos de los bohíos quemados por los soldados de Sánchez Mosquera y se fabrican sus alojamientos, apoyándose tanto como sea posible en las rocas vecinas. Hacen bien, pues, como todo termina por ser divulgado o descubierto, un buen día el campamento puede ser también el blanco de los aviones leales, cuyo margen de maniobra es sin embargo muy escaso en el estrecho valle. La propia guarida del Che, donde residen igualmente Joel, su fiel teniente, y varios otros compañeros, vuela en pedazos por la explosión de una bomba. Felizmente, en pleno día, los barbudos se hallaban afuera.

Los días son ocupados en el entrenamiento de los hombres. Aprenden disciplina, se ejercitan en el recorrido del combatiente, con trozos de madera a modo de fusil. En la "escuela de guerra" de Minas del Frío, el Che los convierte en buenos revolucionarios según sus convicciones humanistas. A cada nuevo recluta, le repite lo que ya les ha dicho a los más viejos:

—Sin alfabetización, no se comprende por qué se tiene un fusil.

A sus alumnos les fascina esa voluntad suya de enseñarles a leer y a escribir, siendo que ellos habían ido sólo a "matar soldados podridos". Su aura es inmensa en toda la Sierra Maestra: el doctor y comandante es también profesor. *Más que un hombre, un semidiós*, proclama un guajiro al que le salvó un hijo enfermo.

Dariel Alarcón Ramírez recuerda lecciones del Che:

—En los campamentos de la Sierra Maestra, nos preguntaba quién sabía leer y escribir. Se convirtió en una suerte de director de escuela y nos elegía profesores. Yo empecé mi escolaridad con Joel Iglesias, Cantinflas, Vilo Acuña... Durante el día, pues pasábamos la mayor parte de las noches marchando.

"Además de su deseo de alfabetización, el Che, que odiaba el ocio, encontraba en ello una buena forma de ocuparnos. A menudo contra nuestra voluntad, pues hubiésemos preferido jugar a las cartas o escuchar música por radio. Pero era una obligación y éramos disciplinados, entonces...

"Recuerdo que a principios de abril de 1958, en la Mesa, abordé al Che para pedirle picadura, tabaco de pipa, para armarme un cigarrillo. Hay que decir que fumo desde la edad de ocho años y tengo el vicio en los pulmones. A partir de entonces el Che me daba todos los días un poco de tabaco. Hasta el día en que me dijo:

"—Tengo y no tengo.

"—¿Qué quiere decir eso?

"—Quiere decir que debes pedírmelo por escrito.

"Había caído en su trampa. Entonces fui a ver a Camilo y, a cambio de una banana, él me escribió: 'Che, picadura.' Llevé el papelito al Che, quien, sentado en su hamaca leyendo, levanta los ojos, sonríe y me dice:

"—Voy a darte un poco más por habérmelo pedido de esa manera.

"Cada vez que yo iba a buscar tabaco, le daba una banana a Camilo. Pero un día el Che complicó el ejercicio pidiéndome que escribiera: 'Che, dame picadura.' Entonces, como estaba cansado de abastecer a Camilo de bananas, me puse a aprender. El Che había ganado. El vicio del tabaco me forzó a aprender a leer y a escribir."

Una noche, en la escuela de Minas del Frío, cuando los hombres hacen círculo alrededor del fuego, el comandante Guevara pronuncia estas palabras, que apuntan directamente a los nuevos reclutas:

—El guerrillero es, además de un soldado disciplinado, un soldado muy ágil, física y mentalmente. No puede concebirse una guerra de guerrillas estática. Todo es nocturnidad. Amparados en el conocimiento del terreno, los guerrilleros caminan de noche, se sitúan en la posición, atacan al enemigo y se retiran. Lo más rápidamente posible, como gatos salvajes.

Luego se dirige más directamente a los guajiros:

—Los campesinos son informantes, enfermeros, proveedores de todo lo necesario, y especialmente de combatientes. Son el mejor apoyo de su vanguardia armada, dominando toda la logística en un terreno que conocen mejor que nadie, puesto que es el suyo.

Finalmente responde a la pregunta esencial: ¿Por qué luchamos?... Ante todo, la primera gran afirmación:

—El guerrillero es un reformador social. El guerrillero empuña las armas como protesta airada del pueblo contra sus opresores, y lucha por cambiar el régimen social que mantiene a todos sus hermanos desarmados en el oprobio y la miseria. El guerrillero es, fundamentalmente y ante todo, un revolucionario agrario.

Y repite su concepto sobre la reforma agraria, tan importante a sus ojos:

—Por eso, en este momento especial de Cuba, los miembros del nuevo ejército que nace al triunfo desde las montañas de Oriente y del Escambray, de los llanos de Oriente y de los llanos de Camagüey, de toda Cuba, traen, como bandera de combate, la Reforma Agraria. Es una lucha quizá tan larga como el establecimiento de la propiedad individual. Lucha que los campesinos han llevado con mejor o peor éxito a través de las épocas, pero que siempre ha tenido calor popular. Este movimiento no inventó la Reforma Agraria, la llevará a cabo. La llevará a cabo íntegramente hasta que no quede campesino sin tierra, ni tierra sin trabajar.

Un discurso semejante toca en lo más sensible a esas gentes habituadas a doblar la espalda. Su sonrisa, con gran frecuencia desdentada, lo prueba: creen en eso.

Los muchachos maduran. El Che estima que muchos de ellos tienen pasta de oficiales. Les repite que la mentira es una cobardía, que para ser verdaderos revolucionarios no deben mentir jamás. El día en que cada uno de ellos haya comprendido eso, y también por qué hay que obedecer, que una orden se da y se recibe con la misma finalidad: salir de la miseria, entonces el Che sabrá que su mensaje ha sido recibido, y que su tropa está lista para enfrentar al ejército de Batista.

Batista, acerca del cual el Che se informa para saber exactamente a qué hombre combate. Así se entera por Celia Sánchez de que el dictador cubano es un mestizo que derrocó en enero de 1934 al gobierno de Grau San Martín. En 1938, a instancias de Roosevelt, liberalizó su régimen, y en 1940 se hizo elegir presidente de la República. Al finalizar su mandato cuatro años más tarde, se retiró a los Estados Unidos, pero primó su ambición y retomó el poder gracias a un golpe de Estado el 10 de marzo de 1952. "Y desde entonces se comporta como un dictador", concluye Celia. Profundizando su investigación, el Che se entera, además, de que el lobby norteamericano controla el 90% de las minas de níquel cubanas, el 80% de los servicios públicos, el 50% de los ferrocarriles, y, con los ingleses, la totalidad de la industria petrolera y la mayoría de las haciendas del país.

Frente a semejante poder, Fidel siente más y más la necesidad de dar pruebas de su propia fuerza. Quiere establecer una suerte de gobierno que, desde la Sierra Maestra, orqueste la insurrección en la isla entera. Lucha en todos los planos, político y militar, incitando a la población, por la voz de *Radio Rebelde*, a no pagar los impuestos; lanzando la Seis de Raúl y la Tres de Almeida al asalto del norte y del este respectivamente del Oriente. Como suprema provocación, un avión C-46 de Costa Rica, cargado de armas automáticas, de obuses para morteros, de metralletas calibre 50 y de unas ochenta mil balas, piloteado por Pedro Miret, amigo de infancia de los Castro y ex combatiente del Moncada, se permite el lujo de aterrizar en una pista que los barbudos han trazado en el corazón de la Sierra. Además de las armas, el avión transporta a Faustino Pérez, de La Habana, uno de los dirigentes nacionales del Movimiento. Este último ya tiene en su haber el rapto, el 23 de febrero de ese año 1958, del corredor automovilístico argentino Juan Manuel Fangio, perpetrado en la esperanza de que semejante acto recaería sobre el gobierno, por haberse mostrado incapaz de impedirlo. Fangio fue muy rápidamente liberado y de hecho ese secuestro no sirvió de nada.

Pérez fue a la Sierra Maestra a organizar la gran idea de Fidel: una huelga general a través de todo el país, para una fecha aún sin precisar. Será desde ya apoyada por los órganos de prensa clandestinos que son *La Resistencia, La Revolución, Vanguardia Obrera, Sierra Maestra* y, desde luego, *El Cubano Libre.*

El 8 de marzo, un camión deposita a las hermanas Riego, Isabel y Lidia, en el pueblo de Guisa, donde las espera un guía para conducirlas a la Mesa. Hijas de campesinos acomodados de San Luis, cerca de Santiago, se cuentan entre la multitud de jóvenes que se enrolan en esa época en el M 26-7. Después de dos días de marcha, las hermanas se presentan, extenuadas, ante el Che, que espera con cierta curiosidad a las dos nuevas reclutas que le han anunciado. No tarda en preguntarles qué piensan de la futura huelga proyectada.

—Era inagotable en ese tema —recuerda hoy Lidia, que nos recibe en su departamento de La Habana, cuya terraza ha sido arreglada como invernadero lleno de plantas de la Sierra—. Visiblemente creía mucho en esa huelga, pensaba que el pueblo iba a reaccionar masivamente. Nuestro propio entusiasmo en ese tema que tanto le interesaba lo hizo entrar en confianza. Pronto nos indicó lo que esperaba de nosotras, de Isabel como enfermera y de mí como maestra. Durante el día, yo debía ocuparme de enseñar a leer y a escribir a los hijos de los campesinos, y de noche, repetir mis lecciones para los guerrilleros analfabetos.

"Pronto comprendí que era imposible preparar una clase por anticipado. El nivel de ignorancia era tan grande que uno no podía apoyarse en ningún conocimiento. Vivíamos en un microuniverso, y los habitantes de ese islote enclavado en el seno de la gran isla que es Cuba no sabían nada del exterior. Los principios del Che eran tan firmes que al comienzo él me intimidaba. Luego, cuando lo vi sentar en sus rodillas a niños sucios, desnudos, con un vientre enorme y chorreándoles los mocos de la nariz, comprendí que estaba lleno de ternura. No tardó en llamarme *maestruca*, una manera de hacerme comprender que me adoptaba. Cuando podía, venía a asistir a mis clases, y se interesaba por la disciplina de la escuela. En el campamento lo llamábamos 'el argentino'. Amaba a los guajiros de las montañas, que son las personas más puras que he conocido. Comparten hasta su miseria y su hambre.

"En ese período, a menudo necesitábamos abandonar nuestras barracas para ocultarnos en la selva, o cuando podíamos en grutas, pues nos bombardeaba la aviación. Siempre lo mismo: primero una avioneta ubicaba el lugar, luego no tardaban en llegar los B-26 a bombardearnos. No bien oíamos el ruido de la avioneta, corríamos a ponernos a salvo. Bombardeaban el campamento aun de noche.

"Cuando se intensificó la ofensiva del ejército de Batista, abandonamos nuestras instalaciones. El hospital donde trabajaba Isabel fue trasladado al interior de una caverna. Llamábamos a esa gruta 'zorzal', que es un pájaro cantor de la Sierra."

Lidia se hace entonces enfermera y secunda a su hermana:

—Allí viví los momentos más difíciles de mi existencia. Salvé a un guerrillero, Momito, que tenía los intestinos perforados, con un enorme absceso de pus. Volvió a oír cantar a los zorzales... Allí atendimos a muchos heridos, y ninguno murió.

"Con Isabel, que tenía veinticinco años en ese entonces y yo diecinueve, queríamos tomar un arma y pelear. Pero el Che rehusaba dejarnos arriesgar la vida. Cuando insistíamos demasiado para su gusto, subía el tono y decía que nosotras ladrábamos más que Hombrito, uno de los perros que él tenía en la Sierra. En esa época también tenía un gato, Santana.

"Antes de abandonar la Mesa para emboscarse y esperar al enemigo, nos llevó a La Plata, donde Fidel había instalado su comandancia. Cuando éste nos vio llegar a las dos, aplastadas debajo de nuestros bolsos sin quejarnos, se impresionó. Así integramos un pelotón de once mujeres, lo que sumaba trece con nosotras, a las órdenes de Eddy Suñol, cuyas heridas ya no se contaban." Pelotón al que se le dio el nombre de Mariana Grajales[2]. Trece mujeres decididas a ser guerrilleras y a no estar más afectadas a la intendencia, la educación, los trabajos subalternos, ni siquiera, lo que sin embargo no carecía de nobleza, a cuidar a los hombres.

[2] Por el nombre de la madre del libertador Maceo.

Entre ellas, además de Lidia, llamada la Venus de la Sierra en razón de su deslumbrante belleza, estaban Leana Rode, que le hará perder la cabeza a Camilo Cienfuegos, Georgina, que sabe leer, y Teté Puebla, campesina analfabeta pero que "¡las tiene como un macho!", según dicen los barbudos, Carmencita, que prefiere el combate a los estudios, Sevilla Alida, del villorrio vecino de Pilón, Olguita Guevara, de La Habana y excelente tiradora, que acompaña a Lidia con la guitarra cuando ésta canta para la tropa.

Una vez terminado su entrenamiento, Fidel decide que sea una mujer quien dirija a su pelotón. Se elegirá para ese cargo a la mejor tiradora de fusil del grupo.

—Mi hermana Isabel agujereó en pleno centro con su carabina M-1 la moneda colocada a unos cincuenta metros, y fue así como se convirtió en nuestra capitana.

"Isabel, doctora en Farmacia, con carisma y una voluntad de hierro, estaba hecha para el mando. También dirigió a hombres. Era una excelente jefa y los machos que tenía bajo sus órdenes no chistaban. Era un poco una venganza para nosotras que con tanta frecuencia oíamos cumplidos como éste: 'A ustedes, las mujeres, siempre les faltará algo para combatir.' En realidad, todo el mundo es igual ante la muerte. En el combate, en agosto de 1958, el enemigo se enteraba de que estábamos allí, oyéndonos interpelarnos. En esa época comíamos como toros, y cuando era necesario como camellos, y avanzábamos cargadas como mulas.

"Por la noche, en el campamento, recordábamos divertidas los tiempos, no muy lejanos, en que nos trataban de miedosas. Siempre había entonces un gracioso que deslizaba un ratón, un lagarto o una rana en nuestra mochila. Ahora nos tocaba la revancha. Todavía había muchos hombres que no merecían un arma, y nosotras teníamos las nuestras."

Después de la batalla de Las Mercedes, a principios de agosto, Eddy Suñol, que les ha enseñado el manejo de las armas y el arte de la guerrilla, reconoce:

—Yo tenía mis dudas, pero ya no las tengo. Estoy orgulloso de ellas.

La Venus de la Sierra sonríe ante ese recuerdo. Su hermana Isabel fue vencida por un cáncer en 1987. En el verano de 1993, Fidel invitó a las ocho sobrevivientes del pelotón Mariana Grajales, que le servía de guardia personal por la noche en el campamento, a pasar un día con él.

—Durante siete horas, cada una vació su bolsa de anécdotas. Contamos todo y nos reímos mucho. El Comandante estaba encantado. Él también se rió mucho.

Finalmente la huelga se efectúa el 9 de abril y resulta un fiasco, en parte por culpa de Faustino Pérez, el coordinador de la operación, que creyó necesario guardar la fecha en secreto hasta último momento. A ese respecto, el Che escribirá lo siguiente, tratando como siempre de extraer lecciones positivas de un fracaso:

"La huelga ha fracasado a causa de los errores de la organización, principalmente por falta de contacto entre las masas obreras y la dirección. En ningún momento se puso en peligro la estabilidad del régimen. Pero la experiencia ha sido útil: nació un debate ideológico a favor del Movimiento, que ha provocado un cambio radical en el enfoque que la gente tiene de la realidad del país. El Movimiento ha salido fortalecido del fracaso de la huelga, y la experiencia ha enseñado a sus dirigentes una valiosa verdad: que la Revolución no pertenece a tal o cual grupo, que debería ser la obra del pueblo cubano entero. Y que ese objetivo canalizará las energías de todos los militantes de nuestro Movimiento, tanto en el Llano como en la Sierra."

Pero no es menos cierto que el prestigio de Fidel se ve comprometido por esa huelga abortada (menos del 30% de participación), causante de una represión que costó la vida a un centenar de partidarios. Castro comprende que es empuñando las armas, y no de otro modo, como logrará avanzar. Mientras tanto, hay que restablecer cuanto antes la leyenda de los barbudos afectada por ese hecho. Incansablemente, Fidel denuncia por el micrófono de *Radio Rebelde* los excesos de los esbirros de Batista, magnificando al mismo tiempo las acciones de sus hombres, sin vacilar en inventar batallas para compensar las mentiras del enemigo. El 16 de abril lanza al éter un vibrante llamado al pueblo cubano para la propagación de la Revolución.

Por su parte el Che, aunque se prodiga infatigablemente en la Mesa, vuelve a sentir la necesidad de acción, la verdadera, la del combate. Lo obsesiona Mosquera; el deseo de arreglar cuentas con él lo atenacea. A mediados de marzo deja el campamento bajo la responsabilidad del ex obrero Ramiro Valdés, y parte solo, en su mula, en una misión de reconocimiento hasta El Macio, un caserío al borde del Buey, al cuidado de Universo Sánchez. El 18, Fidel envía a un guía a buscarlo a Jeringua, cerca de La Plata, porque quiere hacer con él el balance de la situación. En la noche del 18 al 19, el Che y su compañero pasan por San Juan de Buena Vista, donde Sánchez Mosquera acaba de hacer de las suyas. Un campesino yace junto a nueve mulas despanzurradas, siniestra visión que hace huir al guía a todo correr, dejándolo al Che. Éste duerme en La Otilia, en un bohío abandonado.

El 25 avisa a Fidel que ese lugar va a servir de punto de enlace entre él y los hombres que ha hecho ir hasta allí. "Nuestro campamento está situado a pocos kilómetros de Minas del Frío, en ese lugar salvaje que es La Otilia, en suave pendiente, en las tierras de un latifundista, desde donde vigilamos los movimientos de Sánchez Mosquera."

Un descendiente de corsario francés, Helio Vitier, nos lleva al lugar con Hilda. La casita que sirvió de "comandancia" ha sido transformada en un pequeño museo, entre orquídeas amarillas y rojas, un árbol del pan y grandes guásimas, en medio del fuerte aroma del cafetal que la rodea. Algunas fotos y la mecedora blanca de "el comandante" celebran su memoria. Dos ex compañeros, Manal y Algimiro, cuentan su versión del Che. Manal abría camino a los combatientes y Algimiro iba a buscar ganado a los alrededores para alimentarlos.

—He visto al Che rehusar comer para dar su parte a alguien más hambriento que él, y su cigarro pasar de boca en boca como una pipa de la guerra —recuerda Manal, mientras su mujer nos sirve el café.

Algimiro García Sánchez interviene, con su larga barba blanca de predicador:

—El único hombre que podía tocarle la cabeza al Che vive también aquí, en La Otilia. Es Ubaldo Chacón: ¡él le cortaba el pelo! El Che fumaba su cachimbo[3], hablaba suavemente, separando pacientemente cada sílaba. Se desplazaba en una mula blanca.

El 28, mientras Camilo parte en misión con sus hombres al norte de la provincia, Fidel y Ramiro vienen a juzgar personalmente ese lugar que ha seducido al Che. El 31, la columna de este último se reduce aún más, cuando una veintena de guerrilleros va a reforzar el campamento de El Dorado, dirigido por Alcibíades Bermúdez y Lidia Doce.

A principios de abril el Che envía un mensaje a Fidel: "Aunque mi tropa esté disminuida, pues sólo me restan unos cuarenta hombres, me comprometo a preservar mi posición." Su enemigo declarado, Sánchez Mosquera, ha debido de enterarse de que el Che está en inferioridad de condiciones y piensa que el momento es favorable para aprestarse al combate. El 18 por la mañana, el Che regresa en su mula blanca a La Otilia luego de un desvío hasta la Mesa. Cuando pasa por El Macio, oye disparos: Sánchez Mosquera ha ido a la finca Los González, de Alto de Aguayón, a apoderarse del ganado que igualmente codiciaban los barbudos.

Ante la idea de un encuentro con él, de terminar quizá con su enemigo declarado, el Che escucha únicamente a su

---

[3] Pipa.

corazón. Sin tener en cuenta consideraciones estratégicas, se abalanza al lugar del combate. Lo recibe una salva de Garand; una ametralladora ligera calibre 30 abre fuego sobre él. Al darse vuelta, ve que sus hombres se baten en retirada, pero es demasiado tarde para retroceder. Vive uno de los momentos más críticos de su vida. Oculto detrás de una roca, desde donde oye a una voz gritar: "¡Hay que bajar al barbudo de la mula blanca!", se da cuenta de que su fusil Beretta se ha trabado y que deberá defenderse con su pistola. Además interviene su asma, despertada por la angustia. Él reconocerá más tarde:

"Ese día me sentí cobarde."

Cercado, tiene que escapar de allí cueste lo que cueste. Pero tropieza, pierde su pistola, se niega a continuar sin ella.

"En esa triste mañana no tuve opción, debí volver sobre mis pasos para recoger mi arma."

Con las balas silbándole en los oídos, doblado en dos, logra correr en zigzag hasta un pequeño montículo, detrás del cual se agazapa. Se prepara a vender caro su pellejo cuando, primer milagro, su fusil funciona nuevamente y, segundo milagro, ve a un joven campesino, Esteban Fuentes Ortiz, con un fusil abandonado por un rebelde fugitivo en la mano. Le hace señas de acercarse:

—Ayúdame a salir de aquí, soy el Che.

Eso no conmueve al guajiro, que evidentemente nunca oyó hablar de él.

—¿Sabes tirar?

El otro dice que no con la cabeza y el Che le explica cómo funciona el arma. El campesino en ciernes —tiene dieciséis años— indica un camino con el dedo. Tras tirar varios disparos disuasivos a los "soldados", avanzan, se adelantan unos metros, uno de ellos rodando sobre sí mismo mientras el otro tira para cubrirlo, y así sucesivamente. Terminan por llegar al sendero salvador, que les permite trepar hacia Aguayón, antes de bajar nuevamente a San Miguel, donde encuentran un campamento guerrillero.

Después del triunfo de la Revolución, el hombre que ese día salvó al Che se retirará no lejos de La Habana y se dedicará a la cría de ganado.

Entre el 19 y el 25 de mayo se distribuyen en los contrafuertes de la Sierra Maestra catorce batallones leales más siete compañías con morteros y tanques, o sea unos diez mil hombres, una ciudad en movimiento, apoyados por la aviación y la marina. En esos días de calma momentánea, Fidel busca cómo ayudar a los campesinos a cosechar el café, pues el ejército ha prohibido la llegada de jornaleros. La ayuda de los guerrilleros no podrá hacerse efectiva esta vez, a causa del comienzo de las hostilidades. Castro propone también a los trescientos campesinos acorralados crear una moneda en la Sierra para pagar a los trabajadores, contemplando hasta la creación de cooperativas. Pero es la hora del combate.

El 24 de mayo Fidel reúne a los jefes de la guerrilla para distribuir las funciones. El Che entrará en acción en la región de Río Jibacoa, donde se sitúa Minas del Frío. El líder indica que es menester ubicar los sitios principales y distribuir a los hombres en función de la importancia estratégica de esos sitios, sin preocuparse por los efectivos del adversario. Los barbudos luchan en una proporción de uno a treinta y cinco.

Provenientes del cuartel del Moncada y de la base de Bayamo, los tanques Sherman buscan los caminos menos abruptos.

"Y nosotros, en nuestros escondites de troncos y de tierra, los esperábamos", contará Camilo. "Habíamos cavado trampas, nos habíamos ocupado de los puentes camineros y ferroviarios, nos ocultábamos en los árboles, listos para tirar. Estábamos en 'nuestra' Sierra, la selva, las rocas, los cañaverales.

"Primero vinieron los aviones, con sus bombas de napalm. Luego penetró la tropa en nuestro territorio, y si hay algo que sabíamos hacer, era tirar a la vista. Nos apoderamos de varias de sus estaciones transmisoras, ¡y así pudimos ordenar a sus aviones bombardear a sus propias tropas!"

Hace falta tiempo para dominar la Sierra; ella no se ofrece al primero que llega. Y el tiempo trabaja en favor de los guerrilleros, que tiran a los infortunados soldados como a conejos. Donde se aventuren, los visitantes son rechazados. La Cruz Roja no da abasto. En La Habana, los burócratas encargados de tomar las decisiones se empecinan, se niegan a escuchar las noticias provenientes del terreno, que indican cuán absurdo es insistir.

Con los primeros botines de guerra, pronto los fidelistas disponen de más de quinientas armas de todo tipo y calibre, incluidos los morteros y los tanques. De los prisioneros confiados a la Cruz Roja, algunos optan por cambiar de bando. Entre ellos uno llamado Laferté, un cadete de la escuela militar, que se convertirá en uno de los instructores más exigentes de la escuela de Minas del Frío.

La batalla de Las Mercedes, la posición más avanzada del ejército rebelde, es decisiva. El 25 de mayo los leales son derrotados, en parte por sus propias armas tomadas por los que les tienden emboscadas.

"Nuestros muchachos han combatido valientemente durante dos días, en una proporción de uno a diez o quince, luchando contra morteros, tanques y la aviación, comanda-

171

dos por el capitán Ángel Verdecia que morirá valientemente en combate un mes más tarde", recuerda el Che, cuyo sentido táctico permite a los rebeldes imponerse perdiendo un mínimo de hombres; él mismo inscribe un tanque en su lista de triunfos.

Los combates de Minas del Frío y de Jibacoa, igualmente conducidos por Ernesto, asestan nuevos severos golpes al enemigo. El Che ilustra de maravilla la frase de Bergson: "Hay que actuar como hombre de pensamiento y pensar como hombre de acción." El 20 de julio es el principio del fin para los atacantes convertidos en defensores. Los montañeses controlan ahora las operaciones. En todas partes donde se ha luchado, los guerrilleros quedan dueños del terreno. En Santo Domingo, el propio batallón de Sánchez Mosquera es derrotado.

Se produce la desbandada del ejército leal que, entre muertos, heridos y los cuatrocientos treinta y tres prisioneros capturados, dejará cerca de un millar de hombres en el "Territorio Libre de la Sierra Maestra". La vergüenza cae sobre los burócratas de La Habana, los estrategas de salón que han enviado a sus tropas a la masacre. En su palacio, Batista siente vacilar su poder.

El Che resume:

"Las batallas de Santo Domingo, Meriño, El Jigüe, la segunda batalla de Santo Domingo, las de Las Vegas, de Jibacoa y de Las Mercedes se sucedieron sin interrupción durante varios meses. Hasta el momento en que las fuerzas de la tiranía fueron obligadas a retirarse de las montañas si no querían ser totalmente aniquiladas."

Fidel Castro dirá del Che que era un artista de la guerrilla. El propio Ernesto utiliza la palabra francesa *menuet*, minué, para calificar la guerra de movimiento, que consiste en bailar un ballet alrededor del adversario:

"Cuando una columna enemiga avanza, se la cerca partiendo de los cuatro puntos cardinales; eso es el minué."

La vasta ofensiva de las tropas gubernamentales ha fracasado. Para los soldados, los barbudos han sido fantasmas invisibles, por lo tanto inhallables. Es verdad que, además de conocer perfectamente el terreno, poseen códigos para comunicarse entre sí, que los hacen infinitamente más discretos que sus vocingleros adversarios. Aunque más no sea para darse seguridad, los soldados se hablan a los gritos, ponen sus radios a todo volumen, encienden fogatas a la primera ocasión. Los fidelistas murmuran, cuchichean al oído. Cada vez que aparece un claro, han tomado la costumbre de cruzarlo en fila india, cuidando de dejar un espacio entre cada uno de ellos, lo que en caso de ataque evita ofrecer un blanco compacto al enemigo y dejarse ubicar por la aviación.

Herido, pero aún no abatido, Batista concibe en su palacio de La Habana una idea que no habría desaprobado Maquiavelo. En ese mes de agosto de 1958 en que los fidelistas acaban de poner en ridículo a su ejército, hace retirar a los soldados que protegían el acueducto de Yateritas, proveedor de agua de la base norteamericana de Guantánamo, y pide a las autoridades de los Estados Unidos que los reemplacen con soldados propios. El embajador Earl Smith, amigo de Batista, aprueba la idea y permite la llegada de efectivos provenientes de su país. Pero Fidel no cae en la trampa de la provocación. Olvida el acueducto y deja a su adversario de La Habana echando pestes, él, que ya imaginaba al ejército norteamericano aplastando a esos barbudos que habrían cometido la osadía de atacar a la bandera estrellada. Batista comprueba en esa ocasión que el guerrillero Fidel Castro es también un fino estratega, y eso no lo tranquiliza.

En cuanto al Che, el 14 de junio de ese año 1958 ha franqueado el cabo de la treintena. La rebelión cubana jamás exhaló para él más suaves fragancias: pólvora de guerra, perfumes de la Sierra, polen del tiempo revolucionario, el asmático Ernesto Che Guevara los aspira a todo pulmón. Y, cuando puede, chupa la bombilla de su mate.

¿Cómo consigue su yerba mate? Tendríamos tema para un capítulo entero, tantas son las peregrinaciones por las que pasa la sagrada yerba del Che. El punto de partida es Buenos Aires, donde el "viejo" compra regularmente dos o tres bolsas de un kilo que confía a un piloto o a un pasajero, un periodista por ejemplo, con destino a Lima, México o hasta Miami. Luego, vía un relevo improvisado, el "té de los jesuitas"[4] llega a La Habana, donde el Movimiento se encarga de transportarlo hasta la Sierra. Así, de tanto en tanto, el Che tiene el placer de ver a un correo o a una mensajera traerle su mágica poción.

[4] Así llamaban al mate desde que los jesuitas de América del Sur lo convirtieron en su bebida.

Cuarta parte

La embestida hacia el oeste

XIX
Comienza la invasión

El 21 de agosto, el Che se reúne en La Plata con Fidel y Camilo, que parte al frente de su columna "Antonio Maceo", como vanguardia, para comenzar la esperada invasión. Fidel precisa al Che que debe estar listo para combatir lo más pronto posible. Para no detenerse sino en La Habana. Una conquista del oeste a la cubana.

21 de agosto
Orden militar
Se asigna al comandante Ernesto Guevara la misión de conducir desde la Sierra Maestra hasta la provincia de Las Villas una columna rebelde y operar en dicho territorio de acuerdo con el plan estratégico del ejército rebelde. La Columna número 8 que se destina a ese objetivo llevará el nombre de Ciro Redondo, en homenaje al heroico capitán rebelde muerto en acción y ascendido póstumamente a comandante.

La Columna número 8 "Ciro Redondo" partirá de Las Mercedes entre el 24 y el 30 de agosto.

Se nombra al comandante Ernesto Guevara jefe de todas las unidades rebeldes del Movimiento 26 de Julio que operan en la provincia de Las Villas, tanto en las zonas rurales como urbanas, y se le otorgan facultades para recaudar y disponer en gastos de guerra las contribuciones que establecen nuestras disposiciones militares, aplicar el Código Penal y las leyes agrarias del ejército rebelde en el territorio donde operen sus fuerzas, coordinar operaciones, planes, disposiciones administrativas y de organización militar con otras fuerzas revolucionarias que operen en esa provincia, las que deberán ser invitadas a integrar un solo Cuerpo del Ejército para vertebrar y unificar el esfuerzo militar de la Revolución: organizar unidades locales de combate, designar oficiales del ejército rebelde hasta el grado de comandante de columna.

La Columna número 8 tendrá como objetivo estratégico batir incesantemente al enemigo en el territorio central de Cuba, e interceptar hasta su total paralización los movimientos de tro-

pas enemigas por tierra desde Occidente a Oriente, y otros que
oportunamente se le ordenen.

FIDEL CASTRO RUZ,
Comandante jefe.
Sierra Maestra, 21 de agosto de 1958.

Esta orden de misión confiere muchos poderes al Che, colocando a este conquistador de los tiempos modernos en la piel de un verdadero libertador. Él explica:

"El ejército batistiano salió con su espina dorsal rota, de esta postrera ofensiva sobre la Sierra Maestra, pero aún no estaba vencido. La lucha debía continuar. Se estableció entonces la estrategia final, atacando por tres puntos: Santiago de Cuba, sometido a un cerco elástico; Las Villas, adonde debía marchar yo, y Pinar del Río, en el otro extremo de la isla, adonde debía marchar Camilo Cienfuegos."

El Che, que no puede cargar con todo el mundo, lleva consigo a los más aguerridos, como ya ocurrió cuando el embarque en el *Granma*. La comisión de selección, que él dirige, es rigurosa. Los veteranos recuerdan la consigna para acceder al barco, "ningún gordo", cuando se presenta un cuarentón barrigudo, de pantorrillas flacas. Rechazado una primera vez, regresa a hablar con el Che.

—Mi nombre es "de la O", soy doctor. Es verdad que no me veo trepando a los árboles, pero soy de sobra revolucionario. Déme un fusil, ¡se lo probaré!

Impresionado por el discurso del señor de la O, el Che termina por aceptar llevarlo.

Entre el 25 y el 27 de agosto, la Ocho se traslada por pelotones hasta El Jíbaro, un caserío enclavado en los contrafuertes de la Sierra, en el municipio de Las Mercedes. El Che ha recibido de Fidel la orden de aguardar allí un avión con municiones. Al mismo tiempo los guevaristas esperan una camioneta llena de uniformes, calzado, hamacas y otro equipo, además de combustible, para trasladarse a Santa Clara. El 28 por la noche, el Che va al prado de Cayo Espino utilizado como pista de aterrizaje nocturno. A las 20.30 se posa en tierra el bimotor, un Beechcraft azul. Ha sido descubierto por la aviación adversa, y los guevaristas apenas tienen tiempo de recuperar los cerca de veinticinco mil proyectiles y un puñado de fusiles, cuando ya se oyen los motores de los aparatos enemigos que comienzan a explorar la zona lanzando luces de bengala. No tardan en ver el avión en tierra y en hacer funcionar las ametralladoras, pero el Che da la orden de quemarlo antes que dejarlo en manos del adversario. Hasta las 6.30 de la mañana, los aviones enemigos se encarnizan sobre los techos de El Jíbaro. Felizmente la operación de recuperación de las municiones se ha realizado con éxito, lo que no ocurre en cambio con la camioneta. Empantanada en un camino, fue imposible sacarla, y sus ocupantes debieron abandonarla bajo la presión de la aviación de Batista.

"Una lástima, pero más valía tener las municiones que la ropa", comenta Joel Iglesias Leyva, autor de una obra titulada *De la Sierra Maestra al Escambray*.

Ese viernes 29, movilización general y preparativos de toda clase, con recuento del armamento y de los proyectiles, reparto —rápidamente hecho pues el stock es reducido— de ropa y cajas de alimentos. Todos desearían partir al finalizar la jornada, pero no es posible por falta de combustible. El 30 por la mañana, el Che da sin embargo la orden de levantar ese día el campamento cueste lo que cueste. El boletín meteorológico anuncia en efecto la cercanía de un ciclón que baja de las costas de Florida.

Al caer el sol, la Ocho se pone en camino, con prohibición de dejar la menor huella tras de sí, ni siquiera peladuras de fruta. El orden de la marcha es el siguiente: la vanguardia dirigida por Manuel Hernández[1], luego el pelotón nº 2, llamado Avanzada, conducido por Joel Iglesias, capitán antes de los dieciocho años, con la misión de apoyar a la vanguardia en caso de que sea necesario. Después sigue la Comandancia, conducida por el Che y Ramiro Valdés, con el cuerpo médico, que cuenta principalmente con los doctores Oscar Fernández Mell y Vicente de la O. Sigue el pelotón nº 3 con el capitán José Ramón Silva. La importante y agotadora misión de agente de enlace entre los diferentes grupos corresponde a Leonardo Tamayo[2]. Es el único que puede transmitir las órdenes verbales del Che.

"Sin camiones, pues no teníamos nafta, debimos comenzar la invasión", anotará el Che.

A pie, con cuatro caballos solamente, los ciento cuarenta y ocho barbudos de la Ocho, apodada "Mao Mao" por la tropa de Batista, parten bajo un cielo amenazante. Disponen de seis ametralladoras, de una bazuca y unos cincuenta fusiles automáticos. Los hombres son esencialmente reclutas de Minas del Frío. En cuanto a Camilo, encargado de ir abriendo el camino, partió el 22 de Salto de Providencia, cerca de la central azucarera de Estrada Palma, con setenta y un combatientes experimentados. Pero aun con doscientos veinte hombres, hay que ser locos para desafiar a diez mil soldados, locos como lo

---

[1] Que será Miguel en Bolivia.
[2] Urbano en Bolivia.

179

son Ernesto Guevara y Camilo Cienfuegos, locos generosos y refulgentes.

"Así fue como iniciamos la marcha el 31 de agosto, sin camiones ni caballos, esperando encontrarlos luego de cruzar la carretera de Manzanillo a Bayamo. Efectivamente, cruzándola encontramos los camiones, pero también —el día primero de septiembre— un feroz ciclón que inutilizó todas las vías de comunicación, salvo la carretera central, única pavimentada en esta región de Cuba, obligándonos a desechar el transporte en vehículos. Había que utilizar, desde ese momento, el caballo, o ir a pie."

El ciclón, que puede ser un aliado al ocultar a los hombres a la vigilancia tanto aérea como terrestre del enemigo, en ese momento resulta muy molesto. A pesar de todo tratan de seguir adelante por los caminos, pero los camiones se empantanan y los tractores llamados para rescatarlos no bastan para sacarlos de los pantanos. Desde la cabina delantera de su vehículo, el comandante da la orden de bajarse a empujar, pero los ocupantes protestan y se rehúsan. Después de lanzar una andanada de insultos, él arma su carabina M-2 y amenaza con tirar; así los recalcitrantes ponen manos a la obra. Pero no hay nada que hacer, el ciclón Ella es más fuerte que ellos y, mal que les pese, deben abandonar los vehículos.

El 2 de septiembre el Che recibe un mensaje de Camilo anunciándole que lo espera en el arrozal Vidal, hoy Jardín Agrícola. En las tierras del administrador Luis Trompeta, la Ocho devora la comida preparada para ella según las órdenes de Cienfuegos, que ha regresado ex profeso sobre sus pasos a bordo de una camioneta.

El 3 se presenta el primer obstáculo serio en la ruta de los guevaristas: el cruce del río Cauto, el más grande del país. La crecida provocada por el ciclón complica aun más la situación. ¿Cómo atravesar, lejos de los puentes vigilados por el ejército leal, ese monstruo turbulento, color chocolate, de más de doscientos metros de ancho? Una pequeña chalana provee a ello laboriosamente. Por grupos de seis hombres, o sea veinticinco idas y venidas de unos veinte minutos cada una, el botero conduce a los libertadores a buen puerto. Unas horas más tarde, en el crepúsculo, el Che tiene a toda su gente alrededor. Los caballos, imposibles de embarcar, han servido para pagar al botero. El Che considera esa travesía del río tumultuoso como una primera victoria. Envía a Fidel el siguiente mensaje:

"Pocos mosquitos y ningún avión a la vista. Ya hemos franqueado sin problemas la gran ruta y el Cauto. La moral de las tropas está en alto en medio del diluvio del tornado Ella que paraliza a los soldados en el fondo de sus cuarteles."

El 8 de septiembre, mientras Ella desaparece y los

guevaristas esperan proseguir con la ropa seca, se acerca el tornado Fifí. Siempre pedagogo, el Che no deja de indicar a sus hombres que el nombre de los tornados sigue un orden alfabético.

—Después de la E de Ella, la F de Fifí.

Los barbudos se preguntan con aprensión si el alfabeto del cielo será muy largo...

Al franquear el río Jobabo, los guevaristas pasan a la provincia de Camagüey, intermedia entre Oriente y Las Villas. "Caminábamos por difíciles terrenos anegados, sufriendo el ataque de plagas de mosquitos que hacían insoportables las horas de descanso; comiendo poco y mal, bebiendo agua de ríos pantanosos o simplemente de pantanos. Nuestras jornadas empezaron a dilatarse y a hacerse verdaderamente horribles. Ya a la semana de haber salido del campamento, cruzando el río Jobabo, que limita las provincias de Camagüey y Oriente, las fuerzas estaban bastante debilitadas. (...) También se hacía sentir la falta de calzado en nuestra tropa, muchos de cuyos hombres iban descalzos y a pie por los fangales del sur de Camagüey", escribe unos días más tarde el Che. Finalmente alejados los tornados Ella y Fifí, la Ocho, que evita cuidadosamente las zonas habitadas desde que abandonó la provincia "liberada" de Oriente, pasa por el arrozal Bartés, donde un yanqui llamado McGuire dirige un programa experimental. Como un caballero, el norteamericano, nacido en Puerto Rico, invita al comandante a beber un brandy. El Che va acompañado por Joel Iglesias, cuyo juicio aprecia. Después de un intercambio de fórmulas de cortesía, el argentino va directamente al grano:

—¿Es exacto que su gobierno apoya a Batista?

El señor McGuire evita entrar en el debate y se limita a trivialidades. Una vez retirados, el Che pregunta a Joel:

—Dime qué piensas de este tipo...

—No me gusta —responde el joven capitán. Luego de una pausa, el Che comenta, la mirada grave:

—Tendremos que luchar contra ellos...

Después, más rápido:

—Moriré con la sonrisa en los labios, en la cima de una loma, detrás de una roca, combatiendo a esta clase de individuos con el fusil en la mano...

Frase asombrosamente premonitoria.

La Ocho requisa dos jeeps, un camión cisterna, un tractor, que se suman a los sesenta caballos ya reunidos. Capturan a un campesino para que indique a la tropa el camino de la granja La Federal por donde pasó Camilo, no lejos de la central azucarera Francisco. El 9 de septiembre a las 4.45, la cabeza de la vanguardia se presenta en la entrada de la propiedad, que resulta estar llena de soldados. El guevarista

Marcos Borrero Fonseca, que intenta refugiarse detrás de unos grandes bidones cerca de la puerta del establo de las vacas lecheras, muere de un balazo en la cabeza. El capitán Herman es alcanzado en un tobillo, y uno de sus hombres también es herido. El Che llega entre tanto y organiza el contraataque, encabezado por el joven teniente pelirrojo Roberto Rodríguez Fernández, apodado *el Vaquerito* por Celia Sánchez, porque lleva botas de cuero de vaca. Arremete, solo, contra cinco adversarios. El brigadier enemigo cae muerto y los soldados terminan por rendirse. Camilo, venido en auxilio, analiza la situación con el Che, y lo convence sin dificultad de la urgencia de escapar antes de la llegada de refuerzos apoyados por la aviación.

Aunque ha causado algunos daños a los barbudos, esta celada tendida por los soldados muestra que los papeles han cambiado: ahora les toca a los leales jugar a los francotiradores. ¡Qué diferencia entre la Sierra y el Llano!

Dos días más tarde, en Jacinta, ambas columnas fidelistas se fusionan por primera vez; habrá una segunda vez, siempre en esa zona detestable de los pantanos de la provincia de Camagüey. Buena ocasión para hacer una magra comida y brindar con el poco ron que poseen los "camilistas".

"En medio de ninguna parte, pero entre gente que sabía adónde iba."

El Che decide internarse en los lodazales, dejando a Camilo tomar una ruta oblicua hacia el norte y hacia su misión principal: liberar Yaguajay.

"Ahora debíamos marchar con mucho cuidado, debido a que la aviación conocía nuestra ruta aproximada. Así llegamos, uno o dos días después, a un lugar conocido por Laguna Grande, junto a la fuerza de Camilo, mucho mejor montada que la nuestra. Esta zona es digna de recuerdo por la cantidad extraordinaria de mosquitos que había, imposibilitándonos en absoluto descansar sin mosquitero, y no todos lo teníamos."

Cuando Camilo parte de Laguna Grande, donde las dos columnas acamparon a trescientos metros la una de la otra, y vuelve sobre sus pasos hacia el central Francisco, deja sus caballos al Che y continúa en camión. Ambas columnas no podían marchar juntas, pues habrían ofrecido un blanco demasiado fácil a los aviones de Batista. En cuanto al Che, prosigue a lo largo de la costa, requisando camiones cuando el terreno lo permite, utilizando los caballos cuando los camiones no pueden pasar, y a pie en los pantanos cuando no hay otra solución, con una jornada de avance a ciegas, por no haber logrado encontrar un guía digno de confianza. Los cuatro soldados capturados en La Federal son incorporados a la Ocho y tienen derecho estrictamente al mismo régimen que los guevaristas, como lo quiere el Che.

El 11 de septiembre un campesino avisa que una columna de camiones viene por la ruta Camagüey-Santa Cruz del Sur:

—Hay por lo menos quinientos soldados... —afirma.

El Che está acostumbrado a la reacción de los guajiros en esta clase de situaciones, y sabe que hay que dividirse más o menos en dos grupos más. Pero evidentemente el ejército busca a la Ocho, sin lograr localizarla con precisión. El 13, cuando se encuentra en el batey de San Miguel del Junco, el Che se entera por un mensajero de que Camilo ha debido librar batalla en el caserío de Cuatro Compañeros para salir de una emboscada:

"A las siete de la mañana, después de cruzar un puente, las ametralladoras enemigas abrieron fuego. El pelotón de nuestra vanguardia, dirigido por el capitán Guerra, cercó la casa de donde partían las ráfagas y respondió. Eso fue suficiente para que los 'casquitos' se retiraran, llevándose a sus heridos", indica el papel firmado: "Camilo".

El domingo 14, a las 5.45, mientras que la Ocho se acerca a su vez a Cuatro Compañeros, el jeep de la vanguardia frena. El guía se ha dado cuenta de que no ha respetado la orden del Che de explorar los alrededores del caserío un kilómetro antes de llegar a las casas. A la luz de los faros, unas sombras aparecen súbitamente alrededor de un tractor: es la señal de alerta. Hay que abandonar el jeep y correr discretamente a avisar a los ocupantes del primer grupo que hay una emboscada en el aire y que deben apagar los faros.

De pronto la voz de un soldado rompe el silencio de la noche:

—¡Alto! ¿Quién va?...

—Gente buena —responde Manuel Hernández, jefe de la vanguardia.

Por segunda vez los dos soldados repiten las mismas palabras antes de abrir fuego. Eso alerta a los barbudos de los camiones siguientes, que no esperaban semejante recibimiento. El Che reacciona instantáneamente: ordena a la vanguardia contener el fuego enemigo y prohíbe combatir al resto de su tropa, para poner proa al sur y llegar a una colina que se percibe a lo lejos en los primeros resplandores del alba. En un abrir y cerrar de ojos pasa revista a lo que hay que llevar   —en prioridad las armas y la mayor cantidad posible de cartucheras— y lo que puede ser abandonado en los camiones.

"Comienza entonces, con el amanecer, una agotadora batalla", anotará él.

Con mucha dificultad, los hombres toman la dirección de la loma boscosa indicada por su jefe, donde los árboles, algarrobos, barrillas y guásimas, los protegerán del fuego enemigo. En el alboroto provocado por los primeros disparos, algunos combatientes escapan en dirección errada. Se dan cuenta de que han olvidado documentos importantes en uno de los camiones, pero el Che prohíbe al barbudo que se apresta a volver a buscarlos arriesgar la vida por ellos. En cambio, envía a Juan Pérez Villa a recoger el transmisor de radio que tenía a su cargo y que, ése sí, es vital. Bajo un diluvio de balas, el culpable cumple con éxito su tarea.

Para alcanzar la colina salvadora, primero hay que pasar un arroyuelo, luego atravesar una larga sabana al descubierto. Las cosas se complican terriblemente con la llegada de una avioneta que patrullaba los alrededores, seguida pronto de dos grandes B-26 y dos C-47 que zumban más arriba en el cielo. A medida que se acerca la avioneta, comenzando a ametrallar a los barbudos y lanzándoles granadas de mano, todos buscan, en el pánico, un lugar donde protegerse, mientras los pobres prisioneros capturados por la Ocho en La Federal quedan bajo dos fuegos. El Che apunta al avión con su carabina M-2.

Ramiro Valdés es uno de los primeros en llegar a la colina. Instala su ametralladora en el límite norte de la loma, a mil doscientos metros de la granja de Cuatro Compañeros, y le apunta al enemigo. Los "casquitos", amontonados en las granjas de Cuatro Compañeros y de Forestal, tratan de reunirse, mientras que el objetivo principal de los guerrilleros es mantener abierta una brecha de acceso. El combate se extiende durante varias horas. Juan Hernández Suárez, llamado el Guanchi, es víctima de una bomba. Transportado a la casa de una pareja de campesinos, se desangra sin que puedan salvarlo. Será enterrado en ese lugar y el Che tipeará, en la máquina de escribir que han logrado llevar en la huida, una carta a la madre del muerto. Luego obsequiará a la pareja de campesinos el acordeón del que nunca se separaba el Guanchi.

—En caso de deceso de uno de sus hombres, él siempre avisaba personalmente a la familia por correo —recuerda Joel Iglesias.

El capitán José Ramón Silva es herido gravemente en el hombro derecho, mientras que Emilio Oliva Hernández y René Rodríguez lo son más levemente.

En lo más arduo de la contienda, bajo las bombas y la metralla, el Che se tiende bajo un árbol y duerme una media hora.

La jornada del 15 transcurre intentando reunir a los compañeros extraviados en el terreno. El Che aprovecha para señalar, como de costumbre, las deficiencias observadas en el combate a fin de analizarlas para encontrar sus causas. Si se disculpa por las severas palabras utilizadas cuando el incidente de los camiones empantanados, es para insistir una vez más en la necesidad de la disciplina y del respeto de las órdenes impartidas. Fustiga de paso la actitud del vivo que se afeitó y se cambió de ropa en la casa de unos campesinos, quitándose sobre todo su brazalete rojo y negro con la inscripción del Movimiento 26-7, para no ser identificado en el caso de caer en manos del enemigo. Con el Che se asume la condición de guerrillero, no se la traiciona. El compañero Silverio Blanco, en cambio, es ascendido al grado de teniente. Caerá en Cabaiguán durante la campaña de Las Villas.

"El panorama, al día siguiente, era menos desolador, pues aparecieron varios de los rezagados y logramos reunir a toda la tropa, menos diez hombres que seguirían para incorporarse a la columna de Camilo y con éste llegarían hasta el frente norte de la provincia de Las Villas, en Yaguajay."

Mientras el Che y Camilo ganan terreno hacia el oeste, los Castro avanzan al este, hacia Santiago, con las armas tomadas al enemigo luego de su fracaso en los contrafuertes de la Sierra. Por su lado, el ejército de la dictadura prepara el traslado de varias unidades provenientes de Oriente y de La Habana, para cortar el camino del oeste al invasor.

En la noche del 15 al 16 de septiembre de 1958, el Che manda a buscar a un médico de su tropa para atender al hijo de un mayoral enfermo. A eso de las tres de la mañana, los barbudos devoran carne de vaca con arroz, antes de repartirse cajas de leche y de cigarros. Tras seis kilómetros a pie en un terreno fangoso, la Ocho se oculta a las seis de la mañana en un islote de marabúes, arbustos espinosos de tres metros de altura que forman una maraña impenetrable, un marabusal, donde apenas se puede avanzar reptando. Originario del África, indestructible, el marabú se ha adaptado hace tiempo a Cuba; los campesinos lo usan como carbón vegetal. Sus espinas son aceradas como alambre de púas, y los guevaristas se desgarran en ellas la ropa, ya muy gastada.

En un momento en que el Che descansa en su hamaca, tendida al ras del suelo, un grito lo sobresalta:

—¡Un avión!

Se calza las botas, ordena que nadie se mueva. La avioneta desaparece y él vuelve a acostarse. Algunos hombres vienen a preguntarle si pueden cazar:

—De acuerdo, ¡pero sin disparar un solo tiro!

En la casita que bordea el marabusal, Ernesto incorpora a la tropa a unos pocos campesinos venidos a enrolarse y que servirán de guías. Uno de ellos cuenta que doscientos cincuenta soldados de la tiranía están apostados no lejos de allí. Y la Ocho vuelve a ponerse en marcha avanzando como el cangrejo, evitando los terrenos descubiertos, caminando sobre

185

todo por la noche. Aunque el Movimiento que los apoya es menos eficaz allí en la llanura, aunque no gozan de la misma ayuda total de la población como gozaban en la Sierra, siempre hay alguien de buena voluntad para abrirles camino. A veces, por cierto, hay que forzar la mano. Suele ocurrir también que un campesino los traicione, porque cree en la propaganda oficial. Como ese boletín informativo difundido el 20 de septiembre por la radio, entre un chachachá y un mambo, y que los guevaristas escuchan en la finca San Nicolás:

"Una tarde escuchábamos por nuestra radio de campaña un parte dado por el general Francisco Tabernilla Dolz, por esa época, con toda su prepotencia de matón, anunciando la destrucción de las hordas dirigidas por el Che Guevara y dando una serie de datos de muertos, de heridos, de nombres de todas clases, que eran el producto del botín recogido en nuestras mochilas al sostener ese encuentro desastroso con el enemigo unos días antes, todo eso mezclado con datos falsos de la cosecha del Estado Mayor del Ejército".

Esas palabras provocan la hilaridad de los barbudos. Uno de ellos imita la voz del locutor:

—Señores guerrilleros, como saben, todos ustedes están muertos...

La Ocho vuelve a ponerse en movimiento en el agua pútrida de los pantanos. En la mañana del sábado 20, acampa a orillas del río San Pedro, en el límite de los municipios de Santa Cruz del Sur y de Camagüey. En el lugar llamado Trumbero, Joel Iglesias está a punto de ser arrastrado por la corriente y llama pidiendo auxilio, lo que le vale las burlas del Che. La columna tuerce hacia el norte para intentar alejarse del agua y de los pantanos, pero cae en un arrozal y cruza dificultosamente los canales. Como de costumbre los hombres se alimentan del ganado que encuentran al paso, pagando o no a los campesinos según tropiecen o no con ellos. Súbitamente los pantanos dan lugar a un terreno seco, lleno de grietas donde se corre el riesgo de torcerse un tobillo a cada paso.

El 23 de septiembre, a las 15.30, escuchan un bombardeo aéreo en dirección nordeste:

—¡Están atacando a Camilo! —exclama el Che, inquieto.

Una zona cubierta de altos pastizales, cortantes como navajas, se abre ahora ante ellos. Los hombres se protegen como pueden, pero de los pocos caballos que les restan, dos no sobreviven a las innumerables cortaduras sufridas. Luego de contornear una laguna, los barbudos recuperan empero la sonrisa. El guía Manuel Valdera trae un cargamento de productos de la Colonia de Trinidad: arroz, bananas, galletas, especias, cigarrillos, cigarros...

El 26 caminan guiándose por la brújula, pues el guía de ese día resulta incapaz de encontrar el camino en los parajes del río Mala Fama. Como el terreno se presta para ello, los rebeldes requisan dos tractores y algunas carretas para transporte en la zona de Los Marineros, a unos kilómetros de la central azucarera de Baraguá, perteneciente a una compañía norteamericana, donde están apostadas varias unidades del ejército.

El 1º de octubre, después de levantar los invasores un campamento tan bajo y discreto como les es posible en una loma que emerge en medio del lodazal, en la pestilente región de las marismas del sur de Camagüey, el Che analiza la situación con sus oficiales. Saben que ante ellos se levanta una sólida línea de fuego y que otra parte de la tropa enemiga se acerca a sus espaldas. Por lo tanto es urgente abandonar la zona. Hacia el sur, adonde se envían exploradores, no hay más que marismas insalvables, luego el mar. Hacia el norte, los terrenos están al descubierto, muy vigilados por el ejército, y además con grandes rutas que facilitarían a éste la tarea en caso de ataque. Por otra parte, el desvío implicaría una pérdida de tiempo de varios días. La última solución es franquear la línea enemiga cueste lo que cueste. Es la que elige el Che.

Envía a tres hombres como avanzada en plena noche: el teniente Rogelio Acevedo, Wilfredo Aleaga, llamado *Willy,* y el guía Ramón Guilarte que, en realidad, no conoce muy bien el terreno. Los tres hombres chapotean en una laguna en dirección de la vía férrea que une el embarcadero con la central de Baraguá, sin saber con exactitud dónde los espera el enemigo. Avanzan lentamente, evitando al máximo hacer ruido, perdiendo con frecuencia el equilibrio al tropezar con los troncos de árbol ocultos bajo el agua. Guilarte tose y Acevedo lo reprende en voz baja. Súbitamente los soldados, instalados a ciento cincuenta metros a lo largo de la vía férrea, abren fuego sin preliminares. Los exploradores se apelotonan, bajo la metralla, en las profundidades de la laguna. Creyendo habérselas con toda la columna, los soldados de Batista utilizan los morteros.

Al cabo de una media hora, los tres hombres ven llegar un vagón, proveniente de Baraguá, que se detiene cada cincuenta metros, en cada poste telegráfico, para relevar los puestos de guardia. Los exploradores comprueban que la orilla de la laguna coincide prácticamente con la curva de la vía férrea. El vagón se detiene por última vez donde brilla la luz del desembarcadero.

—Es por allí por donde se entra al pantano —afirma Guilarte.

Continúan la marcha hasta el borde de la laguna, donde se extiende un manglar.

—Allí comienza el mar —advierte el guía.

Acevedo opta por tomar hacia el oeste y, después de doscientos metros particularmente penosos, ponen por fin los pies en terreno algo más firme. Ningún rastro de soldados en los alrededores. Es por allí, entonces, por donde debe pasar la columna. Al trío ya no le queda más que llevar esas informaciones al Che, dejando marcas detrás de sí para reencontrar el paso. A su llegada, a eso de las cinco de la mañana, por poco les dispara la vanguardia de la Ocho, que no esperaba verlos regresar por ese lado, pero cuando se los reconoce todos son gritos de alegría; el ruido de las detonaciones les había hecho suponer lo peor. Mientras los tres hombres, después de dar su informe, devoran las magras raciones apartadas para ellos, el Che anuncia su decisión de intentar abrir una brecha la noche siguiente.

Despacha primero a Ruperto Cabrera, apodado *Cabrerita*, a Ciego de Ávila, con el objeto de alertar a la dirección del Partido Socialista Popular, a fin de obtener su apoyo e información sobre las diferentes organizaciones armadas —no hay más que los fidelistas para luchar— que operan en el Escambray: el Che sospecha que los dividen graves desacuerdos. A las cinco de la tarde la tropa se pone en marcha a su vez, reforzada la vanguardia con una bazuca. Ernesto hace las últimas recomendaciones a sus hombres:

—Sobre todo, nada de ruido, ni una palabra, ningún objeto brillante...

Al hundirse en el barro espeso y viscoso, los barbudos cuidan igualmente no mojar sus armas ni sus cartucheras. Respiran por la boca a fin de evitar en lo posible los olores nauseabundos.

Percibiendo una pequeña colina a la derecha de la laguna, Willy exclama:

—Estamos en su línea de mira.

Justo en ese momento estallan los disparos del enemigo. El Che pregunta a su compañero si le parece que los tiros son semejantes, en densidad y orientación, a los de la víspera. Ante la respuesta afirmativa del otro, la Ocho sigue exactamente el recorrido que ya hicieron los exploradores.

A las once de la noche de ese jueves 2 de octubre, el Che supervisa desde la vía férrea el cruce de la laguna por sus hombres. Algunos pierden pie, se hunden hasta el cuello, pero pasan. Al alba del viernes 3 la columna está a salvo. No en terreno seco sin embargo, pues la región de marismas se extiende ante ella hasta donde se pierde la vista. El avance prosigue en medio de los macios, gruesas aulagas que tienen la ventaja de ocultar a los barbudos a los ojos del enemigo.

Siete kilómetros más adelante, antes de despuntar el día, la columna se presenta en la finca La Laguna, a pocos kilómetros al sudoeste de los edificios de la central azucarera. Allí capturan a un hombre, un carnicero, al que le aseguran que nada le pasará a su familia si sirve de guía a los guerrilleros durante dos días.

—Era como para pensar que su mujer ya no quería saber nada con él, pues no tardamos en escuchar el ruido de dos B-26 que nos buscaban —recuerda Joel Iglesias.

El incidente obliga a los hombres a hundirse nuevamente en una laguna infestada de mosquitos, llena también de plantas de hojas cortantes como navajas. Imposible detenerse aunque sólo sea un momento.

El domingo 5 de octubre a las cuatro de la mañana, el Che concede al fin un respiro a sus hombres. Se instala el campamento a orillas de la laguna El Colmenar. Pero una lluvia torrencial se abate pronto sobre la desdichada tropa. La aparición de Cabrerita, acompañado de un guía enviado por el PSP de Ciego de Ávila, les devuelve la esperanza. Lamentablemente el guía cae enfermo, y Cabrerita debe abrir la marcha.

El Che escribe unas frases patéticas:

"La tropa no puede más. Quebrantada moralmente, famélica, los pies ensangrentados y tan hinchados que ya no entran en lo que les resta de calzado. Está a punto de derrumbarse. Sola, en las profundidades de sus órbitas, aparece una débil y minúscula luz que brilla en medio de la desolación. Caminando entre ellos, sentí el ferviente deseo de abrirme las venas para ofrecer a sus labios algo caliente, lo que no tienen desde hace tres días pasados sin comer ni dormir. Cuando cede el nudo que me aprieta la garganta, les hablo. Y el espíritu que sopla sobre esta extraordinaria generación de cubanos los vivifica con toda su generosidad, y los cuerpos se levantan, vacilando bajo el peso aplastante de las mochilas, de las armas y de las municiones."

Las condiciones no son muy favorables para la salud del Che. El doctor de la O recuerda:

—Él tenía una voluntad increíble; hasta lograba dominar su asma. Para que no pudiese dominarla, tenía que tratarse de una crisis particularmente aguda. Sabía superar ese temor que tienen todos los asmáticos a que les falte el aire... Amaba la investigación y hubiese podido ser un gran profesor, pero prefería ser un soldado. Lector infatigable, abría un libro cuando hacíamos un alto, mientras que todos nosotros, muertos de cansancio, cerrábamos los ojos y tratábamos de dormir.

Quedan aproximadamente ciento veinte hombres en buenas condiciones. Torturados por el hambre, matan una vaca y la devoran sin dejarla asar el tiempo necesario. Dos chicuelos se presentan en el campamento con un frasco de miel. Interrogados por el Che, responden que uno de los barbudos lo encargó. Ernesto hace comparecer al hombre, un tal Moreno:

—Estás condenado a muerte. Al menor disparo enemigo, serás fusilado.

Felizmente para Moreno, no se deja oír ningún disparo; no los han traicionado.

El 6 de octubre, cuando la Ocho se cree a salvo, el pequeño tornado Janice asola la región de Camagüey y provoca la crecida del río Jatibonico, que hay que cruzar para entrar en la provincia de Las Villas. Las familias instaladas en los alrededores del río deben abandonar de prisa sus viviendas. Una vez más el Che quiere hacer ver a sus hombres el lado bueno de las cosas, y les asegura que el tornado "inmoviliza a los soldados en sus cuarteles". Al caer la noche, el guía Flores Gutiérrez explora los alrededores para ver en qué estado se encuentra la Trocha de Júcaro en Morón, lugar célebre al que dieron fama los mambises del general Máximo Gómez en enero de 1875, forzando el paso con machete frente a las tropas españolas. Contrariamente a lo que temía el Che, el lugar no está muy vigilado, a pesar de los numerosos trenes repletos de soldados que lo atraviesan.

El 9 por la noche, la columna se pone en marcha hacia el nordeste, siguiendo la vía férrea hasta la parada llamada Dos Hermanas. Hacia las dos de la mañana, un diluvio; no impide sin embargo a los guevaristas franquear con orgullo la famosa Trocha de Júcaro, sin la sombra de un soldado a la vista. Flores Gutiérrez, al volver de Ciego de Ávila, adonde lo ha enviado el Che, conduce a este último a una finca donde lo esperan cajones llenos de diversas mercancías que él había reclamado, especialmente medicamentos. En un paquete, Ernesto encuentra documentación sobre la región y mapas del Estado Mayor.

—Si los hubiésemos tenido cuando partimos de la Sierra, ya estaríamos en el Escambray, y sin haber necesitado guías —comenta él.

Los enviados del comandante Víctor Bordón Machado, jefe del Movimiento en la provincia del Escambray, el capitán Otten Mezana Melcon y dos suboficiales se presentan en el campamento. Ese primer contacto con miembros del ejército rebelde que opera fuera de la Sierra encanta al Che. Se entera de que Bordón Machado ha querido emprender un viaje a la Sierra a fines de agosto para reunirse con Castro, a fin de exponerle las divergencias existentes con la dirección del M 26-7 de Las

Villas. Más exactamente con el jefe de Acción y Sabotaje, Víctor Paneque, llamado *comandante Diego*. Pues, como el Che lo sospechaba, no son buenas las relaciones entre las diferentes organizaciones revolucionarias. El Llano II, Frente Nacional Unido de Escambray[3], ha llegado a detener a Bordón, tras haberle impedido tomar el avión para Santiago, con el falaz pretexto de que su audacia era peligrosa para la causa. En todo caso la jornada es rica en emociones para Ernesto, que se entera de la presencia de Camilo y de la Dos no lejos de allí, después de una cantidad de complicaciones que los habían demorado unos diez días.

El guía, de apellido vasco, Armando Echemendía, conocido por el apodo de *Cuco*, conduce a la Ocho hasta el monte Tibisial, en la finca La Teresa, devastada por el paso del tornado Janice. Allí, después de escribir a Fidel: "La aviación sigue meticulosamente nuestros pasos. Bombardeó el monte donde acabábamos de acampar, antes de intentar cortarnos la ruta del río Jatibonico", el Che escucha largo rato a los emisarios de Bordón. Señala el reloj negro, obsequio de Fidel, que lleva en la muñeca, y les dice:

—Fui el primero en ser nombrado comandante en la Sierra, pero para mí tendría que haberlo sido Raúl Castro. Él fue el único que desembarcó (del *Granma*) con sus hombres en orden y los mantuvo así.

Luego se inclina sobre el suelo desplegando un mapa de la zona. A su pregunta: "¿Qué lugar aconseja usted elegir como base en el Escambray?", el capitán Otten Mezana indica la zona de Collantes de Manicaragua, y el Che le hace una marca. Despacha entonces a Orneno Rodríguez hasta el límite de Las Villas a avisar a los jefes de las diferentes organizaciones, sean de la ciudad o de la montaña del Escambray, que "el Che quiere conocerlos". En particular a Víctor Bordón, que deberá venir al este de las montañas.

Todas las informaciones que obtiene de los emisarios del Oeste confirman sus previsiones: será necesario allanar la situación entre los aliados antes de organizarse para luchar juntos contra el enemigo común. Luego el asado que se prepara le recuerda a la Argentina, y le hace olvidar sus preocupaciones mientras dura la comida.

El 10 de octubre, a eso de las cinco de la tarde, los compañeros del Escambray exploran los alrededores a fin de detectar

---

[3] Dirigido por Eloy Gutiérrez Menoyo, que se convierte posteriormente en líder contrarrevolucionario.

una brecha en la vigilancia de que es objeto el río Jatibonico. Para engañar a la aviación enemiga, el Che envía la vanguardia con los caballos, con el fin de dejar antes del alba huellas visibles desde arriba, y hacer pasar a su columna por otro camino. Siempre bajo una tupida lluvia, a las seis de la mañana del 11 de octubre, la Ocho está muy cerca del río.

Los barbudos interceptan las comunicaciones telefónicas del enemigo, y oyen al capitán Urbano Matos, que dirige la 34ª compañía de Las Villas a El Jíbaro, discutir con el teniente Castellón, a la cabeza de un centenar de hombres del 2º distrito militar instalado en la granja cercana a Pozo Viejo. Matos pide a su subordinado que ubique a sus soldados en la finca La Crisis, a dos kilómetros al sur de Pozo Viejo. Y lo autoriza a tomar una vaca de la finca El Sigual, de un mayoral aliado. El Che comprende así que, para el enemigo, la Ocho va a intentar pasar diseminándose a lo largo del río.

Sólo resta elegir un buen lugar para el cruce. Los ecos de la metralla de la aviación prueban que el ardid del Che ha dado resultado. Lo que atrae igualmente al ejército de tierra, y abre un espacio de tiempo suficiente para franquear el río Jatibonico y entrar en la provincia de Las Villas. A las 22.30, después de marchar cinco kilómetros, la Ocho está al borde del obstáculo, en el sitio llamado El Paso de Diez, bautizado Paso del Ceibo a causa del gran árbol que domina los alrededores y ha servido de punto de referencia. Eddy, un consumado nadador, se encarga de pasar las cuerdas que facilitarán la travesía. La corriente es violenta y el río está crecido. El Che pierde sus botas en la aventura, pero todo el mundo llega sano y salvo a la otra orilla.

Hacia las cuatro de la mañana de ese domingo 12 de octubre, la Ciro Redondo entra en Las Villas por el pueblo de Sancti Spiritus. El Che escribe a Fidel:

"Si prestamos crédito a las informaciones captadas en las conversaciones telefónicas del ejército, ellos no nos creían capaces de marchar las dos leguas (cerca de 12 km) para llegar a la ciudad de Jatibonico. Evidentemente lo hicimos de noche, cruzando el río a nado, mojando nuestro armamento, antes de recorrer una legua más para alcanzar una colina protectora. Franquear el Jatibonico ha sido como pasar de las tinieblas a la claridad. Ramiro (Valdés) dice que fue como un conmutador que enciende la luz, y la imagen es exacta. Pero desde la víspera las montañas azuleaban en el horizonte, dándonos unas ganas locas de llegar a ellas."

El acontecimiento es dignamente celebrado en un banquete, con un ternero, un cerdo y quinientas libras de queso. Es el momento elegido por un B-26 para lanzar seis bombas en un prado vecino. El enemigo parece haber descubierto que la Ocho lo engañó y que ha pasado el río.

Pero pronto los guevaristas encontrarán su terreno predilecto, la montaña, donde son expertos en el arte de la guerrilla. Dejan tras de sí la zona infernal en la que de día deben quitarse las sanguijuelas del cuerpo y, de noche, las bolsas de dormir están llenas de agua. Después de más de cuarenta días terribles, la Ciro Redondo avanza ahora sobre terreno firme, con bosques, sobre todo palmares, para protegerse de la vigilancia aérea.

Antes de ganar las cimas del Escambray, los guevaristas deben franquear todavía un último obstáculo, el río Zaza, uno de los más anchos del país. Lo hacen el lunes 13 de octubre sin inconvenientes, pues el ejército vigila sobre todo los puentes. Deben dejar atrás al norteamericano Herman Mark, un ex combatiente de la guerra de Corea, incapaz de proseguir; se hará atender como civil, sin despertar sospechas.

El martes 14 de octubre prosigue la danza de los guías —dos nuevos asumen el relevo— en dirección al sudoeste. Al promediar la mañana el zumbido de un avión traiciona su presencia; los guevaristas apenas tienen tiempo de ocultar precipitadamente los caballos. La noche siguiente, la vanguardia encuentra a unos diez hombres del Directorio Estudiantil Revolucionario 13 de Marzo, que patrullan desde el Escambray para el comandante Faure Chomón. Ellos les advierten que el cruce de la ruta Sancti Spiritus-Trinidad será peligroso, pues el ejército la vigila estrechamente. Un breve alto permite apreciar la decidida colaboración de los campesinos, que ayudan a colocar las bestias a pastar, para entonces más de 60 caballos. El Che hace un pedido expreso a los hombres de Chomón: medicamentos para curar los pies lastimados e invadidos por los hongos. Ya no tienen ropa ni calzado.

En la noche del 15 al 16, la columna atraviesa la ruta en un silencio total, al descubierto, entre dos patrullas. Luego se lanza al asalto de El Obispo, promontorio desde donde podrá caer sobre Santa Clara, la fortaleza de Batista. La fatiga pesa cada vez más; la necesidad de dormir se torna agobiante. Tres cántaras de leche ofrecidas por un campesino devuelven a los guevaristas las fuerzas necesarias para el ascenso.

—La naturaleza de esa zona montañosa nos tranquilizó, recordándonos a la Sierra Maestra —cuenta Joel Iglesias—. Lo que hizo que a pesar del cansancio, un verdadero júbilo embargara a la tropa, al punto de que algunos se pusieron a entonar el himno nacional.

En la aldea de Sierrita, el Che y el doctor de la O hacen compras en un comercio bastante bien provisto, aceptando una botella de coñac Domecq de parte del dueño. Con el grupo del Directorio abriéndole el camino, la Ocho llega por senderos de mulas al monte de los Gavilanes, así llamado por las aves rapaces que alberga. Al penetrar en un pequeño cafetal, llegan al objetivo de la ascensión: la planta Cantú, donde se levantan los vestigios de la antigua usina hidroeléctrica de Sancti Spiritus. El lugar es menos agreste, menos abrupto que la Mesa, pero se le parece. Ocupa también el fondo de un valle perdido, protegido por la pared de la montaña. El Che sonríe y lo analiza.

Después de esos veinte kilómetros de penosa marcha, efectuada por así decirlo de un solo tirón, el jefe propone:

—¡A bañarse!

Sin hacerse rogar, los barbudos se zambullen en las aguas frías del Cayajaná, y se salpican como niños. Luego arman el campamento, y pronto los campesinos de los alrededores se acercan, curiosos, orgullosos de conocer al comandante Che Guevara y de estrecharle la mano. Su leyenda, que se extiende ya de un extremo al otro de la isla, ha pasado por las cimas del Escambray. El vecino más cercano, José Rafael Salabarria, le lleva café sin azúcar, como sabe que lo toma el Che. No tarda en regresar trayendo una res en señal de bienvenida.

Un verdadero festín con arroz, fréjoles, carne de res y viandas celebra el paso de la Ciro Redondo. Las llamas de la hoguera ascienden en el cielo puro de los gavilanes, se entremezclan en un fuego de alegría y de esperanza. Allí termina la invasión, con un banquete, como en las canciones populares.

XX

El juego de la guerra con Camilo

Los guevaristas no tardan en familiarizarse con ese macizo del Escambray, donde los guajiros se parecen como hermanos a los de la Sierra Maestra: colaboradores y, en algunos casos, dispuestos a combatir. En esa zona, el M 26-7 cuenta como combatientes a Sebastián Viciendo Pérez, *Pampillo*, a Sindo Naranjo y, ocasionalmente, a grupos del Directorio 13 de Marzo. También cuenta con la tropa del Segundo Frente del Escambray, instalada en la finca Santa Rosa, muy cercana, y conducida por el capitán Roberto Sori Hernández.

En un discurso que pronunciará más tarde sobre las realizaciones sociales del ejército rebelde, el Che dirá:

"Acabábamos de llegar a Las Villas y nuestro primer acto de gobierno, aun antes de crear la primera escuela, fue promulgar un decreto revolucionario instaurando la reforma agraria, estipulando que quien dispusiera de pequeñas parcelas de tierra cesaría de pagar impuestos hasta que la Revolución decidiera caso por caso. De hecho, avanzábamos con la reforma agraria como punta de lanza del ejército rebelde. Y no fue una maniobra demagógica, sino simplemente que, durante un año y ocho meses de Revolución, la compenetración entre los dirigentes y las masas campesinas fue tan grande que en muchas oportunidades incitó a la Revolución a hacer lo que, en cierto momento, no pensaba hacer. No fue un invento nuestro, fue la voluntad de los campesinos."

Mientras sus hombres se recuperan, el Che recibe ya a Pampillo, quien le informa sobre los problemas existentes entre el M 26-7 y el Segundo Frente. El comandante previene a su compañero que tendrá que someterse a un juicio por haber matado a dos combatientes del Segundo Frente. Saluda a los emisarios del Directorio, que prosiguen hasta Dos Arroyos, donde se halla la comandancia de su organización.

Esa misma noche, el Che se encuentra con el capitán Sori Hernández.

—Pero el cemento no había fraguado. Cada uno se mantuvo en su posición —recuerda Joel Iglesias.

El comandante del M 26-7 comprende que su presencia molesta. Existe por otra parte una circular, firmada por Eloy

Gutiérrez Menoyo y Jesús Carrera, jefes de la zona nordeste del Escambray, que prohíbe a todas las tropas ajenas a su organización penetrar en lo que consideran su territorio libre.

Con todo su carisma y toda su voluntad, el Che pasa las semanas siguientes cumpliendo la misión que le encomendó Fidel: unir a los diferentes jefes locales, todos contrarios a Batista pero luchando cada uno por su lado. Así se reúne con los comandantes Eloy Gutiérrez Menoyo, del Segundo Frente del Escambray; Faure Chomón y Rolando Cubela, del Directorio Revolucionario 13 de Marzo; y también con los representantes de la Organización Auténtica y con Félix Torres, del Partido Socialista Popular, en realidad el Partido Comunista. Hace los máximos esfuerzos para unificar a todos esos hombres para la batalla final.

Mientras se ocupa de tales gestiones políticas, en la Sierra ocurre algo que pudo haber sido más grave. El embajador Earl Smith informa a Washington la desaparición de dos norteamericanos. El portavoz del Departamento de Estado, Lincoln White, acusa a los revolucionarios. En realidad, los dos ciudadanos estadounidenses han caído, junto con siete cubanos, empleados como ellos de la compañía petrolera Texaco, en una emboscada tendida por los rebeldes a los soldados de Batista. Para evitar desarmar su emboscada, los fidelistas los retuvieron y los colocaron en lugar seguro antes de liberarlos. A fines de octubre, en un discurso virulento, Fidel devuelve secamente la pelota a Lincoln White, demostrando una vez más que el juego político no tiene secretos para él. De nuevo Batista, que anhelaba que la situación se complicara y el ejército norteamericano lo desembarazase de sus enemigos, ve esfumarse sus esperanzas.

El 21 de octubre por la noche, en Dos Arroyos, en el reducto montañoso de Faure Chomón, el Che calcula:

"Hace cincuenta y un días que salimos de El Jíbaro. Hemos acampado cuarenta y una veces y sólo comimos quince. El resto del tiempo, tuvimos que contentarnos con café y, cuando había, con un poco de leche. Las galletas de maíz, la caña de azúcar y con mayor frecuencia la fruta, componían nuestras comidas."

Sus barbudos se han recuperado pero se aburren. Necesitan acción. Tendrán su ración el 26 de octubre, al atacar el cuartel del pueblo de Güinia de Miranda, en el valle, al pie de la pequeña cordillera que los gavilanes sobrevuelan. Para demostrar a sus hombres que no ha perdido la mano, el Che avanza hacia el cuartel con una bazuca al hombro. Tira un disparo que voltea un pedazo de pared y quiebra al mismo tiempo la moral de los soldados, que no tardan en rendirse.

Aunque mantiene el campamento en Los Gavilanes, la

Ocho desciende un poco para establecerse, siempre en la montaña, en un lugar llamado El Caballete de Casa. Luego toman posición aun más abajo, en El Pedrero, no lejos de Güinia de Miranda. Allí el Che reúne a los hombres de los diferentes grupos revolucionarios para hacerles firmar un pacto. Desde el primer momento previene a todo el mundo:

—¡Nada de bandolerismo aquí! ¡Entre nosotros eso equivale a la muerte, o al menos a la expulsión!

Esas palabras molestan, pues las tropas de sus interlocutores están lejos de ser tan disciplinadas como su propia columna.

En ese lugar conoce a la rubia y bella Aleida March, ex dirigente del M 26-7 en Santa Clara, quien, buscada por la policía, se ha enrolado en la guerrilla rural. Enamorada de la Revolución, de las ciencias políticas, la educación, la dialéctica, y ya también de él, el Che debe insistir para disuadirla de arriesgar la vida a su lado. Sin embargo, en el caso de ellos, no se puede hablar de "flechazo": se tomarán su tiempo para descubrirse intelectualmente antes de decidirse a vivir juntos. Habiéndose conocido en la exaltación de la lucha revolucionaria, el Che se preocupa en verificar que también ella, como él, sepa conservar la cabeza fría.

"Antimachista", el Che siente un profundo respeto hacia las mujeres que jalonan la historia de la Revolución: Celia, Haydée, Vilma y muchas otras, varias de las cuales son descubiertas y muertas. Él escribe en su diario de ruta:

"El papel que puede desempeñar la mujer en todo el desarrollo de un proceso revolucionario es de extraordinaria importancia. (...) La mujer es capaz de realizar los trabajos más difíciles, de combatir al lado de los hombres y no crea, como se pretende, conflictos de tipo sexual en la tropa.

"En la rígida vida combatiente, la mujer es una compañera que aporta las cualidades propias de su sexo, pero puede trabajar lo mismo que el hombre. Puede pelear; es más débil, pero no menos resistente que éste. (...) La mujer puede ser dedicada a un considerable número de ocupaciones específicas, de las cuales, una de las más importantes, quizá la más importante, sea la comunicación entre diversas fuerzas combatientes, sobre todo las que están en territorio enemigo. El acarreo de objetos, mensajes o dinero, de pequeño tamaño y gran importancia, debe ser confiado a mujeres en las cuales el ejército guerrillero tenga una confianza absoluta, quienes pueden transportarlo usando de mil artimañas y contando que, por más brutal que sea la represión, por más exigentes que sean en los registros, la mujer recibe un trato menos duro que el hombre y puede llevar adelante su mensaje o alguna otra cosa de carácter importante o confidencial.

"Como mensajero simple, ya sea oral o escrito, siempre la mujer puede realizar su tarea con más libertad que el hombre, al llamar menos la atención e inspirar, al mismo tiempo, menos sentimiento de peligro en el soldado enemigo. (...) La cocinera puede mejorar mucho la alimentación (...)

"En la sanidad, la mujer presta un papel importante como enfermera, incluso médico, con ternura infinitamente superior a la del rudo compañero de armas, ternura que tanto se aprecia en los momentos en que el hombre está indefenso frente a sí mismo, sin ninguna comodidad (...)

"Debe permitirse, con el simple requisito de la ley de la guerrilla, que las personas sin compromisos que se quieran mutuamente contraigan nupcias en la Sierra y hagan vida marital."

El Che considera el puritanismo cosa del pasado:

"Nadie ha establecido que un hombre deba vivir con la misma mujer toda su existencia. El hombre sería el único animal conocido que se impone esa limitación. Que, por otra parte, transgrede regularmente, ya a escondidas, ya ostensiblemente. Nosotros nos hemos fijado como regla no ser extremistas en la materia. En la agitación que se hace en torno, hay mucho de beatería socialista; la verdad es que si la vida de cada uno fuera conocida por todos, hay que preguntarse quién podría arrojar la primera piedra."

Originada en la Sierra Maestra, tan cara también al corazón de Ernesto, la Revolución se torna galopante. Ahora corre de un extremo al otro de la isla, desde la punta occidental, cabo San Antonio, hasta la punta oriental, punta del Quemado, a mil doscientos cincuenta kilómetros de distancia. Con una fecha importante para los fidelistas: el 3 de noviembre, el M 26-7 sabotea las elecciones presidenciales: 30% solamente de votantes; menos del 10% en las zonas bajo la influencia castrista.

En La Habana, Fulgencio Batista echa pestes. Ordena a la aviación acelerar las cosas: es necesario reducir a papilla sin tardanza a esos descreídos. Los guerrilleros deben jugar más que nunca a las escondidas con los aviones. Pero, si bien temen a lo que les puede caer en la cabeza, siguen imponiéndose en los combates terrestres.

Incansablemente, con su fe en el hombre, su amor al prójimo, el Che explica la Revolución.

—Ahora que han comprendido, únanse a nosotros y arremetamos juntos hacia la libertad —concluye cada vez.

Se siente menos cómodo cuando se enfrenta a la pequeña

burguesía local. Como ocurre en una comida en la casa de unos comerciantes, quejosos por la falta de medios de que disponen para desarrollar la región.

—¡Entonces asalten un banco! —sugiere el Che, lo que molesta a sus interlocutores.

Infatigable, abre una nueva escuela de guerra —la cuarta después de El Hombrito, la Mesa y Minas del Frío— en el nido de águilas de Los Gavilanes, para formar a los nuevos reclutas llegados en masa desde la firma del pacto de El Pedrero. Rigen las mismas reglas básicas: disciplina, rigor, organización, respeto a los hermanos de armas pero también a los adversarios. Y, como credo, esa famosa igualdad que le preocupa tanto.

Por la noche, después de las clases, discute con los campesinos. Los escucha, los sondea, les afirma:

—La reforma agraria avanza, y todos nosotros con ella. La reforma agraria es el "caballo de Atila" de la Revolución.

En el lugar de Fidel Castro, él habría desarrollado en el Manifiesto el plan agrario y sus razones. Recuerda la Pachamama de los incas, "la tierra madre nutricia a la que todos debemos el mayor respeto". La idea de que los campesinos dejen de trabajar para enriquecer a los grandes propietarios le proporciona alas. En La Habana, el teléfono del ministro de Agricultura no cesa de sonar: los latifundistas se quejan de que no se les paga. El régimen tiembla en sus bases, pero Batista no pierde la confianza: los rebeldes jamás podrán pasar de Santa Clara.

Mientras tanto, la Revolución continúa extendiéndose en la isla. Camilo, que avanzaba paralelamente al Che, surge con una parte de sus hombres en la ruta Central, más allá de Ciego de Ávila. La Central es el eje principal de la isla, que permite ir desde La Habana hasta Santiago y, en consecuencia, está particularmente vigilada. Después de llamar la atención de los soldados tirando al aire, Camilo vuelve sobre sus pasos y desaparece, para ir a apoderarse del acueducto de Ciego de Ávila. Lleva al ejército, lanzado tras sus huellas, al otro lado de la Central, hacia el norte, lejos de la zona de acción del Che; luego vuelve subrepticiamente hacia la región donde se encuentra Ernesto. Con su sombrero de vaquero y su inmutable sonrisa, cae en brazos del Che en El Pedrero... justo a tiempo para combatir junto con él y Víctor Bordón Machado. Guevara y Cienfuegos se encuentran lado a lado, cada uno detrás de su palmera, rechazando a la infantería que asalta la base. Una vez derrotado el ejército de Batista, Camilo sube de nuevo a su jeep y regresa a su columna, luego de dar cita al Che en Santa Clara, en el camino a La Habana.

En la ciudad de Sancti Spiritus, donde asume las funciones municipales por orden de Fidel, el Che da pruebas de una evidente torpeza psicológica al promulgar el decreto siguiente: "Se prohíbe momentáneamente la venta de alcohol y de billetes de lotería." Gran alboroto en la ciudad. Para querer cerrar al mismo tiempo los dos grifos, el del ron y el del divino maná representado por los billetes de lotería, hay que ser uno mismo abstemio y enemigo de esos juegos de azar que favorecen a un individuo a expensas de los otros. El Che recuerda a los indios andinos abrumados por el alcohol y por los juegos de azar, y sueña con un hombre nuevo, educado, moral, parecido a él: un modelo de hombre nuevo demasiado perfecto. Como dirá el presidente del Banco Nacional, Regino Boti:

—El Che es un diamante que se talló solo.

Ante las reacciones suscitadas en el pueblo por su decreto, lo deroga al día siguiente.

Pero no es todavía el momento de la gestión municipal; la guerra de liberación no ha terminado.

—Deberá modificarse el sistema de lucha urbana —estima el Che—. Para ello es necesario preparar a los milicianos de la región para el sabotaje; esta arma nos será útil en las ciudades. En adelante cerraremos gradualmente las rutas. El capitán Silva bloqueará completamente la ruta Trinidad (a orillas del mar)-Sancti Spiritus, y a su vez la Central quedará deteriorada cuando hagamos volar el puente sobre el río Tuinicú. Las vías férreas serán cortadas en varios lugares, y Camilo Cienfuegos se encargará de bloquear las rutas del norte.

Como se lo pidió Fidel, el Che prosigue su acción de unificación bajo la égida del Movimiento 26 de Julio, obteniendo de cada grupo revolucionario la deposición de todo sectarismo. El acuerdo firmado con el comandante Rolando Cubela Secades, el más alto responsable del Directorio Revolucionario Nacional en la provincia de Las Villas, es para él una clave de la victoria final. Ese acuerdo estipula principalmente:

"La unidad de miras existente en la lucha contra la tiranía, entre el M 26 y el DR, garantiza a la población de Las Villas que se mantendrá una perfecta coordinación en las acciones militares, a fin de lograr operaciones conjuntas de ambas tropas y utilizar juntas las vías de comunicación y de abastecimiento que están bajo el control de una u otra organización. (...)

"El M 26 y el DR representan los más puros ideales de la juventud, que soporta gran parte del peso de la insurrección cubana, que derrama su sangre, sin la cual ya no habría ni Sierra Maestra ni Sierra del Escambray, ni habría existido un 26 de julio en el Moncada, como tampoco un 13 de marzo en el Palacio presidencial. Somos conscientes de nuestros deberes para con la Patria y, en nombre de los principios revolucionarios de Frank País y de José Antonio Echevarría, llamamos a la unión de todos los elementos revolucionarios, e invitamos a las organizaciones que poseen fuerzas insurreccionales en el territorio a adherir públicamente a este llamado, coordinando sus acciones en beneficio de la nación cubana."

La gran ofensiva se fija para el 20 de diciembre. Las columnas Ciro Redondo y Maceo entrarán, con el apoyo de los guerrilleros de la provincia de Las Villas, en una guerra frontal. Camilo, por su parte, la llevará al norte, alrededor de la ciudad de Yaguajay. Han terminado las pequeñas emboscadas, las escaramuzas diseminadas.

El coronel Del Río Chaviano, apodado *el Carnicero del Moncada* por haber dirigido la represión luego del ataque al famoso cuartel, repliega sus tropas hasta Santa Clara, donde todo hace pensar que se decidirá la suerte de la guerra. Los rebeldes lo siguen de cerca y hostigan a su retaguardia. A su paso las ciudades caen como moscas, obteniéndose la "nacionalización" de los transmisores de onda corta. El 4 de diciembre el Che aprovecha una calma para probar una nueva radio, la CR 8, *Radio Columna Rebelde Número Ocho*. Ésta le permite conversar con Fidel y enterarse de que también por su lado las cosas marchan muy bien. Aprovecha igualmente la ocasión para intercambiar con Camilo algunas trampas, destinadas al ejército enemigo que probablemente está a la escucha:

—Si necesitas tanques, de los verdaderos, bien grandes y panzudos, tengo un stock —dice el Che.

—Gracias, tengo lo necesario. Pero, por favor, no vayas demasiado rápido; me gustaría tomar Santa Clara contigo —responde Camilo. Y agrega—: Con nuestros siete mil fusiles tirando juntos, el asunto quedará pronto arreglado.

Para el asalto decisivo de Santa Clara, el Che cuenta mucho con su "pelotón suicida" compuesto por locos de gran corazón. Está dirigido por el Vaquerito, y sólo tiene al principio una decena de voluntarios, entre ellos Alberto Castellanos y Hugo Del Río Guerra, hijo de campesinos, que vive todavía hoy en La Habana y es amigo de Alberto Granado. Esa escuadra de choque tomará parte importante en los próximos combates.

A partir del 5 de diciembre, los "cascos redondos" están más y más acorralados en todas partes. La iniciativa militar es de los fidelistas. En toda la isla, la población se subleva y apoya a los barbudos. En secreto, oficiales superiores del ejército leal se ponen en contacto con Fidel. Cuando éste se prepara a apoderarse de Santiago en el otro extremo de la isla, ellos le hacen saber que una junta militar está lista para reemplazar a Batista. ¡Sólo se espera su acuerdo! Es lo que temía el jefe del M 26-7, que responde un *no* categórico. Evidentemente ese trato no le conviene: el león ascendente no aceptará jamás ser enjaulado. No deja de apreciar empero el alcance de esa gestión: si los jefes del ejército han tomado la decisión de dar la espalda a su presidente, es porque deben de haberse dado cuenta de que el viento ha cambiado.

Se comenta que los leales ponen sus esperanzas en un arma secreta, un tren blindado. Se lo llenará de soldados y podrá transportar muchos más, en tandas de cuatrocientos. Informado por partidarios de La Habana, el Che comienza a reflexionar en el asunto. Le llegan nuevos datos gracias a obreros afiliados al M 26-7 que participan en la construcción del monstruo de hierro: lleva dos locomotoras, una a la cabeza, otra en la cola, para permitir las idas y venidas entre La Habana y Santa Clara lo más rápidamente posible. Se compone de diecinueve vagones, sin puertas, con una cantidad de mirillas por donde tirarán los fusiles automáticos. Las ametralladoras se instalarán en el techo, provisto de cornisas detrás de las cuales se protegerán los artilleros. Los fieles a Batista (no quedan muchos) aseguran que es el arma absoluta que aplastará a la Revolución.

XXI

Santa Clara

A la espera de que esté listo el tren blindado, la Ocho arremete contra el puente que cruza el río Sagua la Chica, cerca de Falcón. El Che dirige personalmente la operación de hacer volar el puente, de fuerte estructura metálica. El 15 de diciembre, el comando encargado de la misión se oculta en las proximidades de la ruta que une Fomento a Placetas. Tras reducir a la pequeña guarnición encargada de la vigilancia, el Che observa, con una colilla de cigarro en los labios, al capitán José Ramón Silva colocar las cargas de dinamita. Unos instantes más tarde, la explosión saca a todos los habitantes de Falcón afuera de sus casas para contemplar, en el alba radiante, el puente roto.

En La Habana, todas las esperanzas se basan en la famosa fortaleza sobre rieles. En efecto, la aviación parece impotente para reprimir la insurrección, haciéndose más difícil todavía su tarea a medida que la población se suma a los rebeldes.

El 16 de diciembre, muy temprano en la mañana, una voz de acento extranjero pide a la encargada de telecomunicaciones de Fomento, Aída Fernández, que lo comunique con el teniente Reynaldo Pérez Valencia, jefe del cuartel. Es el Che, que ordena al teniente rendirse.

—¡No! —responde secamente el oficial leal.

Rodeado de sus ciento veinte hombres, atrincherado detrás de los gruesos muros del cuartel, Pérez Valencia se siente fuerte contra los cuarenta barbudos que lo desafían. Una vez más, el Che, que ha dejado a Bordón la tarea de cortar la ruta a eventuales refuerzos, dirige el asalto. Ambos adversarios tienen planes opuestos: el Che, que no posee más que unas cuarenta balas por fusil, desea que la acción termine cuanto antes, mientras que por su parte a los sitiados les interesa que la cosa se prolongue, para dar tiempo de llegar a los refuerzos. Pero Pérez Valencia olvida un factor importante: el vuelco de la población en favor de los asaltantes. Varias decenas de pobladores salen a la calle a unirse a los rebeldes. Unos, levantando barricadas; otros, lanzando bombas molotov.

El 17, la aviación entra en escena y comete lo irreparable: dieciocho muertos entre los civiles. Los indecisos reaccionan y eligen su bando: ha llegado el momento de liberarse de Batista. Lúcidamente, el Che analiza la situación.

"Con sus revientamanzanas[1] la aviación acaba de asestarnos un duro golpe; para la infantería hubiera sido el momento de aprovecharlo. Si no lo hizo, es porque está desmoralizada."

Se concentra la presión en el cuartel. Las balas crepitan por doquier. Tamayo trepa a la terraza de un edificio y comienza desde allí a tirar al interior. Interviene el pelotón suicida, pero a unos treinta metros de las armas enemigas, sus hombres constituyen un blanco ideal. Varios barbudos caen. Joel Iglesias, alcanzado en el cuello, tiene rota la mandíbula. Sintiéndose perdido, suplica que le avisen al Che, el cual corre y ordena al médico presente que lo salve a cualquier precio. La moral de los barbudos vacila, hay que actuar de prisa. El Vaquerito propone prender fuego al cuartel, pero no es algo fácil de realizar: sus paredes son muy gruesas y no presentan grieta alguna.

El 18, con las primeras luces del alba, los barbudos se aproximan reptando y lanzan un nuevo asalto. Esta vez Pérez Valencia capitula: no quiere cargar más cadáveres en su conciencia; además pierde las esperanzas de ver llegar los refuerzos esperados. Y con razón: los estrategas enemigos han creído que el ataque al cuartel no era más que un señuelo destinado a atraerlos a una emboscada... La primera orden que imparte el Che cuando penetra en el cuartel sometido es:

—Vayan a buscar a los médicos para que se ocupen de los heridos.

El botín es importante: dos jeeps, tres camiones, un mortero, una ametralladora calibre 30, ciento treinta y ocho fusiles, ametralladoras ligeras y nueve mil municiones. Más dieciocho pares de botas, cuatro máquinas de escribir y un despertador. Además de ciento cuarenta y un prisioneros en toda la ciudad de Fomento.

A pesar de sus graves heridas, Joel Iglesias, de quien el Che repite que "juega con la muerte", se salvará. A los dieciocho años es ascendido a capitán. La población está de fiesta; hay gran algarabía en las calles. Se presenta una multitud a la distribución de armas organizada por los barbudos. Se acerca una bonita campesina, Zobeida Rodríguez, que viene a buscar un fusil. Cree merecerlo por haber combatido con el fusil de caza de su padre en las filas del Libre, el ejército del Direc-

---

[1] Bombas que todo lo demuelen.

torio. El Che comienza reprendiéndola por arriesgar su vida de ese modo; luego, ante su respuesta llena de aplomo, "Las armas se ganan en el combate, ¿acaso no lo ha dicho usted mismo?", le tiende un Garand.

—¡Está bien, media naranja!

Para los barbudos la fiesta será breve. Apenas tendrán tiempo de besar a algunas jóvenes, de beber algo de ron, no mucho porque el Che no lo aprueba demasiado:

—Hay que estar lúcidos para combatir —recuerda a sus hombres.

El 22 caen a su vez Cabaiguán y Guayos. Guayos es una ciudad de dieciséis mil habitantes, con un cuartel justo a la entrada. Cuando se acerca por los techos en la noche oscura, el Che tropieza y se lastima: primero un corte en el párpado contra una antena de televisión, luego pierde el equilibrio y cae al suelo, dañándose seriamente la muñeca. Por temor a una reacción de su asma, rehúsa la inyección anestésica que le propone un médico.

—He tomado aspirinas con una galleta de maíz; estaré bien...

Reanuda en seguida el combate, con el brazo en cabestrillo. A las dos de la mañana penetra en el cuartel y declara al oficial de guardia:

—Yo doy las órdenes, porque soy el vencedor.

La frase es tan perentoria —y la reputación de Ernesto tal— que el teniente entrega las armas. Eso da noventa prisioneros más que confiar a la Cruz Roja y siete ametralladoras calibre 30, ochenta y cinco fusiles, ametralladoras livianas y un stock de municiones que llevar.

Le toca el turno de sublevarse a la ciudad de Sancti Spiritus, con buena parte de sus ciento quince mil habitantes. Un puñado de hombres, un comando del Che, pone en fuga a varios centenares de soldados, temerosos de que ésa sea la vanguardia de la terrible columna Ocho. Se produce una desbandada en las filas del ejército regular. En represalia, se anuncia por radio que la ciudad será bombardeada, pero por primera vez los pilotos se niegan a ejecutar las órdenes y arrojan sus bombas sobre el mar.

Excitados por la amenaza escuchada por radio, los ciudadanos están dispuestos a destruir todo lo que tenga relación, cercana o lejana, con el gobierno y la administración pública. El Che se esfuerza en frenar ese proceso nihilista que desaprueba. Pero la Revolución está en todas partes. Apenas dos horas después de la rendición de Cabaiguán, los guevaristas ya caen sobre Placetas, ciento cincuenta mil habitantes, eje de las comunicaciones en la isla, a treinta y seis kilómetros solamente de Santa Clara. Aun antes de la llegada de los barbudos, los soldados de la guarnición, desmoralizados, ya están dispuestos a entregar las armas. El sitio será breve: para salvar las apariencias, la tropa leal pide una tregua antes de rendirse. Entre los sitiadores se encuentra el teniente Pérez Valencia, de Fomento, que ahora lucha por la Revolución.

Al anuncio de la rendición del cuartel, las campanas de las iglesias marcan el ritmo de un tumultuoso festejo. En la calle el pueblo grita:

—¡Viva Cuba libre!

Ciento cincuenta y nueve hombres acaban de rendirse; la marejada de la Revolución arrastra el pasado.

Para celebrar la Navidad, los fidelistas, insaciables, preparan una operación relámpago sobre Remedios y Caibarién, dos ciudades distantes ocho kilómetros. Una ciudad y una gran aldea de pescadores, que cuentan con un efectivo de doscientos cincuenta soldados. Por primera vez desde el comienzo de la ofensiva en la provincia de Las Villas, el Che efectúa su ataque en pleno día. Encabezados por el pelotón suicida, los guevaristas destrozan al adversario. Apenas cede una posición, el Vaquerito y los suyos ya se abalanzan sobre la siguiente.

Durante esos días de locura, de fe, de entrega, de energía centuplicada por la perspectiva de la victoria, el Che casi no duerme. Dormita en su jeep, bebe mucho café, olvida su mate. Come de prisa trozos de pollo, salchichas, galletas que le tienden manos desconocidas. El balance es casi increíble: en diez días, los fidelistas les han tomado a las fuerzas de Batista doce puestos del ejército, de la guardia rural y de la policía, en ocho ciudades y pueblos, han puesto en fuga a media docena de guarniciones, hecho más de ochocientos prisioneros y conquistado más de un millar de armas. En La Habana, el presidente Batista intenta salvar las apariencias afirmando a la agencia United Press que él terminará con todo eso en Santa Clara...

Antes de lanzarse a la histórica batalla de Santa Clara, el Che reúne a su Estado Mayor para saber exactamente con cuántos hombres puede contar. Sólo después dirá "cómo ve la cosa". Se cuenta con trescientos sesenta y cuatro hombres, un centenar de los cuales pertenece al Directorio Revolucionario y unos cincuenta al Libre, la reserva. El pelotón suicida de Vaquerito, de seis hombres al principio, se ha multiplicado por más de diez. El efectivo de los soldados enemigos se calcula en cerca de cuatro mil, contando la primera tripulación del tren blindado.

El Che sabe que de la rapidez de su acción dependerá el resultado del combate y, luego, la suerte de la Revolución.

Cuanto más rápido se decidan las cosas, menos tiempo tendrá La Habana para enviar refuerzos, y más aprovechará él mismo el apoyo del pueblo. Solicita que lo dejen solo en su habitación de paredes celestes del hotel Placetas, que lleva el nombre de la ciudad, y se rompe la cabeza buscando una solución para entrar en Santa Clara evitando a la vez los tanques y la aviación. Plantea el problema a Núñez Jiménez, geógrafo y jefe del servicio topográfico del ejército rebelde[2]. Éste deberá encontrar un paso milagroso, pues no es cuestión de tomar por una de las tres rutas clásicas. Luego de horas de búsqueda con la lupa, Jiménez descubre un camino. Parte de Vallita, contornea la ciudad y llega al otro extremo de Santa Clara, pasando detrás de la Ciudad Universitaria, que servirá de base a los guevaristas antes de que puedan llevar la Comandancia al centro.

Cerca de la medianoche, el 27 de diciembre, el pelotón de la tropa rebelde se reagrupa. En ese mismo momento, las fuerzas del Directorio hacen otro tanto en Manicaragua, a treinta kilómetros al sur de Santa Clara. Una vez más, el Che opondrá al clasicismo del ejército de Batista su facultad de adaptación, que le viene de la guerrilla en la que, como Fidel Castro no cesa de repetirlo, es un artista.

La Ocho lucha contra tropas apoyadas por blindados, lo que no le impide ponerlas en fuga. Heridos y muertos comienzan a llenar los hospitales y los cementerios improvisados. El Che contará:

"En Remedios amonesté a uno de nuestros hombres que se había dormido en el combate. Me respondió que le habían quitado su arma porque se le había disparado un tiro. Le contesté con mi sequedad habitual: '¡No tienes más que ganarte otro fusil!' Más tarde, en Santa Clara, cuando yo reconfortaba a los heridos, un moribundo me tomó la mano y me dijo: 'Recuerda, comandante, en Remedios me mandaste a buscar un arma. Y bien, me la he ganado...' Unos momentos más tarde exhaló su último suspiro. Así era nuestro ejército rebelde."

En La Habana, ya es *vox populi* la llegada de los barbudos. De ellos se dice, cada vez con mayor insistencia, que son caballerosos, magnánimos con los prisioneros, que no los torturan ni los ultiman jamás, como tampoco abandonan a un compañero en el combate.

Con un cigarro entre los dientes, en una nube de humo, el Che avanza al volante de su jeep en medio de la columna

---

[2] Será historiador y coleccionista de arte y actualmente vive, siempre barbudo, cerca de la casa de Granado en La Habana.

Ocho. Abre camino la vanguardia de Rogelio Acevedo, seguida por el inevitable pelotón suicida. El 28 a las dos de la mañana, la vanguardia penetra en la periferia de Santa Clara. Los dos jeeps de adelante no cruzan más que dos camiones de leche, y la columna llega a la altura de la Ciudad Universitaria un poco después de las cuatro.

Pero un lechero ha debido de prevenir a la tropa leal, y el combate se inicia antes de lo previsto. Todo se enardece antes de que comience a despuntar el alba. La aviación no tarda en bombardear los barrios donde se ha señalado la presencia de los barbudos. Pero interviene un hecho decisivo: la población levanta barricadas, confirmando así su firme voluntad de luchar por la Revolución.

En la noche del 28, el Che extrae las enseñanzas de esa primera jornada. Es absolutamente necesario evitar el enfrentamiento con los tanques en terreno descubierto. Luego, aprovechar la pasividad táctica del ejército leal para fragmentar sus fuerzas y aislarlas, a fin de enfrentarlas luego separadamente. Las barricadas construidas con autos y muebles —todo es bueno— forman no sólo obstáculos ante los tanques sino también focos activos para los simpatizantes y los barbudos.

El 29, antes del alba, la táctica de infiltración preconizada por el Che permite a los rebeldes ubicarse ventajosamente en toda la ciudad, aprovechando al máximo la oscuridad. A ese respecto, el comandante especifica:

—El guerrillero es un combatiente nocturno; debe poseer toda la sensibilidad de un ser de la noche...

El 29 es el día clave de los combates. Los atacantes ya no pueden contar con el efecto sorpresa: si el ejército de Batista logra reagruparse y lanzar el contraataque, la ley del mayor número hablará en su favor. Por consiguiente, el Che no debe aflojar la presión a ningún precio.

Los aviones se turnan en el ataque a las barricadas. Jóvenes, adultos, viejos, corren en todas direcciones. Las pérdidas se hacen pesadas; en los techos, numerosos civiles son acribillados por el fuego de metralla. Los barbudos ponen desesperadamente en la batalla sus últimas fuerzas, y las posiciones enemigas ceden una después de otra; no se les da respiro. El Che pronto puede anunciar por radio:

—Atención. Aquí la columna nº 8, Ciro Redondo, del ejército rebelde del Movimiento del 26 de Julio. No tardaremos en anunciar nuestro programa al pueblo de Cuba, y más especialmente de Las Villas. El ataque a Santa Clara terminará con nuestra victoria.

Para engañar a la gente, el Estado Mayor del ejército de

Batista hace correr la voz de la muerte de Ernesto. Al día siguiente, 30 de diciembre, él desmiente personalmente, con ironía, la noticia por radio.

El famoso monstruo de hierro se aproxima: unos emisarios han prevenido al Che de que se dirige a Santa Clara. Ha llegado el momento de ejecutar el plan. Ya se ha determinado el lugar donde habrá que levantar los rieles; los barbudos utilizan para hacerlo las excavadoras de la Universidad. El Che contará:

"Las lomas del Cápiro seguían firmes y allí estuvimos luchando durante todo el día 30, tomando gradualmente al mismo tiempo distintos puntos de la ciudad. Ya en ese momento se habían cortado las comunicaciones entre el centro de Santa Clara y el tren blindado. Sus ocupantes, viéndose rodeados en las lomas del Cápiro, trataron de fugarse por la vía férrea y con todo su magnífico cargamento cayeron en el ramal destruido previamente por nosotros, descarrilando la locomotora y algunos vagones. Se estableció entonces una lucha muy interesante en donde los hombres eran sacados con cócteles molotov del tren blindado, magníficamente protegidos aunque dispuestos sólo a luchar a distancia, desde cómodas posiciones y contra un enemigo prácticamente inerme, al estilo de los colonizadores con los indios del Oeste norteamericano. Acosados por hombres que, desde puntos cercanos y vagones inmediatos lanzaban botellas de gasolina encendida, el tren se convertía —gracias a las chapas del blindaje— en un verdadero horno para los soldados. En pocas horas se rendía la dotación completa, con sus 22 vagones, sus cañones antiaéreos, sus ametralladoras del mismo tipo, sus fabulosas cantidades de municiones (fabulosas para lo exiguo de nuestras dotaciones, claro está)."

Las chismosas, nombre cubano para las bombas molotov, terminaron lindamente con el monstruo de hierro.

Mientras tanto, en el parque del Carmen, el pelotón suicida arremete contra la Jefatura Provincial de Policía, verdadero búnker. El combate es de extremada violencia. Mientras que los demás barbudos avanzan en zigzag, doblados en dos para ofrecer el menor blanco posible a las balas enemigas, el Vaquerito corre, con el torso orgulloso en alto. Su vecino de ofensiva, Tamayo, le grita:

—¡Vaquerito, agáchate, te van a dar!

Al no oír más disparos provenientes del lugar donde lo vio desaparecer, Tamayo se arrastra hacia él, para encontrarlo bañado en sangre, con el cráneo roto. Unos minutos más tarde, el Che saluda al capitán Roberto Rodríguez Fernández, alias Vaquerito, como al más temerario de sus guerreros:

—Hicieron falta cien hombres para poder con él... —dice, a modo de oración fúnebre.

Los hombres del pelotón suicida reanudan el asalto llorando, pero con una determinación exacerbada. Cuando un poco más tarde uno de ellos se acerca al Che para susurrarle que, en represalia, podrían eliminar a un teniente que acaba de ser hecho prisionero, él le responde:

—¿Crees que somos como ellos?

El 31 de diciembre, con el uniforme verde oliva sucio, desgarrado, los cabellos enmarañados, la barba hirsuta y el brazo en cabestrillo, Ernesto es un soldado extenuado pero siempre de pie, sostenido por su pasión. Comanda, actúa, levanta el ánimo de los unos, canaliza el ardor desordenado de los otros; parece indestructible.

En ese último día del año, a los treinta años, es invitado a negociar con Rojas, el coronel de la Provincial de Policía. Como las dos partes no llegan a un acuerdo, el coronel regresa a su refugio, pero ante el poco entusiasmo manifestado por sus tropas en proseguir el combate, opta por la solución más prudente: se rinde. Entonces una interminable fila de más de cuatrocientos hombres con sus cascos abandonan el lugar, arrojan sus fusiles, ante menos de ciento treinta revolucionarios, en cuyos brazos se estrechan los prisioneros políticos recién liberados.

Hasta que las ametralladoras los silencian, los aviones siguen destruyendo trozos enteros de ciudad. Sin embargo, pese al peligro que subsiste, el pueblo, delirante, está en las calles. Grandiosos fuegos artificiales iluminan la noche del 31 de diciembre, paso entre el año de esperanzas que fue 1958 y el de la toma del poder que será 1959.

El 1º de enero se dispara todavía desde el décimo piso del Gran Hotel, y sobre todo alrededor del cuartel Leoncio Vidal, la fortaleza más grande del centro del país, que alberga nada menos que a mil trescientos soldados. El Che delega a los capitanes Núñez Jiménez y Rodríguez de la Vega pedir la rendición de la guarnición. Se establece un contacto radial con La Habana: Batista, que ha huido en avión a Santo Domingo, ha abandonado la responsabilidad de los ejércitos al coronel Cantillo. Éste responde que no le es posible aceptar tal ultimátum y que "por su parte, ha ocupado el comando del ejército siguiendo al pie de la letra las instrucciones del líder Fidel Castro". Contactado de inmediato, Fidel se larga a reír; Cantillo se les une por decisión propia, sin que se le haya pedido nada.

Después de terminar con los últimos islotes de resistencia en la ciudad, el Che se precipita al cuartel y expone la situación en crudos términos al comandante Hernández:

—Comandante, ya no es hora de discursos. O se rinde, o abrimos fuego. Nada de tregua, la ciudad está en nuestras manos.

Mira su reloj e indica:

—A las 12.30 lanzo al asalto todas las fuerzas concentradas aquí. Tomaremos el cuartel y pagaremos el precio necesario para ello, pero usted será responsable ante la historia por la sangre derramada. Usted no ignora que hay un riesgo de intervención militar de los Estados Unidos en Cuba. Si así fuera, el crimen sería peor, pues se le reprocharía haber hecho causa común con un gobierno extranjero. En tal caso, no le quedaría más que suicidarse.

El comandante Hernández da media vuelta y se va a discutir con sus subordinados. A mediodía los primeros soldados salen del cuartel y arrojan sus armas. El último punto de resistencia del edificio aguantará hasta el día siguiente, luego habrá terminado la batalla de Santa Clara.

El año comienza espléndido para la Revolución. El Che recita estos versos:

No levantes himnos de victoria
En el día sin sol de la batalla.

No se pelea por placer; no se festeja alrededor del sudario de las víctimas. Para el Che, si bien ha hecho de la guerrilla un arte, el combate no es más que un paso obligado para liberar al oprimido, al excluido.

En la calle aprieta interminablemente las manos de una multitud desbordante de entusiasmo. La escena no pasa inadvertida a Camilo, que acaba de llegar de Yaguajay donde ha ganado la batalla del Norte.

—Ya sé lo que haré después de nuestra victoria —dice a Ernesto.

—¿Qué?

—Te pondré en una jaula y te pasearé por todo el país, haciendo pagar a la gente una entrada para verte. ¡Me haré rico!

En camión, en jeep, en autobús, a caballo, a lomo de mula, a pie, la Revolución se acerca a La Habana. El camino está libre, en medio de las interminables filas de honor de un pueblo que comienza a comprender el alcance de la palabra "libertad". Mientras el Che pasa el segundo día del año en Santa Clara, sentando las bases de una nueva organización administrativa para toda la provincia, pide a Camilo que vaya de prisa a Matanzas y a la capital. Camilo entra en La Habana el mismo 2 de enero de 1959 a las cuatro de la tarde. Ataca primero ciudad Columbia, conjunto de cuarteles al oeste de la ciudad, con cerca de diez mil soldados, que alberga también al jefe del Estado Mayor del Ejército, el general Tabernilla. Frente a quinientos hombres, más la milicia y el pueblo, que aprovecha la huelga general decretada para apoyar a los fidelistas, las tropas se hallan desmoralizadas, con mayor razón porque Tabernilla ha huido. Así Camilo se apodera de Columbia sin disparar un solo tiro. Lo mismo ocurre en el cuartel Managua, situado a unos diez kilómetros al sudeste de la ciudad, cuyos dos mil soldados se rinden al instante. Luego, al alba del 3, le toca el turno a San Antonio de los Baños, el cuartel general de las fuerzas aéreas, de arriar el pabellón con sus dos mil hombres.

—Cuando vio que el pueblo estaba con nosotros, el ejército comprendió que había perdido la partida. Eso nos permitió apoderarnos de sus posiciones sin necesidad de combatir —explica Benigno.

A su llegada a La Habana, el 3 a la caída de la noche, el Che abraza a Camilo. Han ganado. Los únicos soldados de Batista que prosiguen el combate son los "tigres" del coronel Masferrer, una unidad famosa por su crueldad, que ha torturado y asesinado. Se los reconoce por sus guayaberas blancas. Emboscados como francotiradores en la ciudad, provocan bajas en la tropa del M 26-7. Pero eso no impide que caiga el Palacio presidencial.

Horas más tarde, el Che recibe las llaves de La Cabaña sin haber disparado un solo tiro. Hay empero más de un millar de soldados detrás de los muros seculares de la inmensa fortaleza, desde donde habrían podido resistir indefinidamente un asedio. Otro millar ya ha sido desmovilizado.

Veinticinco meses después del desembarco suicida del *Granma*, toda la isla de Cuba se ofrece un fantástico carnaval en la calle, comenzado por anticipado el 2 de enero. En cuanto al Che, descubre por su parte La Habana, la capital de la que tanto ha oído hablar desde la época de su aprendizaje revolucionario en Guatemala.

Quinta parte

La posguerra

XXII

La Habana

A doscientos kilómetros apenas de la Florida, La Habana contaba en 1959 con un millón de habitantes (en la actualidad más del doble, para once millones de cubanos en toda la isla). Por la densidad de su población, representaba más de la quinta parte del país.

Desde el ataque al Palacio por los estudiantes de Echevarría, reinaba una fuerte represión, que provocaba miedo y delaciones. Se multiplicaban los arrestos sin motivo y los registros; la policía de Batista se vengaba de los barbudos secuestrando a los miembros de sus familias.

Sin embargo, los turistas norteamericanos no dejaban de afluir para jugar en el casino y asistir a las suntuosas revistas del Tropicana, del Capri o del Hotel Nacional, donde actuaron Josephine Baker y Maurice Chevalier. Como en esa época el peso estaba a la par del dólar, no era necesario cambiar dinero al desembarcar. (Lo que facilitó la huida de numerosos cubanos de fortuna que se alejaron en los primeros días del año 1959 a bordo de sus yates.) Los casinos pertenecían a uno de los jefes de la mafia, Meyer Lansky, que compartía el botín con Batista. El Mercedes era el lupanar de moda, a orillas del mar, mientras que los menos ricos frecuentaban las casas de la calle de los Perros. El ron valía un dólar y medio y los turistas no se privaban de él. En las tabaquerías, en las cafeterías, en todas partes se jugaba a la bolita, la lotería nacional, cuyos ganadores veían publicada su foto en la primera página de los diarios.

El índice de desempleo ascendía de manera galopante. La crisis de la vivienda era tan grande que todos permanecían en familia, alojándose los hijos casados con sus padres. No obstante, La Habana seguía ofreciendo su habitual espectáculo bullicioso y colorido, con sus quioscos de café en todas las esquinas, sus vendedores ambulantes ofreciendo huevos fritos, minibifes, salchichas o también ostrones, esas pequeñas ostras que se comen en un fondo de vaso. Una película triunfaba en las pantallas: *Los amantes,* de Louis Malle, mientras que los aficionados a la literatura frecuentaban la Floridita, el restaurante de moda, cerca del Parque Central. Allí bebían daiquiris (ron blanco con hielo molido), en la esperanza de encontrar a Hemingway. En la calle pasaban lentamente inmensos y rutilantes Chevrolet, los mismos que pasan todavía en los años noventa. El restaurante más *chic*, La Zaragozana, rivalizaba en clientela con el París, mientras que cerca de la vieja catedral, la Bodeguita del Medio, famosa por su cocina criolla, atraía a los intelectuales de vanguardia.

Con los perfumes Guerlain y el decorador Besson, la alta sociedad se impregnaba de refinamiento francés. Entre los hombres, la guayabera era de rigor, larga camisa de lino con bolsillos bajos, que se lleva ligeramente almidonada. El chachachá y el mambo alegraban la vida de la capital; era de buen tono asistir a las carreras de caballos y de galgos, antes de ir al Jai Alai a aplaudir al pelotari Piston, y de terminar alrededor de la ruleta del casino. Eso era ayer...

En ese comienzo del mes de enero de 1959, esas diversiones refinadas han cedido su lugar a una formidable algarabía popular, que recorre la isla como un inmenso estremecimiento. En todas partes se improvisan orquestas callejeras. Se bebe, se canta, se ama: el crecimiento demográfico del año siguiente demostrará cuán tropicales fueron esas noches... Pero esos hijos nacidos de la Revolución crecerán en la dignidad, comerán hasta saciarse y sabrán lo que la higiene quiere decir. Hasta la caída del bloque del Este. Pero ésa es otra historia.

En esos momentos de gracia, al Che le hubiese gustado volver a ser Ernesto Guevara, al menos para estrechar a Aleida en sus brazos. Pero casi no le dejan tiempo. Rodeado de sus barbudos, corre de una casa a otra, de una embajada a otra, de apretones de mano a abrazos. Una joven francesa, la hija del general Béchet, presente en una velada con el fotógrafo Korda y su mujer Norka, se queda muda de emoción cuando el Che le ofrece una bala de su cartuchera, que ella conserva todavía hoy, parada sobre su mesa de luz.

—¡Era tan buen mozo!... —recuerda ella—. Cuando lo vi, mi corazón empezó a latir tan fuerte que ya no oía la música...

El 8 de enero, el pueblo cubano rinde un homenaje a la romana a su César, Fidel Castro, del que las malas lenguas dicen que ha elegido como nombre de guerra Alejandro, por Alejandro Magno, a fin de ser todavía más grande que Batista, que se creía Napoleón.

El 9, el nuevo Consejo de Ministros proclama al Che ciudadano cubano. Él se declara dispuesto a aceptar cargos oficiales para ayudar al país al que acaba de contribuir a liberar del yugo de la tiranía. En primer lugar se asigna como misión combatir el vandalismo y mantener el orden. Sabe que los Estados Unidos no interferirán en la acción del gobierno:

por el momento, la revolución castrista es vista con buenos ojos por Washington, y la caída de Batista es saludada con cierto entusiasmo. Milton Eisenhower, hermano del presidente, aconseja "adoptar una actitud fríamente protocolar hacia los dictadores latinoamericanos", frase publicada en *La Razón*, en una información de United Press. Hace alusión a Stroessner en el Paraguay, a Somoza en Nicaragua y a Trujillo en Santo Domingo, donde se refugió Batista. Pero los Estados Unidos tienen otras cosas en qué pensar: todavía están bajo el impacto del lanzamiento del Lunik I, que va a acaparar la crónica internacional.

El Che ocupa sus primeros días después del triunfo de la Revolución en incesantes idas y venidas entre la fortaleza de La Cabaña y el cuartel Columbia. Allí ve entrar todos los días a los hombres de Batista, encarcelados y puestos a disposición de los tribunales revolucionarios. Los llama *los chivatos*, los delatores. Interrogado un día imprevistamente sobre sus aspiraciones políticas, responde:

—No es exacto que tenga aspiraciones políticas. Estoy a las órdenes del gobierno provisional hasta el momento en que el doctor Urrutia esté sólidamente instalado en su cargo.

En La Cabaña, donde ocupa el departamento de un coronel de Batista, se ha fijado en un funcionario de viva inteligencia y recto espíritu, que le parece digno de ser su secretario, en realidad su hombre de confianza. Así Manresa comienza a vivir a la sombra del Che.

Ernesto también recorre las calles y conoce a la población. Un día, un adolescente vestido de verde oliva, que lleva una metralleta y el brazalete del M 26-7, le pregunta:

—¿Es verdad que encabezarás una legión para liberar a Santo Domingo y terminar con Trujillo?

Él le responde, riendo:

—No, hombre, no. ¿De dónde sacaste eso?

El guerrillero en ciernes no se amedrenta:

—Todo el mundo lo dice. Pero entonces, ¿no eres un libertador?

—Yo no soy un libertador. Los libertadores no existen. Son los pueblos los que se liberan a sí mismos.

Mientras tanto, en Buenos Aires, los Guevara están listos para acudir junto a su hijo, al que no ven desde hace seis años. Despidieron a un viajero; se encontrarán con un héroe. Ernesto y Celia llevan con ellos a dos de sus cuatro hijos, Celia y Juan Martín. Desde el aeropuerto de Ezeiza, donde fueron a recibir a Ernesto en julio de 1952, vuelan a La Habana.

En el aeropuerto de Rancho Boyeros (convertido en José Martí), Ernesto padre besa el suelo con fervor. El Che aguarda a su familia en el hotel Hilton, hoy Habana Libre, en ropa de combate, rodeado de soldados. Celia, la madre, corre a refugiarse en sus brazos. Los Guevara se sorprenden al ver a esos soldados rebeldes tan mal vestidos, algunos directamente en harapos. Los propios campesinos no salen todavía de su asombro: ellos, que nunca han abandonado sus tierras, de pronto se ven adulados, aclamados, invitados por doquier.

Sus padres encuentran a Ernesto cambiado. El joven casi imberbe de antes exhibe ahora una barba rala que endurece sus rasgos. Está más delgado, su rostro bronceado le da un aspecto de combatiente que impresiona a su madre. Si bien los padres del Che nunca adhirieron a un partido, no dejaban de tener una "sensibilidad de izquierda", expresión que todavía no se usaba, y se sienten orgullosos de su hijo revolucionario, pero también se preocupan por su futuro. Cuando su padre le pregunta si va a ejercer de nuevo la medicina, el Che permanece un instante inmóvil, luego esboza una sonrisa y responde:

—¿La medicina? Mirá, viejo, como vos te llamás Ernesto Guevara como yo, en tu oficina de construcciones colocás una chapa con tu nombre y abajo le ponés "Médico", y ya podés comenzar a matar gente sin ningún peligro.

Luego, poniéndose serio:

—La medicina, puedo decirte que hace rato que la he abandonado. Ahora soy un combatiente que está trabajando en el apuntalamiento de un gobierno. ¿Qué va a ser de mí? Yo mismo no sé en qué tierra dejaré los huesos.

Frase que sume a los "viejos" en un profundo desconcierto. ¿Quién es pues ese hijo tan imprevisible, tan complicado? Jamás Ernesto Guevara padre olvidará esas palabras. Escribirá:

"... en su contenido está el enigma que tanta gente ha querido descifrar con respecto a su desaparición de Cuba y su aparición en lejanas tierras como combatiente."

Otra vez, el padre vuelve a la carga y le pregunta:

—Te fuiste por los caminos del mundo, los recorriste durante seis años. ¿Por qué no regresás a la Argentina? Tomás a tu cargo la familia y me das a mí un viejo fusil para que yo vaya a mi vez...

El padre comprende que su hijo está poseído. Se confía a su mujer:

—Se diría que en su rostro flota una terrible responsabilidad.

El padre Ernesto ha comprendido al joven Ernesto. Lo escribió así: "Tenía conciencia de su personalidad y se estaba transformando en un hombre cuya fe en el triunfo de sus ideales llegaba al misticismo."

La mujer y la hija del Che van igualmente a La Habana. Si bien sus relaciones conyugales con Hilda han terminado, él ve regularmente a la pequeña Hildita. Tiene tres años y grandes ojos negros curiosos de todo que lo fascinan.

Mientras tanto, la discreta Aleida responde a un periodista de *Bohemia* que le pregunta si es la secretaria del Che:

—No puedo decir que no sea su secretaria, pero ante todo soy una combatiente. Con él he hecho la campaña de Las Villas y participé en todos los combates que allí se desarrollaron. Por eso soy su ayudante.

Se establecen las estructuras del nuevo régimen, aunque demasiado lentamente para el gusto del Che. La idea de un calendario electoral para llevar al doctor Urrutia a la presidencia le resulta insoportable: para él, eso es volver a las viejas mañas de la política. Acosa a los Castro, recuerda a Raúl que el 35% de los niños en edad escolar van a clases, y que sólo el 2,5% de ellos termina la escuela primaria.

—¡Hay que hacer la Revolución, Raúl! Porque no va a venir sola. Hay que darse prisa antes de que sea demasiado tarde. Es necesario cambiar las estructuras económicas.

Como para darle la razón, pronto se organizan bandas armadas, aprovechando la confusión reinante para intentar imponer la ley. Entre los revolucionarios que se unieron para derrocar a Batista, no todos son de izquierda, algunos hasta son francamente de derecha. Después del nombramiento de Urrutia, que él ha orquestado, el mismo Fidel se dará cuenta de que no es el hombre que la situación requiere. Urrutia defiende los intereses de los latifundistas y del gran capital; Castro necesita alguien de ideas de izquierda, que tenga energía y prestigio. Pensará en Oswaldo Dorticós Torrado, un socialista sólido, originario de la ciudad portuaria de Cienfuegos. Reunirá entonces a los dirigentes del gobierno, así como a sus allegados, Raúl, el Che, Camilo, Almeida, Ramiro, etc., para alejar al desviacionista. El 17 de julio por la mañana dimitirá de su puesto de primer ministro —cargo que ya había asumido—, afirmando que retoma el mando del ejército rebelde. Urrutia será destituido y encontrará asilo en la embajada de México. Ese mismo 17 de julio, Oswaldo Dorticós lo sucederá en la presidencia. El nombre de José Miró Cardona será propuesto para el cargo de primer ministro, pero rehusará. Entonces la Central de los Trabajadores organizará una huelga de apoyo a Fidel (en realidad promovida por los jefes barbudos). El 22 de julio, desde las diez hasta las once horas, Cuba se paraliza, los autos quedan detenidos en el lugar donde se hallaban en las calles. El pueblo probará así su confianza en Fidel y le pedirá que revea su decisión: debe retomar su cargo de primer ministro. Lo hará el 26 de julio —fecha conmemorativa del sexto aniversario del Moncada— en ocasión de un largo discurso pronunciado en la plaza de la Revolución, ante una enorme multitud compuesta en gran parte por campesinos de anchos sombreros de paja. A partir de entonces la dupla Dorticós-Castro podrá comenzar a funcionar, lo que hará hasta el 3 de diciembre de 1976, fecha en la cual Fidel se instalará en la presidencia del Consejo de Estado. Mientras tanto, confía la presidencia del Banco Nacional a Felipe Pazos, y al brillante Regino Boti el Ministerio de Economía. Pero el Che no cree en el programa del futuro gobierno, que juzga de aplicación demasiado lenta:

—Con este programa extendido a dos años —dice a Raúl— los niños de la Sierra tienen tiempo de morirse de desnutrición. Te recuerdo que soy médico y que sé de lo que hablo. Tengo la impresión de que esta gente aguarda demasiado.

El 14 de febrero, la familia Guevara regresa a Buenos Aires a bordo del barco *Reina del Mar*. Unos días más tarde, el Che es víctima de un ataque de asma que lo ata a la cama. Está extenuado.

—No duerme, y en vez de descansar, lee —confía Aleida a los médicos.

Siendo imperativo el reposo, acepta recuperarse a orillas del mar, en una casa sobre la playa, en Tarará, que le presta Celia Sánchez. Allí, el 11 de marzo de 1959, recibe una carta de Alberto Granado procedente de Venezuela. Alberto ha festejado el triunfo de los barbudos en Buenos Aires, en la casa de los Guevara, con Celia y algunos amigos, entre ellos el periodista argentino Ricardo Masetti, que realizó un reportaje sobre Fidel en la Sierra, y que ingresará en la lucha clandestina para defender en la Argentina las ideas del Che. Ernesto le responde enseguida:

"Mial: No te he escrito para invitarte con tu mujer a mi nueva patria, porque pensaba ir con Fidel a Venezuela. Hechos ulteriores me lo impidieron. Pensaba partir un poco más tarde, pero la enfermedad me retiene en cama. Espero ir dentro de un mes más o menos. Los tengo tan presentes en mis pensamientos que deseo me dediquen unos diez días para que podamos compartir el mate, algunas empanaditas y un rincón a la sombra de un árbol. Recibe el más fuerte abrazo que tu salud de machito te permita soportar de un ídem. Che."

No tendrá tiempo de llevar a cabo su proyecto: no bien recupera la salud, Fidel le confía una misión que lo absorberá por entero. En cuanto al propio Fidel, va en abril a los Estados Unidos. Sin convicción: "El problema terrible de nuestra época", escribe, "es que el mundo debe elegir entre el capitalismo que hambrea al pueblo y el comunismo que resuelve los problemas económicos pero suprime las libertades. El capitalismo sacrifica al hombre. El Estado comunista, por su concepción totalitaria de la libertad, sacrifica los derechos humanos. Por eso no estamos de acuerdo ni con uno ni con otro. Nuestra revolución es una revolución cubana autónoma."

El 2 de junio Aleida y el Che se casan en la intimidad. Camilo Cienfuegos y Efigenio Ameijeiras, también de la aventura del *Granma*, son los primeros en firmar el registro de testigos. Como el salario del Che es entonces de 125 pesos, o sea 125 dólares, es decir poca cosa, se organiza una colecta para ayudar a pagar los gastos de la pequeña fiesta que ofrece para la ocasión. Al término de la comida, Ernesto lleva a la novia, encantadora en su vestido blanco escotado de mangas cortas que destaca su collar de perlas claras, a una corta luna de miel que pasan en Tarará. El auto que los lleva, un Studebaker negro, en el que los acompañan Harry Villegas y el teniente Hernando López, también es prestado, como la casa de Celia.

Aunque Ernesto no hubiese deseado casarse con la joven, se habría visto obligado a hacerlo pues la había embarazado durante la Revolución, y una ley reciente obliga a las parejas a casarse en tales casos. Raúl Castro y Vilma Espín también deberán cumplir con esa ley, y se casarán antes de tener una hijita, Deborah. En cuanto a Ernesto y a Aleida, tendrán una pequeña Aleidita, a la que llamarán Aliucha.

Pero el comandante Guevara se ha casado prioritariamente con la Revolución. El 12 de ese mismo mes de junio de 1959, nombrado embajador, abandona Cuba. Su misión es establecer relaciones económicas con varios países del mundo. Desde cada uno de ellos enviará una tarjeta postal a la pequeña Hildita.

Fidel había sugerido que los representantes cubanos en el extranjero se vistieran a la europea, pero el Che emprende el vuelo vestido de verde oliva.

Con su sonrisa de costado y su mirada directa en una cabeza de pelo siempre oscuro, Omar Fernández, el ministro de Transportes con quien nos encontramos en La Habana, tenía veintiocho años cuando acompañó al Che en su largo recorrido intercontinental.

—La mayor parte de las veces era presentado como vicepresidente de Cuba, para dar más peso a su visita —nos indica.

"No llevó a su mujer con él en ese viaje, pues le habría sacado el lugar a un guerrillero. En El Cairo, adonde llegamos el 16 de junio, estaban persuadidos de que ella lo acompañaba. A través de las ventanillas vimos a numerosas jóvenes con los brazos cargados de flores. Al descender del avión se acercaron, y después de que el jefe de gabinete de Nasser nos felicitó, les ofrecieron sus ramos a los dos guerrilleros Hermes y Argudín que nos acompañaban, ¡pensando que uno de ellos era la mujer del Che! ¡Muy jóvenes, con su pelo largo y rostro imberbe, era factible confundirse!

El hecho encanta al Che, como también a su anfitrión, que explica a los dos jóvenes cubanos, por su parte medianamente divertidos, que en Egipto los hombres llevan el cabello corto.

—El jefe de Estado fue francamente acogedor. No parece haber tenido ningún secreto con nosotros. El Gran Árabe bigotudo nos permitió visitar uno de sus submarinos soviéticos; nos mostró sus Mig, que acababa precisamente de comprar a Moscú. Hizo que no careciéramos de nada. Nos alojamos en el palacio del ex rey Faruk: habitaciones increíbles, inmensas, suntuosas, como no vi jamás. Un verdadero palacio de *Las mil y una noches*. Con guardias delante de nuestras puertas, y desayunos tan copiosos que eran para nosotros verdaderos festines.

Por la noche, Omar se escapa con los jóvenes, pero el Che no quiere saber nada y se queda en sus habitaciones con un libro en la mano, o discutiendo con el matemático y economista cubano Salvador Vilaseca, enviado en misión de exploración. Un día Ernesto decide eludir la compañía de sus protectores para ir a descubrir al pueblo egipcio en los barrios pobres de El Cairo. Los amigos se escapan y se mezclan en un zoco con la hormigueante multitud de árabes atareados y de mujeres cubiertas con velos. El Che intenta entablar conversación en su inglés básico, cuando irrumpen los guardias del Palacio, aliviados al haber encontrado al fin a los hombres de verde. Dando bastonazos para abrir camino —lo que choca al Che—, los guardias de Nasser llevan de vuelta a los fugitivos. Como fueron sorprendidos con una *brochette* de cordero en la mano, los cubanos se verán condenados los días siguientes a comer cordero en cada comida...

El 18 de junio, el Che es proclamado en Gaza "gran libertador de los oprimidos". Nasser le pregunta cómo ve el proceso revolucionario en el mundo, antes de ofrecerle un fusil ametralladora de última generación a modo de obsequio de despedida.

En el Sudán, el Che conoce a un funcionario de la embajada de los Estados Unidos, que le pregunta si ha ido allí a vender azúcar.

—Pregúnteselo a sus compatriotas de la CIA; están tan bien informados que le dirán mejor que yo lo que hacemos aquí —le responde.

Luego los cubanos vuelan a la India. Jawaharlal Nehru, de birrete blanco, recibe el 1º de julio al guerrillero de la boina con la estrella.

—Nehru no soportaba el aire acondicionado —recuerda Omar—. Entonces teníamos a hindúes abanicándonos con grandes palmas. Un jueguito que no agradaba mucho al Che, quien se interesó sobre todo en los ferrocarriles y en el sistema de irrigación del país. Muy atento hasta entonces mientras el comandante hablaba de la lucha de liberación de los pueblos, Nehru fingió dormitar cuando, al final de la comida, le preguntó si aceptaba venderle armas a Cuba. El Che repitió su pregunta pero, viendo que su interlocutor se dormía de nuevo, comprendió que era inútil insistir.

"Visitamos el Taj Mahal y escuchamos la bella historia de amor relacionada con él, antes de ir a Calcuta, donde la miseria es monstruosa. Al Che le asombró que yo pasara más de una hora en el banco: ¡había una vaca ante la ventanilla y hasta que no se fue por sí misma todo estuvo paralizado!"

Omar recuerda algunos comentarios de Ernesto acerca de la India:

"El progreso está en todas partes. Lo vi en dos pozos recién inaugurados, con su brocal de cemento, para el abastecimiento colectivo. Y también otras innovaciones: los técnicos de la reforma agraria enseñan a los campesinos a cambiar su combustible habitual, la bosta de vaca, por la luz eléctrica. Pequeño cambio de grandes efectos, que permite liberar, para hacer abono, enormes cantidades de excrementos. Con el mayor cuidado, niños y mujeres recogen las defecaciones de los animales, las hacen secar en el suelo y las amontonan en pirámides de varios metros de altura.

"Gracias a los esfuerzos de su gobierno, los campesinos podrán en adelante cultivar muchas cosas en sus campos. Se comprende que la vaca sea un animal sagrado: trabaja en los campos, da leche, sus deyecciones sirven de combustible natural, que aquí no existe de otro modo, y hoy sirven para nutrir la tierra, que a su vez sirve para nutrir a los hombres. Se comprenden entonces los preceptos religiosos que prohíben matar a ese animal, y que para ellos sólo hay una manera de conservarla viva, y es precisamente conservarla sagrada. Ciento ochenta millones de vacas constituyen el ganado de la India, más del doble del de los Estados Unidos, y los gobernantes hindúes se ven sometidos a la terrible opción de hacer que un pueblo, religioso y obediente de sus preceptos culturales, deje de venerar al animal sagrado."

Tras una breve escala en Birmania, la delegación cubana es recibida el 15 de julio en Japón: una isla, como Cuba. El Che se muestra fascinado por la capacidad de sus habitantes para tratar las materias primas de otros países. ¿Por qué no hacer lo mismo en Cuba?

—Al Che —recuerda Omar— le impresionó el tratamiento del acero que alimenta la industria pesada. Soñaba con adaptar esa habilidad a Cuba. Decía: "Como ellos, nosotros, por así decirlo, no tenemos nada: ni petróleo, ni acero, ni carbón. Ellos poseen arroz; nosotros, caña de azúcar. Tendremos que utilizar nuestra materia gris para progresar, como han sabido hacerlo los japoneses después de ser víctimas de la bomba atómica el 6 de agosto de 1945, en Hiroshima."

Se reúne con el ministro de Comercio y es presentado a los presidentes de las firmas más importantes, en especial Toyota y Sony. Cuando manifiesta el deseo de tomar algunas fotos —nunca se separa de su cámara—, los ases de la fotografía se lo impiden respetuosamente. Lo mismo que se le impide realizar un anhelo que acaricia: visitar Hiroshima. Le ofrecen en cambio una geisha; la rechaza. Se empecina. Finalmente prescindirá del permiso. Un tren nocturno, con cuchetas, lo conduce con Omar a orillas del Pacífico, a la ciudad que perdió setenta y cinco mil habitantes en la explosión. Visita hospitales, se interesa de cerca por las lesiones cutáneas de los heridos. Sin embargo se sobrepondrá a su desazón, para comprobar en el momento de partir: "El Japón podría ofrecernos toda la gama de su riqueza industrial, tan necesaria en estos momentos de desarrollo..."

Indonesia es para él una revelación. La similitud de la trayectoria histórica y social del archipiélago y de Cuba es, en efecto, asombrosa. Aquí también un grupo de hombres jóvenes, barbudos y de uniforme verde oliva han obtenido la independencia, con el doctor Sukarno, de sólo cuarenta años, como presidente. La principal producción de Indonesia consiste en caña de azúcar, té, café, aceite de palma, cacao, caucho, estaño. Lo que hace decir a Sukarno:

—No sé si podremos establecer un intercambio comercial entre nosotros, dado que nuestros dos países producen lo mismo: azúcar, café o tabaco.

Y el Che se pone a soñar:

—Pronto nuestros dos pueblos se darán la mano, pues habremos vencido, cada uno en nuestro lado del planeta, nuestros problemas de equilibrio interno.

Desde Indonesia, los cubanos siguen viaje a Yugoslavia, aterrizando el 12 de agosto en Belgrado. "Tal vez el más interesante de todos los países visitados, por el desarrollo de su industria a partir de condiciones mediocres, por los avances de su técnica y sus complejas e interesantes relaciones sociales", estima el Che, que da de Yugoslavia esta definición: "Algo rodeado por siete países, con seis repúblicas, cinco nacionalidades, cuatro idiomas, tres religiones, dos tipos de escritura, y que constituye una nación."

Y explica: "Es fácil comprender que nos referimos ante todo a siete naciones fronterizas. La República Federativa de Yugoslavia está constituida por seis repúblicas, reunidas para formar un solo gobierno central presidido por el mariscal Tito. Esas seis repúblicas pertenecen a cinco nacionalidades diferentes. Aunque los diversos cambios históricos hayan creado esas nacionalidades, ellas no corresponden exactamente a los límites geopolíticos que tienen en la actualidad, y naturalmente la gran tarea de unificación nacional ha disminuido los antagonismos y valorizado las semejanzas. Cuatro idiomas eslavos, que se parecen pero no son idénticos, se hablan en el territorio. Cohabitan la religión católica con la ortodoxa griega y la musulmana. Se escribe con el alfabeto latino y también con el cirílico, semejante al ruso. Todo ese mecanismo complejo se reúne en el gobierno central del que hablo."

El análisis del Che deja entender, como se verificará lamentablemente, que ese rompecabezas que es Yugoslavia sólo se mantiene por la personalidad de un hombre, Josip Broz, Tito. El mariscal impresiona al Che. Ante todo por su carrera, que estimula la imaginación del hijo espiritual de Bolívar. Nacido croata, ha organizado la lucha contra la ocupación alemana, llegó a jefe del gobierno en 1945, rompió con Stalin en 1948, imponiéndose como el líder de los países no alineados. El Che no ocultó a sus compañeros que tenía prisa en conocer a ese hombre, que se empeñaba en instaurar un socialismo de autogestión. Omar recuerda el encuentro:

—Más alto que el Che, menos que Fidel, de la estatura de Nasser, el mariscal nos recibió muy sencillamente en la isla de Brioni, en el Adriático. Un paraíso para machos. Los dirigentes del Partido tenían a su disposición mujeres más bellas las unas que las otras, de todo tipo y color. Durante el almuerzo que el mariscal ofreció a nuestra delegación, el Che no tardó en ir directamente al grano: "Nosotros, los cubanos, estamos solos; los norteamericanos organizan contrarrevolucionarios para intervenir. Necesitamos armas." Pedido esquivado por el mariscal: "Yo no puedo ayudarlos. Tengo apenas lo justo para satisfacer mis propias necesidades. Lamentablemente no es posible, y créanme que lo lamento."

En el avión, después de su partida de Yugoslavia, el Che se entera por un diario inglés de que Tito ¡acaba de vender armas a un país árabe! "Ha tenido miedo de cedérnoslas a nosotros; ésa es la neutralidad", desliza a su ministro de Transportes.

Pero la experiencia yugoslava ha sido de todos modos provechosa. El trabajo voluntario, mediante el cual los ciudadanos dan una mano a los campesinos, el reparto socialista de las ganancias en el seno de un capitalismo empresarial son enseñanzas que Guevara juzga beneficiosas. Además, a sus ojos, los yugoslavos son los únicos comunistas que gozan de una verdadera libertad de juicio. Para él, una prueba de ello son los cuadros abstractos que cubren las paredes de los museos que visitó. Aunque prefiere abstenerse de formular una opinión sobre la pintura moderna, por la simple razón de que casi no la entiende...

En sus anotaciones, el Che concluye acerca de Tito: "Nos impresionó por varias razones; primero, por su popularidad inmensa sólo comparable a la de Nasser y a la de nuestro Fidel; segundo, por su sencillez de hombre de pueblo sin altanería y con amplio espíritu fraterno; tercero, por lo documentado que esta él, así como sus consejeros y otros miembros del gobierno, de la situación cubana y de los peligros que corre esta Revolución. (...) Consideramos, honestamente, que debemos ampliar mucho nuestro comercio con la joven República Federativa de Yugoslavia..."

Antes de ir al Paquistán, los cubanos pasan por Ceilán.

"Una isla inferior a Cuba en superficie, pero con casi nueve millones de habitantes. Reina la cordialidad, y el primer ministro Bandaranaike, hombre delgado y nervioso, se viste a lo hindú con sus largos faldones de tela blanca. Conseguimos la compra de mil toneladas de nuestro azúcar y estamos convencidos de establecer relaciones regulares entre nuestros dos países."

El 20 de agosto, última escala en Karachi, donde los embajadores son esperados por el general Ayub Khan quien se muestra pleno de simpatía hacia los jóvenes revolucionarios. El Che se interesa en una estación terminal marítima con capacidad para hasta trescientos barcos pesqueros, que alimentan a la capital. Las relaciones comerciales entre las dos naciones se basarán en la venta de azúcar, por Cuba, y de lana, pieles y yute, por Paquistán.

El 8 de septiembre están de regreso en La Habana, luego de tres meses de un viaje que ha permitido a Guevara verificar que, en materia diplomática, no siempre concuerdan los actos con las palabras... Obtener armas, abrir mercados para su nuevo país es tarea difícil. Ya proyecta visitar los dos grandes sistemas comunistas, la URSS y China.

De ese viaje, su visita a la Capilla Sixtina, durante la escala en Roma entre Yugoslavia y Ceilán, es un recuerdo que guardará para siempre. Permaneció largo rato tendido en un banco, los ojos fijos en el techo pintado por Miguel Ángel, fascinado.

XXIII
"¿Hay un comunista en la sala?"

El Che regresa con un cúmulo de conocimientos nuevos para poner al servicio de la Revolución. Su viaje a través del Tercer Mundo le permitió comprobar que el socialismo podía adquirir varias formas, y que cada país lo adaptaba a sus propias necesidades. Ésa es la lección ideológica que él resume a Castro a su regreso. Cuando no es Tito que consigue todos los años una ayuda económica de los Estados Unidos, es el no comunista Nasser que financia el dique de Asuán con el dinero soviético.

En cambio, Ernesto endurece su posición con respecto a los Estados Unidos. Escribe en sus memorias:

"No permiten en ninguna parte de América Latina la existencia de una revolución social que vaya más allá de las palabras bonitas. Porque una revolución amenaza los intereses financieros norteamericanos. No solamente en los países en cuestión, sino —y ése es el nudo del problema— en toda la América Latina. Por el momento los Estados Unidos obligan a Cuba a respetar, en política exterior, lo que se ha convenido en llamar la 'solidaridad continental'. Salirse de ese principio correspondería a una declaración de guerra. Que los países afroasiáticos se digan 'neutralistas', eso se acepta, porque es preferible saberlos 'en el medio' a que se sitúen directamente en el bando contrario."

Los esquemas políticos más gratos a sus ojos, y que estima más cercanos a la experiencia cubana, son los de Egipto e Indonesia.

El 7 de octubre, Castro le confía la dirección del INRA, el Instituto Nacional de la Reforma Agraria. Esa misma noche, en La Cabaña, el Che convoca a los miembros de su administración con el objeto de trazar los grandes lineamientos de su plan. Pero tropieza con una pared: el presidente del Banco Nacional, Felipe Pazos, cuya lentitud lo exaspera. El eterno guerrillero ha tomado la costumbre de pensar y actuar rápido; cuenta con hacer de su nuevo instrumento, según sus propios términos, "un tanque de guerra que rompa las barreras del latifundismo y de la feudalidad". Pero Pazos da rodeos. Al cabo de unas semanas, Ernesto se confía a Fidel:

—No puedo trabajar con él.

—Bueno. Le ofreceremos vacaciones.

—¿Y por quién vas a reemplazarlo?

—Por ti.

Otra versión de ese nombramiento relámpago circulará más tarde en la isla y se hará célebre. Cuenta que en una reunión con sus hombres de confianza, el 26 de noviembre, Fidel habría preguntado:

—¿Hay un economista en la sala?

Una sola mano se habría levantado: la de Ernesto.

—Bueno, tú serás presidente del Banco Nacional.

Estupefacción del Che; él había entendido: "¿Hay un comunista en la sala?"

Médico, jefe de guerra, embajador, reformador agrario, presidente del Banco Nacional: ha hecho de todo. Se explica y vuelve sobre su ya larga carrera en un discurso pronunciado ante los empleados de su departamento:

—Yo quería triunfar, como quiere triunfar todo el mundo; soñaba con ser un investigador famoso, con trabajar incansablemente en algo que pudiera en definitiva servir a la humanidad, pero que representaba en ese momento para mí una victoria personal. Era, como lo somos todos, un producto de mi medio.

"Después de aprobar mis exámenes, a raíz de circunstancias particulares y tal vez también de mi carácter, comencé a viajar por América y la conocí toda entera. Aparte de Haití y Santo Domingo, visité de una manera o de otra todos los países de América. En razón de las condiciones en que viajé, primero como estudiante, luego como médico, me vi enfrentado de cerca con la miseria, el hambre, las enfermedades, la imposibilidad de tratar a un niño por falta de medios, el embrutecimiento que engendran el hambre y los continuos castigos, a tal punto que el hecho de perder un hijo no es más que un incidente sin importancia para un hombre, como suele ocurrir a menudo en las clases desheredadas de nuestra patria americana. Comencé a entrever que existía algo tal vez más valioso que ser un investigador famoso o aportar una contribución importante a la ciencia médica, y eso era ayudar a las personas.

"Todos ustedes se han cruzado con esos niños que, al verlos, se los creería de ocho o nueve años, cuando en realidad tienen trece o catorce. Son los auténticos hijos de la Sierra Maestra, hijos de la miseria y del hambre, son los hijos de la subalimentación. En esta pequeña Cuba con sus cuatro o cinco canales de televisión, con sus centenares de estaciones de radio, con todos los progresos de la ciencia moderna, cuando esos niños vinieron por primera vez de noche a nuestra escuela y vieron la luz eléctrica, dijeron que las estrellas estaban bajas esa noche. Ahora estudian en verdaderas escuelas oficiales no sólo las primeras letras del alfabeto, sino que aprenden un oficio, y también la difícil ciencia de ser un revolucionario."

Pero la lucha no ha terminado y la Revolución cuenta todavía con numerosos enemigos, como varios acontecimientos lo demuestran, uno después de otro. El primero es, en ese mes de octubre de 1959, una avioneta que ametralla a la población de La Habana, luego el bombardeo de la isla por una flotilla de barcos, así como una incursión de aviones piratas provenientes de Florida. Finalmente, en los últimos días del mes, ocurre el accidente tan trágico como misterioso que marca la desaparición de Camilo Cienfuegos.

El 26 de octubre, el jefe del ejército, con su larga barba, su gran sombrero y su inconmensurable fervor revolucionario, va a arrestar a Hubert Matos, comandante de la provincia de Camagüey. Este último es acusado de haber preparado una conspiración contra la orientación izquierdista que toma la Revolución[1]. Dos días más tarde, el Piper que debe llevar de regreso a Camilo a La Habana es seguido de cerca por un caza, un pequeño avión de guerra, que ha despegado del aeropuerto Ignacio Agramonte. Una hora más tarde, el caza aterriza en la misma pista para cargar combustible. El capitán Varela, un teniente de Camilo, al sentir un fuerte olor a pólvora, comprueba que sus ametralladoras están calientes; quiere arrestar al piloto, pero éste pone en marcha el avión y huye hacia las costas norteamericanas. Durante tres días y tres noches, Castro y Guevara revuelven cielo y tierra. Fidel Castro llega a solicitar una ayuda logística a los Estados Unidos, de lo que se burla la prensa norteamericana. Nunca se encontrarán rastros de Camilo. Es más que probable que el caza haya ametrallado su aparato, y que éste se haya precipitado y hundido en la bahía de la Gloria, en la provincia de Camagüey. En la costa, unos campesinos de Punta Brava afirmaron haber avistado dos aparatos y oído ruido de metralla.

El 12 de noviembre, Fidel anuncia por radio "la desaparición definitiva de nuestro gran comandante Camilo Cienfuegos". Desde entonces, cada 28 de octubre, los cubanos arrojan flores al mar y en todos los cursos de agua de la isla para honrar su memoria. El Che llorará mucho tiempo a quien era un hermano para él.

[1] Será condenado a treinta años de prisión, que purgará, y terminaría su vida en Miami.

"Camilo fue el compañero de cien batallas. Era la imagen del pueblo cubano. Lo oigo provocar al enemigo en la desbandada de Alegría del Pío: *¡Aquí no se rinde nadie, carajo!* Era el señor de nuestra vanguardia. Toreaba al peligro. Un día mató a un soldado de la vanguardia enemiga y atrapó al vuelo su fusil antes de que tocara el suelo. Practicaba la lealtad como una religión."

Hoy, Camilo forma parte doblemente de la familia Guevara: Aleida llamó a su hijo Camilo, e Hildita dio el nombre del amigo de su padre a su segundo hijo.

El 26 de noviembre, el Consejo de Ministros nombra oficialmente al Che presidente del Banco Nacional. Uno de los desafíos más excitantes de su existencia. Para ayudarse a cumplirlo, llama a su lado a quien fue su compañero de embajada, Salvador Vilaseca, y le propone el puesto de administrador. Vilaseca recuerda la escena:

—Usted bromea, comandante —le respondí—. ¡Cómo podría yo ser administrador si, en cierta forma, no sé nada del funcionamiento de un banco!

—¿Y qué? ¡Yo tampoco!

Así, desde el 12 de junio de 1960 hasta febrero de 1961, Vilaseca secundó a Ernesto en el Banco Nacional.

En La Habana, en su despacho donde termina un libro sobre el pensamiento del Che en cuarenta y cuatro puntos, el "señor administrador" señala:

—Durante el viaje por el mundo en que lo acompañé, el Che me pidió que le diera clases de matemáticas superiores. Yo le respondí: "Claro que sí, pero, en una primera etapa, ¿cómo están sus matemáticas elementales?" Por su mueca, comprendí que deberíamos comenzar por el principio. Luego yo me olvidé, persuadido de que él estaba muy ocupado. Un día de septiembre de 1959, me pidió que instalara un pizarrón con una tiza y una esponja en su escritorio.

Así, hasta junio de 1964, los martes y los sábados, a razón de una a dos horas por clase, el Che tomará lecciones de matemáticas.

—Comenzó por aprender el cálculo infinitesimal, diferencial, e integral, luego la ecuación diferencial. Aprender era una segunda naturaleza en él, como un acto religioso. Terminadas las clases, de profesor yo pasaba a ser alumno, lo escuchaba filosofar sobre los problemas del país. Hasta el momento en que me pidió, a principios de 1964, cuando acababa de confesarle que ya le había transmitido todo mi saber: "Pasemos a la programación lineal." El economista en que se estaba convirtiendo la necesitaba para ir más lejos. Yo había leído cosas sobre el tema, pero no lo dominaba. Entonces el Che me propuso: "Y bueno, aprendamos juntos." Y eso es lo que hicimos. Durante la crisis de octubre de 1962 seguí dándole clases, yendo, siempre dos veces por semana, a Pinar del Río donde él se había instalado.

Las clases que Vilaseca da al Che no son las únicas; Ernesto las da a su vez, fiel a su pasión por la pedagogía. Todos los días, de quince a diecisiete horas, cuatro jóvenes barbudos, Harry Villegas Tamayo, Dariel Alarcón Ramírez, Carlos Cuello y Argudin, van a proseguir junto con él su aprendizaje de lectura, escritura, matemáticas, historia y geografía comenzado en la Sierra Maestra. Se turnan para leer el diario en voz alta, poniendo a prueba así su capacidad. Siguen también al Che en todos sus desplazamientos, en la isla o en el extranjero.

—No se olviden de su bolígrafo ni de su cuaderno —les repite cada vez—. Son tan importantes como una pistola.

Dariel Alarcón recuerda hoy la obstinación que él ponía en formarlos:

—El lunes nos pedía la llave del auto y la guardaba hasta el sábado, día de examen. Así estaba seguro de que no perderíamos el tiempo vagabundeando o levantando chicas. "Para eso está el domingo", nos repetía. En ese entonces teníamos un Chrysler Imperial de 1959, obsequio de Fidel y Camilo. Uno de los últimos importados en la isla. Costaba 18.000 dólares. Y nos hubiera gustado pasear en él más a menudo.

"Un día, nos oyó hablar de Harry Villegas, alias *Pombo*. Más adelantado, él iba al colegio, y tenía la suerte de poder hacerse la rabona en lugar de estar obligado como nosotros a ir al escritorio del Che. Inmediatamente corrió al colegio, donde el director le dijo que, en efecto, Pombo no tenía muy buena asistencia. Lo llevó entonces a su casa, en la Quinta Avenida y la calle 36 en Miramar, y lo encerró en su garaje, donde le ordenó desvestirse. Así, en calzoncillos, el pobre Pombo pasó su semana de castigo, teniendo apenas el derecho de salir para ocuparse de las hortalizas de la huerta 'a fin de que utilizara las manos si los estudios no le interesaban'".

Entre las clases que da y las que recibe, Ernesto se dedica sobre todo a su nueva tarea de economista. Las relaciones con el mundo de las finanzas internacionales son para él una experiencia inédita.

—Recuerdo a un tal March —cuenta Vilaseca—. Era vicepresidente del Bank of America y estaba impaciente por conocer al Che, presidente del Banco Nacional. Ernesto lo recibió a la una de la mañana...

Es de imaginar la cara que habrán puesto los doctos banqueros de la City londinense, los diplomados de Harvard o de Yale en la Bolsa de Nueva York o los ases de las finanzas niponas en Tokio, al enterarse del nombramiento de un guerrillero en la presidencia de un banco nacional. Sin embargo, esta vez el Che no está en un puesto "creado para él para no

231

dejarlo olvidado", como se dijo entre bastidores. Lo que buscaba Fidel era un banquero revolucionario. Felipe Pazos era respetado en los medios de las finanzas internacionales, pero no tenía nada de un izquierdista convencido.

Ernesto firmará "sus" billetes de banco como Che. Con emoción, en los de veinte pesos con la efigie de Camilo Cienfuegos, cuyos ejemplares de la primera serie se venden actualmente a precio de oro en La Habana.

El 10 de diciembre, momento de gran júbilo para el Che. Antes de entregar los primeros títulos de propiedad a los campesinos, anuncia:

—Hoy firmo el acta de defunción del latifundismo. Nunca hubiese creído poder poner mi nombre en la notificación de deceso de un paciente con tanto orgullo y satisfacción.

El Che ha asumido el cuidado del dinero cubano en un momento en que crece la tensión con los Estados Unidos. El embajador en La Habana, Philipp W. Bunsal, ha prevenido al nuevo presidente Oswaldo Dorticós y al ministro de Estado, Raúl Roa, de que existen en Cuba "esfuerzos deliberados y concertados para destruir la tradicional amistad entre el pueblo cubano y el norteamericano". La acusación del embajador apunta indirectamente a dos de los más cercanos colaboradores de Fidel, su hermano Raúl y el Che que, sin embargo, no se apartan de su línea de conducta. Según la balanza comercial de los diez últimos años, Cuba ha exportado por valor de 133 millones de dólares hacia los países socialistas e importado por 14, lo que equivale a un saldo favorable de 119 millones. Una frase se repite constantemente en ese fin del primer año de la Revolución: "El azúcar va a pagar nuestras nuevas industrias." En esas condiciones, no hay que dejarse impresionar por la mirada adusta del Tío Sam. Por el contrario, el Che declara:

—La presencia de un enemigo estimula la euforia revolucionaria, crea las condiciones necesarias para realizar cambios radicales.

Sonrisa sardónica de los financistas de enfrente:

—¿Cómo se pueden confiar las finanzas de un país a un médico guerrillero?

El Che les responde con una frase de Henry Cabot Lodge, que fue senador del Partido Republicano: "Los hombres de negocios, salvo raras excepciones, son peores que los otros, cuando quieren ocuparse de cuestiones de orden político."

Prosiguiendo su trabajo de investigación, el Che estudia el resultado de las inversiones norteamericanas en los últimos quince años. De 700 millones de dólares, 550 regresaron a los Estados Unidos y solamente 150 se reinvirtieron en Cuba. No es necesario ser un genio de la economía para comprender de qué lado se inclina la balanza.

El Che, que no ha cambiado nada en su aspecto —traje verde oliva de guerrillero y boina con la estrella—, desentona cada vez más en el mundo cuidado de las relaciones internacionales. Ridiculizar el protocolo es uno de sus más deliciosos placeres. Cuando sea ministro de Industria, responderá, en francés, a un periodista extranjero que le habla de "la satisfacción que debe sentirse al recibir tantas pruebas de admiración":

—Les honneurs, ça m'emmerde![2]

Instalado con Aleida en una casa muy sencilla, que comparten con el Patojo, que está de paso, el Che se desplaza en un Ford Falcon, auto muy anodino comparado con los Oldsmobile de los otros jefes de la Revolución. Llega a su despacho al mediodía y nunca se retira antes de las tres de la mañana.

Si bien los cubanos son la gente más hospitalaria de la tierra, tienen un grave defecto: son desordenados. El Che, que se dio cuenta de ello en la Sierra y durante la invasión, demuestra ser un burócrata de una puntualidad ejemplar. Viene de la Argentina, el más europeo de los países latinoamericanos, de allí su sentido de la exactitud.

Los periodistas de la prensa internacional se apretujan ante su puerta, muy excitados todos por los aventureros del *Granma*. A uno de ellos que, al acercarse las fiestas de fin de año, le habla del alza de los precios de que se queja la gente en La Habana, le retruca:

—Los que se quejan son los ricos, porque buscan los productos suntuarios que, en efecto, han sido gravados. Los pobres no piensan lo mismo. Vea los arbolitos de Navidad en las chozas: hay fruta y golosinas, pero también camisas, vestidos, hasta leche y pan. Todo lo que esa gente no podía conseguir antes, ni siquiera para la Nochebuena.

A comienzos del año 1960, el Che termina *La guerra de guerrillas*, obra voluminosa y densa, que dedica a Camilo Cienfuegos. En ella habla de la estrategia, la táctica, la elección de los lugares, el combate en terreno hostil, así como del guerrillero reformador social. Un verdadero manual de la insurrección, que será puesto en práctica, entre otros, por los rebeldes venezolanos, y luego, en 1963, en la colonia británica de Zanzíbar.

El 4 de febrero recibe al vicepresidente de la URSS, Anastas Mikoyan, en el aeropuerto de Rancho Boyeros. El 5

___
[2] ¡Los honores me fastidian!

presidirá con él la inauguración de la exposición soviética de Ciencias, Técnica y Cultura en el palacio de las Bellas Artes. En una comida ofrecida en honor de su huésped, el Che presenta a sus colaboradores:

—Ministro del Departamento del Azúcar, Orlando Borrego, viceministro Enrique Oltuski, Fulano, Mengano, etc., y, finalmente, a Tirso Sáenz, ¡un representante de la burguesía nacional!

Sáenz se ruboriza y no dice una palabra.

—Yo era el único —cuenta ahora el científico de anteojos— que me había puesto traje y corbata, y por supuesto el Che no perdió esa oportunidad.

No le guardó rencor a Ernesto. Por el contrario, no cesa de hablar de él:

—Un visionario que adelantaba el futuro. Tenía sus planes para el petróleo, la energía nuclear, las energías del futuro. El Che era un extrasensorial. Leía para aprender sobre la automatización y la física nuclear. Era alguien de mala respiración y fantástica inspiración. Un imán: atraía porque era fascinante.

Por su parte, Orlando Borrego, que se incorporó a la Ocho a fines de la invasión, y que fue uno de los amigos más sinceros y más cercanos del Che, dice de él:

—Tenía dudas sobre las cualidades de lucha de los estudiantes. Confiaba más en los campesinos. En el funcionamiento de su mente conservaba sus hábitos de la guerrilla, trabajaba sobre todo por la noche. Estudios científicos, pensamiento teórico y forma realista, ningún gusto por lo sensacional: ponía al servicio de todos la inmensa cultura acumulada desde la infancia. Ya sea como guerrillero, embajador, jugador de ajedrez o ministro de Economía, estaba provisto de un gran estoicismo y debía controlarse para no caer en el quijotismo. Con esa fuerza del revolucionario, que le permitía adaptar sus ideas a las necesidades del momento. Pero rendirle demasiado homenaje, abrir el cajón de los superlativos, sería traicionar su modestia...

"Y sin embargo, ese personaje extraordinario al máximo albergaba a un hombre como todos nosotros, que se divertía con los niños, que adoraba las bromas, los chistes, que él mismo no escatimaba. Un humorista asombroso, para quien el socialismo era una aventura extremadamente seria para el desarrollo de la conciencia."

Enrique Oltuski, alias *el Polaquito*, actualmente un verdadero exégeta de los escritos del Che, era en esa época un revolucionario muy activo. También a él Ernesto le responde un día en que se quejaba de no tener fondos para comprar armas:

—¡Y bueno! ¡No tienes más que asaltar un banco!

Respuesta que inspirará ideas a muchos exaltados de América, que asaltarán bancos con el rostro enmascarado, estimando muy erróneamente seguir así los preceptos del Che...

El mismo Oltuski se encuentra un día con Ernesto en el ascensor del Ministerio de Industrias y le habla de los problemas de su hogar, donde se carece de algunos comestibles. Ello le vale esta respuesta:

—No sé cómo lo manejas tú. En mi casa estamos muy bien.

El Polaquito no se rinde:

—Evidentemente, cuando se tienen dos libretas[3], eso simplifica la vida...

El Che no responde una palabra. Unos días más tarde ambos revolucionarios vuelven a encontrarse en el mismo ascensor:

—Tenías razón, *había* dos libretas —dice el Che, subrayando el "había", pues pidió a Aleida que devolviera una.

La visita de Mikoyan permite establecer los grandes lineamientos de un plan de intercambios comerciales de cinco años entre Cuba y la URSS. El moscovita promete al Che que recibirá una invitación oficial para visitar su país.

El 4 de marzo de 1960, el Che corre a los muelles para comprobar los terribles daños causados por el sabotaje de que acaba de ser víctima el barco francés *Le Coubre*, que transportaba armas belgas, fusiles ametralladoras destinados al ejército y pistolas para la policía. "Un golpe de la CIA", estima Alberto Korda, que cumplía su trabajo de fotógrafo para el diario *Revolución*. Al día siguiente, el 5, Korda va a la parte alta de la calle 23, cerca del cementerio donde están enterradas más de cien víctimas de la explosión, e inmortaliza a las personalidades sentadas en un escenario de madera levantado para la ocasión, lo que nos vale la famosa foto del Che con su boina, que dará la vuelta al mundo.

—Allí estaban los hermanos Castro —cuenta—, el presidente Oswaldo Dorticós, solo y de civil, ministros, luego un hueco, y de pronto ese vacío se llena con el rostro del Che, cuya mirada ardiente me causó un impacto. Por reflejo, apreté el disparador.

Atraídos por la sinceridad de la Revolución Cubana, Simone de Beauvoir y Jean-Paul Sartre se hallan presentes en La Habana en ese agitado mes de marzo. Confían estas palabras al Che una noche, en el calor de una conversación:

[3] Libretas de racionamiento.

—En París interrogué a varios cubanos, sin comprender por qué rehusaban decirme si el objetivo de su revolución era o no instaurar el socialismo. Ahora comprendo por qué no podían responderme. Porque la originalidad de esta revolución consiste precisamente en proveer lo que hace falta, sin intentar definirla con ayuda de una ideología preexistente.

Dejando al escritor —cuya obra conoce— descubrir el interior de la isla con Simone de Beauvoir, cuyo nombre y personalidad le han encantado, el Che estudia la manera más eficaz de proteger la economía de su país, en caso de que las relaciones con el Vecino Grande se deterioren completamente. Sabe que el cupo de importación del azúcar, valor patrón para los cubanos, podría ser rebajado de un día para el otro o hasta suprimido, primera decisión de un futuro bloqueo económico. De allí el interés del acuerdo firmado con la URSS. Mentalmente, desde hace tiempo el Che ha elegido su bando: el Este. Mientras, espera que los rusos estén dispuestos a comprar la misma cantidad de azúcar al mismo precio... Ésa es la cuestión que se plantea. En todo caso Fidel, que repetía que la Revolución Cubana era "como las palmeras, verde oliva, ni comunista ni capitalista", sabe que no podrá seguir utilizando mucho tiempo más ese lenguaje, pues las nubes se ciernen sobre el estrecho de Florida.

El 25 de mayo de 1960, el Che rehúsa ir a Buenos Aires para asistir a la celebración del sesquicentenario de la revolución de 1810. En cambio, por primera vez un grupo de barbudos desfila por la Avenida del Libertador, con las tropas enviadas por los otros países. Para la juventud argentina, es un poco como si el Che estuviese allí en persona, ante la mirada regocijada de Alexei Kosyguin, jefe de la delegación soviética, presente junto con el presidente argentino Arturo Frondizi. El Che no fue a Buenos Aires, pero Celia Guevara sí fue a La Habana. El 16 de mayo Ernesto la lleva al torneo de pesca Ernest Hemingway en el que participa.

A principios del mes siguiente, se ocupa en recibir a la nueva delegación soviética, llegada a continuar las tratativas de la visita precedente. Luego el 7 recibe al ministro de Comercio Exterior de Checoslovaquia, el 8 asiste con Fidel al espectáculo ofrecido por el Comité de Amistad Chino-Cubana, el 12 exhorta a los obreros a aumentar su producción de rayón, advirtiéndoles que ahora más que nunca se necesitan sus esfuerzos para que su industria tenga ganancias en beneficio de la patria.

El 24 de julio, mientras asiste a su clase de matemáticas, su secretario Manresa abre la puerta a un hombre bajo que insiste en ser recibido. Manresa le responde que sólo el presidente Dorticós y Fidel Castro pueden ver al Che sin cita previa.

—Dígale simplemente que está el Petiso.

Al minuto siguiente, Fuser y Mial caen en brazos el uno del otro, después de ocho años de separación... Mial —que luego será investigador en el Centro Nacional de Agronomía cubano— dejó al estudiante de Medicina Ernesto Guevara y se encuentra ahora con el presidente del Banco Nacional de Cuba. Va acompañado por su esposa Delia, una encantadora venezolana. En la entrevista, a ella se le cae un pendiente, que el Che recoge y, sopesándolo, dice riendo:

—De plata sin p. Elegiste bien, Petiso...

En el momento de separarse —no por mucho tiempo pues los Granado se han mudado a La Habana, donde viven todavía hoy—, Mial hace la pregunta que le quema los labios:

—¿Con tu jefe no pasará lo mismo que con Perón, Betancourt, Figueres o Arbenz, que se vendieron a los norteamericanos o se desinflaron en el momento crucial?

Ernesto toma al Petiso por el hombro y le responde con voz firme:

—¡Con este hombre, el riesgo vale la pena!

Como se preveía, el gobierno de Eisenhower hace bajar el cupo de importación del azúcar, pero no de una manera tan drástica como temían los cubanos. La isla no deja de vivir por eso la psicosis de la invasión, o al menos del bloqueo económico, y se confía a Raúl Castro, por entonces de viaje en Moscú, la misión de obtener seguridades de los rusos sobre sus compras de azúcar.

El Che aprovecha el séptimo aniversario del ataque del Moncada para exaltar la fe revolucionaria *in situ*, en Santiago de Cuba:

"Los que, en este 26 de julio, vayan a las montañas de la Sierra Maestra, podrán ver allí dos cosas completamente desconocidas hasta ahora: al ejército trabajando con azadas y palas, mientras que sus compañeros de la milicia desfilan con fusiles."

El 6 de agosto de ese año 1960, Fidel Castro nacionaliza las compañías petroleras norteamericanas: Moscú ha comprometido un cupo mínimo de compras azucareras con la condición *sine qua non* de que su propio petróleo sea refinado en Cuba. Lo que equivale a suspender una espada de Damocles sobre la cabeza del "Caimán verde".

El 8 de agosto, el Che clausura el Primer Congreso Latinoamericano de Juventudes, en el teatro Blanquita de La Habana, declarando:

"Y si a mí me preguntaran si esta Revolución que está ante los ojos de ustedes es una revolución comunista... vendríamos a caer en que esta Revolución, en caso de ser marxis-

237

ta —y escúchese bien que digo marxista—, lo sería porque descubrió también, por sus métodos, los caminos que señalara Marx. (...) Digo aquí, ahora, con toda mi fuerza, que la Unión Soviética, China y todos los países socialistas y aun muchos otros países coloniales o semicoloniales que se han liberado, son nuestros amigos (...) Aunque haya gobiernos en América Latina que nos aconsejan lamer la mano de quien nos castiga, no podemos unirnos en una alianza continental con nuestro gran esclavizador."

De allí partió el eslogan *Cuba Sí, Yanquis No* que recorrió las universidades de América Latina. Lo que hace que la prensa internacional le ponga al Che la etiqueta de "ideólogo marxista de Cuba". Los diarios del Norte titulan: "¡El Che, zar de la economía cubana!" El *Time* le dedica la primera plana: se lo ve con su boina negra con la estrella debajo del título: "El cerebro de Castro". Y este análisis en el reportaje: "Mientras que los F-47 volaban sobre Guatemala, con pilotos norteamericanos en los comandos, Guevara corría a ciegas por la ciudad, intentando organizar la resistencia. Cuando Arbenz se rindió sin combatir, el idealismo herido de Guevara y su deseo ardiente de batalla, combinados con su hostilidad hacia los Estados Unidos, se transformaron en un odio mortal. (...)

"Cuando el Che tomó a su cargo la banca, se dio cuenta de que las reservas en oro y en dólares del país se hallaban depositadas en los Estados Unidos y las transfirió a Suiza. Desde que Castro le otorgó el poder, el Che tomó tres decisiones cruciales: cortó los principales vínculos económicos con Occidente y los concertó con el mundo comunista; empezó a prepararse para la guerra que espera de parte de los Estados Unidos; comenzó también a extender audazmente su influencia revolucionaria al resto de América Latina. Mediante negociaciones detrás de la Cortina de Hierro, el Che consiguió la promesa de más de cien millones de dólares de ayuda, esencialmente en forma de fábricas que permitan producir lo que hasta ahora era importado de América del Norte (radios, cámaras fotográficas, cables, motores eléctricos, electrodomésticos, etc.). Organizó igualmente un trueque: el azúcar, la mayor exportación de la isla, por petróleo, su mayor importación. Para refinar el petróleo bruto ruso, el Che se apropió de importantes instalaciones pertenecientes a compañías extranjeras, Shell, Esso y Texaco, sin indemnización. Cuando los Estados Unidos reaccionaron violentamente interrumpiendo sus importaciones de azúcar, el Che obtuvo un dividendo ruso: una amenaza de Kruschev de lanzar misiles sobre los Estados Unidos si intervenían en Cuba. Lo que permite a Guevara llamar a Cuba 'una gloriosa isla en medio del Caribe, defendida por los misiles de la potencia militar más grande de la historia. Donde los turistas bronceados y los hombres de negocios norteamericanos beben daiquiris al borde de las piscinas, y con hoteles donde descansan robustos técnicos rusos e impasibles chinos rojos'."

La nacionalización de las compañías petroleras, al mismo tiempo que de los bienes institucionales de los Estados Unidos en la isla, marca el comienzo de la escalada. El Che resume así la situación:

"Sesenta años de colonialismo yanqui en Cuba van a costarles unos cien millones de dólares. Es precisamente lo que ofrecieron a España en 1845 para comprarnos. Con la inflación, no tienen de qué quejarse..."

El *Time*, por su parte, concluye: "Fidel es el corazón, el alma, la voz y el rostro barbudo de la Cuba actual. Raúl Castro es el puño que sostiene la daga de la Revolución. Guevara es el cerebro. Es el miembro más fascinante del triunvirato, el más peligroso, con una sonrisa impregnada de dulzura melancólica que hace estragos entre las mujeres. El Che guía a Cuba de una manera fría y calculada, con extremada competencia, gran inteligencia y un sutil sentido del humor."

La actitud de los dirigentes cubanos cambia el comportamiento de Washington hacia los países de América Latina en general. Eisenhower envía a Buenos Aires un embajador encargado de aportar una ayuda económica a la Argentina, antes de que ésta siga las huellas de Cuba. Ese programa de ayuda es calificado de "Plan Castro" por los adversarios de Eisenhower, desatados contra él. Hasta el presidente del Brasil, Juscelino Kubitschek, toma la pluma para escribirle: "Vuestra Excelencia sabe muy bien que las palabras no significan nada para los pueblos de las regiones dormidas, donde la vida es una sucesión de sacrificios, de paciencia y de resignación."

En La Habana, el Che conoce a Paul Sweezy y a Leo Huberman, editores de la revista marxista norteamericana *Monthly Review*, que ha publicado textos del filósofo y economista francés Charles Bettelheim, y escribe a este último para invitarlo a Cuba. Director de la Escuela de Estudios Superiores de Ciencias Sociales desde 1948 hasta 1983, Charles Bettelheim publicó el libro *La planificación soviética* luego de su visita a la URSS en 1936. El libro insistía ya en la ausencia de democracia en un sistema que el autor consideraba opaco. Durante la guerra, su folleto *La economía alemana durante el nazismo* circuló clandestinamente. Desde 1945 hasta 1951 dirigió una revista internacional que sirvió de tribuna a los marxistas de todos los países. De 1953 a 1956 contribuyó, a pedido de Nehru, a los trabajos económicos del gobierno de la India, y publicará *La India independiente* en 1962. Por consejo de Nehru, Nasser utiliza sus aptitudes a partir de 1955. Luego Charles Bettelheim va a Mali, a Guinea; es, de 1958 a

1975, presidente de la Sociedad de Amistad Franco-China, y trabajará con Chou En-lai.

Cuando llega a La Habana, el 2 de septiembre de 1960, Bettelheim aprecia que en la isla del Caribe no exista la mordaza de rigor en las capitales del Este europeo. El intelectual de pie deforme y mirada viva goza del aire de libertad que se respira en Cuba. Se reúne en primer lugar con Regino Boti, el primer ministro de Finanzas de la Revolución, profesor de Economía en la Facultad de Oriente.

—Se equivocó al apoyarse en los economistas checos y rusos. Yo conozco las debilidades de la planificación en esos países —comenta él en la actualidad.

Boti pretendía que el índice de crecimiento de la economía cubana progresara más. Pero éste ya había alcanzado el 6% por año en 1959 y 1960, gracias a una política de reactivación que movilizó la capacidad de producción subutilizada, y agotó prácticamente las posibilidades de una nueva aceleración.

—El gobierno cubano de la época no deseaba romper con los Estados Unidos. Quería simplemente relaciones basadas en el respeto mutuo. Sin embargo, en 1960 me sorprendió un hecho: la ausencia de cualquier organización popular que permitiera la expresión democrática de las necesidades de la población.

Unos días más tarde, un auto va a buscar, en medio de la noche, a Bettelheim para conducirlo al despacho del Che, en el Ministerio de Economía.

—Me recibió en una amplia habitación bien iluminada. Su rostro sonreía y estaba serio a la vez. Conversamos en francés. Él desarrolló el tema de la radicalización progresiva de la Revolución, resultante de las estrechas relaciones del ejército rebelde con los campesinos y los obreros, y también del conflicto que oponía al pueblo cubano con el imperialismo norteamericano. La originalidad del camino tomado por Cuba era tal que no existe en ninguna parte en la obra de Marx indicaciones de "leyes" a las que la Revolución Cubana hubiese podido adaptarse espontáneamente. El Che hablaba del carácter "popular" del poder, reconociendo al mismo tiempo algunas debilidades de la Revolución: su falta de organización, el hecho de que los guerrilleros debían abandonar sus costumbres adquiridas en el combate, y también la falta de información técnica. Primaba sobre todo una gran confianza en el futuro, la certeza de que las debilidades serían superadas gracias a la voluntad de todos y a la unidad popular en torno a Fidel.

En las primeras horas de la mañana el intelectual parisino abandona al argentino de La Habana, algo perplejo.

—Tenía dudas sobre la dirección que tomaba la Revolución Cubana. No creo en leyes marxistas que pudieran guiar a los dirigentes de un país sin que ellos las conocieran desde el principio.

El 12 de octubre, Bettelheim recibe una carta del Che, avisándole que cuando pase por París no dejará de llamarlo, y que espera proseguir la conversación iniciada en La Habana. Mientras continúa ocupándose de la economía de la India, Bettelheim se ocupa también, en 1960 y 1961, de la economía cubana. Comprueba que poco a poco el Partido cae a su vez en la mordaza y en el amiguismo sistemático.

—Si en momentos de su primer viaje al Este, el Che no vacilaba en compararse con Alicia volviendo del País de las Maravillas, más tarde cambiará... Estaba satisfecho y ello se comprende: los soviéticos aseguraban un mercado a las exportaciones de azúcar cubano y prometían créditos para poner en marcha la industrialización.

El Che escribe entonces: "Los contratos firmados permiten la construcción de más de cien fábricas entre 1961 y 1965 (textiles, papel, latas de conserva...). La producción de electricidad se duplicará en cinco años. Se levantará un importante complejo siderúrgico así como fábricas de construcción mecánica..."

—Yo tenía la impresión de que él alimentaba muchas ilusiones sobre el volumen y la calidad de la ayuda de la URSS y de los países soviéticos —comenta el filósofo—. De hecho, la construcción de fábricas será mucho más lenta de lo previsto; serán necesarios, por ejemplo, más de diez años para que la producción de electricidad se duplique. Lo que le dije al Che no bastó para atemperar su entusiasmo. Unos años más tarde, reconocerá que la URSS hacía pagar caras sus entregas, y que lo que proporcionaba estaba lejos de adaptarse a sus promesas.

Atraído e intelectualmente interesado por el desarrollo de la Revolución Cubana, Bettelheim regresará a La Habana. Profundizará su estudio del problema de su economía y participará de sus puntos de vista al Che:

—Defiendo el principio de la autonomía y de la responsabilidad financiera de las empresas. Así se evitarán ciertas dificultades financieras que deterioran la moneda cubana. Defiendo también la instauración de un sistema de salarios que interese a los trabajadores en el aumento de la producción y el mejoramiento de la calidad.

Frase que hace saltar al Che. Él no admite que, en una economía "socializada", las ganancias que pasan de una empresa a otra sean consideradas como mercancías, que haya pues un precio, y que ese precio pueda establecerse (o ser establecido) en condiciones que den lugar a cálculos de rentabilidad. A sus ojos, aceptar tales prácticas equivaldría a un regreso al capitalismo. Del mismo modo, si bien admite que existen diferencias de salarios según la calificación, se opone a la utilización de esos salarios como medio para hacer progresar la productividad del trabajo y la calidad de la producción: "Ésos son estímulos capitalistas; esos estímulos deben ser sustituidos por estímulos morales que hagan nacer un Hombre Nuevo." Ahora bien, Bettelheim comenta:

—La experiencia me ha demostrado que contar prioritariamente con los estímulos morales no tiene efectos beneficiosos sobre la producción.

A partir de 1963, esos duelos dialécticos se hacen públicos.

—Es el año en que el Che comprueba que disminuye su admiración por la URSS. Le ha chocado el hecho de que los países del Este no hayan cumplido de una manera realmente satisfactoria sus obligaciones para con Cuba. También le chocó el sistema de administración de las empresas soviéticas. No se adapta a su ideal, pues no le parece suficientemente centralizado. Permanece insensible a las críticas que se elevan entonces en la URSS, en Polonia, en Hungría y en Checoslovaquia contra la falta de realismo de los planes centralizadores. Se niega a admitir que el centralismo de los planes termina construyendo lo que el polaco Bienkowski llama una "economía de la luna". Por mi parte, 1963 marca el comienzo de mis verdaderas decepciones en cuanto al camino que tomaba la Revolución Cubana. Pero yo quería creer en ella a pesar de las crecientes dificultades suscitadas por la política de los dirigentes. Formulé propuestas en contra de la corriente y choqué con las convicciones centralizadoras del Che —dice Bettelheim.

En ese mismo año 1963, Charles Bettelheim preconiza la autonomía financiera de las empresas del Estado, la flexibilidad de la administración, el rol positivo de los "estímulos materiales", el restablecimiento necesario de la rentabilidad de las unidades de producción. En cuanto al Che, sigue siendo firmemente contrario a los estímulos materiales.

—Él no tenía una actitud dogmática —dice empero Bettelheim—. Escuchaba siempre con atención las propuestas que se le hacían, aunque no estuviese de acuerdo con ellas. En cambio, estaba a favor de la lucha contra la burocracia, siendo al mismo tiempo partidario de una planificación fuertemente centralizada.

En el número 32 de la revista *Cuba Socialista* de abril de 1964, Bettelheim subraya, en un artículo titulado "Formas y métodos de la planificación socialista y nivel de desarrollo de las fuerzas productivas", que la planificación completamente centralizada —hacia la cual el Che deseaba orientar a Cuba— es imposible, en razón del insuficiente nivel de desarrollo de las fuerzas productivas.

—A mi modo de ver, el nivel de desarrollo de Cuba exigía que las diferentes unidades de producción gozaran oficialmente de una autonomía y de una responsabilidad suficientemente grandes. Que se reconociera que ellas se insertaban en relaciones mercantiles, y que pudieran vender y comprar sus productos a precios que reflejaran los costos de producción. Yo consideraba también que el bajo nivel de las fuerzas productivas imponía la aplicación del principio: a cada uno según su esfuerzo. Más se trabaja, más paga se recibe. El fondo de las divergencias recaía de nuevo esencialmente en ese punto, pues el Che aceptaba las diferencias según la calificación pero no según la productividad. Eso es algo que nunca comprendí.

El 28 de septiembre de 1960, el Che asiste al anuncio hecho por el primer ministro Fidel Castro, desde el Palacio presidencial, de la constitución de los CDR, Comités de Defensa de la Revolución. Actualmente todavía funcionan y continúan controlándolo todo en el país.

Adepto entusiasta del trabajo voluntario, el Che lo ha convertido casi en un acto sagrado de la Revolución. Predica con el ejemplo participando en la cosecha de la caña de azúcar con Aleida, Alberto Granado cuando está en la región, o sus colaboradores del Banco Nacional, algunos de los cuales protestan en voz baja por tener que levantarse al alba los domingos para ir a cortar caña de azúcar.

El 30 de septiembre, aprovecha el homenaje rendido a las brigadas internacionales que participaron en la construcción de la *Ciudad Escolar Camilo Cienfuegos* para colocar su párrafo sobre la Revolución:

"Ustedes conocen cómo es el azúcar de Cuba, cómo es el algodón de México, o el petróleo de Venezuela, o el estaño de Bolivia, o el cobre de Chile, o la ganadería o el trigo argentino, o el café brasileño. Todos tenemos un denominador común: somos países de monoproducto, y tenemos también el denominador común de ser países de monomercado.

"Ya sabemos, entonces, que en el camino de la liberación hay que luchar primero contra el monomercado, contra el monoproducto después, y diversificar el comercio exterior y la producción interna. Y hasta aquí, todo es sencillo. El problema es cómo hacerlo. ¿Se va a hacer por vía parlamentaria; se va a hacer por la vía de los fusiles; se va a hacer por una mezcla de vía parlamentaria y vía de los fusiles? Yo no sé ni puedo responder exactamente a esa pregunta. Lo que sí puedo decirles es que en las condiciones cubanas, bajo la opresión imperialista y la de sus títeres internos, no vimos otra salida para el pueblo cubano que la voz de los fusiles.

"Y a quienes pregunten llenos de tecnicismo, por ejemplo,

qué capital se necesita para iniciar una Reforma Agraria, les diríamos que no necesita; el único capital: el de un pueblo armado, consciente de sus derechos. Con ese solo capital pudimos aquí en Cuba realizar nuestra Reforma Agraria, profundizarla, seguir adelante en ella, e iniciar el camino de la industrialización.

"Si los hermanos se pelean —decía Martín Fierro—, los devoran los de afuera. Y el imperio conoce bien esa máxima que, simplemente, el poeta recogió del pueblo; el imperio sabe que hay que dividir para vencer. Así nos dividió en países productores de café, de cobre, de petróleo, de estaño o de azúcar, y así nos dividió también en países que competían por un mercado en un solo país, bajando constantemente los precios, para poder, más fácilmente, derrotar uno a uno a esos países.

"Tenemos que unirnos todos, todos los pueblos del mundo deben unirse para conseguir lo más sagrado, que es la libertad, que es el bienestar económico, que es el sentimiento de no tener absolutamente ningún problema insalvable por delante, y el saber que con el trabajo de todos los días, entusiasta y creador, podemos llegar a nuestras metas, sin que nada se cruce en el camino.

"Aplaudo aquí, calurosamente, a todas las delegaciones de los países hermanos, pero tres delegaciones ganaron nuestro aplauso más cálido, porque están en situaciones especiales: la delegación del pueblo de los Estados Unidos de América, delegación que nunca debe confundirse con el gobierno de los Estados Unidos de América, delegación del pueblo que no conoce de odios raciales y que no conoce de diferencias de un individuo a otro por el color de la piel, o por su religión, o por su posición económica. Y también aplaudo calurosamente a quien representa hoy, como nadie, el polo antitético, que es la delegación de la República Popular de China; aplaudo también fervorosamente a la delegación argelina, que está escribiendo otra página maravillosa de la historia; sin olvidar a la delegación del pueblo de Francia, que tampoco representa a su gobierno".

244

XXIV
El Buda detrás del cortinado

El 2 de octubre de 1960 el Che concurre con los hermanos Castro a la recepción de la embajada china. Es un período en el que recibe igualmente al ministro de Economía de la República Árabe Unida, firma un acuerdo entre Cuba y Bulgaria, y recibe al presidente de Guinea, Sekou Touré, antes de emprender vuelo nuevamente el 22 con otro grupo de acompañantes. Entre ellos viaja el capitán y eximio tirador Dariel Alarcón Ramírez —cuyo nombre de guerra en Bolivia será Benigno—, alto, nudoso, de mirada penetrante. En adelante velará por Ernesto, de quien es, además, uno de sus cuatro alumnos en las clases diarias de "recuperación".

El 24, en Praga, el Che responde al discurso de bienvenida del presidente Antonin Novotni con una encendida frase: "El éxito de Cuba servirá de estímulo para otros pueblos que se lanzan a realizar un recorrido semejante al nuestro."

Luego de participar en una emisión televisada el 27, el 31 comienza a discutir con los principales funcionarios de la economía y el comercio soviéticos, que han ido a verlo a la capital checoslovaca. En un reportaje concedido al corresponsal del *Daily Worker*, el Che afirma que la base militar de Guantánamo[1] representa una provocación para Cuba. Luego parte a Moscú, donde el 7 de noviembre es ovacionado en la Plaza Roja en ocasión del cuadragésimo tercer aniversario de la Revolución de Octubre. Asiste después, siempre con su ropa verde oliva, a la recepción ofrecida en el Kremlin, e intercambia frases simples y directas con Nikita Kruschev acerca de la necesidad de proteger a Cuba económicamente, pero también en el área militar. El 11 discute largamente con Anastas Mikoyan, con quien cenará en casa de su embajador —que no es otro que Faure Chomón— antes de dirigirse a Stalingrado.

El 17 abandona Moscú y viaja a Pekín. La prensa cubana no vacila en anunciar que millones de personas lo aguardan

[1] Regida por un tratado entre los Estados Unidos y Cuba que data de 1901 y que debe terminar con el siglo.

245

allí, a pesar de los tabúes que rodean a China en la Cuba de esa época, a causa de la tensión entre ella y la URSS. La Habana de Castro está demasiado atada a Moscú para permitirse una falta de cortesía magnificando lo que concierne a su vecina, no obstante también roja.

Una mañana a la hora del desayuno, un auto viene a buscar al comandante. Solo. Dirección: la Ciudad Prohibida, en el ala verdaderamente privada del palacio Zhong Nan Hai, literalmente "el centro del mar del Sur", donde Mao tenía sus departamentos en la parte llamada "de la biblioteca". Se invita a Ernesto a aguardar en un inmenso salón. A las diez de la mañana, un gran cortinado rojo se abre, y el Che, estupefacto, ve del otro lado de una mampara de vidrio a Mao bebiendo su té. Éste saluda a Ernesto con una lenta inclinación de cabeza, saludo al cual responde el invitado de la misma manera; luego el cortinado vuelve a correrse como en el teatro. El Che toma entonces a su vez el té con un general, antes de reencontrarse con los suyos, a quienes narra su aventura.

Por la noche, después de la comida, vuelve a tomar el camino de la Ciudad Prohibida. Esta vez lo recibe Mao personalmente, rodeado por miembros de su gobierno, en una entrevista que dura más de tres horas. Esas horas se contarán para el Che entre las más intensas y significativas de su vida. El prestigio del líder chino siempre ha sido inmenso ante sus ojos; en Buenos Aires, cuando escribía en *Tackle*, "achinaba" su nombre, transformando Chancho en Chang Cho. Le encantaba llamar a Hildita "mi pequeña Mao".

Se lleva a cabo una segunda reunión con Mao, Chou Enlai, Lin Piao y, por el lado cubano, además del Che, Héctor Rodríguez Llompart, actual presidente del Banco Nacional, y el comandante Eddy Suñol. Se habla de armamentos, de vínculos políticos con la URSS, de la posición de China en África. Mao afirma al Che que está dispuesto a apoyar la lucha de Patrice Lumumba en el Congo enviándole armas, y Ernesto partirá convencido de que el marxismo-leninismo es más puro en China que en la URSS.

En la comida que le ofrece Mao, tercera y última ocasión en que se encontrará con él, el Che experimenta una viva sorpresa. Hace su aparición un enorme personaje con un trozo de tela retorcida como única vestimenta, llevando de una correa a un monito que salta en todas direcciones. De pronto, con un gesto brusco, el coloso alza al animal y con su sable le corta la tapa del cráneo, para servir sus sesos al invitado de honor. Tradición obliga. El Che lo acepta sin hacer comentarios, pero, de regreso en su hotel, dirá a sus hombres con cuánto placer le hubiese dado su merecido al gordo chino. Ni una palabra en cambio sobre la calidad gastronómica de la especialidad local. Tras un viaje por el interior del país y la visita a Shanghai —pero no a la Gran Muralla, por falta de tiempo, lo que lamenta mucho Ernesto—, firma el 1º de diciembre un acuerdo económico. Luego va a Pyongyang donde se encuentra con Kim Il Sung, el premier coreano, y firma dos acuerdos, uno comercial y uno científico. El 9, regresa a Moscú para trabajar en negociaciones económicas con la URSS, plato fuerte de ese viaje. El 13 pasa por Berlín, antes de ser levantado el Muro, y es recibido por el ministro de Comercio Exterior. Luego retorna a Moscú a firmar, el 20, un acuerdo, según los términos del cual la URSS comprará 2.700.000 toneladas de azúcar en el caso de que los Estados Unidos pongan en ejecución sus amenazas de no importar su cupo habitual. El 19, última entrevista con Nikita Kruschev, y el 23 de diciembre regresa a Cuba, con el anuncio de que los alemanes invertirán allí 10 millones de dólares en la exploración petrolera, y la isla venderá azúcar a Corea y a Vietnam.

Sus responsabilidades económicas no han acallado en él al teórico. En esa época expresa sus ideas sobre la Revolución Cubana:

"Hablando concretamente de esta Revolución, debe recalcarse que sus actores principales no eran exactamente teóricos, pero tampoco ignorantes de los grandes fenómenos sociales y los enunciados de las leyes que los rigen...

"Nuestra posición cuando se nos pregunta si somos marxistas o no, es la que tendría un físico al que se le pregunta si es 'newtoniano', o un biólogo si es 'pasteuriano'.

"Hay verdades tan evidentes, tan incorporadas al conocimiento de los pueblos que ya es inútil discutirlas. Se debe ser 'marxista' con la misma naturalidad con que se es 'newtoniano' en física o 'pasteuriano' en biología, considerando que si nuevos hechos determinan nuevos conceptos, no se quitará nunca su parte de verdad a aquellos otros que hayan pasado. Tal es el caso por ejemplo de la relatividad 'einsteniana' o de la teoría de los 'quanta' de Planck con respecto a los descubrimientos de Newton; sin embargo, eso no quita absolutamente nada de su grandeza al sabio inglés. Gracias a Newton es que pudo avanzar la física hasta lograr los conceptos del espacio. El sabio inglés es el escalón necesario para ello.

"A Marx, como pensador, como investigador de las doctrinas sociales y del sistema capitalista que le tocó vivir, pueden, evidentemente, objetársele ciertas incorrecciones. Nosotros, los latinoamericanos, podemos, por ejemplo, no estar de acuerdo con su interpretación de Bolívar o con el análisis que hicieron Engels y él de los mexicanos, dando por sentadas incluso ciertas teorías de las razas o las nacionalidades inadmisibles hoy. Pero los grandes hombres descubridores de verdades luminosas viven a pesar de sus pequeñas faltas, y éstas sirven solamente para demostrarnos que son humanos...

"El mérito de Marx es que produce de pronto en la historia del pensamiento social un cambio cualitativo; interpreta la historia, comprende su dinámica, prevé el futuro, pero además de preverlo, donde acabaría su obligación científica, expresa un concepto revolucionario: no sólo hay que interpretar la naturaleza, es preciso transformarla. El hombre deja de ser esclavo e instrumento del medio y se convierte en arquitecto de su propio destino. En ese momento Marx empieza a colocarse en una situación tal, que se constituye en el blanco obligado de todos los que tienen interés especial en mantener lo viejo, como antes le pasara a Demócrito, cuya obra fue quemada por el propio Platón y sus discípulos ideólogos de la aristocracia esclavista ateniense.

"A partir del Marx revolucionario, se establece un grupo político con ideas concretas que, apoyándose en los gigantes, Marx y Engels, y desarrollándose a través de etapas sucesivas, con personalidades como Lenin, Mao tse-Tung y los nuevos gobernantes soviéticos y chinos, establece un cuerpo de doctrina y, digamos, ejemplos a seguir.

"La Revolución Cubana toma a Marx donde éste dejara la ciencia para empuñar un fusil revolucionario... Nosotros, revolucionarios prácticos, iniciando nuestra lucha simplemente cumplíamos leyes previstas por Marx el científico, y por ese camino de rebeldía, al luchar contra la vieja estructura del poder, al apoyarnos en el pueblo para destruir esa estructura y al tener como base de nuestra lucha la felicidad de ese pueblo, estamos simplemente ajustándonos a las predicciones del científico Marx. Es decir, y es bueno puntualizarlo una vez más, las leyes del marxismo están presentes en los acontecimientos de la Revolución Cubana, independientemente de que sus líderes profesen o conozcan cabalmente, desde un punto de vista teórico, esas leyes.

"...los hombres que llegan a La Habana después de dos años de ardorosa lucha en las sierras y los llanos del Oriente, en los llanos de Camagüey y en las montañas, los llanos y ciudades de Las Villas, no son ideológicamente los mismos que llegaron a las playas de Las Coloradas, o que se incorporaron en el primer momento a la lucha. Su desconfianza del campesinado se ha convertido en un conocimiento absoluto de las necesidades de nuestros guajiros; sus coqueteos con la estadística y con la teoría han sido anulados por el férreo cemento que es la práctica."

El 24 de febrero de 1961, el Che recibe la cartera de Industrias, además de sus otras funciones. Se ha mudado entonces con Aleida al n° 772 del la 47ª Avenida, en el Nuevo Vedado, antes barrio burgués, y allí él ordena su biblioteca. Unos dos mil libros repartidos en cinco estantes que se estiran a lo largo de toda la pared, con el busto de Simón Bolívar velando sobre el conjunto. En la parte de arriba se encuentran libros de filosofía marxista, Lenin, Stalin, obras sobre la historia de la nación cubana. Luego, más abajo, Trotsky y Garaudy (*La libertad*), Mao y la China, la Revolución Cubana en el siglo pasado. Bajando un poco más, las personalidades políticas y la literatura de la América Latina. Finalmente, abajo, libros de física y de matemáticas se codean con Romain Rolland y *La poésie française* de Max Pol-Fouchet, biografías de Magallanes, Erasmo, Fouché, Luis XIV y Bolívar. Otras obras más junto a su escritorio, cerca del sillón de cuero blanco: *L'Afrique noire est mal partie*, de René Dumont, *La bataille de Dien Bien Phu*, de Jules Roy, *La Nomenklatura soviétique*, de Herbert Marcuse. Sobre el escritorio mismo, cerca del mate, un voluminoso libro de poesías de Neruda, dedicado, se codea con su querido *Martín Fierro*, de José Hernández. Toda la diversidad, las múltiples facetas del Che están allí.

En la casa vecina, que forma la esquina de las calles Conill y Tulipán, vive todavía hoy un personaje de perfil gallináceo, Rafael Hernando, llamado familiarmente *Felo*. Formaba parte del puesto militar instalado allí entre 1961 y 1965 para ocuparse de la administración de la casa del Che. Hasta solía pasear a los niños.

—Yo era quien todos los meses —recuerda— iba a buscar su sueldo de comandante al Ministerio de Ejército, cuatrocientos cuarenta pesos[2] que yo le entregaba a Aleida. Como ministro, podrían haberle pagado más, pero él no quiso. Una vez retirados los cien pesos del alquiler, los sesenta de la cuota del Impala azul que había comprado a crédito, el teléfono —llamaba con frecuencia a larga distancia—, la luz, la electricidad, no le quedaba mucho a Aleida para ir al mercado. Sobre todo, el Che no quería, con el pretexto de que había sido el administrador del dinero del país, tener más que los otros. Su guardarropa estaba casi vacío; solamente algunos uniformes. Para desahogarse iba a golpear pelotas de béisbol y regresaba a jugar con los niños, antes de salir con sus perros, Muralla, el grande, un bastardo negro de pastor alemán, y Socorro, con los que solía compartir su comida.

—En esa época —recuerda Aleida—, comíamos a veces en

[2] O sea cuatrocientos cuarenta dólares.

el restaurante chino, el Pekín. A Ernesto le encantaba el chop suey...

Mientras tanto, Washington prepara un asalto contra el pequeño vecino recalcitrante que pone a prueba sus nervios. El 15 de abril, dos bombarderos B-26 atacan la pista de aterrizaje de Ciudad Libertad y de Santiago, como medida de distracción. El 16 Ernesto arenga a las milicias de la provincia de Pinar del Río, poniéndolas en condiciones psicológicas de combate.

Al día siguiente, 17, no es en Santiago, al este, ni en Pinar del Río, al noroeste, donde se desarrolla el intento de desembarco, sino en el mismo vientre del Caimán verde, no lejos de su cabeza, que es La Habana. En Playa Larga y en Playa Girón, en la Bahía de Cochinos, desembarca una tropa de mil quinientos atacantes de nacionalidad cubana, pro norteamericanos y decididos a retomarle la isla a Fidel Castro. Vienen de Miami, de las islas de Vieques cerca de Puerto Rico, de Puerto Cabezas en Nicaragua; hay igualmente tropas aerotransportadas provenientes también de Puerto Cabezas. Preparado en tiempos de Eisenhower, cuestionado por el nuevo presidente John Kennedy, el intento fracasa. Se empantanan en las marismas a orillas del mar, y la mayoría de los hombres son hechos prisioneros.

A Fidel se le ocurre un curioso trato: liberará a los cautivos si los norteamericanos le envían quinientos grandes tractores de oruga para roturar la jungla cubana. Los norteamericanos deben compensar al país que han agredido. Los anticastristas de Florida se empeñan en constituir un *Tractors for Freedom Committee*, un Comité de Tractores para la Libertad, pero la Casa Blanca permanece muda. Pasan los meses y, no avizorándose ninguna solución, el Comité de Tractores se disuelve y los prisioneros son transferidos al Castillo del Príncipe, una fortaleza próxima a La Habana.

Comenzará entonces el proceso de mil ciento noventa mercenarios considerados traidores a su patria. Veredicto: todos culpables, condenados a treinta años de prisión. Salvo pago de un rescate global de 62 millones de dólares, suma tan enorme que agobia a los prisioneros. Gracias a Berta Baretto, que actúa como mediadora entre el comité de las familias y La Habana, el abogado James B. Donovan —conocido por haber participado en el juicio de Nuremberg— entra en contacto con Fidel Castro. Le hace aceptar la idea de que la indemnización podría arreglarse en forma de productos alimentarios y farmacéuticos, y hasta una parte en dólares. Robert Kennedy interviene, y en el mes de diciembre comienzan las primeras entregas de productos farmacéuticos bajo la supervisión de la

Cruz Roja. El 23 de diciembre de 1961, los detenidos abandonan sus calabozos y se embarcan en pequeños grupos hacia los Estados Unidos. A instancias de Donovan, Fidel acepta dejar salir de Cuba a las familias de los prisioneros liberados.

Durante el ataque, el Che se encontraba en Pinar del Río, donde crece, en el humus gris, el tabaco más buscado del planeta. Vivía como un troglodita, dispuesto a rechazar el asalto si llegaba por allí, en una caverna de mogotes, esas curiosas montañas fálicas erguidas como al asalto del cielo, cerca del camping popular Los Portales, en el municipio de La Palma. Circuló el rumor de que se había suicidado disparándose un tiro en la cabeza. Cuando el río suena, agua trae. Al tropezar en su gruta, dio un paso en falso, se le cayó la pistola y se escapó un tiro. La bala le rasguñó la mejilla y le rozó la oreja, al punto de dejarle una cicatriz.

Arreglado el asunto de la Bahía de Cochinos, el Che abandona su puesto de guardia inútil, recoge a Mial al pasar por La Habana y va de prisa al lugar donde están alojados los prisioneros, en campamentos mas o menos improvisados.

—Al reconocerlo —recuerda Alberto—, uno de los jefes *gusanos*[3], de tipo achinado, se meó del miedo. Lo creía muerto, y estuvo a punto de sufrir un ataque cardíaco. Había también un cura caído del cielo con los paracaidistas, que quiso hacerse el simpático ante los periodistas internacionales, sobre todo ante una linda francesa. Dirigiéndose al Che, creyó hábil decir: "Si es necesario, yo puedo cortar caña como trabajador voluntario." El Che posó en él una mirada fría y le dijo: "¡No! Aquí cortan caña los amigos de la Revolución, no sus enemigos."

La agenda de Ernesto está completa. El 8 de mayo de 1961 ayuda a descargar materias primas llegadas por barco. El 9 pronuncia un discurso en ocasión de la partida de la delegación de la República Democrática de Vietnam y discute con oficiales soviéticos sobre la explotación del níquel en Cuba. El 12 preside una comida ofrecida a la misión yugoslava, antes de recibir a la Delegación de Amistad de la República China. El 29 va con Raúl Castro a la bahía de Moa, cerca de Santiago, donde se extrae el níquel, y aprovecha para visitar la Universidad de Oriente. En junio se inaugura una central eléctrica construida por ingenieros franceses con dinero de los soviéticos.

[3] Nombre dado por los cubanos a los compatriotas que se marcharon a los Estados Unidos.

251

Siempre que puede, el Che pone manos a la obra y ayuda a los obreros a cargar bolsas de cemento o de café, a empujar las vagonetas en las minas. No se limita a probar las máquinas nuevas, participa en su creación, a veces hasta en su invención. Por ejemplo, "su" máquina para cortar caña con el objeto de aumentar la producción. Llega hasta a probar los cigarros de las fábricas más célebres, verificando su textura, con deleite nada fingido.

Su gusto por los cigarros provoca una anécdota típica del personaje. Antonio Núñez Jiménez, el geógrafo que descubrió el sendero apartado para penetrar en Santa Clara, se ha convertido en su colaborador en el Ministerio de Industrias. Un día, decide con sus colegas tomar al toro por las astas. El Che fuma demasiado, se está minando la salud, esa salud tan necesaria para todos. Lo asedian:

—Che, tú no puedes continuar fumando así. Pones tu vida en peligro.

Acorralado, Ernesto termina por admitir:

—De acuerdo. Pero al menos concédanme uno por día. ¡Un tabaco por día!

Al día siguiente llega al ministerio precedido por un cigarro de cerca de un metro de largo...

El 24 de julio se encuentra con Yuri Gagarin, el primer hombre que ha efectuado, tres meses antes, un vuelo espacial, y que está de paso en Cuba. Ernesto le formula gran cantidad de preguntas y le dice que a él también le encantaría pasearse cerca de las estrellas.

El 3 de agosto parte a Uruguay, como presidente de la delegación cubana a la Conferencia del Consejo Interamericano Económico y Social de la OEA. Prepara sus intervenciones en La Azotea, una hacienda cercana a Montevideo, donde comparte el mate de la amistad con el presidente uruguayo Eduardo Víctor Haedo. Esas intervenciones están llenas de sarcasmos hacia el "agresor del Norte", pero son también impactantes y plenas de imágenes, impresionando a las demás delegaciones, incluida la norteamericana. Se apoya ante todo en José Martí: "El pueblo que compra manda. El pueblo que vende sirve. Hay que equilibrar el comercio para asegurar la libertad."

Se prepara un encuentro con el delegado de los Estados Unidos Richard Goodwin. Tiene lugar en la residencia del delegado permanente del Brasil en Montevideo para los asuntos económicos. Goodwin adelanta una propuesta: su país podría dar a la Argentina y al Brasil el dinero necesario para que sustituyan la ayuda aportada a Cuba por la Unión Soviética, lo que permitiría conservar a la isla dentro del bloque occidental. Propuesta esbozada de dientes para afuera, que no hace pestañear al Che; se limita a tomar nota.

El 16 de agosto de ese año 1961, día en que se erige el Muro de Berlín, el Che lanza crudas verdades en la fría tarde de Montevideo:

"...nos encontramos con que la tasa de crecimiento neto anual de 2,5 por ciento de habitantes requiere aproximadamente un siglo para alcanzar el nivel presente en los Estados Unidos (...) calculando que el proceso de desarrollo de los países actualmente subdesarrollados y el de los países industriales se mantuviera en la misma proporción, los subdesarrollados tardarían 500 años en alcanzar el mismo ingreso por habitante de los países desarrollados."

Tras el resurgimiento de las viejas querellas CEPAL-FMI, entre la Comisión Económica de las Naciones Unidas para la América Latina y el Fondo Monetario Internacional, el Che recibe la invitación de ir a Buenos Aires. Esta vez sin *Buena Victoria*, como los cubanos llaman a Goodwin. El presidente argentino Frondizi, que no desea que su pueblo esté al corriente de la llegada del Che, impone tres condiciones: en primer lugar que la entrevista sea requerida por vía diplomática, luego que solicite formalmente una visa, finalmente que ese viaje se mantenga en secreto. Lo será a tal punto de que el Che deberá a un cambio de última hora el hecho de no morir en el accidente aéreo en que perecerá la delegación cubana en el viaje de regreso. Un accidente nunca aclarado, pero que es dable imaginar dirigido al Che.

Siempre de verde oliva, el Che acepta ponerse en la piel de un verdadero político. Atraviesa los barrios de la ciudad que lo hizo médico, reencontrando en ellos imágenes del pasado. En la residencia de Olivos, el presidente argentino y el Che se tratan de *doctor* cada dos por tres. Frondizi calcula, como su colega brasileño Janio Quadros, que a su país le interesa hacer de intermediario entre los Estados Unidos y Cuba, como sugiriera Goodwin, simplemente porque las migajas que quedarán en la mesa de las negociaciones podrían ser abundantes. El Che no llegará a entenderse con Frondizi, a quien en un artículo tratará de títere, como tampoco con Janio Quadros, en Río, en el camino de regreso. Ambos tienen razones precisas para querer mantener a Cuba en el campo de los Estados Unidos.

El Che no les traerá buena suerte a los presidentes de los dos países más extensos de América del Sur: ambos serán reemplazados, ¡dentro de los ocho días siguientes a su encuentro con él!

No bien posa los pies en La Habana, Ernesto se entera de la baja de la producción azucarera, lo que lo pone de pésimo humor y lo decide a lanzar un llamado a los campesinos para que corten toda la caña de azúcar que puedan, sin parar mientes en su estado de crecimiento o madurez, a fin de que, en el año en que Cuba cambia de socio, la cosecha sea suficientemente abundante. Ello permitirá alcanzar la cifra más alta de producción de caña de azúcar en la isla: 6.800.000 toneladas.

El cambio de socio se confirma: el 2 de diciembre de 1961, cinco años después del desembarco del *Granma*, Fidel Castro define oficialmente la Revolución Cubana como marxista-leninista. Por su parte, la Unión Soviética ha comenzado a dar pruebas de su viraje interno, abandonando la política staliniana para redefinirse en el XX Congreso. Además, por primera vez Kruschev acaba de atacar directamente a Mao. En todo caso, se responde a los presidentes de la Argentina, Brasil y México, y con mayor razón a la Casa Blanca, que Cuba rompe efectivamente las amarras de la unidad continental. Su línea telefónica directa estará en adelante conectada con Moscú. La exclusión de Cuba por la OEA constituye la primera sensación del año 1962. Gabriel Robin, del Instituto Francés de Relaciones Internacionales, recuerda:[4]

"En el mes de enero de 1962, precisamente, la Organización de los Estados Americanos se reunió en Punta del Este (Uruguay): no contenta con excluir a Cuba de sus filas, condenó la 'intervención del bloque chino-soviético en el hemisferio occidental' y pidió a sus Estados miembros hacer todo lo posible para neutralizar el foco de contagio. Por cierto, las reticencias de México y de Brasil impidieron que se decidieran de inmediato sanciones colectivas.

"A principios de febrero, el gobierno de los Estados Unidos decreta el embargo de todas las mercancías provenientes de Cuba, y un mes y medio más tarde lo extiende a los productos cubanos que hayan transitado por terceros países, mientras que, cada vez con mayor fuerza, solicita a sus aliados europeos y latinoamericanos asociarse a ese semibloqueo. Paralelamente, la Argentina y luego Ecuador rompen relaciones con La Habana."

El 2 de marzo, la guerra fría entre los Estados Unidos y la isla comienza a ponerse caliente. Kennedy anuncia su intención de prohibir todas las importaciones provenientes de Cuba, y el 11 bloquea las ventas de productos agrícolas al insolente vecino. Criticado por su Congreso, el joven presidente debe demostrar que es fuerte y que no dejará que se deteriore la imagen de su país en el mundo.

La mecanización del cultivo de la caña de azúcar resulta prioritaria para el Che. Está decidido a construir máquinas

---

[4] *La crise de Cuba, octobre 1962*, Ed. Económica.

según el modelo de la *Continua* filmada en Florida en 1959. No es tarea fácil. Desmantelando una vieja Thornton que ya no servía desde hacía unos diez años, se logra construir dos aparatos, que en abril de 1962, una vez montados en tractores, hacen entrar a los cosechadores de caña de azúcar en una nueva era.

El Che aprovecha para afirmar a los trabajadores:

"En nuestra pequeña isla, en el mismo momento en que tenemos la gigantesca tarea de luchar contra el imperialismo, cuando debemos ser un ejemplo para toda América y sostener una lucha a muerte en la que nos es imposible bajar los brazos, debemos igualmente avanzar en el dominio tecnológico."

Alfredo Menéndez, director de la ECA (una sociedad para el mejoramiento de la producción del azúcar), encargado por Ernesto de la mecanización del cultivo de la caña, cuenta:

—El Che quiso integrarse al equipo de trabajo de este enorme complejo azucarero. Obtuvo resultados positivos en el manejo de la primera máquina, verificó sus defectos y se aplicó a eliminarlos. Se esforzó igualmente en despertar el interés de nuestros dirigentes políticos, de nuestros administradores, de nuestros sindicatos y de nuestros trabajadores por la mecanización. Tener mil cortadoras es muy importante, insistía él. Eso significa que mil hombres reflexionarán y buscarán soluciones. Así tomarán conciencia, por sus esfuerzos, de la urgente necesidad de mecanizar el corte y la recolección de la caña.

En junio de 1962, aprovechando una visita a las minas de Moa, el Che llega hasta Santiago, donde Mial ha abierto una escuela de medicina general. Ernesto no había acogido con demasiado entusiasmo el proyecto de su amigo cuando éste se lo anticipó:

—¿No estás bien en La Habana, o qué?

Pero Alberto supo tocarle el lado sensible, recordándole cómo se beneficiarían los niños de la Sierra Maestra con una escuela de medicina en el lugar. Y ahora, cuando comprueba lo que Mial ha construido, se quita el sombrero con admiración.

En julio, los anticastristas refugiados en Miami presionan al gobierno norteamericano: ¿es exacto, como se comenta, que los soviéticos están instalando una base de misiles en Cuba? A fines de agosto, el Che parte de nuevo a Moscú donde tienen lugar discusiones sobre intercambios económicos. El 31 descubre Yalta en el Mar Negro, come caviar y se encuentra con Kruschev. El 3 de septiembre un comunicado hace público el contenido del acuerdo firmado por los dos hombres: concierne a cuestiones técnicas, agrícolas, hidroeléctricas, siderúrgicas y también militares.

El Che regresa a Cuba el 7, donde efectúa incesantes idas y venidas entre su despacho ministerial y la base militar de Pinar del Río. En la reunión del 8 de octubre en la ONU, el presidente cubano Dorticós exclama:

"Queremos poner en guardia contra todo error: una agresión contra Cuba podría, con gran pesar de nuestra parte y en contra de nuestros deseos, dar la señal de una nueva guerra mundial."

El presidente de la joven república argelina, Ahmed Ben Bella, que pronto irá a La Habana a reunirse con los dirigentes cubanos y que se convertirá en un amigo personal del Che, tiene una entrevista con Kennedy. A la pregunta directa que le formula:

—¿Va usted hacia una confrontación con Cuba?, el presidente norteamericano le responde:

—No, si no existen misiles soviéticos; sí, en caso contrario.

En ese comienzo de octubre, el Che pronuncia en La Habana un discurso ante las organizaciones de la juventud:

"...se plantea a todo joven comunista ser esencialmente humano, ser tan humano que se acerque a lo mejor de lo humano, purificar lo mejor del hombre por medio del trabajo, del estudio, del ejercicio de la solidaridad continuada con el pueblo y con todos los pueblos del mundo, desarrollar al máximo la sensibilidad hasta sentirse angustiado cuando se asesina a un hombre en cualquier rincón del mundo y para sentirse entusiasmado cuando en algún rincón del mundo se alza una nueva bandera de libertad."

El 16 de octubre, los supersónicos norteamericanos U-2 descubren baterías misilísticas en el extremo oeste de Cuba y toman fotos. Luego de analizarlas, el Pentágono comprueba que esos misiles son capaces de llegar al norte de los Estados Unidos.

EL COMBATIENTE

1. El Che en el stand de tiro de Los Gamitos, en México, antes del embarque a Cuba.

2. A caballo en los senderos de la Sierra.

3. Preparación de un combate con los jefes barbudos: de izquierda a derecha el Che, Fidel, Juan Almeida, Ramiro Valdés, el Chino.

4. En La Habana, la Revolución en marcha.

1

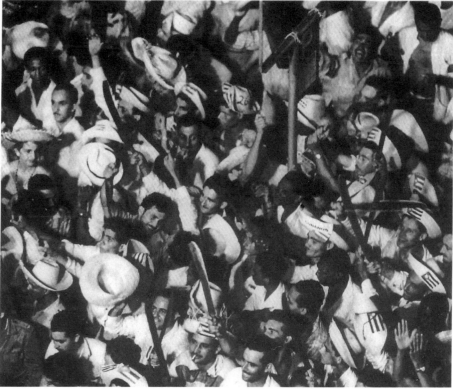

6

5. ¡Viva la Revolución!

6. La efigie de Camilo Cienfuegos y la famosa firma del patrón del dinero cubano.

7. El Che en el Congo, o Tatu Muganda ocupándose de los niños.

8. El nuevo aspecto del Che, al partir para Bolivia.

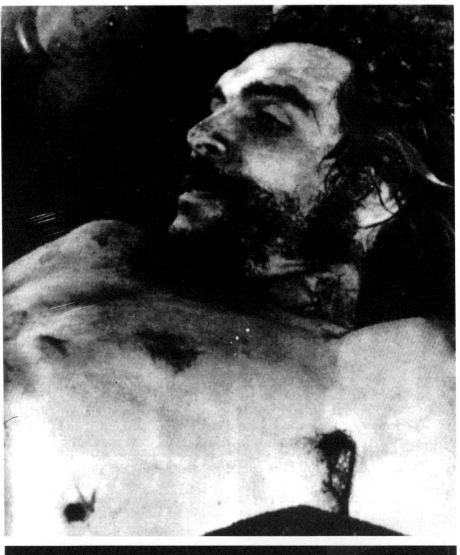

9

9. El Che muerto, con los ojos abiertos.

10. El autor con Ernesto Guevara padre en 1981, en La Habana.

11. Suspendido entre cielo y tierra.

Muchas preguntas quedan en suspenso,
pero el Che
tendrá el coraje de plantearlas

XXV
Entre los dos bloques

Ha comenzado la pulseada entre Kennedy y Kruschev. Podría resumirse en una frase, pero que la K del Este se guarda bien de pronunciar: "Tú retiras tus misiles de Turquía y yo retiro los míos de Cuba."

Kennedy trata de saber más sobre el desafío lanzado por su colega. Después de hacer un papelón en la Bahía de Cochinos, de dejar plumas en la cumbre de Viena, al águila yanqui no le faltaría más que bajar de nuevo la cabeza. La corriente antinorteamericana a la que se asiste exaspera a Washington, y si hay un punto en el mundo que eriza a la Casa Blanca, y más aún al Pentágono, ese punto es Cuba, ese mosquito ochenta y seis veces más pequeño que su vecino del Norte y sin embargo dispuesto a picarlo.

El 22 de octubre Kennedy abre la crisis ante las cámaras norteamericanas. El mundo descubre estupefacto la extrema gravedad de la situación, la peor que se haya conocido desde el fin de la Segunda Guerra Mundial. Se inicia una terrible partida de póquer mentiroso. Kennedy se inclina a pensar que su rival alardea, que trata simplemente de marcar un punto a su favor en la guerra fría. ¿Qué respuesta decidir? ¿El bloqueo o el bombardeo? Como contrapartida, ¿dejar la base de Guantánamo, retirar los misiles Júpiter que apuntan a Moscú desde Turquía, así como los instalados en Italia?

Kennedy desecha la solución "bombardeo", que equivaldría a ponerse al mundo entero en contra. Del mismo modo, reemplaza la palabra bloqueo por "cuarentena". Desde el lunes 22 hasta la noche del 28, seis días durante los cuales el mundo contiene el aliento, la partida avanza con tantos a favor para los dos bandos. El ruso no deja de destacar que su adversario se burla de la soberanía de Cuba instalando un bloqueo que disimula detrás de otro nombre. "¿Y si mañana, en alta mar, los barcos soviéticos rehusaran dejarse detener?", se interroga con ansiedad el norteamericano. El 24, a las 10.30, las embarcaciones de bandera roja se inmovilizan. ¿Ha ganado Kennedy? No todavía. Kruschev exige, contra el retiro de los misiles del territorio cubano, que se haga lo mismo con los Júpiter de Turquía. Y, como prioridad, que se levante la "cuarentena", con la promesa expresa de no atacar a Cuba. Se necesitarán cinco meses para que ese trato entre las dos K se aplique realmente en el terreno.

Mirándolo con la perspectiva que da el tiempo, parecería que Cuba fue salvada por Berlín, donde se desarrollaba otra pulseada en el mismo momento. Kruschev había instalado sus misiles de su lado del Muro, pero descubrió también que los Estados Unidos llevaban ventaja en la carrera de las armas nucleares, y que se perfilaba la perspectiva de dotar a la Bundeswehr de tal armamento. Entonces puso todo en la balanza, en la esperanza de llegar a un acuerdo global, y a partir de allí las cosas podrían resumirse así: "De no haber armas nucleares del otro lado del Muro, eso ayudaría a que retirásemos nuestros misiles de Cuba." A la inversa, sin la amenaza de Berlín, probablemente Kennedy hubiese castigado a su insolente vecino. Cuba fue pues el detonador y el rehén en una historia más vasta, que habría podido desembocar en una catástrofe mundial, pero nadie pidió su opinión al principal interesado. Castro no pudo más que poner el freno durante la semana en que el mundo entero tuvo los ojos puestos en su isla.

El Che también se pregunta qué clase de aliados son los rusos. El papel de rehén impotente y amordazado no se acomoda a su gusto; él, que siempre es dueño de sus actos. Por cierto, no cambia de opinión sobre los Estados Unidos, pero comienza a pensar que el nuevo socio elegido por Cuba podría resultar, también él, dominante a su manera.

Se construyen refugios antiatómicos en la isla, en previsión de una invasión que los dirigentes estiman siempre posible. Mientras tanto, la vida económica no pierde sus derechos. El viraje realizado por Cuba obliga al Che a buscar nuevas fórmulas para estimular la producción azucarera. Clausura en el teatro Chaplin —hoy teatro Karl Marx— el Congreso de Trabajadores de la Caña de Azúcar, dando una voz de alarma:

"La cosecha de 1963 será difícil a causa de la falta de brazos en los cañaverales."

En el mes de marzo anterior había reconocido implícitamente haberse equivocado al apostar demasiado a la industrialización acelerada en detrimento de la agricultura. Confía al periodista francés Jean Daniel:

"Nuestras dificultades son principalmente el fruto de nuestros errores. Y éstos fueron numerosos. El que más daño nos causó fue la subexplotación de la caña de azúcar."

A fines de enero de 1963 provoca el pánico al anunciar su visita a los campos de la central Ciro Redondo en Morón. La emoción llega al colmo cuando, acompañado por el fotógrafo Korda, recorre las plantaciones de caña, con un enjambre de niños a sus talones, y se asegura como de costumbre de que todo el mundo reciba la misma ración en las comidas. El 4 de febrero, primer día de trabajo, conduce las primeras cortadoras enteramente cubanas. Se presentó en los campos tan temprano, que tuvo que esperar que el sol se dignara salir para atacar el trabajo.

—Nadie podía detenerlo —recuerda Juan Jiménez, uno de los "leñadores", como Ernesto llamaba a los cortadores de los finos troncos—. Recuerdo que un día se quemaron muchos cañaverales, e inmediatamente el comandante decidió ir a cortar la caña quemada para darse cuenta de las reacciones de la máquina sobre el terreno. Nosotros, que trabajábamos a su lado, intentamos disuadirlo, pues ese día ya estaba muy cansado y el polvillo de la caña quemada podía provocarle nuevas crisis de asma. Nada que hacer, tuvimos que seguirlo y nos extenuó en la tarea. ¡Ese hombre, no era un par, sino cuatro pares bien puestos los que tenía! Varias veces, con otros grupos, trabajó hasta el alba.

Gerónimo Álvarez Batista, uno de los jefes cortadores, cuenta por su parte:

—Cuando un día le preguntamos cuál había sido la productividad de su máquina en las doce horas transcurridas, respondió: "¡Llegué a quince toneladas y una pata!" El diario *Revolución* reprodujo la información tal cual, sin ningún comentario. Cuando el Che tuvo el ejemplar ante los ojos, estalló en una carcajada: la pata en cuestión era una broma; se trataba del pie del jefe de su escolta que había sido ligeramente lastimado por una cuchilla...

El Che, que tanto aprecia el aire puro del campo, tiene que habérselas con la burocracia, de la que es uno de los responsables como ministro. Escribirá más tarde, recordando ese período:

"Los primeros pasos como Estado revolucionario, así como toda la primitiva época de nuestra gestión en el gobierno, estaban fuertemente teñidos de los elementos fundamentales de la táctica guerrillera como forma de administración estatal...

"Por ocupar todo el complejo aparato de la sociedad, los campos de la acción de las 'guerrillas administrativas' chocaban entre sí, produciéndose continuos roces, órdenes y contraórdenes, distintas interpretaciones de las leyes que llegaban, en algunos casos, a la réplica contra las mismas por parte de organismos que establecían sus propios dictados en forma de decretos, haciendo caso omiso del aparato central de dirección...

"Como contramedida se empezaron a organizar los fuertes aparatos burocráticos que caracterizan esta primera época de construcción de nuestro Estado socialista, pero el bandazo fue demasiado grande y toda una serie de organismos, entre los cuales se incluye el Ministerio de Industrias, iniciaron una política de centralización operativa frenando exageradamente la iniciativa de los administradores".

A comienzos de junio de 1963, el Che vuela nuevamente. A Checoslovaquia primero, donde lo recibe el primer ministro William Siroky. El 3 está en Argel, donde lo aguarda Ben Bella para las fiestas en celebración del primer aniversario de la independencia. Visita la Cabilia, Orán, Constantina, Biskra, Sidi-Bel-Abbès, etc. El 24 regresa a La Habana. El 1º de agosto, una importante delegación china venida para el décimo aniversario del Moncada se mezcla con unos sesenta estudiantes norteamericanos de visita en Cuba, que no cesan de hacer preguntas. El Che se complace vivamente en participar en las discusiones con personas provenientes de horizontes tan diversos. La ocasión es demasiado buena para no insertar su mensaje revolucionario:

"Las guerras de liberación constituyen un catalizador de la conciencia colectiva. En cada país subdesarrollado hay una clase más desheredada que las otras. No es la del obrero industrial sino la del obrero agrícola, el campesino, el que trabaja la tierra. Él es el mejor fermento revolucionario."

Un domingo por la mañana, día de trabajo voluntario por excelencia, Alberto Granado, presente en La Habana para una conferencia sobre bioquímica, acude a las seis al Ministerio de Industrias. El Che y Aleida aguardan junto a un camión, Ernesto mirando su reloj con impaciencia. Aparecen por fin tres grandes autos llenos de colaboradores del ministerio. Alberto recuerda divertido la escena:

—Los interpeló: "¡Así, señores, que los viceministros vienen con la nafta del pueblo y sus choferes! Vayan todos a bordo del camión..." Y así fuimos toda esa gente, altos funcionarios no muy contentos, choferes más bien divertidos y nosotros tres, Ernesto, Aleida y yo, encantados, por la ruta de Matanzas, a cortar caña en el central Toledo. Nos hicimos los graciosos posando ante el objetivo al pie de las cañas, que nos sobrepasaban mucho en altura, sobre todo a mí.

En septiembre, el Che —a quien su padre enseñó a jugar al ajedrez a los once años— toma parte en un torneo de partidas simultáneas realizado en su terreno, dentro del Ministerio de Industrias, con el campeón de la URSS Víctor Korchnoi. Ernesto es un apasionado del ajedrez. Tiene una biblioteca de unos quinientos fascículos sobre el tema, y en la Argentina se enfrentó a Miguel Najdorf. En 1962, lanzó en Cuba un torneo internacional, el Capablanca in Memoriam, asegurando en esa ocasión:

"Si el ajedrez constituye un pasatiempo, hay que considerarlo igualmente como un estimulante del razonamiento, y los países que poseen grandes equipos de ajedrez están también en primera línea en otras esferas más importantes."

En 1963, juega por teléfono con el genio norteamericano Bobby Fischer.

El 22 de noviembre de 1963, día del asesinato de Kennedy, el Che comienza la electrificación de toda la isla. Y para que la corriente pase mejor entre sus hermanos los hombres, lanza una fórmula: *¡Hombre lobo no, hombre nuevo sí!* Un *hombre nuevo* es la culminación de la Revolución tal como Ernesto la ve. Después de haber dirigido el programa de industrialización, llevado el timón de la economía, creado el Ministerio de Industrias, mecanizado la agricultura, el Che comienza a interrogarse más y más sobre el hombre. Sobre los motivos que lo hacen avanzar. Escribe a un intelectual cubano, José Medero Mestre: "Tras la ruptura de la sociedad anterior se ha pretendido establecer la sociedad nueva con un híbrido; al hombre lobo, la sociedad de lobos, se lo reemplaza con otro género que no tiene su impulso desesperado de robar a los semejantes... la palanca del interés material se constituye en el árbitro del bienestar individual y de la pequeña colectividad (fábricas por ejemplo), y en esta relación veo la raíz del mal."

En marzo de 1964 es la voz de Cuba en la primera Conferencia Mundial de Comercio y Desarrollo, de la ONU, en Ginebra. Comienza enumerando una a una las agresiones económicas del imperialismo contra Cuba: la negativa a refinar el petróleo ruso; la reducción, luego la supresión del cupo de azúcar; el embargo comercial total por parte de los Estados Unidos; el bloqueo económico, en combinación con otros países a los que se presionó; la prohibición de toda transferencia de dólares a Cuba; la suspensión de la ayuda norteamericana a Gran Bretaña, Francia y Yugoslavia "por seguir comerciando con Cuba". Si en Uruguay su carisma había hecho maravillas, en Ginebra su discurso no se recibe tan bien. Termina solicitando que se reglamente la utilización de los excedentes "para defender los precios de los productos que exportan los países subdesarrollados". Lo que era evidentemente el objetivo de su intervención en el país de los banqueros.

Aprovecha ese viaje para ir a París y reunirse con el hombre que lo contradice, Charles Bettelheim. Este último cuenta:

—Comimos en la parte alta del boulevard Saint-Michel, en el restaurante Carli. Al reconocer al Che, el patrón, italiano, le aseguró que su padre era un antifascista y que le honraba recibirlo. Nos instaló en la planta alta, en un salón tranquilo. Allí, el Che me pidió analizar la situación, indicarle cómo veía los problemas, la evolución de la economía cubana. Le participé mi pesimismo. Como de costumbre, escuchaba con la mayor atención, no objetaba nada.

"He conocido a Nasser, a Nehru, a Chou En-lai, a Fidel; ninguno causó en mí un efecto tan fuerte como el Che. No obstante Chou En-lai era también alguien fascinante. Pero el Che era diferente: de su sencillez emanaba tal carisma que sólo se podía amarlo. Por supuesto se equivocó al querer ir demasiado rápido. Su hombre nuevo no podía existir de un día para el otro. El Che quería imponer a los hombres comportarse como él deseaba. Como se comportaba él mismo en realidad, persuadido de que era por su bien. Eso no es posible, hay que darles la opción a las personas y, por lo tanto, tiempo. Primero hay que hablar con ellas. Del diálogo nace el cambio. Su hombre nuevo habría parecido un robot demasiado perfecto, por consiguiente utópico.

Charles Bettelheim recibirá una carta del Che, fechada el 24 de octubre de 1964.

"Año de la Economía
"Estimado compañero:
"Recibí su carta y le envío por correo aparte las revistas que me solicitó.
"Me agradaría mucho poder discutir con usted 'una vez más sobre nuestras divergencias'.
"Un poco más avanzado que el caos, tal vez en el primero o segundo día de la creación, tengo un mundo de ideas que chocan, se entrecruzan y, a veces, se organizan. Me gustaría agregarlas a nuestro mutuo material polémico.
"Esperando su venida, se despide de usted revolucionariamente,
"Patria o Muerte. Venceremos.
"CMDTE. ERNESTO CHE GUEVARA"

En la nueva Cuba las ideas pueden chocar entre sí, a veces se superponen unas a otras y difícilmente armonizan. Las del Che, las más contrastantes por ser las más revolucionarias, chocan a las viejas barbas; otras, menos canosas, desean marcar su diferencia con el joven barbudo que quiere cambiarlo todo. Ernesto les reserva una estocada secreta: "Por cierto, un buen reformista mejoraría el nivel de vida del pueblo cubano. Pero eso no sería la Revolución. La Revolución es el sacrificio, la lucha, la confianza en el futuro. La Revolución debe superar el estúpido programa reformista. Para ello es necesario condenar la rentabilidad, la ganancia individual, para obtener un hombre nuevo."

En La Habana se cuenta un chiste en voz baja: dos obreros discuten. Uno le dice al otro: "Está muy bien la Revolución. Dejas de beber ron, no fumas más, trabajas quince horas diarias, ya no tocas a tu mujer porque no tienes más fuerzas... Dime, ¿no conoces un medio para irte a otra parte?"

Los diarios cubanos reproducen, comentándolo, un reportaje de *Le Nouvel Observateur* en el que se habla de las personalidades de la isla. Al presidente Dorticós se lo presenta como el blando del grupo, a Fidel como el semiduro y al Che como el duro, el *chinófilo*, porque se apoya en ciertas tesis de Pekín. De hecho, él se está preguntando si los rusos no abusan de su pequeño aliado, presionándolo y prohibiéndole todo contacto con los chinos. Desearía quedarse tranquilo y proyecta un nuevo viaje al otro lado de la Cortina de Hierro.

Un día de julio aterriza en Santiago con su avión ministerial, piloteado por Eliseo de la Campa, *el Gordo*, con un guardaespaldas llamado *el Chino*, y va en seguida a ver a Alberto.

—Petiso —le dice—, libérate para el día de mañana. Ya verás.

Los tres viajeros de La Habana pasan la noche en la gran casa de los Granado, y al dar las cinco de la mañana un jeep los conduce a Bayamo, luego a Bueycito en la Sierra Maestra, donde los esperan unas mulas. Comienza entonces un maratón de nueve horas, que dejará extenuado al doctor Granado, con las nalgas en carne viva.

—Yo estaba muerto de fatiga —recuerda—. Escalamos hasta Mar Verde, donde lo mataron a Ciro Redondo. Ernesto tomó algunas fotos del túmulo levantado a la memoria de su compañero, luego proseguimos nuestro camino, el Che adelante, el Chino en segundo lugar, yo en tercero y el Gordo cerrando la marcha. Con dos latas de sardinas por todo almuerzo, que nos repartimos mientras calmábamos la sed en el agua de un arroyo. Más tarde, recordando esa jornada, comprendí que en realidad Ernesto se preparaba para volver a partir a encender la revolución en alguna parte, o a poner su fusil al servicio de otra ya comenzada. Quiso efectuar esa salida para probarse nuevamente en las condiciones de la guerrilla, las condiciones físicas se entiende, pues mentalmente estaba siempre listo. Pero quería saber cómo reaccionaría su cuerpo, si no estaba demasiado herrumbrado. Sí, se entrenaba, y en el momento lo maldije por hacerme participar de esa sesión... ¡Sin embargo, si hubiera que hacerlo de nuevo, yo partiría en el acto, aun hoy!

En el verano, el Che escribe un artículo titulado "La industria nueva", que se publicará en la *Revista Económica*. "Hoy, el trabajo voluntario debe convertirse en un fenómeno de masas; ello exige también un avance importante en la organización, para que quien trabaja voluntariamente no se sienta frustrado. El domingo último participé en la recolección de la caña y —lo que nunca me ocurre— me sorprendí mirando el reloj más o menos cada cuarto de hora, impaciente por poder irme al fin. Porque tenía la impresión de que mi trabajo carecía de sentido, lo que equivale a decir que ese trabajo todavía debe ser organizado para el hombre que participa en él. (...)

"El mayor peligro a nuestros ojos es el antagonismo que se ahonda entre la administración del Estado y los organismos de producción. El economista soviético Liberman ha analizado ese antagonismo y concluyó que era necesario cambiar los métodos de estimulación colectiva, abandonando la antigua fórmula de premios, para pasar a fórmulas más avanzadas. Una cosa debe quedar bien clara: nosotros no negamos la necesidad objetiva del estímulo material, pero somos reticentes en cuanto a utilizarlo como palanca esencial. Consideramos que en materia de economía ese tipo de palanca adquiere rápidamente valor de modelo, y termina por imponer su dinámica propia a las relaciones entre los hombres. No hay que olvidar que proviene del capitalismo, y que está condenado a morir en el marco del socialismo. ¿Cómo? Poco a poco, se nos responde, gracias al aumento progresivo de los bienes de consumo destinados al pueblo, que torna superfluo ese estímulo. Nosotros encontramos en esas concepciones un mecanismo de pensamiento demasiado rígido. Los bienes de consumo son la regla de vida, y en definitiva el elemento principal de la conciencia, para los defensores del otro sistema. A nuestro modo de ver, estímulo material y conciencia son términos antinómicos."

El 28 de octubre, quinto aniversario de la desaparición de Camilo Cienfuegos, el Che se incluye a sí mismo en un "nosotros" culpable: "Para mí, Camilo no ha muerto y la influencia de su acción, de su actividad revolucionaria, sirve y servirá para corregir nuestras debilidades y los errores revolucionarios que cometemos." El 4 de noviembre parte en un tercer y último viaje a Moscú, invitado a las festividades conmemorativas del 47º aniversario de la Revolución de Octubre. Emprende el vuelo, pero con la idea en la cabeza de que pronto deberá volver a su verdadera misión, el combate en el terreno, la guerrilla. En el lugar, verifica cuán fundados eran sus temores con respecto a los soviéticos, y al regreso piensa: "No se puede confiar en esa gente, pues nos hacen pasar a segundo plano. Por eso me parece preferible mantenernos a distancia, como con los ómnibus equipados con frenos neumáticos. Si se los sigue demasiado cerca, a la menor frenada que den, se produce el choque."

Para no quedar a merced de los rusos, y no pudiendo evidentemente acercarse a los Estados Unidos, el Che comienza a estimar que el bloque neutralista, con sus países socialistas funcionando independientemente de Moscú, podría convenir a Cuba. Comprende que Fidel pueda juzgar por el momento las relaciones con el Kremlin prioritarias y vitales, y que después de todo "no se está tan mal bajo la gran pata protectora del oso soviético"; pero él mismo, que nunca ha hecho trampas, que no simpatiza con el lenguaje llamado político, rechaza toda forma de compromiso. Para él el marxismo es pureza; la pureza, transparencia, y la transparencia, sinceridad. Hay demasiada nebulosa para su gusto en las relaciones con el gran hermano del Este para poder concederle una confianza total.

El 9 de diciembre, Ernesto retoma el avión. Dirección: Nueva York, adonde va a defender los intereses de Cuba en la ONU, sin olvidar rehacer el mundo a su manera. Desembarca en la ciudad de los rascacielos con su boina con la estrella, un abrigo de cuero sobre la espalda, y se encierra en su habitación del hotel para leer los diarios y preparar su intervención del 11.

Ese día, con una voz que por sus acentos épicos recuerda la de André Malraux, la emprende contra sus huéspedes, los hijos del Tío Sam:

"Es de hacer notar que las noticias sobre el entrenamiento de mercenarios en distintos puntos del Caribe y la participación que tiene en tales actos el gobierno norteamericano se dan con toda naturalidad en los periódicos de los Estados Unidos. No sabemos de ninguna voz latinoamericana que haya protestado oficialmente por ello. Esto nos muestra el cinismo con que manejan los Estados Unidos a sus peones. Los sutiles cancilleres de la OEA que tuvieron ojos para ver escudos cubanos y encontrar 'pruebas irrefutables' en las armas yanquis exhibidas por Venezuela, no ven los preparativos de agresión que se muestran en los Estados Unidos, como no oyeron la voz del presidente Kennedy que se declaraba explícitamente agresor de Cuba en Playa Girón.

"En algunos casos es una ceguera provocada por el odio de las clases dominantes de los países latinoamericanos sobre nuestra Revolución..."

Y aprovecha para clavar una banderilla en el lomo del oso soviético:

"Nosotros queremos construir el socialismo; nos hemos declarado partidarios de los que luchan por la paz, nos hemos declarado dentro del grupo de países no alineados, a pesar de ser marxistas-leninistas, porque los no alineados, como nosotros, luchan contra el imperialismo. Queremos paz, queremos construir una vida mejor para nuestro pueblo, y por eso, eludimos al máximo caer en las provocaciones maquinadas por los yanquis, pero conocemos la mentalidad de sus gobernantes; quieren hacernos pagar muy alto el precio de esa paz.

Nosotros contestamos que ese precio no puede llegar más allá de las fronteras de la dignidad".

En su sulfuroso espolvoreo universal, no deja de salpicar a Sudáfrica:

"...la brutal política del *apartheid* se aplica ante los ojos de las naciones del mundo. Los pueblos de África se ven obligados a soportar que en ese continente todavía se oficialice la superioridad de una raza sobre la otra, que se asesine impunemente en nombre de esa superioridad racial. ¿Las Naciones Unidas no harán nada para impedirlo?"

Después de tratar ásperamente al delegado de los Estados Unidos, Adlai Stevenson, luego de su viva reacción, el Che se proyecta hacia el futuro, implicándose por entero en él con sus palabras:

"Soy cubano y también soy argentino y, si no se ofenden las ilustrísimas señorías de Latinoamérica, me siento tan patriota de Latinoamérica, de cualquier país de Latinoamérica, como el que más y, en el momento en que fuera necesario, estaría dispuesto a entregar mi vida por la liberación de cualquiera de los países de Latinoamérica, sin pedirle nada a nadie, sin exigir nada, sin explotar a nadie."

El Che está solo. Fidel no lo sigue en su desconfianza hacia el gran hermano ruso. Él sabe ahora que su destino lo llama a otra parte, a otro país de esa América Latina cara a su corazón. Revela a algunos allegados que Brasil lo atrae particularmente. Por el momento deambula al pie de los rascacielos, pensando que cada uno de ellos alberga el equivalente de la población de una pequeña ciudad cubana, y en el torrente de dólares que no cesa de fluir de uno al otro.

Es entrevistado en la televisión, en el programa *Face of the Nation*, por Tad Szule, del *New York Times,* y los periodistas más famosos de la CBS, Paul Niven y Richard C. Hottelet. Lo acribillan a preguntas sobre la polémica chino-soviética, sobre los disensos existentes en Cuba entre los comunistas de antes de la Revolución y la mayoría de los responsables del M 26-7. Él evita extenderse sobre sus desacuerdos con Moscú, para no complicarle más la vida a Castro. Termina con palabras belicosas:

—Una transición pacífica hacia el socialismo en América es prácticamente imposible. Por eso, nosotros, los cubanos, decimos que en América el camino de la liberación de los pueblos, que será el camino del socialismo, pasará por las balas en casi todos los países, y puedo pronosticar que ustedes serán testigos.

Al salir del estudio, responde a los insultos de los cubanos anticastristas que han ido a abuchearlo, saludando como un boxeador que acaba de ganar un combate. Al día siguiente, una de sus amigas argentinas de Córdoba, Magda Moyano, se presenta en su hotel. Ha ido a invitarlo a la casa de los Rockefeller, lo que, para él, equivale a decir al antro mismo de Satán.

—Es en la casa de Bobó —insiste ella—, una Rockefeller que no tiene nada que ver con el resto de la familia. Es liberal, ya verás, de izquierda...

Laura Bergquist, una periodista de *Look*, que conocía al Che por haberlo entrevistado unos años antes en La Habana, estaba presente esa noche. Ella cuenta:

"Cuando él llegó, retrasado, con su ropa militar impecablemente planchada, todos los invitados quedaron paralizados como estatuas de sal."

Cuesta reanudar la conversación; luego un joven se atreve, Bill Strickland, líder del Movimiento de Estudiantes del Norte:

—¿Piensa usted que es posible, aquí en los Estados Unidos, intentar una acción guerrillera como la que usted hizo con el señor Fidel Castro?

Ernesto sonríe.

—La situación aquí es diferente. No, no pienso que su país pueda ser jamás la tierra de asilo soñada por los guerrilleros.

Evidentemente, el Che aprovechó su paso por el recinto de las Naciones Unidas para estrechar vínculos con los africanos y preparar su siguiente viaje. Pero no abandona Nueva York sin tener igualmente una conversación con Andrei Gromiko, ministro de Relaciones Exteriores de la Unión Soviética, y sería sorprendente que no le hubiera participado sus proyectos de llevar la guerrilla a otras regiones del mundo.

El 17 de diciembre, Ernesto abandona los Estados Unidos por Argelia, con una escala en Dublin, donde tiene sin duda un recuerdo para sus antepasados Lynch. Después de pasar tres días en Argel, viaja a Mali, donde lo espera Modibo Keita. Se entera de que los africanos lo han apodado "el Mao de América Latina", lo que no le desagrada. El 2 de enero de 1965, parte hacia el ex Congo francés, en Brazzaville se encuentra con los líderes Pascal Lissouba y Alphonse Massemba-Debat. El 8 atraviesa el golfo de Guinea para llegar a Conakry, donde lo recibe el presidente Sekou Touré, marxista pro chino. Los dos hombres se entienden para solicitar a la URSS que se comprometa a ayudar económicamente al proceso de descolonización y de unidad afroasiático. Luego el Che viaja a Ghana; en Accra, sobre la Costa de Oro, conversa con el presidente Kwame Nkrumah y aprovecha para reavivar las brasas de la revolución:

—África, América Latina y Asia deberán unirse con los países socialistas para luchar contra el imperialismo.

El 22 llega a Porto Novo, en Dahomey, desde donde envía una tarjeta a Hildita. Representa a un niño negro con ropa tribal, y lleva estas palabras: "Mi querida, creo que es un compañero de escuela tuyo. ¡No sé si lo reconocerás! Estoy en Dahomey: busca dónde queda en el mapa. Un abrazo a todos y a ti un beso grande de tu papá." Regresa a su base de Argel el 25, vía Accra, donde resume para el diario *Alger-Soir* su viaje a través del continente: "África estaba enferma, ahora está convaleciente y se cuida. Su enfermedad era el colonialismo, y sus riesgos de recaída provienen de los colonialistas." Desde el 8 hasta el 10 de febrero hace una pausa en París, ciudad que ama, especialmente a causa de la Revolución de 1789, que ocupó un gran lugar en la afirmación de su sistema de pensamiento. Pasea por los muelles de los *bouquinistes*, los libreros de viejo, se deleita con un sandwich de queso en un *bistrot*, va al Louvre a ver *La Gioconda*. Luego recomienza la gira: Dar es Salaam, en Tanzania, donde se reúne con el presidente Julius Nyerere; El Cairo, donde Nasser le encuentra algo de suicida en su manera de expresarse, y regresa a Argel.

El 24 de febrero, en ocasión del Seminario Económico de Solidaridad Afroasiática, en esa ciudad, sus críticas a Moscú se hacen más perceptibles:

"...(los soviéticos) negocian su apoyo a las revoluciones populares en beneficio de una política exterior egoísta, alejada de los grandes objetivos internacionales de la clase obrera... No puede existir socialismo si en las conciencias no se opera un cambio que provoque una actitud fraternal frente a la humanidad..."

Luego se lanza en una vehemente filípica sobre el significado del "beneficio mutuo", expresión que lo saca de sus casillas:

"¿Cómo puede significar 'beneficio mutuo' vender a precios de mercado mundial las materias primas que cuestan sudor y sufrimientos sin límites a los países atrasados y comprar a precios de mercado mundial las máquinas producidas en las grandes fábricas automatizadas del presente?

"Si establecemos ese tipo de relación entre los dos grupos de naciones, debemos convenir en que los países socialistas son, en cierta manera, cómplices de la explotación imperial."

No es de extrañar que tales palabras fuesen recibidas en Moscú como una afrenta, y que no tardara en seguirlas una llamada telefónica a La Habana...

El Che ha preparado su discurso con Mohammed Ben Bella, a quien también le cuesta aceptar las relaciones que los soviéticos mantienen con los países llamados hermanos. Ben Bella escribirá, en el discurso leído el 9 de octubre de 1987 por su mujer Zohra, en Atenas, en ocasión del vigésimo aniversario de la muerte del Che:

"Entre Cuba y Argelia se instauró un trueque de carácter no comercial, ubicado bajo el signo del don y de la solidaridad, y que, a merced de las circunstancias y también de las coacciones, fue un elemento original de nuestras relaciones con la Revolución Cubana. (...) Ese nuevo tipo de intercambio, que chocaba contra todas las concepciones mercantiles de las relaciones comerciales —pues nuestros ministros de Comercio no intervinieron jamás—, fue también practicado con otros países, como con Egipto de Nasser, Mali de Modibo Keita, Guinea de Sekou Touré, Tanzania de Nyerere, Congo de Massemba-Debat o Ghana de Nkrumah. Nosotros dábamos, pero también recibíamos mucho, y nunca supimos cuánto. Ese sistema de trueque complacía mucho al Che, pues se basaba en la amistad sincera; eso se adaptaba a su temperamento. (...) El Che consideraba que el eslabón débil del imperialismo se encontraba en nuestro continente, y que en adelante él debía consagrarle sus esfuerzos."

Su indómita voluntad de conducir al mundo a la libertad empuja a Ernesto a la esfera de la utopía. Según él: "Para permitir la entrada de los pueblos afroasiáticos en el socialismo, es indispensable que los precios sean fijados en función de sus materias primas, a fin de protegerlos de la bulímica organización del mercado mundial. La tarea consiste en fijar precios que permitan el desarrollo, y para eso habrá que cambiar el orden de las relaciones internacionales. Ya no corresponderá al comercio exterior fijar la política de precios, sino lo contrario, subordinado a una política fraterna hacia los pueblos."

El 2 de marzo el Che regresa a El Cairo, para conversar por última vez con Nasser, antes de volar el 5 a Pekín. Va acompañado por los capitanes Osmany Cienfuegos y Emilio Aragonés, el incorruptible político, secretario del Comité Central, número dos, detrás de Fidel, del PURSC, Partido Unido de la Revolución Socialista de Cuba. Durante la semana que pasa en China, además de la realización de uno de sus sueños más antiguos, visitar la Gran Muralla, Ernesto es recibido por el presidente de la República, Liu Shao-chi, así como por el futuro presidente Deng Xiaoping, por entonces secretario general del Partido. Mao, como presidente del Partido, sigue siendo el número uno chino. Todas las noches, Chou En-lai se presenta en el hotel donde residen los cubanos y se informa acerca de los deseos del Che. Se dice que le habría preguntado si no quería ver a alguien en particular —se sobrentiende Mao— y que

Ernesto le habría respondido que no. Parece extraño que no deseara volver a ver al hombre que había admirado tanto, aunque más no fuera para hablar con él de la Revolución y de su interés en encender otros Vietnam. Malraux estuvo con Mao en ese mismo año 1965. Tal vez el Che ya sabía, por sus conversaciones con los más altos dirigentes del país, que los chinos no lo ayudarían a llevar la Revolución al mundo entero. China Popular constituye un mundo en sí misma, sus dirigentes no se sienten directamente afectados por lo que ocurre en el resto del planeta. Por añadidura, con la Revolución Cultural que preparaba entonces, Mao tiene bastante que hacer. Ernesto abandona pues el Asia sin volver a verla. Sabe además que su discurso de Argel ha debido de hacer reaccionar a Moscú, y que, en La Habana, Fidel sin duda ha sido reprendido. Por consiguiente, no conviene echar más leña al fuego reuniéndose con Mao, que no es santo de la devoción del Kremlin.

El 15 de marzo su avión aterriza en el aeropuerto de Rancho Boyeros, donde lo esperan Aleida e Hildita, que acaba de cumplir nueve años. Sin embargo, no es momento para las efusiones. El presidente Dorticós también está presente en el aeropuerto, lo mismo que Fidel Castro, y, por lo que demuestran sus rostros, no de muy buen humor. El Che les debe explicaciones: partió a Nueva York a principios de diciembre y regresa después de más de tres meses de viaje, habiendo proferido, de paso, el demasiado famoso discurso de Argel, que todavía resuena en los pasillos del Kremlin.

Durante cerca de dos días y dos noches, Ernesto y Fidel se encierran a discutir para poner todo en claro. El tono entre ellos ya no es el mismo de hace cerca de diez años, cuando se encontraron por primera vez en la casa de María Antonia, en México. No obstante, persiste el fervor, también la amistad, en todo caso evidentemente de parte del Che, y la palabra Revolución conserva el mismo contenido para ambos. Contrariamente a lo que podría pensarse, no es un divorcio a la cubana lo que se prepara. Los dos hombres ven la revolución a nivel continental, trazan sus lineamientos para toda América del Sur. Pero el Che no puede ni quiere quedarse en Cuba. No puede, porque carga a Fidel con su peso, que ahora molesta a Moscú, el gran aliado. No quiere, porque en el contrato moral entre los dos jefes de la Revolución está previsto que Ernesto reanude el camino para combatir bajo otros cielos.

Fidel comprende que su amigo tiene una nueva visión geopolítica del subdesarrollo y que se inclina hacia el tercermundismo. En cuanto al Che, sigue sin perdonar a los rusos el haber retirado los misiles que protegían a Cuba sin advertir a Castro; ése es el punto de partida de todo. Como no quiere de ninguna manera perjudicar a Fidel, desaparecerá de la circulación, se perderá en la naturaleza. Su estadía en el África negra le permitió preparar una acción en el Congo, donde en cierto modo se hará olvidar de todo el mundo, principalmente de los gobiernos latinoamericanos aliados de Washington, para los cuales es el enemigo número uno, pero también de Moscú, que comienza a encontrar molesto a ese hablador. Tanto más por cuanto sigue ocupando el puesto clave de ministro de Industrias.

El Che deposita nuevamente su nacionalidad cubana en manos de Fidel, lo que preservará a este último de los sarcasmos soviéticos sobre "el cubano que no ve más que por Mao". Se despide de sus colaboradores del Ministerio de Industrias de una manera bastante informal:

"Lo que más llama la atención cuando se visita el África negra, es el extraordinario parentesco existente con Cuba, que hoy cuenta con casi el treinta por ciento de sangre negra. Pude verificar que la cultura y el modo de vida cubanos reproducen las antiguas culturas negras. Conocemos al célebre pintor Wilfredo Lam, nos codeamos con él en La Habana; y bien, allá está presente en todas partes, en los talleres de grabado, en los cuadros de los pintores africanos. Él se inspiró en el arte negro al punto de practicarlo él mismo. Sabemos que la música cubana viene de África; pude comprobar que con orquestas cubanas, especialmente la de Jorrin[1], regresa de nuevo allá, pues los africanos son aficionados a los ritmos provenientes de Cuba."

El Che ha traído de África un texto destinado a recorrer América Latina y el mundo, una suerte de profesión de fe:

"El proceso es doble, por un lado actúa la sociedad con su educación directa e indirecta, por el otro, el individuo se somete a un proceso consciente de autoeducación.

"La nueva sociedad en formación tiene que competir muy duramente con el pasado...

"Para crear un hombre nuevo, el hombre del tercer milenio, el Partido deberá constituirse en organización de vanguardia. Para ello necesita ser ejemplar, estar compuesto por dirigentes que cumplan un rol de vanguardia.

"Déjeme decirle, a riesgo de parecer ridículo, que el revolucionario verdadero está guiado por grandes sentimientos de amor. Es imposible pensar en un revolucionario auténtico sin esta cualidad. Quizá sea uno de los grandes dramas del dirigente; éste debe unir a un espíritu apasionado una mente fría

[1] El inventor del chachachá, muerto en noviembre de 1987 en La Habana.

y tomar decisiones dolorosas sin que se contraiga un músculo. Nuestros revolucionarios de vanguardia tienen que idealizar ese amor a los pueblos...

"En esas condiciones, hay que tener una gran dosis de humanidad, una gran dosis de sentido de la justicia y de la verdad para no caer en extremos dogmáticos, en escolasticismos fríos, en aislamiento de las masas. Todos los días hay que luchar porque ese amor a la humanidad viviente se transforme en hechos concretos, en actos que sirvan de ejemplo, de movilización.

"El revolucionario, motor ideológico de la revolución dentro de su partido, se consume en esa actividad ininterrumpida que no tiene más fin que la muerte, a menos que la construcción se logre en escala mundial...

"Es importante reafirmar que, sin una conciencia clara de los derechos y los deberes del pueblo en esta nueva etapa, no se puede entrar realmente ni trabajar realmente en una sociedad socialista como aquella a la que nosotros aspiramos, una sociedad socialista absolutamente democrática por definición, porque se basa en las necesidades, en las aspiraciones del pueblo, y en el hecho de que el pueblo debe tomar una parte esencial en todas las decisiones."[2]

En este período anterior a la gran partida, el Che multiplica los discursos en los cuales deja su huella. Después de afirmar que "la belleza no está reñida con la Revolución", analiza el lugar del arte en la sociedad:

"En los países que pasaron por un proceso similar se pretendió combatir estas tendencias con un dogmatismo exagerado. La cultura general se convirtió casi en un tabú y se proclamó el summum de la aspiración cultural, una representación formalmente exacta de la naturaleza, convirtiéndose ésta, luego, en una representación mecánica de la realidad social que se quería hacer ver; la sociedad ideal, casi sin conflictos ni contradicciones, que se quería crear... El socialismo es joven y tiene errores.

"Se busca entonces la simplificación, lo que entiende todo el mundo, que es lo que entienden los funcionarios. Se anula la auténtica investigación artística y se reduce el problema de la cultura general a una apropiación del presente socialista y del pasado muerto (por tanto, no peligroso). Así nace el realismo socialista sobre las bases del arte del siglo pasado.

"Pero el arte realista del siglo XIX también es de clase, más puramente capitalista, quizá, que este arte decadente del

_____

[2] *El socialismo y el hombre en Cuba.*

272

siglo XX, donde se transparenta la angustia del hombre enajenado. El capitalismo, en cultura, ha dado todo de sí y no queda de él sino el anuncio de un cadáver maloliente; en arte, su decadencia de hoy. Pero, ¿por qué pretender buscar en las formas congeladas del realismo socialista la única receta válida?"[3]

El 20 de abril de 1965, al término de una jornada cortando caña, Fidel Castro responde a la prensa, que se preocupa en saber dónde se encuentra el comandante Che Guevara:

—Lo único que puedo decirles de él es que siempre estará presente donde pueda ser más útil a la Revolución, y que nuestras relaciones personales son óptimas. Creo que su gira por África fue muy provechosa. Viajó igualmente a China con una de nuestras delegaciones. Él es polifacético. De inteligencia extraordinaria. Uno de los dirigentes más completos que existen.

Esto ya se parece mucho al anuncio de que el "polifacético" se apresta a cambiar de horizonte.

El cubano de la calle y el del campo buscan al Che. No saben que "el comandante" tiene cita con su destino, lejos de la isla. Que ya no posee la misma nacionalidad que ellos...

Los rumores más diversos y disparatados circulan por el mundo a su respecto, sobre todo en América Latina: el Che ha sido muerto en Santo Domingo; se pudre en la cárcel por haberse peleado con Fidel Castro; está en un asilo de alienados en México, en Cuernavaca; se lo ha visto en Vietnam, en el Perú o también en la Argentina, donde prepara una guerrilla en su propio país. Para el *Evening Post* de Londres, se encuentra en China, y el *Newsweek* norteamericano pretende que los rusos le han pagado para que se oculte y no se oiga hablar más de él. Los gobiernos sudamericanos tiemblan, las maletas de algunos de sus miembros ya están listas para el caso de que el monstruo se acerque. "¿Pero qué hace la CIA, que deja causar daños a semejante personaje?", se interrogan, más y más abiertamente, numerosas embajadas.

Preguntas terribles para la madre del Che. En Buenos Aires, Celia no vive. Tanto como su cáncer, la roe la angustia de que su hijo haya desaparecido realmente esta vez, que haya ocurrido lo peor. La última carta de su hijo mayor mina su corazón. Las palabras son demasiado prudentes para no ocultar otra cosa. Pretende haberse retirado a las plantaciones de caña de azúcar a meditar, antes de partir cinco años con Granado para "crear una empresa".

Y ella reflexiona. La obsesiona la palabra empresa, para ella sinónimo de guerrilla, de revolución armada. El número

[3] Ibidem.

cinco le recuerda las siete vidas del gato a que el Che hacía alusión después de Alegría del Pío. Las cinco que le quedan —si le quedan todavía—, ¿está dispuesto a quemarlas de golpe para permitir a otros, a los desheredados, liberarse? Ella ya no sabe. Quiere hablarle por teléfono, pero se topa con Aleida, que la tranquiliza como puede, sin darle ninguna de las informaciones deseadas. Celia presiente que sus días están contados; quiere a su hijo cerca de ella antes de morir. Analiza las fotos de sus nietos, relee la inscripción que figura al dorso de una de ellas: "Éste es Ernestico, el último. Con él se cierra la producción." También allí la recorre un estremecimiento. Ese niño último al que él le ha dado su mismo nombre y su propio diminutivo, de pronto se le antoja un pase de antorcha, que ella teme demasiado brusco. Nada impide los pensamientos negros de Celia. Imagina a su hijo caído bajo las balas en Santo Domingo. Le escribe una carta que él no recibirá nunca, pues el mensajero previsto no partirá a Cuba, quedando la carta en manos de Ricardo Rojo, siempre allegado a la familia. En ella leemos: "(...) Creo que si hacés lo que has dicho, no serás un buen servidor del socialismo mundial. Si por alguna razón se te cierran los caminos en Cuba, hay en Argelia un señor Ben Bella que te agradecerá si le organizás su economía o si lo ayudás a hacerlo, o también un señor Nkrumah, en Ghana, que igualmente estaría dispuesto a utilizar tus servicios. (...) Me encantaron las fotos familiares. Todas son deliciosas, aunque ninguno de tus hijos me recuerda tu rostro o tu expresión..."

Celia Guevara de la Serna morirá el 19 de mayo de 1965 a la edad de cincuenta y siete años. Poco tiempo después de haber sido brevemente encarcelada, simplemente por ser la madre del Che. Ernesto se enterará de su desaparición más tarde, en pleno monte.

Antes de partir, el Che se pone en paz con su conciencia. Escribe a los suyos, padres, hijos, a Alberto, el amigo de siempre, y desde luego a Fidel. No a Aleida, la confidente, quien ya conoce todos sus designios. Escribe cartas cuyo depositario será Fidel, y que éste entregará a sus destinatarios en el momento oportuno, en realidad en el otoño siguiente.

A sus padres:

"Queridos viejos:
"Otra vez siento bajo mis talones el costillar de Rocinante, vuelvo al camino con mi adarga al brazo.
"Hace de esto casi diez años, les escribí otra carta de despedida.

274

"Según recuerdo, me lamentaba de no ser mejor soldado y mejor médico; lo segundo ya no me interesa, soldado no soy tan malo.

"Nada ha cambiado en esencia, salvo que soy mucho más consciente, mi marxismo está enraizado y depurado. Creo en la lucha armada como única solución para los pueblos que luchan por liberarse y soy consecuente con mis creencias. Muchos me dirán aventurero, y lo soy, sólo que de un tipo diferente y de los que ponen el pellejo para demostrar sus verdades.

"Puede ser que ésta sea la definitiva. No lo busco pero está dentro del cálculo lógico de probabilidades. Si es así, va un último abrazo.

"Los he querido mucho, sólo que no he sabido expresar mi cariño, soy extremadamente rígido en mis acciones y creo que a veces no me entendieron. No era fácil entenderme, por otra parte, créanme, solamente, hoy.

"Ahora, una voluntad que he pulido con delectación de artista, sostendrá unas piernas flácidas y unos pulmones cansados. Lo haré.

"Acuérdense de vez en cuando de este pequeño condottiero del siglo XX. Un beso a Celia, a Roberto, Juan Martín y Pototín, a Beatriz, a todos. Un gran abrazo de hijo pródigo y recalcitrante para ustedes.

Ernesto"

"Año de la Agricultura
"La Habana.

"Fidel:
"Me recuerdo en esta hora de muchas cosas, de cuando te conocí en casa de María Antonia, de cuando me propusiste venir, de toda la tensión de los preparativos.

"Un día pasaron preguntando a quién se debía avisar en caso de muerte y la posibilidad real del hecho nos golpeó a todos. Después supimos que era cierto, que en una revolución se triunfa o se muere (si es verdadera). Muchos compañeros quedaron a lo largo del camino hacia la victoria.

"Hoy todo tiene un tono menos dramático porque somos más maduros, pero el hecho se repite. Siento que he cumplido la parte de mi deber que me ataba a la Revolución Cubana en su territorio y me despido de ti, de los compañeros, de tu pueblo, que ya es mío.

"Hago formal renuncia de mis cargos en la Dirección del Partido, de mi puesto de ministro, de mi grado de comandante, de mi condición de cubano. Nada legal me ata a Cuba, sólo lazos de otra clase que no se pueden romper como los nombramientos.

"Haciendo un recuento de mi vida pasada, creo haber trabajado con suficiente honradez y dedicación para consolidar el triunfo revolucionario. Mi única falta de alguna gravedad es no haber confiado más en ti desde los primeros momentos de la Sierra Maestra y no haber comprendido con suficiente celeridad tus cualidades de conductor y de revolucionario. He vivido días magníficos y sentí a tu lado el orgullo de pertenecer a nuestro pueblo en los días luminosos y tristes de la crisis del Caribe.

"Pocas veces brilló más alto un estadista que en esos días, me enorgullezco también de haberte seguido sin vacilaciones, identificado con tu manera de pensar y de ver y apreciar los peligros y los principios.

"Otras tierras del mundo reclaman el concurso de mis modestos esfuerzos. Yo puedo hacer lo que te está negado por tu responsabilidad al frente de Cuba, y llegó la hora de separarnos.

"Sépase que lo hago con una mezcla de alegría y de dolor, aquí dejo lo más puro de mis esperanzas de constructor y lo más querido entre mis seres queridos... y dejo un pueblo que me admitió como un hijo; eso lacera una parte de mi espíritu. En los nuevos campos de batalla llevaré la fe que me inculcaste, el espíritu revolucionario de mi pueblo, la sensación de cumplir con el más sagrado de los deberes: luchar contra el imperialismo dondequiera que esté; esto reconforta y cura con creces cualquier desgarradura.

"Digo una vez más que libero a Cuba de cualquier responsabilidad, salvo la que emane de su ejemplo. Que si me llega la hora definitiva bajo otros cielos, mi último pensamiento será para este pueblo y especialmente para ti. Que te doy las gracias por tus enseñanzas y tu ejemplo al que trataré de ser fiel hasta las últimas consecuencias de mis actos. Que he estado identificado siempre con la política exterior de nuestra Revolución y lo sigo estando. Que en dondequiera que me pare, sentiré la responsabilidad de ser revolucionario cubano, y como tal actuaré. Que no dejo a mis hijos y mi mujer nada material y no me apena: me alegra que así sea. Que no pido nada para ellos pues el Estado les dará lo suficiente para vivir y educarse.

"Tendría muchas cosas que decirte a ti y a nuestro pueblo, pero siento que son innecesarias, las palabras no pueden expresar lo que yo quisiera, y no vale la pena emborronar cuartillas.

"Hasta la victoria siempre. ¡Patria o muerte!

"Te abraza con todo fervor revolucionario,

Che"

A sus hijos:

"Queridos Hildita, Aleidita, Camilo, Celia y Ernesto:
"Si alguna vez tienen que leer esta carta, será porque yo no esté entre Uds.
"Casi no se acordarán de mí y los más chiquitos no recordarán nada.
"Su padre ha sido un hombre que actúa como piensa y, seguro, ha sido leal a sus convicciones.
"Crezcan como buenos revolucionarios. Estudien mucho para poder dominar la técnica que permite dominar la naturaleza. Acuérdense de que la Revolución es lo importante y que cada uno de nosotros, solo, no vale nada.
"Sobre todo, sean capaces de sentir en lo más hondo cualquier injusticia cometida contra cualquiera en cualquier parte del mundo. Es la cualidad más linda de un revolucionario.
"Hasta siempre hijitos, espero verlos todavía. Un beso grandote y un abrazo de

Papá"

Sexta parte

Un Vietnam en el Congo

XXVI
Tatu Muganda

De acuerdo con Fidel, que trata de llevarse bien con los intereses soviéticos, el Che ha elegido el Congo Belga del difunto Patrice Lumumba[1] para intentar encender un Vietnam en África. Los que se interrogan acerca del porqué de ese destino, encuentran parte de la respuesta en el largo discurso que pronunció en la ONU en Nueva York.

"Querría referirme específicamente al doloroso caso del Congo, único en la historia del mundo moderno, que muestra cómo se puede burlar con la más absoluta impunidad, con el cinismo más insolente, el derecho de los pueblos. Las ingentes riquezas que tiene el Congo y que las naciones imperialistas quieren mantener bajo su control son los motivos más directos de todo esto..."

A continuación expone el cuadro político:

"¿Cómo es posible que olvidemos la forma en que fue traicionada la esperanza que Patrice Lumumba puso en las Naciones Unidas? ¿Cómo es posible que olvidemos los rejuegos y maniobras que sucedieron a la ocupación de ese país por las tropas de las Naciones Unidas, bajo cuyos auspicios actuaron impunemente los asesinos del gran patriota africano?

"¿Cómo podremos olvidar, señores delegados, que quien desacató la autoridad de las Naciones Unidas en el Congo y no precisamente por razones patrióticas, sino en virtud de pugnas entre imperialistas, fue Moisés Tshombe, que inició la secesión en Katanga con el apoyo belga?

"¿Y cómo justificar, cómo explicar que, al final de toda la acción de las Naciones Unidas, Tshombe, desalojado de Katanga, regrese dueño y señor del Congo? ¿Quién podría negar el triste papel que los imperialistas obligaron a jugar a la Organización de Naciones Unidas?"

Y, de paso, una cepillada para dar lustre al lomo del oso soviético:

"Por eso el gobierno de Cuba apoya la justa actitud de la Unión Soviética, al negarse a pagar los gastos del crimen".

---

[1] Asesinado el 17 de enero de 1961 en Katanga.

De hecho, fue la eliminación de Patrice Lumumba, dirigente tercermundista respetado por la joven Revolución Cubana, lo que más motivó el compromiso del Che en África, cuando el lumumbista Gastón Soumialot fue a buscar apoyo a La Habana para su insurrección contra el trío en el poder en Kinshasa, Moisés Tshombe, Joseph Kasavubu y Joseph Mobutu. Eso permitirá a los cubanos intervenir por segunda vez en África, después de haber ayudado a la joven república argelina en su conflicto fronterizo con Marruecos.

Los preparativos de partida del Che para el Congo-Kinshasa —donde le será útil el hecho de hablar francés— se realizan con el apoyo de los servicios secretos de Fidel, la G-2 cubana. Ésta era dirigida por un personaje novelesco, Manuel Piñeiro, *Barbarroja*, que en 1955 se casó por primera vez con Lorma Burdsall, una coreógrafa de ballet moderno que conoció en Nueva York y que se estableció en La Habana, donde todavía hoy dicta clases de danza[2]. Gracias a él, el Che sabrá más sobre la batalla que libran el izquierdista Pierre Mulelé y el procolonialista Moisés Tshombe, con la perspectiva de un encuentro con el ex presidente del Congo francés, Massemba-Debat, con miras a ofrecerle sus servicios.

En enero de 1965, se concentran soldados en Cuba en un cuartel de Pinar del Río, en Candelaria. Aproximadamente ciento cincuenta, que tienen en común el hecho de ser todos de piel negra, comprobación que los divierte tanto como los intriga. Lo son a tal punto que un día en que se aprestan a subir a sus ómnibus, una niñita tira del brazo de su madre:

—¡Mira, mamá, una guagua de negros!

El periodista Jesús Barreto comenta:

"Hombres que no han vacilado en partir a dar su sangre por la causa sagrada del internacionalismo. El color oscuro de la piel de los combatientes sólo podía constituir un indicio de su destino."

A principios de febrero, se le confía al comandante Víctor Dreke, también negro, la preparación del contingente en las montañas de Pinar del Río. Un día de fines de marzo lo invitan a presentarse en una casa de La Habana, donde lo espera el capitán José María Martínez Tamayo (que será Arturo en Bolivia). Después se le muestran fotos del que será el verdadero jefe de la expedición. Los dos oficiales se pasan las fotos preguntándose quién puede ser ese hombre blanco tan elegante. A la mañana siguiente sale un desconocido de una ha-

[2] Actualmente, Manuel Piñeiro vive con su segunda esposa, la conocida intelectual chilena Marta Harnecker, en La Habana.

bitación, el hombre de las fotos, impecablemente afeitado, de traje claro, con gestos lentos y que fuma en pipa.

—Se detuvo ante mí —recuerda Víctor Dreke— y me estrechó la mano. Luego hizo lo mismo con Tamayo. Cuando escuchamos su voz inimitable y reconocimos al Che, nuestra sorpresa fue enorme. Entonces comprendimos que nuestra misión sería protegerlo.

"Esa misma semana nos dijeron que Fidel se había encontrado con él en una residencia de la periferia de La Habana. Allí el Che entregó correspondencia a Fidel y ambos se separaron."

Antes de que partieran hacia un destino desconocido, Castro saludó a los guerrilleros el 31 de marzo de 1965 y les dijo:

—Van a tener para comandarlos a un soldado mejor que yo...

Muchos pensaron en Camilo Cienfuegos, cuya muerte no era aceptada por el pueblo cubano.

Ciento treinta y seis hombres, ciento treinta y un negros y cinco blancos, entre ellos Benigno, Oscar Fernández Mel, Martínez Tamayo, Emilio Aragonés, el "político" de la expedición, encargado de llevar la buena palabra del marxismo, sin olvidar al Che, se forman en pequeños grupos para llegar al Congo Belga por vías aéreas diferentes, la mayor parte de las veces haciéndose pasar por miembros de una orquesta. Con su aspecto de hombre de negocios, el Che no necesita ese subterfugio.

Un interminable viaje por Moscú, El Cairo y Dar es Salaam le permite llegar a destino. Otros, entre ellos el grupo de Benigno, hacen escala en París. En Dar es Salaam todos duermen en casas particulares, antes de atravesar el país en camión para llegar tres días más tarde a Kigoma, a orillas del largo lago Tanganica, siempre del lado tanzano. Allí se ponen su ropa militar y descubren a su verdadero jefe. Sombrero negro, traje beige, el pelo corto, bien afeitado, un desconocido se acerca al grupo escoltado por Dreke y Tamayo y pregunta a uno, luego a otro, y así a una decena de soldados, cuál era el nombre de guerra que tenían en la Sierra Maestra o en el Escambray. Cuando ellos terminan, él se presenta a su vez:

—Aquí, yo me llamo *Tatu*, que quiere decir "tres" en swahili, pero en Cuba me llaman el Che...

Estupor y alegría de los hombres, a quienes les cuesta reconocerlo, afeitado y sin su uniforme verde oliva. Dreke responde al nombre de *Moya*, "uno" en lenguaje bantú, y Martínez Tamayo al de *Mbili*, "dos". El Che se contenta con el número "tres" para no llamar la atención poniéndose primero.

De Kigoma, los viajeros parten de noche en un barquito a

motor que ronroneará más de seis horas bajo las estrellas de África, zigzagueando para evitar las patrullas de mercenarios belgas, y amarrará en el Congo-Kinshasa (actual Zaire) en una de las primeras auroras de mayo. Los congoleses han preparado una choza de adobe para el Che sobre una orilla del Kimamba, al pie de una montaña-acantilado que domina el lago. El ex escalador de los volcanes mexicanos no tarda en trepar a la cima, a unos mil doscientos metros, y en construir allí su escondite personal. En cuanto al campamento de base, se establece a seiscientos metros de altura sobre un monte que domina la zona de grandes matorrales, verdadera fortaleza inexpugnable. El 22 de mayo, Osmany Cienfuegos se presenta con diecisiete de los treinta y cuatro hombres llegados a Kigoma. En cuanto al cuarto y último grupo de treinta y nueve hombres, tres de los cuales son médicos, será registrado el 24 de junio, antes del ataque de Fort Bendera, lo que elevará el efectivo total de los cubanos a cuatrocientos diez hombres.

Pero la guerrilla debe permanecer en constante movimiento para evitar el acoso de las fuerzas de Tshombe. Los cubanos descubren la jungla: pocas fieras, pero muchas serpientes, algunas de ellas venenosas, algo nuevo para ellos, pues en Cuba no existen. A veces manadas de elefantes, cuya utilidad pronto comprende el Che: son los más eficaces abridores de camino en los montes. Y luego innumerables monos, que pueden permitir a los hombres sobrevivir cuando las raíces de mandioca no bastan... Deben respetarse algunas precauciones, en particular no fumar en las chozas, llamadas yumbas. Un día, un rebelde comete esa imprudencia; las llamas causan estragos en las habitaciones de adobe y reducen al mismo tiempo a cenizas gran número de documentos importantes, escritos y fotografías. Además el incidente atrae al enemigo a la zona, y sume al Che en una negra cólera.

El territorio rebelde se extiende desde Uvira, pequeña ciudad emplazada en la punta norte del lago, hasta Kalima, al oeste de la cadena de Kivu. La población, en gran parte analfabeta, se agrupa en tribus, cada una de las cuales posee sus costumbres y sus creencias, bajo la autoridad de un jefe y de un hechicero. El año 1965 sirve principalmente para formar guerrilleros eficaces, objetivo número uno de la presencia de los cubanos en el continente africano. Más de dos mil congoleses se prepararán de ese modo.

El Che sigue fiel a sus principios: uno, la instrucción; dos, la práctica. Enseña a los nativos a comportarse en un combate, a tender emboscadas, a replegarse. Les hace aprovechar lo que él aprendió en la Sierra Maestra. Hasta reanuda sus buenas costumbres dando clases de teoría revolucionaria. Él mismo tiene su profesor de swahili, un adolescente de quince años, Freddy

Ulanga, que se convertirá en neurocirujano en La Habana. Ernesto observa la inteligencia de Freddy y le propone un trato:

—Tú me enseñas tu idioma y yo te enseño el mío, el español... Trabajan teniendo como base de conversación el francés.

—En ese momento, yo no sabía quién era el Che —cuenta Freddy—. Me propuso compartir su choza. Él dormía en el suelo sobre unas hojas. Por la mañana se levantaba con el sol y tomaba un té sin azúcar. Me decía: "Ven, vamos a la playa." Y bajábamos por el camino hasta el borde del lago. Era su manera de mantenerse físicamente; quería estar siempre en forma. Como cuidaba a los enfermos, se lo llamaba *Tatu Muganda*. En swahili *muganda* significa "el que alivia el mal".

Con Alberto Granado y su vecino de La Habana Inti Peredo, hijo del guerrillero boliviano del mismo nombre[3], partimos para Santa Clara, la ciudad del Che. Allí se perpetúa su leyenda, al pie de la inmensa estatua de bronce que lo muestra con el brazo en cabestrillo, un fusil en la mano, el rostro iluminado por esa sonrisa cuyo secreto poseía. En la capital de Las Villas muchos son los guerrilleros que combatieron en el Congo. Tres de ellos nos esperan, reunidos por la "conexión Che": el coronel Martín Chivas, llamado *Chirino*, y dos tenientes, Manuel Medina y Luis Monteagudo Altera, que insulta en francés, idioma cuyos rudimentos aprendió en el Congo. Siendo una botella de ron el sésamo universal en Cuba, nos apresuramos a abrir la que hemos llevado.

—El Che nos enseñó a hablar rápido, a ir a lo esencial. Enemigo acérrimo del ocio, nos enseñaba francés para facilitarnos la vida allá —cuenta el coronel—. Nos pedía que hiciéramos esfuerzos para entendernos con los africanos a los que instruíamos, insistiendo en el hecho de que éramos de culturas diferentes, y que estando ellos en su casa, nosotros teníamos que dar un paso para comprender mejor sus costumbres. Se empeñaba en unirnos lo más posible. Deseaba que los africanos nos estimaran, nos respetaran, para progresar más rápido escuchándonos.

Al principio no era fácil acostumbrarnos a su comida. Luego lo hicimos, y ellos también, pues nosotros sazonábamos los platos a la manera cubana. Siempre con la obsesión del Che por compartir. Un resto de leche se dividía por dos o tres, se ponía en la cafetera para que todos lo aprovecharan. ¡Así era él!

Luego el coronel resume así a "su" Che:

[3] Asesinado el 9 de septiembre de 1968 en Bolivia.

—El primero en el sacrificio, el último en el beneficio.

Un trago de ron a la memoria del Che, y Medina cuenta a su vez:

—Yo me enteré el 25 de marzo de 1965, el día en que cumplía veinticinco años, de que debía estar listo para partir. Avisé a mi mujer que iba a alejarme por tiempo indefinido...

El Che hablaba poco, llevaba un pequeño diario. Un día, cuando ya habíamos entrenado a muchos africanos, tomó la decisión de atacar el cuartel de un pueblo llamado Katanga. Preveía hacer volar el puente ferroviario que cruzaba el río Kimbi, y también atacar la central hidroeléctrica. Mobutu controlaba el pueblo, y nos enfrentábamos a una fuerza importante.

—El combate tuvo lugar en Fort Bendera —explica el coronel—. Precisamente donde Ojo de Lince —señala a Luis— cumplió su misión. El Che organizó la táctica: el flanco izquierdo sería confiado a Israel Reyes Sales, que más tarde murió acribillado en Bolivia. La fecha elegida era el 30 de junio, la fiesta nacional. El Che siguió el enfrentamiento desde lo alto de una colina con los prismáticos, con un mensajero a su lado, listo para correr en caso de necesidad. El ataque se inició a las cinco de la mañana, cuando los vapores del alcohol de la fiesta habían tumbado a los soldados. El combate duró dos días y dos noches. En verdad teníamos que vérnoslas con un destacamento fuerte. A un tiro de nuestro lado respondían cien de ellos. Nos mataron cuatro hombres. Fue Ojo de Lince quien abrió el fuego...

En ese combate, el 30 de junio de 1965 al alba, Benigno estuvo a punto de perder la vida. Fort Bendera, población fortificada situada en la ruta que une Albertville a Lulimba, protege una usina hidroeléctrica construida sobre el río Kimbi. El Che detalla: "Está reforzado por trincheras que sólo fueron exploradas muy superficialmente antes del ataque, con una pista de aterrizaje para pequeños aviones, y con capacidad para un batallón de quinientos a setecientos hombres."

El plan es el siguiente: un pequeño grupo dirigido por Shirine atacará el "carro", la parte que alimenta la turbina hidroeléctrica. Otro grupo, conducido por el teniente Azi[4], atacará las posiciones fortificadas más cerca de la montaña. Por el centro, el teniente Azima tendrá la misión de tomar el aeropuerto y avanzar hasta reunirse con Azi. Y el teniente Mafu[5] la de cortar la ruta a Lulimba. La posición más fuerte será

[4] Israel Reyes, que será Braulio en Bolivia.
[5] Catalino Olachea.

establecida en el acceso a Albertville, con el teniente Inne Picharso provisto de un cañón de 75 mm y otras armas pesadas. El puesto de comando se instalará del otro lado del Kimbi, sobre los primeros contrafuertes de la montaña, donde permanecerán Moja[6] y Mundandi (comandante ruandés).

El plan presenta varios inconvenientes serios. Inne debe aventurarse hasta una zona desconocida, y la emboscada preparada en la ruta de Albertville se realizará a ciegas. Protegido por el macizo montañoso que lo rodea, el fuerte sirve de centro de entrenamiento a los mercenarios belgas, irlandeses y franceses. "Grandotes, muy fuertes", recuerda Benigno, encargado por el Che de bajar al fondo de la hondonada donde se encuentra el pueblo de Front de Force, para reconocer el lugar con Inne y Ansurine[7].

Tras asegurarse los guerrilleros el dominio de las cimas, los tres cubanos se distribuyen de cada lado de la ruta. Dos a la izquierda, Inne y Ansurine, y Benigno a la derecha. La ametralladora del fuerte mata a los dos compañeros de Benigno, que se agazapa en el pasto y se repliega arrastrándose.

—Luego la cosa se puso dura. Intentamos tomar por asalto Front de Force, pero los seiscientos africanos nos abandonaron. Y nos quedamos, por así decirlo, solos, unos doscientos. Con esos africanos, no hay duda de que hubiésemos logrado tomar Front de Force —recuerda Benigno, hoy coronel retirado del ejército cubano.[8]

—El idioma de los ruandeses era diferente del swahili; debíamos recurrir a un medio de expresión bastante complicado. Escribíamos nuestras palabras en swahili y nos hacíamos escribir al lado su equivalente en el otro idioma, respetando la orden del Che de no mezclarnos en las querellas que estallaban regularmente entre las dos comunidades... Así, en un momento del combate, mal entrenados, no sabiendo utilizar un arma de repetición, los infortunados aprendices de guerrilleros congoleses o ruandeses, con el dedo en el gatillo, lanzaban regularmente treinta proyectiles en una sola ráfaga. Sufrieron numerosas bajas y escaparon dejando en el terreno armas, municiones, heridos y muertos —cuenta por su parte Azi.

Y Benigno concluye:

—De atacantes, los guerrilleros se vieron obligados a convertirse en defensores y a batirse en retirada tendiendo em-

[6] Dreke.
[7] Vinajeras.
[8] En 1996 pidió asilo político en Francia.

boscadas, con éxito en la mayoría de los casos. Pero el gran golpe fracasó, así como la ocasión de llamar la atención del mundo entero.

Mientras tanto, los jefes de la rebelión, Soumaliot, Kaliba y Massemba, cuentan en Europa, especialmente en París, que sus tropas se han apoderado de Fort Bendera y han tomado más de mil armas, entre ellas cañones, matando a más de cuatrocientos enemigos. En realidad, hubo treinta víctimas y evidentemente ninguna toma de armas. Pero esa mentira engaña a los dirigentes cubanos cuando reciben los despachos de las agencias de prensa que la reproducen. Y Osmany Cienfuegos, quien sirve de mensajero entre Fidel y el Che, sobre todo hasta la llegada al Congo de Justo Rumbaut, técnico encargado de mejorar las comunicaciones de radio con La Habana, se sorprende desagradablemente al enterarse de la verdad en su siguiente viaje.

Por teléfono se ha informado al Che desde Buenos Aires que su madre está muy enferma, sin que Osmany esté en condiciones de darle mayores precisiones, que hubiera podido obtener de Aleida. Un mes más tarde, tiene la confirmación de la noticia que temía por el doctor cubano Rafael Zerquera Palacio, llamado *Kumi*, que le muestra la revista *Bohemia* donde se anuncia la muerte de Celia Guevara. El Che se sienta en la hamaca de Kumi, lee, sus mandíbulas se endurecen. Bebe un té sin azúcar, habla de su juventud junto con el ser desaparecido, comparte un poco de comida y reanuda la dirección de la guerrilla.

Para sus diez años, Hildita recibe, el 15 de febrero de 1966, una carta despachada en Brazzaville:

"Febrero, 15

"Hildita querida:
"Hoy te escribo, aunque la carta te llegará bastante después; pero quiero que sepas que me acuerdo de ti y espero que estés pasando tu cumpleaños muy feliz. Ya eres casi una mujer y no se te puede escribir como a los niños contándoles boberías y mentiritas.

"Has de saber que sigo lejos y estaré mucho tiempo alejado de ti, haciendo lo que pueda para luchar contra nuestros enemigos. No es que sea gran cosa pero algo hago y creo que podrás siempre estar orgullosa de tu padre como lo estoy yo de ti.

"Acuérdate de que todavía faltan muchos años de lucha y aun cuando seas mujer, tendrás que hacer tu parte en la lucha. Mientras hay que prepararse, ser muy revolucionaria, que a tu edad quiere decir aprender mucho, lo más posible, y estar siempre lista a apoyar las causas justas. Además obedecer a tu mamá y no creerte capaz de todo antes de tiempo. Ya llegará eso.

"Debes luchar por ser de las mejores en la escuela. Mejor en todo sentido, ya sabes lo que quiere decir: estudio y actitud revolucionaria, vale decir, buena conducta, seriedad, amar a la revolución, compañerismo, etc. Yo no era así cuando tenía tu edad, pero estaba en una sociedad distinta donde el hombre era enemigo del hombre. Ahora tienes el privilegio de vivir otra época y hay que ser digno de ella.

"No te olvides de dar una vuelta por la casa para vigilar a los otros críos y aconsejarles que estudien y se porten bien, sobre todo a Aleidita, que te hace mucho caso como hermana mayor.

"Bueno, vieja, que lo pases muy feliz en tu cumpleaños. Dale un abrazo a tu mamá y a Gina y recibe tú uno grandote y fortísimo que valga por todo el tiempo que no nos veremos, de tu Papá."

Harry Villegas, *Pombo*, uno de los tres sobrevivientes cubanos de Bolivia, hoy coronel, confiará a Bertrand Rosenthal, de la AFP:

"Permanecimos diez u once meses en el este del país. Si nuestro destacamento nunca superó los doscientos cincuenta a trescientos hombres, había con nosotros unos quinientos a seiscientos ruandeses y varios miles de congoleses. Además teníamos la retaguardia, como nuestro abastecimiento, asegurados.

"En realidad faltó un verdadero líder después de la desaparición de Soumaliot del frente, pero obtuvimos muchas victorias no quedando más que un mínimo de nosotros en la aventura, cuatro o cinco, no más.

"Como consecuencia de una decisión tomada en ocasión de la cumbre de la Organización de la Unidad Africana de Accra, tuvimos que retirarnos. Los tanzanos comenzaron a tomar medidas, por ejemplo a confiscarnos material... El gobierno cubano discutió largamente con la parte de Tanzania y los otros países limítrofes, que nos permitían más o menos cruzar sus fronteras. La cuestión fue resuelta por la firma de un documento que solicitaba el fin de nuestra colaboración."

La permanencia del Che en África se estira hasta marzo de 1966, y termina por falta de unidad revolucionaria. Se asiste todavía a la lucha entre los sucesores de Lumumba y los viejos cómplices de Tshombe, lucha que parece inclinarse en favor de estos últimos, que "pacificaron" en su propio beneficio gran parte del país...

Al asegurar el Frente de Liberación del Congo que la represión de Tshombe se ha hecho más dura desde que se conoce la presencia de los cubanos, se decide que éstos regresen al Caribe. Decepcionado por el relativo fracaso de su acción, el Che es el último en abandonar el futuro Zaire, sin saber que ha raspado —como lo deseaba— el fósforo que encenderá el fuego revolucionario en Angola y en Mozambique especialmente.

En agosto de 1965 pasa al otro lado del lago Tanganica, en Tanzania, donde entrega una carta a Winnie Mandela, para que ella la haga llegar a su marido Nelson en la prisión. Ernesto había quedado impresionado por la acusación de cuatro horas que Mandela, apodado *Rolihlahla* ("el hacedor de disturbios" en lengua xhosa), pronunció en 1963 contra el apartheid, antes de ser condenado a prisión perpetua, de la que saldrá veintisiete años más tarde, en 1990. El Che aprovecha su estadía en Tanzania para reunirse con el futuro presidente de Angola, Agostinho Neto, y con sus compañeros de la época (cambiarán de bando luego), Holden Roberto y Savimbi, que preparaban un movimiento revolucionario. Se habrían celebrado reuniones secretas en una aldea del monte cerca de Burundi.

Mohammed Ben Bella escribirá, a propósito de la acción del Che en África:

"Cuando él fue al Congo-Brazzaville —lo que hizo en varias oportunidades— rehusó el avión particular que quise poner a su disposición. Volví a verlo en cada uno de sus regresos del África negra, y pasábamos largas horas discutiendo, intercambiando ideas. Cada vez regresaba impresionado por la fabulosa riqueza cultural del continente, pero poco satisfecho de las relaciones con los partidos marxistas de los países que había visitado, cuyas concepciones lo irritaban. La experiencia de Cabinda, unida a la que luego tendrá en la región de la ex Stanleyville, lo había decepcionado mucho. Pudo finalmente darse cuenta de la realidad de ciertas dificultades que yo había señalado en nuestras conversaciones, es decir actuar mediante una acción proveniente del exterior sobre una realidad revolucionaria dada.

"Paralelamente al Che, nosotros realizábamos otra acción para salvar la revolución armada del oeste del Zaire. De acuerdo con Nyerere, Nasser, Modibo Keita, Nkrumah, Kenyatta y Sekou Touré, Argelia aportaba su contribución enviando armas vía Egipto, a través de un verdadero puente aéreo, mientras que Uganda y Mali se encargaban de proporcionar los mandos militares. En El Cairo, donde nos reunimos por iniciativa mía, concebimos ese plan de salvamento, y comenzábamos a aplicarlo cuando los dirigentes de la lucha armada nos hicieron llegar un llamado desesperado. Lamentablemente, pese a todos los esfuerzos, nuestra acción llegó demasiado tarde.

"Un día el Che me dice: 'Ahmed, acabamos de sufrir un golpe duro; hombres entrenados en la villa Sunini (en las alturas de Argel) han sido capturados en la frontera entre tal y cual país —ya no recuerdo esos países— y temo que hablen bajo tortura.' Él se preocupaba mucho y temía que se divulgara el secreto del lugar donde se preparaban las acciones armadas, y que nuestros enemigos percibieran la verdadera naturaleza de las sociedades de importación-exportación que habíamos establecido en América del Sur para ayudar a la revolución armada, y cuya actividad real evidentemente nada tenía que ver con su presunta razón social.

"El Che se había marchado de Argel cuando ocurrió el golpe de Estado militar del 19 de junio de 1965[8] contra el cual él me había puesto en guardia."

Desde Suiza, el ex presidente Ben Bella nos aseguraba:

"El Che dio una dimensión nueva a la Revolución. Un hálito más fuerte, más fresco. Había algo distinto en él, de una sencillez total. Resplandecía, con una conciencia y una fe en el hombre admirables. Es el ser humano más cabal que conocí. Durante todo el tiempo que estuve en prisión (quince años), una pequeña foto del Che muerto, desnudo, flaco, acribillado a balazos, el rostro iluminado por su luz interior, foto que yo había recortado de una revista, me dio esperanzas cuando en mi vida hacía frío."

---

[8] Toma del poder por Boumediene.

Séptima parte

La ratonera boliviana

XXVII
El Che ha desaparecido

¿Dónde está el Che? En agosto de 1966 se señala su presencia en Baribāo, pueblo brasileño cerca de la frontera del Paraguay. Se cuenta que viste las austeras ropas de un monje dominicano y que se lo llama hermano Juan de los Santos. Aparece de improviso, como Tyrone Power en *El Zorro*, la película que atrae multitudes en los cines de América del Sur. Después se lo señala en Córdoba, en un hotel de lujo. Ya es un personaje de leyenda. En realidad ha regresado directamente del Congo a La Habana, y prepara su nueva expedición.

Una idea lo obsesiona: extender la Revolución. Sus viajes como ministro del gobierno cubano, sus contactos en el extranjero, le han dado una visión mundial de la política. Mientras no se conocía dónde estaba el Che, tuvo lugar en La Habana, en el mes de julio de 1967, la primera conferencia de solidaridad de los pueblos de Asia, África y América, la "Tricontinental", que reunió a unos cuatrocientos delegados y a una treintena de observadores. No pudo asistir, pero participó en espíritu, mediante un manifiesto cuyo título es contundente: "Crear dos, tres... muchos Vietnam es la consigna de los pueblos". En ese documento afirma:

Acerca de África: "... ofrece las características de ser un campo casi virgen para la invasión neocolonial.

"Se han producido cambios que, en alguna medida, obligaron a los poderes neocoloniales a ceder sus antiguas prerrogativas de carácter absoluto. Pero, cuando los procesos se llevan a cabo ininterrumpidamente, al colonialismo sucede, sin violencia, un neocolonialismo de iguales efectos en cuanto a la dominación económica se refiere.

"Los Estados Unidos no tenían colonias en esta región y ahora luchan por penetrar en los antiguos cotos cerrados de sus socios.

"Se puede asegurar que África constituye, en los planes estratégicos del imperialismo norteamericano, su reserva a largo plazo..."

Sobre el Asia: "Asia es un continente de características diferentes. Las luchas de liberación contra una serie de poderes coloniales europeos dieron por resultado el establecimiento de gobiernos más o menos progresistas, cuya evolución posterior ha sido, en algunos casos, de profundización de los objetivos primarios de la liberación nacional y, en otros, de reversión hacia posiciones proimperialistas.

"Desde el punto de vista económico, los Estados Unidos tenían poco que perder y mucho que ganar en Asia. Los cambios lo favorecen; se lucha por desplazar a otros poderes neocoloniales, penetrar nuevas esferas de acción en el campo económico, a veces directamente, otras utilizando al Japón.

"Pero existen condiciones políticas especiales, sobre todo en la península indochina, que le dan características de capital importancia al Asia y juegan un papel importante en la estrategia militar global del imperialismo norteamericano."

Sobre América: "América constituye un conjunto más o menos homogéneo y en la casi totalidad de su territorio los capitalistas monopolistas norteamericanos tienen una primacía absoluta.

"Los gobiernos títeres, o en el mejor de los casos, débiles y medrosos, no pueden oponerse a las órdenes del amo yanqui.

"Los norteamericanos han llegado casi al máximo de su dominación política y económica, poco más podrían avanzar ya; cualquier cambio de la situación podría convertirse en un retroceso en su primacía.

"Bajo el eslogan de 'no permitiremos otra Cuba', se encubre la posibilidad de agresiones a mansalva como la perpetrada contra Santo Domingo, o anteriormente, la matanza de Panamá, y la clara advertencia de que las tropas yanquis están dispuestas a intervenir en cualquier lugar de América donde el orden establecido sea alterado, poniendo en peligro sus intereses."

"Crear dos, tres... muchos Vietnam..." es la consigna del Che para obligar a los norteamericanos a dispersar sus fuerzas y así debilitarlos. Sostiene también: "Un pueblo sin odio no puede triunfar sobre un enemigo brutal". Ahora bien, América Latina le parece madura para el incendio. Colombia y Venezuela luchan ya; en los otros países se constituyen grupos revolucionarios prontos a combatir, con líderes como Ciro Roberto Bustos en la Argentina[1], Carlos Marighela en Brasil y Juan Pablo Chang en Perú. En Uruguay los Tupamaros se preparan en la clandestinidad, mientras que en Chile Salvador Allende,

---

[1] Que continuó el trabajo de Jorge Ricardo Masetti, desaparecido en abril de 1964 en la selva cerca de la frontera con Bolivia. Se dice que murió de hambre.

presidente del Senado en esa época, asegurará a la lucha la logística de que carecerán cruelmente los otros países, especialmente en productos farmacéuticos y en alimentos.

Entre Bolivia, Argentina, Uruguay, Brasil y Perú, se preparan pues más de trescientos revolucionarios, unos sesenta de los cuales lo hacen en Cuba. Pues la elección del Che —y de Fidel, totalmente implicado en el proyecto— ha recaído en Bolivia. ¿Por qué Bolivia? Por razones esencialmente geográficas. Está situada en la caja torácica de la América Latina, entre la cordillera de los Andes y la Amazonía, en el lugar del corazón. Rodeada nada menos que por Perú, Brasil, Paraguay, la Argentina y Chile. Con sus 1.098.500 km² de superficie, cuenta con menos de cinco millones de habitantes, tres cuartas partes de los cuales se agrupan en un décimo del territorio; eso deja lugar para que se instale la lucha clandestina, para abrir un primer "territorio libre" que desempeñaría el mismo papel que la Sierra Maestra en la Revolución Cubana. Igual sentido tendrá la elección del río Ñacahuasú como base de la guerrilla, perdido entre las montañas de la precordillera, en una región casi deshabitada donde merodean cazadores aislados, y donde el único campesino, Argañaraz, resultará ganado por el enemigo.

Comenzar de nuevo en otra parte, con la esperanza de reencontrar las condiciones que aseguraron el éxito la primera vez... Pero el Che se presentará en Bolivia sin estar seguro del apoyo del Partido Comunista, ni sobre todo de los campesinos, que fue decisivo para los expedicionarios del *Granma*.

—La estrella del Che comenzó a palidecer después del discurso ante la ONU en Nueva York —estima Alberto, que añade—. El que a mí me gusta es el Che que va hasta ese discurso. El que viene después es otro Che.

Ernesto está pues en La Habana. No era ése su proyecto primitivo: habiendo leído públicamente Fidel su carta de despedida, pensó en ir directamente de Tanzania a Bolivia. Por razones de logística, y también porque Castro insistió en volver a verlo, regresó a Cuba absolutamente de incógnito. Quiere ir a ver a Aragonés, en cama a causa de una enfermedad contraída en África, pero Fidel se lo desaconseja dado el número de visitantes que se agolpan en la casa de su amigo, y lleva personalmente a éste el mensaje de pronta recuperación del Che.

Aleidita, la hija de Ernesto y de Aleida, recuerda un encuentro misterioso que tuvo en ese período. Narró la escena en 1987 al diario italiano *Il Tirreno*, en ocasión del vigésimo aniversario de la muerte del Che:

"Por ser la más grande de los cuatro niños de la casa[2], era una segunda mamá para mis dos hermanos, sobre todo para Ernestito que acababa de nacer y mi hermanita. Nuestra madre nos decía siempre: 'Papá quería que ustedes hicieran esto, que fueran así... No hagan tal cosa, a papá no le gustaría.' Tuvo así el mérito de enseñarnos a respetarlo como lo hacemos.

"Llegó el día en que nos llevó a los cuatro a la casa donde él se encontraba. Allí nos enfrentamos a un hombre extraño, calvo, de anteojos. Decía ser español, llamarse Ramón, y afirmaba ser muy amigo de nuestro papá. Cuando lo vi, le dije: 'Chico, pero tú no pareces español, pareces más bien argentino.' Todo el mundo quedó estupefacto ante mi reflexión. 'Bueno', pensaron mis padres, '¡si esta criatura adivinó todo, el disfraz no sirve de nada!'

"Mi padre conservó la calma y me preguntó: '¿Por qué argentino?' Le respondí: 'Eso es lo que me pareció...' Lo que tranquilizó a todo el mundo. Después de lo cual, él nos invitó a pasar al comedor. Mi padre se sentaba siempre a la cabecera y, en casi un año que no lo veíamos, yo había tomado la costumbre de ocupar ese lugar. Cuando el español se sentó allí, me abalancé a decirle que ése era el sitio de mi papá, y que cuando él no estaba me correspondía a mí.

"Y el extranjero replicó: '¡Pero es el lugar del anfitrión!' Tuvo que explicarme el significado de la palabra anfitrión, antes de que yo me instalara a su lado. Mamá me contó más tarde cuán orgulloso había estado de que su hija reaccionara a los cinco años de esa manera.

"Luego se puso a beber vino tinto puro. Habitualmente mi padre mezclaba su vino con agua mineral, y yo también lo hacía. Le dije: '¿Cómo es que siendo tan amigo de mi papá no sabes cómo toma él su vino? Yo voy a mostrarte.' E hice la mezcla del vino con el agua, lo que le encantó todavía más.

"Después de la comida, comencé a correr con mis hermanos y mi hermana, y me golpeé la cabeza al caer contra una mesa de mármol rosado. Mi madre, que estaba tensa a causa de las cosas que yo había dicho, la historia del argentino, comenzó a llorar. Mi padre me alzó sobre sus rodillas y me besó, antes de ir a la cocina a buscar una servilleta y cubos de hielo para ponérmelos en el chichón. Sentí entonces algo muy particular en la atención que ponía en mí.

"Un poco más tarde nos ofreció caramelos, una caja para

---

[2] Hildita, por su parte, vivía con su madre, Hilda Gadea.

cada una de las hijas y una para los dos varones, y nos marchamos dando las gracias a ese señor español tan gentil.

"Cuando mi padre murió, mi madre nos mostró una foto en la que aparecía solamente Ramón, el español, que yo recordaba muy bien aunque no lo hubiese visto más que una noche. Volví a verlo tomando la mano de mi madre, con quien acababa de hablar, muy juntas las cabezas, y yo le pregunté: 'Mamá, ¿qué hacías con ese hombre que no es mi papá?'

"Ella me respondió: 'Sí, era tu papá...'"

De julio a septiembre de 1966 el Che se prepara en Cuba, nuevamente en la provincia de Pinar del Río, con los hombres de su comando. Cinco ya estuvieron con él en el Congo: Harry Villegas[3], José María Martínez Tamayo[4], Carlos Cuello[5], Israel Reyes Zayas[6] y el médico Octavio de la Concepción[7], veterano de la Sierra Maestra. Se ha dicho que al mismo tiempo que a ellos, se formaba a unos sesenta guerrilleros bolivianos. La primera idea de Fidel y del Che consistía en preparar a todos los aprendices de revolucionarios en la isla roja. Pero el precio del desplazamiento hizo impracticable la operación: como no era posible, para los voluntarios de los diferentes países implicados, ir directamente a Cuba, había que pagar pasajes de avión a Moscú, vía París o Roma, antes de volver a La Habana. Eso se pudo hacer para unos sesenta hombres, que se encontraron con el Che en Cuba, donde permaneció la mayoría de ellos. Una minoría regresó a Bolivia, y solamente algunos se unieron a las filas de la guerrilla, entre ellos los estudiantes de Medicina Mario Gutiérrez Ardaya, *Julio*, Ernesto Malmura Hurtado, *Ernesto*, y Antonio Jiménez Tordio, *Pedro*, apodado *Pan Divino* por su bondad. Los tres morirán en combate.

En realidad, el asunto boliviano se remonta a tiempo atrás: a mayo de 1963, cuando la vanguardia de una columna de guerrilleros peruanos, proveniente de Bolivia, es diezmada en Puerto Maldonado[8]. El resto de la columna se oculta en La Paz durante dos años. En julio de 1963, es el primer viaje a Bolivia del capitán cubano José María Martínez Tamayo, con un pasaporte colombiano. Desde septiembre de 1963 a febrero de 1964

---

[3] Pombo.
[4] Ricardo.
[5] Tuma o Tumaini.
[6] Braulio.
[7] Moro.
[8] Localidad peruana del departamento de Madre de Dios, vecino a Bolivia.

se constituye el Ejército Guerrillero del Pueblo (EGP), comandado por un compatriota del Che, Masetti, llamado *Segundo*.

En marzo de 1964 el Che recibe en el Ministerio de Industrias a un personaje excepcional. Tamara Bunke Bider o Laura Gutiérrez Bauer, llamada *Tania*, es la hija de una soviética y de un alemán que emigraron a la Argentina y luego regresaron a la RDA. Ernesto ya la conoce pues ha sido su guía en Moscú. En 1962 ha ido a establecerse a Cuba y fue una de las primeras mujeres miembros del Partido Comunista cubano. Cuando se encuentran en 1964, el Che encomienda una misión a la alta y bella Tania: infiltrarse en la alta sociedad boliviana, de ser posible hasta llegar al presidente Barrientos. Lo logra tan bien que éste se enamora de ella, al punto de querer convertirla en su amante. Pero terminará por ser desenmascarada, conocidos su pasado y su misión, y no tendrá entonces otra solución que entrar en la clandestinidad, antes de unirse a las filas de la guerrilla no bien ésta se organiza.

En 1966 los acontecimientos se aceleran. En marzo, Martínez Tamayo[9] entra de nuevo en Bolivia. Se le unen en julio Pombo y Tuma, encargados de preparar el terreno. En septiembre el capitán Alberto Fernández Montes de Oca[10] llega a su vez, con instrucciones del Che relativas a la selección de las zonas de operación y de los contactos políticos por establecer en el lugar. Dos hombres en Bolivia desempeñarán un papel esencial. Mario Monje, rechoncho, de piel morena, secretario general del Partido Comunista Boliviano, debe coordinar las operaciones y definir el rol de cada uno. En cuanto a Moisés Guevara, un homónimo del Che, bajito y de cabeza redonda, maoísta excluido del Partido en 1964 por el mismo Monje, reúne en la clandestinidad a un grupo de combatientes armados. Finalmente, otro personaje importante del drama que se prepara es el francés Régis Debray, periodista, escritor, profesor de Filosofía. Recibirá el apodo de *Danton* en la guerrilla y estará encargado por Fidel de misiones preparatorias en el lugar y a la vez de reunir apoyos en el resto del mundo.

En octubre de 1966 Coco Peredo, Tuma y Ricardo acondicionan una modesta granja en Ñacahuasú, caserío del departamento de Santa Cruz, en un pequeño valle rodeado de cimas cubiertas de abundante vegetación. Allí deben instalarse la base de la guerrilla y la escuela de formación de los reclutas de los diferentes países involucrados. Doscientos cincuenta hombres aproximadamente según las previsiones, de los cuales unos sesenta son bolivianos, más argentinos, peruanos y brasile-

---

[9] Llamado también Mbili Papi.
[10] Pacho o Pachungo.

ños. La preparación de esos comandos de liberación debe comenzar el 15 de noviembre y terminar el 20 de diciembre, o sea treinta y cinco días para formar combatientes operacionales. Ya todo está dispuesto para la venida del Che. Un ex agente de la CIA, Philip Agee, que después cambió de orientación para hacerse pro Che, revela en su prefacio al libro *La CIA contra el Che* que la agencia creía saber en ese entonces que, después de su expedición al Congo-Kinshasa, el Che había sido hospitalizado en la Unión Soviética por haber ingerido un medicamento vencido contra el asma. A Agee se le había encargado, en la primavera de 1966, instalar un nuevo sistema de control de pasaportes en Montevideo, con una lista de nombres y de fotos de los personajes indeseables.

"Como responsable de las operaciones cubanas —dice—, me correspondía tomar medidas específicas de control de viajeros, para descubrir cualquier intento de parte del Che de infiltrarse en la región. Desde luego, nadie creía que él viajaría con barba, pero no se pudo encontrar ninguna foto suya sin ella. Se recurrió entonces a un artista que ejecutó un retrato, difundido en todos los puestos fronterizos de América Latina. En el aeropuerto de Montevideo yo distribuí copias a todos los policías y a la gente de Inmigración."

El Che parte de La Habana a París, vía Moscú y Praga, luego llega a San Pablo en Brasil. En la escala de Orly, toma una pipa y se la lleva a la boca, pero la deposita de nuevo al escuchar el precio: "veintidós dólares". Su gesto le vale una observación de parte de la vendedora; para evitar un incidente, Pacho compra la pipa, ciento diez francos de su sueldo de mil dólares, y se la obsequia a Ernesto, lo que hará decir más tarde a este último:

—Fumo en esta pipa porque un gordo vivo creyó oportuno pagarla demasiado cara.

El 3 de noviembre se presenta en el aeropuerto de La Paz, en un vuelo proveniente de Madrid y San Pablo. Lleva pasaporte uruguayo n° 130.748 bajo el nombre de Adolfo Mena. Su apariencia es la de un intelectual, calvo, de anteojos negros, traje oscuro, corbata; está munido de una orden de misión de la Organización de Estados Americanos, mencionando que realiza un estudio acerca de las relaciones económicas y sociales en Bolivia.

El 5 de noviembre de 1966, a las seis y media de la mañana, abandona La Paz en jeep con Alberto Fernández Montes de Oca y Carlos Cuello, para ir a Ñacahuasú. Unas horas más tarde un segundo jeep sale de la ciudad, llevando a bordo a Pombo, Martínez Tamayo y Jorge Vázquez Viaña[11]. El 6 por la

---

[11] Llamado el Loro o Bigotes.

mañana bordean los barrancos de Cochabamba, luego atraviesan la Siberia, nombre de una surrealista selva húmeda, inhabitable, siempre cubierta de nubes, que lleva hacia una región árida sin más vegetación que cactos. Al salir de ese desierto, un nombre caro al corazón de los cubanos está inscripto en un pedazo de madera: La Habana, simple caserío; luego cruzan el ancho, profundo y a veces turbulento río Grande.

Los nombres se desgranan en la ruta de Santa Cruz: Comarapa, Materal, Samaipata, luego Camiri, la capital petrolera del país. Después de atravesar el río Seco, bien llamado así en ese período del año, y de pasar por Ipati, los dos jeeps dejan atrás el último pueblo, Lagunillas, antes de llegar a su destino final, Ñacahuasú, "la cabeza del río" en quechua. Allí se instalan en la cabaña preparada por Ricardo y llamada la Calamina, a causa del techo de cinc de que se la ha cubierto. Con un viejo árbol retorcido y un horno de pan delante de la puerta.

XXVIII

El diario de Bolivia

El 7 de noviembre de 1966 el Che comienza, en una agenda de marca alemana, de color rojo, el relato de su nueva odisea. En la etiqueta pegada al dorso de la tapa puede leerse: Carl Klippel-Kaiser Strasse 75, Frankfurt. Damos a continuación un breve extracto de algunos pasajes de ese *Diario*.[1]

Día 7
(...) Al llegar cerca de la finca detuvimos las máquinas y una sola llegó a ella para no atraer las sospechas de un propietario cercano, que murmura sobre la posibilidad de que nuestra empresa esté dedicada a la fabricación de cocaína. Como dato curioso, el inefable Tumaini es indicado como el químico del grupo.

Bigotes se mostró dispuesto a colaborar con nosotros, haga lo que haga el partido, pero se muestra leal a Monje, a quien respeta y parece querer. Según él, Rodolfo está en la misma disposición y otro tanto sucede con el Coco, pero hay que tratar de que el Partido se decida a luchar.

Día 8
Pasamos el día en la manigua, a escasos 100 metros de la casa y junto al arroyo. Nos dieron su batida una especie de yaguasas muy molestas aunque no pican. Las especies que hay, hasta ahora, son: la yaguasa, el jején, el mariguí, el mosquito y la garrapata.

Día 9
Con Tumaini, hicimos una exploración siguiendo el curso del río Ñacahuasú (un arroyo en realidad), pero no llegamos a su nacimiento. Corre encajonado y la región, aparentemente, es poco frecuentada. Con una disciplina conveniente se puede estar allí mucho tiempo. (...) Me saqué 6 garrapatas del cuerpo.

---

[1] La versión original del *Diario del Che en Bolivia* ha sido tomada de la edición publicada por el Instituto del Libro, La Habana, 1968.

Día 12
(...) *La zona elegida está a unos 100 metros del principio de la tumba, sobre un montículo, y cerca hay una hondonada en la que se pueden hacer cuevas para guardar comida y otros objetos.*

Día 14
Una semana de campamento. Pachungo luce algo inadaptado y triste, pero debe recuperarse. Hoy comenzamos una excavación para hacer un túnel y meter en él todo lo que pueda ser comprometedor (...)

Día 16
El túnel quedó terminado y camuflado (...) El esquema de este túnel que lleva el Nº 1 está en el documento I.

Día 18
Sin noticias de La Paz (...) Los mosquitos y las garrapatas han comenzado a provocar llagas (...)

Día 20
A medio día llegaron Marcos y Rolando. Ahora somos seis. (...) Vino con ellos Rodolfo, que me hizo muy buena impresión. Al parecer, está más decidido que Bigote a romper con todo. Papi le informó de mi presencia, así como al Coco, violando las instrucciones; al parecer es un caso de celos de autoridad. (...) Rodolfo retornó en la madrugada.

Día 23
Inauguramos un observatorio que domina la casita de la finca (...)

Análisis del mes:
Todo ha salido bastante bien: mi llegada sin inconvenientes; la mitad de la gente está aquí también sin inconvenientes, aunque se demoraron algo; los principales colaboradores de Ricardo se alzan contra viento y marea. El panorama se perfila bueno en esta región apartada donde todo indica que podremos pasarnos prácticamente el tiempo que estimemos conveniente. Los planes son: esperar el resto de la gente, aumentar el número de bolivianos, por lo menos hasta 20, y comenzar a operar. Falta averiguar la reacción de Monje y cómo se comportará la gente de (Moisés) Guevara.

Día 6
(...) *Inti y Urbano salieron a tratar de cazar venados, pues la comida es muy escasa y tenemos que aguantar hasta el viernes con ella.*

Día 12
Le hablé a todo el grupo, "leyéndole la cartilla" sobre la realidad de la guerra. Hice hincapié en la unicidad del mando y en la disciplina (...)

Hice los nombramientos, que recayeron en: Joaquín, como segundo jefe militar; Rolando e Inti, como comisarios; Alejandro, como jefe de operaciones; Pombo, de servicios; Inti, finanzas; Ñato, abastecimientos y armamentos; por ahora, Moro de servicios médicos.

Día 17
Moro e Inti sólo cazaron una pava. Nosotros, Tuma, Rolando y yo, nos dedicamos a hacer la cueva secundaria que puede quedar lista mañana.

Día 18
(...) Inspeccionamos una loma para instalar la planta de radio. Parece bastante buena pero las pruebas lo dirán.

Día 20
(...) Recibimos un telegrama de Manila (Cuba) indicando que Monje viene por el sur.

Día 26
(...) Se mataron dos víboras y ayer otra; parece que hay bastantes.

Día 30
(...) El horno no se pudo acabar por estar blando el barro.

Día 31
(...) A las 7.30 llegó el médico con la noticia de que Monje estaba allí. Fui con Inti, Tuma, Urbano y Arturo. La recepción fue cordial, pero tirante; flotaba en el ambiente la pregunta: ¿a qué vienes?

La conversación con Monje se inició con generalidades pero pronto cayó en su planteamiento fundamental resumido en tres condiciones básicas:

1) Él renunciaría a la dirección del partido, pero lograría de éste al menos la neutralidad y se extraerían cuadros para la lucha.

2) La dirección político-militar de la lucha le correspondería a él mientras la revolución tuviera un ámbito boliviano.

3) Él manejaría las relaciones con otros partidos sudamericanos, tratando de llevarlos a la posición de apoyo a los movimientos de liberación (puso como ejemplo a Douglas Bravo).

Le contesté que el primer punto quedaba a su criterio, como

secretario del partido, aunque yo consideraba un tremendo error su posición. Era vacilante y acomodaticia y preservaba el nombre histórico de quienes debían ser condenados por su posición claudicante. El tiempo me daría la razón.

Sobre el tercer punto, no tenía inconveniente en que tratara de hacer eso, pero estaba condenado al fracaso. Pedirle a Codovila que apoyara a Douglas Bravo era tanto como pedirle que condenara un alzamiento dentro de su partido. El tiempo también sería el juez.

Sobre el segundo punto no podía aceptarlo de ninguna manera. El jefe militar sería yo y no aceptaba ambigüedades en esto. (...)

Día 1º de enero de 1967

Por la mañana, sin discutir conmigo, Monje me comunicó que se retiraba y que presentaría su renuncia a la dirección del partido el día 8/1. Su misión había acabado según él. Se fue con la apariencia de quien se dirige al patíbulo. Mi impresión es que al enterarse por Coco de mi decisión de no ceder en las cosas estratégicas, se aferró a ese punto para forzar la ruptura, pues sus argumentos son inconsistentes.

Por la tarde, reuní a todo el mundo y le expliqué la actitud de Monje (...)

Precisé el viaje de Tania a la Argentina para entrevistarse con Mauricio[2] y Jozami[3] y citarlos aquí.

El 8 y el 10 de enero, un plenario del Comité Central del PCB, reunido en La Paz, ratifica la posición adoptada por Monje. Lo que significa que el Che estará privado del aporte logístico de los comunistas.

Día 11

(...) Alejandro y Pombo se dedicaron a la confección de mapas en la cueva de Arturo y llegaron con la noticia de que mis libros se habían mojado; algunos se habían deshecho y los radiocomunicadores estaban mojados y oxidados. Sumando esto a que los dos radios están rotos, da un panorama triste de las aptitudes de Arturo.

Comenzamos el estudio de kechua, dirigidos por Aniceto y Pedro.

Día del "boro"[4]; se les sacaron larvas de moscas a Marcos, Carlos, Pombo, Antonio, Moro y Joaquín.

---

[2] Ciro Roberto Bustos, aparecerá también como el Pelao y Carlos.
[3] Nombre en código del grupo argentino de Masetti.
[4] Mosca que deposita una larva al picar.

Día 12
Se envió la "góndola⁵" a buscar lo que faltaba (...) Hicimos algunos ejercicios de escalada (...)

Día 19
(...) llegó el médico a anunciar que la policía había ido al otro campamento (...) en busca de la fábrica de cocaína (...)

Día 20
Hice la inspección de las posiciones y dicté las órdenes para realizar el plan de defensa que fue explicado por la noche. Se basa en la defensa rápida de una zona aledaña al río, dependiendo de ella el que se contraataque con algunos hombres de la vanguardia por caminos paralelos al río que desemboquen en la retaguardia.

Día 22
(...) Escribo a Fidel un documento, el N° 3 para explicar la situación y probar el buzón. (...)

Día 25
(...) Se ha recibido un mensaje de Manila informándonos que había recibido todo bien (...)

Día 26
[Moisés Guevara llegó con Loyola Guzmán, tesorera de la red.] *Le planteé a Guevara mis condiciones: disolución del grupo, no hay grados para nadie, no hay organización política todavía y hay que evitar las polémicas en torno a las discrepancias internacionales o nacionales. Aceptó todo con gran sencillez, y tras un comienzo frío, se hicieron cordiales las relaciones con los bolivianos.*
Loyola me hizo muy buena impresión. Es muy joven y suave, pero se le nota una cabal determinación.

Día 31
Último día de campamento. La góndola limpió el campamento viejo y se retiraron los hombres de posta. (...) Y las armas se esconderán en el monte, tapadas por una carpa. La reserva de dinero permanecerá constantemente en el campamento, sobre el cuerpo de alguno (...)

⁵ Viaje para el avituallamiento del grupo.

Análisis del mes:
Como lo esperaba, la actitud de Monje fue evasiva en el primer momento y traidora después.
(...) Ahora comienza la etapa propiamente guerrillera y probaremos la tropa (...). De todo lo previsto, lo que más lentamente anduvo fue la incorporación de combatientes bolivianos.

En el momento en que "comienza la etapa propiamente dicha de la guerrilla", según los términos del Che, sus dos principales apoyos en Bolivia, Monje y Moisés Guevara, le han fallado, por razones y a títulos diferentes.

Cuando el Che llegó a Ñacahuasú el 7 de noviembre, Monje no concurrió a la cita. Sólo acudió mucho más tarde, el 31 de diciembre, tirado y empujado por José María Martínez, y a partir de entonces pasa de la escapatoria a la traición, al decir del propio Ernesto. Debía llevar la llave que permitiera utilizar el puesto emisor, a fin de asegurar el contacto con Cuba, pero no la tiene con él al llegar a la base. Asegura al Che que se la enviará más tarde, pero esa llave no llegará nunca. Ernesto recibe pues llamadas de Fidel sin poder responderle ni formular sus propias preguntas.

Como Monje no se presenta a la cita de noviembre, los otros jefes, que carecen de toda noticia, parten a Cuba y preguntan a Fidel lo que deben hacer. Como él mismo no tiene respuesta, los invita a ir directamente al lugar, y es así como Ciro Bustos y Juan Pablo Chang parten a Bolivia, acompañados por Régis Debray. Pero gran parte del contingente de hombres previsto al principio ha desaparecido en el camino a causa de esas indecisiones e incertidumbres.

El Che se enterará más tarde de que en noviembre Monje se hallaba en Bulgaria. De hecho, es más que probable que haya ido hasta Moscú a buscar instrucciones de las autoridades rusas, pues su misión en Sofía no pudo haberlo retenido cuarenta días. En todo caso, y a juzgar por su actitud, la voluntad de los soviéticos parece clara: no tocar a América Latina, conforme a los acuerdos estipulados con los Estados Unidos después de la crisis de los misiles. Moscú no quiere el incendio soñado por el Che, y manipula a Monje para que haga fracasar la expedición boliviana. Se recuerda también un viaje de Monje a Cuba en la primavera de 1966, sin que pueda saberse nada seguro al respecto.

El caso de Moisés Guevara es muy distinto. Él preconiza desde siempre la lucha armada, de allí su exclusión del Partido boliviano y el sobrenombre dado a su grupo, *los pekineses* o *maoístas*. Aporta lealmente su colaboración al Che, reclutando en la zona a los futuros guerrilleros. Pero, por razones ajenas a su voluntad, demuestra no ser un aliado irreprochable.

En 1964 ha empezado a reclutar a sus hombres en el sindicato de los mineros. Pronto su organización independiente se compone de veinte hombres, que deberían poder ser operacionales en los primeros meses de 1966. Pero, a partir del 15 de enero, el país entero se entrega al ritual del Carnavalito, durante el cual el alcohol corre a raudales, y Moisés ya no consigue echar mano de sus hombres, diseminados en las montañas, ebrios, a menudo disfrazados, lo que complica aun más las cosas. Parte a buscarlos en los campos petrolíferos de Sucre, en las minas de estaño, de cinc y de carbón de Potosí, de donde viene la sal rosada, y hasta en las escasas minas de oro que funcionan todavía en Oruro; busca más al oeste, en el Altiplano, hacia Chile. El tiempo apremia, pero no quiere ir a combatir junto al Che solamente con siete hombres, los siete que pudo recuperar de los veinte que había reclutado y preparado. Entonces, como último recurso, capta en forma improvisada a mineros del sindicato que aceptan seguirlo sin conocer nada de la lucha armada. Seis en total, entre ellos Pastor Barrera Quintana, *Daniel*, ex policía deshonesto expulsado de la administración, que desempeñará un papel funesto en la expedición.

Caminando de noche para no llamar la atención, guiados por Loyola Guzmán, estudiante y tesorera de la guerrilla, de la Juventud Comunista, Moisés Guevara y su grupo llegan el 26 de enero de 1967 a Ñacahuasú. Se encuentran al pie del cañón: Moisés Guevara, los siete hombres que había reclutado inicialmente (Eusebio, Pablo, Pepe, Raúl, Víctor, Walter y Willy) y los seis siguientes (Chingolo, Daniel, Darío, Orlando, Paco y Salustio); otros dieciséis bolivianos, muchos de los cuales se habían preparado previamente en Cuba (Aniceto, Benjamín, Camba, Carlos, Coco, Chapaco, Ernesto, Inti, Julio, León, Loro, Ñato, Pedro, Polo, Serapio y Loyola); el Che, rodeado por dieciséis selectos combatientes cubanos; tres peruanos: Juan Pablo Chang Navarro, *Chino*, Lucio Edilberto Galván, *Eustaquio*, y Restituto José Cabrera Florez, *Negro*, médico; dos argentinos: Ciro Roberto Bustos, *Pelao*, y *Tania*; más un francés, Régis Jules Debray, *Danton*.

Eso hará en total un grupo de cincuenta y tres revolucionarios, muchos de los cuales no están preparados ni son seguros, en lugar de los doscientos cincuenta hombres perfectamente adiestrados y seleccionados cuidadosamente que se habían previsto para el 20 de diciembre.

El 1º de febrero señala la partida del grueso de la guerrilla con veintisiete hombres, quince cubanos y doce bolivianos, para explorar la región norte, en dirección del río Grande. Prevista para durar dos semanas, la marcha se extenderá a seis. La dirección de la Juventud Comunista excluye a los que optaron por permanecer con el movimiento guerrillero.

El Che comienza a transformar el precario campamento en un verdadero baluarte, casi confortable. Lo que define ahora el papel que tendrá el campamento de Ñacahuasú: a la vez campo de entrenamiento militar, centro de comunicaciones, depósito de víveres y de equipos y escuela de mandos. Con un salón de clases al aire libre donde todos los días, desde las dieciséis a las dieciocho horas, acuden el Che, los camaradas bolivianos más instruidos, y también el *Rubio*, el capitán Jesús Suárez Gayol[6], *Alejandro*[7], y algunos otros guerrilleros que dan clases de gramática, de economía política y de historia boliviana. Por la noche, a título facultativo, el Che agrega todavía clases de francés. Y algunos bolivianos clases de quechua, que el Che sigue asiduamente.

Se construyen trincheras defensivas dominando el río Ñacahuasú. Luego, un horno de pan y un teléfono de campaña, destinado a comunicar a la vanguardia con los puestos de observación. Los guerrilleros acondicionan y disimulan las grutas de los alrededores. Y, como buena prueba de optimismo, ¡hasta cultivan un jardín y una huerta!... El Che pensaba instalar, como lo había pensado en la Mesa, en la Sierra Maestra, una pequeña central eléctrica en un torrente vecino. Y, desde luego, no olvidó el rincón biblioteca.

14 de febrero
Se descifra un largo mensaje de La Habana cuyo núcleo es la noticia de la entrevista con Kolle[8]. Éste dijo allá que no se le había informado de la magnitud continental de la tarea, que en ese caso estarían dispuestos a colaborar en un plano cuyas características pidieron discutir conmigo. (...)
Informan además, que el francés viajando con su pasaporte llega el 23 a La Paz (...)

Día 15
Cumpleaños de Hildita (11 [años]).
Día de marcha tranquila (...)

Día 16
Vamos a prestar $ 1.000 al campesino [Miguel Pérez] *para que pueda comprar y engordar cerdos; tiene ambiciones capitalistas.*

---

[6] Ex viceministro de la Industria del Azúcar, en Cuba.
[7] Comandante Gustavo Machin Hoed de Beche, fundador del Directorio Estudiantil Revolucionario.
[8] Dirigente del Partido Comunista boliviano

Día 22
(...) Altura: 1.180. Estamos en las cabezas del arroyo que desemboca en el Masicuri, pero con rumbo sur.

Día 23
Día negro para mí; lo hice a pulmón pues me sentía muy agotado (...) A las 12 salimos, con un sol que rajaba piedras. Decidimos bajar por un lugar practicable, aunque muy pendiente, para tomar un arroyo que conduce a Río Grande y de allí al Rosita.

Día 24
Cumpleaños de Ernestico (2) (...)

Día 25
Día negro (...) Pacho me llamó para decirme que Marcos y él habían tenido una discusión y que Marcos le había dado órdenes perentorias amenazándolo con un machete y dándole con el cabo en la cara (...)

Día 26
Atravesando el río Grande, Benjamín, que no sabía nadar, se ahogó.
Era un muchacho débil y absolutamente inhábil, pero con una gran voluntad de vencer; la prueba fue más fuerte que él, el físico no lo acompañó y tenemos ahora nuestro bautismo de muerte a orillas del río Grande, de una manera absurda.

Resumen del mes:
(...) el francés ya debe estar en La Paz y cualquier día en el campamento; no tengo noticias de los argentinos ni del Chino; los mensajes se reciben bien en ambas direcciones; la actitud del partido sigue siendo vacilante y doble, lo menos que se puede decir de ella, aunque queda una aclaración, que puede ser definitiva, cuando hable con la nueva delegación.
La marcha se cumplió bastante bien, pero fue empañada por el accidente que costó la vida a Benjamín; la gente está débil todavía y no todos los bolivianos resistirán. Los últimos días de hambre han mostrado una debilitación del entusiasmo, caída que se hace más patente al quedar divididos.

1° de marzo
(...) me informó que Polo se había tomado su lata de leche y Eusebio la de leche y las sardinas, por ahora, como sanción, no comerán cuando toquen esas cosas. Mal síntoma.

Día 4

(...) Los cazadores lograron dos monitos, una cotorra y una paloma, que fue nuestra comida junto con el palmito, abundante en este arroyo.

El ánimo de la gente está bajo y el físico se deteriora día a día; yo tengo comienzo de edemas en las piernas.

Día 16

Decidimos comernos el caballo (...)

Día 17

(...) no pudieron dominar la balsa y ésta siguió Ñacahuasú abajo, hasta que les tomó un remolino que la tumbó, según ellos, varias veces. El resultado final fue la pérdida de varias mochilas, casi todas las balas, 6 fusiles y un hombre: Carlos.

Día 19

(...) una avioneta sobrevolaba la región y eso no presagiaba nada bueno. Ahora están en la base el francés, el Chino, sus camaradas, el Pelao, Tania y [Moisés] Guevara, con la primera parte de su grupo (...)

Día 21

Me pasé el día en charlas y discusiones con el Chino, precisando algunos puntos, el francés, el Pelao y Tania. El francés traía noticias ya conocidas sobre Monje, Kolle, Simón Reyes, etc. Viene a quedarse pero yo le pedí que volviera a organizar una red de ayuda en Francia y de paso fuera a Cuba, cosa que coincide con sus deseos de casarse y tener un hijo con su compañera. Yo debo escribir cartas a Sartre y B. Russell para que organicen una colecta internacional de ayuda al movimiento de liberación boliviano.

Día 23

Día de acontecimientos guerreros (...)

A las 8 y pico llegó Coco a la carrera a informar que había caído una sección del ejército en la emboscada. El resultado final ha sido, hasta ahora, 3 morteros de 60 mm, 16 máusers, 2 Bz, 3 Uzis, un 30, dos radios, botas, etc., 7 muertos, 14 prisioneros sanos y 4 heridos, pero no logramos capturarles víveres.

Día 25

(...) A las 18.30, con casi todo el personal presente, hice un análisis del viaje y su significado y expuse los errores de Marcos, destituyéndolo y nombrando a Miguel jefe de la vanguardia. (...) Le hice al francés un largo informe oral sobre la situa-

ción. En el curso de la reunión se le dio a este grupo el nombre de Ejército de Liberación Nacional de Bolivia (...)

Día 26
(...) desde el observatorio de Argañaraz se vieron 30-40 soldados y aterrizó un helicóptero.

Día 27
Hoy hizo explosión la noticia acaparando todo el espacio radial y produciendo multitud de comunicados, incluida una conferencia de prensa de Barrientos (...) Es evidente que los desertores o el prisionero hablaron, sólo que no se sabe exactamente cuánto dijeron y cómo lo dijeron. Todo parece indicar que Tania está individualizada, con lo que se pierden dos años de trabajo bueno y paciente. La salida de la gente es muy difícil ahora; me dio la impresión de que no le hizo ninguna gracia a Danton cuando se lo dije. Veremos en el futuro.
Se confecciona el comunicado Nº 1, que trataremos de hacer llegar a los periodistas de Camiri.

Día 28
Las radios siguen saturadas de noticias sobre las guerrillas. Estamos rodeados por 2.000 hombres en un radio de 120 km, y se estrecha el cerco, complementado por bombardeos con napalm; tenemos unas 10-15 bajas.
El francés planteó con demasiada vehemencia lo útil que podría ser fuera.

Día 29
(...) Radio Habana ya dio la noticia y el gobierno (boliviano) anuncia que apoyará la acción de Venezuela[9] presentando el caso Cuba en la OEA. (...)
Apenas esté la cueva podemos hacer el traslado de este campamento, que ya resulta incómodo y muy conocido.

Resumen del mes:
(...) Etapa de consolidación y depuración para la guerrilla, cumplida a cabalidad; lenta etapa de desarrollo con la incorporación de algunos elementos venidos de Cuba, que no parecen malos, y los de Guevara que han resultado con un nivel general muy pobre (...) etapa de comienzo de la lucha, caracterizada por un golpe preciso y espectacular, pero jalonada de indeci-

---

[9] Intervención de guerrilleros cubanos en Venezuela, con Arnaldo Ochoa y Tomassevich.

siones groseras antes y después del hecho (retirada de Marcos, acción de Braulio), etapa del comienzo de la contraofensiva enemiga, caracterizada hasta ahora por: a) tendencia a establecer controles que nos aíslen, b) clamoreo a nivel nacional e internacional, c) inefectividad total, hasta ahora, d) movilización campesina.

El 6 de marzo se produce el encuentro inesperado de la vanguardia de la columna dirigida por Marcos (comandante Antonio Sánchez Díaz) con un civil, Epifanio Vargas, que seguía la pista de esa columna hasta Ñacahuasú y denunció su presencia a la división de Camiri. El 11, dos de los bolivianos reclutados a la ligera, uno de ellos Daniel, desertan. Se presentan a su vez en el cuartel de Camiri y dan informaciones detalladas que permiten al ejército boliviano y a los servicios de espionaje obtener los primeros indicios de la presencia del Che en Bolivia. Con Tania, el francés Régis Debray, el argentino Ciro Bustos y el peruano Juan Pablo Chang Navarro.

Refiriéndose al combate del 23, Inti Peredo escribe: "También curamos a los heridos y explicamos a los soldados los objetivos de nuestra lucha. Ellos nos contestaron que no sabían por qué los habían mandado a combatirnos. Que están de acuerdo con lo que nosotros decíamos y nos reiteraban la petición de fusilar al mayor Plata, oficial que tenía una actitud déspota en la unidad pero que ahora, delante de la tropa, se comportaba como un cobarde."

El 24, el ejército encuentra en un garaje de Camiri, pueblo situado a unos sesenta kilómetros al norte de la base, el jeep de Tania, y en su habitación del hotel una grabación de un discurso de Fidel así como dos casetes de música cubana. Eso servirá de prueba contra ella. Después de haber llevado a Bustos y a Debray al campamento central, ella pensaba regresar rápidamente a La Paz, donde la esperaban sus nuevas funciones.

El ambiente de distensión y hasta de despreocupación que reinaba en el campamento en ausencia del Che, en febrero y en marzo, relajó la vigilancia. Circularon documentos, así como diarios y fotografías.

Como lo comprueba Régis Debray[10]: "La localización ulterior del campamento y la movilización militar, a fines de marzo, no hicieron cambiar al Che. Si el comandante Guevara no hubiera tenido esa concepción del desarrollo de la guerra, no se comprendería por qué reprochó tanto a Marcos y a Antonio, cuando regresó, la decisión que habían tomado, ante la ofensi-

---

[10] *La guérilla du Che*, Ed. Le Seuil.

va militar, de retirarse del campamento central. Ni por qué ordenó una contramarcha inmediata para ocuparlo nuevamente y defenderlo costara lo que costare. ¿Por principio, para combatir la desmoralización y dar nuevos bríos a la guerrilla?

"Tampoco se comprendería por qué, después de la ocupación del campamento por el ejército, que utilizó como guía a los desertores, el Che siguió dando vueltas en los alrededores y hasta volvió a instalarse en él, poco tiempo después de su evacuación por el enemigo, casi pisándole los talones.

"Sea como fuere, fue indiscutiblemente la brusca ofensiva del ejército lo que transformó esa área de entrenamiento y de preparación en teatro de operaciones. La base de retaguardia se encontró de pronto transformada en una suerte de línea avanzada de la guerrilla. Esa conversión se produjo por iniciativa del ejército y sin saberlo la dirección guerrillera, sorprendida por la noticia a su regreso de la exploración.

"Una vez iniciado el ataque, el Che no hizo nada para romper el contacto, todo lo contrario; pero, sin haberlo querido, se encontraba en posición defensiva.

"La prolongada mala alimentación que representó la dura misión de exploración desgastó física y psicológicamente a muchos selectos combatientes, puestos casi fuera de combate justo en el momento de comenzar a luchar. Oficiales de mando, como Joaquín y Alejandro, llegaron al campamento muy flacos, con las extremidades hinchadas por los edemas del hambre, costándoles soportar las botas, y con los dedos de las manos tan hinchados que tenían dificultad en poner el índice en el gatillo del fusil. Pero sobre todo, el hecho de que la exploración se prolongara varias semanas impidió al Che encontrarse personalmente en el lugar y el momento que iban a ser decisivos.

"Nadie conocía suficientemente la región donde él se había internado como para ir solo en reconocimiento sin perderse, y fue necesario aguardar la llegada de Rolando, caminante excepcional, para restablecer el contacto.

"El Che comprendió en el acto que su vanguardia había cometido una imprudencia, presionada por un hambre terrible, presentándose armada en la casa de un empleado de Yacimientos Petroleros. Pero evidentemente él no podía adivinar que ese empleado, Epifanio Vargas, era una antena de la IV División de Camiri, informante y guía.

"(...) Nadie podía imaginarse que la red urbana ya estaba bajo el control de la embajada norteamericana y de la CIA.

"Lejos de encontrar el comienzo de la guerra 'prematuro' o 'lamentable', el Che, por el contrario, se lanza a ella con una alegre agresividad compartida por todos.

"Cuando en la tarde del 23 de marzo Coco Peredo, sin aliento, llegó precipitadamente al campamento a anunciar que una columna militar acababa de caer en la emboscada que le habían tendido en el Ñacahuasú, el Che, acostado en su hamaca leyendo, dejó caer el libro, se irguió sobre sus pies y lanzó, radiante, un grito de guerra y de alegría. Antes de encender solemnemente uno de los cigarros que conservaba en el fondo de su mochila para las grandes ocasiones."

1º de abril
Matamos otra yegua para dejar charqui[11] a los seis que se quedarán.

Día 2
(...) hemos decidido no partir hoy sino a las tres de la mañana [...]

Día 3
(...) Cuando pasamos frente a la emboscada, en los cuerpos, de los 7 cadáveres no quedaban más que unos esqueletos perfectamente limpios, en los que las aves de rapiña habían ejercido su función con toda responsabilidad.
Hablé con Danton y Carlos exponiéndoles 3 alternativas: seguir con nosotros, salir solos o tomar Gutiérrez y de allí tentar fortuna en la forma que mejor se pudiera; eligieron la tercera. Mañana probaremos suerte.

Día 6
Día de mucha tensión. Pasamos a las 4.00 el río Ñacahuasú (...) A las 8 informó Rolando que una decena de soldados estaba frente a la quebrada que acabábamos de abandonar. Salimos lentamente y a las 11 ya estábamos fuera de peligro, en un firme.

Día 10
(...) Las primeras noticias llegaron pronto y fueron desagradables: el Rubio, Jesús Suárez Gayol, estaba herido de muerte (...)

Día 11
(...) El total de las pérdidas [para el enemigo] *puede descomponerse así: diez muertos, entre ellos dos tenientes, treinta prisioneros, un mayor y algunos suboficiales, el resto soldados (...) Hay soldados de comandos, paracaidistas y soldados de la zona, casi niños (...) Un periodista chileno hizo una narración pormenorizada de nuestro campamento y descubrió una de mis fotos, sin barba y con una pipa (...)*

---

[11] Carne secada al sol.

Día 12
(...) *Empecé un cursillo sobre el libro de Debray[12] (...)*

Día 13
(...) *las cuevas no han sido descubiertas y nada se ha to-
cado: permanecen intactos los bancos, las cocinas, el horno y
los sementeros.*

*Los norteamericanos anuncian que el envío de asesores a
Bolivia responde a un viejo plan y no tiene nada que ver con las
guerrillas. Quizá estamos asistiendo al primer episodio de un
nuevo Vietnam.*

Día 15
*Se le escribe una nota a Fidel (n° 4) informándole de los
últimos acontecimientos. Va cifrado y en escritura invisible.*

Día 17
(...) *Por la noche se supo que uno de los hijos de un campesino había desaparecido y podía haber ido a dar aviso pero se
resolvió salir a pesar de todo para tratar de sacar al francés y
Carlos de una vez por todas.*

Día 19
(...) *A las 13.00 la posta nos trajo un presente griego: un
periodista inglés de apellido Roth que venía, traído por unos
niños de Lagunillas, tras nuestras huellas. Los documentos estaban en regla pero había cosas sospechosas: el pasaporte estaba tachado en la profesión de estudiante y cambiado por la
de periodista (en realidad dice ser fotógrafo) (...)*

*Por informes de los muchachitos que guiaban al periodis-
ta, se supo que la misma noche de nuestra llegada allí se conoció en Lagunillas gracias a un informe traído por alguien. Pre-
sionamos al hijo de Rodas y éste confesó que su hermano y un
peón de Vides habían ido para ganarse la recompensa que oscila entre $ 500 y 1.000.*

*El francés pidió plantearle el problema al inglés y como
una prueba de su buena fe que ayude a sacarlos; Carlos aceptó de mala gana y yo me lavé las manos. (...)*

*A las 4 iniciamos el regreso, sin haber logrado nuestro ob-
jetivo, pero Carlos decidió quedarse y el francés lo siguió, esta
vez él de mala gana.*

Día 20
(...) *a eso de las 13 apareció una camioneta con bandera*

---

[12] *Révolution dans la révolution.*

blanca en la que venían el subprefecto, el médico y el cura de Muyupampa, este último alemán. Inti habló con ellos. Venían en son de paz, pero una paz de tipo nacional de la que se ofrecían a ser intermediarios; Inti ofreció la paz para Muyupampa, sobre la base de una lista de mercancías que debían traernos antes de las 18.30. Ellos trajeron (...) la noticia de que los tres que partieron habían sido arrestados en Muyupampa y que dos estaban comprometidos porque tenían papeles falsos. Mala perspectiva para Carlos; Danton debería salir bien (...)

Día 21
(...) noticia de la muerte de tres mercenarios anunciada por la radio, un francés, un inglés y un argentino (...)

Día 25
Día negro. A eso de las 10 de la mañana volvió Pombo del observatorio avisando que 30 guardias avanzaban hacia la casita (...) Resolvimos hacer una emboscada improvisada en el camino de acceso al campamento; a toda prisa, elegimos una pequeña recta que bordeaba el arroyo con una visibilidad de 50 m.
Al poco rato apareció la vanguardia, que para nuestra sorpresa estaba integrada por 3 pastores alemanes con su guía (...)
Sobre el flanco del Ejército comenzó un fuego intermitente. Al producirse un alto mandé a Urbano para que ordenara la retirada pero vino con la noticia de que Rolando estaba herido; lo trajeron al poco rato ya exangüe y murió cuando se empezaba a pasarle plasma. Un balazo le había partido el fémur y todo el paquete vásculo-nervioso; se fue en sangre antes de poder actuar. Hemos perdido el mejor hombre de la guerrilla, y naturalmente, uno de sus pilares, compañero mío desde que, siendo casi un niño, fue mensajero de la columna 4, hasta la invasión y esta nueva aventura revolucionaria; de su muerte oscura sólo cabe decir, para un hipotético futuro que pudiera cristalizar: "Tu cadáver pequeño de capitán valiente ha extendido en lo inmenso su metálica forma".
(...) Según cálculos de Benigno, faltaba poco para llegar al Ñacahuasú. Ahora tenemos las dos salidas naturales bloqueadas y tendremos que "jugar montaña" (...)

Día 26
(...) Resolvimos seguir por la senda abierta por Coco para tratar de encontrar otra que cae al Iquiri.
Tenemos una mascota: Lolo, un pichón de urina. Veremos si sobrevive.

Día 27
(...) El frío es intenso por la noche (...) Se confirma que Danton está preso cerca de Camiri; es seguro que los otros están vivos y con él.
Altura: 950 m.

Día 29
(...) estamos en un cañón sin fallas. Coco cree haber visto un cañón transversal que no exploró; mañana lo haremos con toda la tropa.

Día 30
Lolo murió víctima del torbellino de Urbano que le tiró un fusil en la cabeza (...)
La revista Siempre entrevistó a Barrientos quien, entre otras cosas, admitió que había asesores militares yanquis y que la guerrilla surge por las condiciones sociales de Bolivia.

Resumen del mes:
Las cosas se presentan dentro de lo normal, aunque debemos lamentar 2 severas pérdidas: Rubio y Rolando (...)
En otro plano, el aislamiento sigue siendo total; las enfermedades han minado la salud de algunos compañeros, obligándonos a dividir fuerzas, lo que nos ha quitado mucha efectividad; todavía no hemos podido hacer contacto con Joaquín; la base campesina sigue sin desarrollarse; aunque parece que mediante el terror planificado, lograremos la neutralidad de los más, el apoyo vendrá después.
Danton y Carlos cayeron víctimas de su apuro, casi desesperación, por salir y de mi falta de energía para impedírselo, de modo que también se cortan las comunicaciones con Cuba (Danton) y se pierde el esquema de acción en la Argentina (Carlos).

Día 4. El campamento central fue ocupado por el ejército guiado por los dos desertores. Con el descubrimiento del pequeño diario de ruta de Braulio (teniente Israel Reyes) que quedó mal enterrado. Ese hecho conducirá al Che a cambiar su seudónimo de Ramón por el de Fernando.

El 18, acompañado por un guía proporcionado por el ejército, el agente de la CIA George Andrew Roth se dirige a Lagunillas, con un cuestionario en su libreta de apuntes tendiente a confirmar si el Che forma parte de la guerrilla bajo el nombre de Ramón, e igualmente la presencia de Debray y de Tania. Además con una misión especial: poner una sustancia química en la ropa y mochilas de los guerrilleros a fin de que los perros de policía puedan seguirlos. Lo que explica la aparición de pastores alemanes el 25.

El 20, arresto en el pueblo de Muyupampa de Régis Debray (Danton) y Ciro Roberto Bustos (Pelao) en compañía del periodista inglés Roth. El plan del ejército era hacer desaparecer a los dos primeros; evidentemente no al tercero. El asesinato de Debray y de Bustos, que debía permanecer oculto, resultó imposible por la publicación de fotografías de los detenidos en el diario Presencia.

El 23, el mayor Ralph W. Shelton, alias Pappy Shelton, comienza, con las técnicas de preparación utilizadas en Vietnam, la instrucción de los "boinas verdes", en el ingenio azucarero La Esperanza, cerca de Santa Cruz.

El 24, los expertos norteamericanos Theodor Kirsh y Joseph Keller, acompañados por el agente de la CIA Eduardo González, participan en los interrogatorios de Debray y de Bustos. Con la presencia igualmente del nazi francés Klaus Barbie, ex jefe de la Gestapo de Lyon, por entonces consejero del presidente Barrientos. Evitará mostrarse ante Régis Debray, que habría podido reconocerlo.

Al finalizar el mes, se muestra a todos los prisioneros un voluminoso álbum de fotos, indicando que algunas de las personas que figuran en él pueden ser de la guerrilla.

Después de denunciar los crímenes de las autoridades y los envíos a campos de concentración, el periodista boliviano Juan José Capriles revela que dos tenientes muertos el 10 en Iripití, Luis Saavedra Arambel y Jorge Ayala Chávez, habían sido enviados a la primera línea de fuego por haber criticado abiertamente el clima represivo existente en el ejército. Reportaje en el que Capriles asegura que el Che está en la guerrilla y publica un verdadero himno a la gloria del "guerrillero heroico". Su diario no tardará en ser cerrado y él deberá abandonar el país para salvar la vida.

En ese mes de abril hubo algo que pudo haber cambiado el curso de los acontecimientos. Benigno cuenta: "¡Estuvimos a punto de bajar al presidente Barrientos, un loco con cojones! Era el 10 de abril. Él estaba con una patrulla que nos buscaba. ¡Y poco faltó para que nosotros los agarráramos! Sabíamos que él quería llevar nuestras cabezas para exponerlas delante de la puerta del palacio presidencial en La Paz. En cambio, él sabía que si caía en nuestras manos, el Che no iba a fusilarlo. Lamentablemente no lo atrapamos..."

1° de mayo
Celebramos la fecha abriendo picadas pero caminando muy poco; todavía no hemos llegado a la divisoria de las aguas. (...) hoy el Ñato mató a un pajarito con la honda, entramos a la era del pájaro.

Día 5
(...) pensamos dirigirnos hacia el Oso[13], donde debe de quedarnos con qué comer dos días, y de allí al viejo campamento (...) Anunciaron que Debray sería juzgado por un tribunal militar en Camiri como presunto jefe u organizador de la guerrilla. Su madre llega mañana y se hace bastante barullo en torno a este asunto (...)

Día 8
(...) el grupo comandado por el subteniente Laredo avanzó; él mismo inició el fuego y cayó muerto en el acto, junto con dos reclutas más. Ya caía la noche y los nuestros avanzaron capturando 6 soldados; el resto se retiró.

Día 9
Nos levantamos a las 4 (yo no dormí) y liberamos a los soldados, previa charla.

Día 12
(...) Se hizo un puerco grande con arroz y frituras, además de zapallo.

Día 13
Día de eructos, pedos y vómitos y diarreas; un verdadero concierto de órgano. Permanecimos en una inmovilidad absoluta tratando de asimilar el puerco.

Día 18
(...) Efectué mi primera extracción dentaria en esta guerrilla; la víctima propiciatoria es Camba (...)

Día 20
En conferencia de prensa, Barrientos negó la condición de periodista de Debray y anunció que pedirá al Congreso el restablecimiento de la pena de muerte. Casi todos los periodistas, y todos los extranjeros, le preguntaron sobre Debray; se defendió con una pobreza de recursos increíble. Es lo más incapaz que se puede pedir.

Día 24
(...) La radio anunció que la demanda de hábeas corpus para Debray sería rechazada (...)

[13]. Un campamento, así llamado porque Régis Debray mató allí un oso.

Día 30
(...) el jeep se encangrejaba por falta de agua (...) orinamos todos en él y con una cantimplora de agua pudimos llegar al punto máximo alcanzado (...)

Resumen del mes:
1) Falta total de contacto con Manila, La Paz y Joaquín, lo que nos reduce a los 25 hombres que constituyen el grupo.
2) Falta completa de incorporación campesina, aunque nos van perdiendo el miedo y se logra la admiración de los campesinos. Es una tarea lenta y paciente.
3) El partido, a través de Kolle, ofrece su colaboración, al parecer, sin reservas.
4) El clamoreo del caso Debray ha dado más beligerancia a nuestro movimiento que 10 combates victoriosos.
5) La guerrilla va adquiriendo una moral prepotente y segura que, bien administrada, es una garantía de éxito.
6) El Ejército sigue sin organizarse y su técnica no mejora sustancialmente.
Noticia del mes: el apresamiento y fuga del Loro (...)

El 1º, día de desfile en Cochabamba, y aparición del primer comunicado del Ejército de Liberación Nacional de Bolivia en el diario Prensa Libre. Con el eco de las agencias internacionales y de las radios del país escuchadas por los mineros en situación desesperante.

El 7, el guerrillero apresado, Jorge Vázquez Viaña, el Loro, cae en la trampa de la CIA: Eduardo González aprovecha su acento cubano para hacerse pasar por un emisario de Fidel: "Vengo de La Habana para obtener noticias del Che, pues allá no las tenemos." Y termina por confirmar la presencia del comandante Guevara en la guerrilla. Después de lo cual el joven rebelde es asesinado.

Los diez soldados capturados el 8 son puestos en libertad al día siguiente. En La Paz, Barrientos ha decretado el arresto de los principales dirigentes de la oposición, de la Federación Sindical de Trabajadores Mineros de Bolivia y también del Partido, Mario Monje y Jorge Kolle a la cabeza. Además del secretario general de la poderosa Central Obrera Boliviana.

Meses de terror en la zona de Mesicuri, donde numerosos campesinos son torturados por haber sido presuntamente culpables de connivencia con la guerrilla. El periodista boliviano Jorge Rossa relata que en la ruta Santa Cruz-Cochabamba contó dieciocho controles militares, y anota que un joven etnólogo francés había sido arrestado cuando navegaba tranquilamente por el río Mamoré, porque tuvo la mala idea de dejarse crecer la barba.

En ese mes de mayo, el efectivo militar de las divisiones

4ª y 8ª supera los cuatro mil ochocientos hombres para luchar contra una guerrilla que no cuenta siquiera con cincuenta.

3 de junio
(...) No tuve el coraje de tirar [contra dos soldados que pasaban en un camión] y mi cerebro no funcionó suficientemente rápido para que se me ocurriera detenerlo (...)

Día 8
Tuve que hacerle otra advertencia a Urbano debido a sus desplantes. (...)
Se dan noticias del estado de sitio y la amenaza minera, pero todo queda en agua de borrajas.

Día 13
Lo interesante es la convulsión política del país, la fabulosa cantidad de pactos y contrapactos que hay en el ambiente. Pocas veces se ha visto tan claramente la posibilidad de catalización de la guerrilla.

Día 14
Celita - (4?)
He llegado a los 39 y se acerca inexorablemente una edad que da que pensar sobre mi futuro guerrillero; por ahora estoy "entero".
Altura: 840 m.

Día 19
(...) a los habitantes hay que cazarlos para poder hablar con ellos pues son como animalitos.

Día 21
Después de dos días de profusas extracciones dentales en que hice famoso mi nombre de Fernando Sacamuelas (a) Chaco (...)

Día 23
(...) Altura: 1.050 m.
El asma me está amenazando seriamente y hay muy poca reserva de medicamentos.

Día 24
(...) La radio trae la noticia de lucha en las minas. Mi asma aumenta.
Altura: 1.200 m.

Día 25
(Mi asma sigue aumentando y ahora no me deja dormir bien.) Altura: 780m.

Día 26

Día negro para mí (...) nos encontramos con un espectáculo extraño: en medio de un silencio total, yacían al sol cuatro cadáveres de soldaditos, sobre la arena del río. No podíamos tomarles las armas por desconocer la posición del enemigo; eran las 17 horas y esperábamos la noche para efectuar el rescate.

(...) Casi inmediatamente se oyó un tiroteo que se generalizó por ambas partes (...)

La herida (...) de Tuma le había destrozado el hígado y producido perforaciones intestinales; murió en la operación. Con él se me fue un compañero inseparable de todos los últimos años, de una fidelidad a toda prueba y cuya ausencia siento desde ahora casi como la de un hijo.

Día 29

Critiqué la falta de autodisciplina y la lentitud en la marcha y prometí dar algunas nociones más para que no nos suceda en las emboscadas lo que pasó ahora: pérdidas inútiles de vida por incumplir normas.

Día 30

En el plano político, lo más importante es la declaración oficial de Ovando (jefe del Ejército) de que yo estoy aquí. Además, dijo que el Ejército se estaba enfrentando a guerrilleros perfectamente entrenados que incluso contaba con comandantes Vietcong que habían derrotado a los mejores regimientos norteamericanos. Se basa en las declaraciones de Debray que, parece, habló más de lo necesario aunque no podemos saber qué implicaciones tiene esto, ni cuáles fueron las circunstancias en que dijo lo que haya dicho. Se rumorea también que el Loro fue asesinado. Me atribuyeron ser el inspirador del plan de insurrección en las minas, coordinado con el de Ñacahuasú. La cosa se pone linda; dentro de algún tiempo dejaré de ser "Fernando Sacamuelas".

Análisis del mes:

Las características más importantes son:

1) Sigue la falta total de contactos, lo que nos reduce ahora a los 24 hombres que somos, con Pombo herido y la movilidad reducida.

2) Sigue sintiéndose la falta de incorporación campesina. Es un círculo vicioso: para lograr esa incorporación necesitamos ejercer nuestra acción permanente en un territorio poblado y para ello necesitamos más hombres.

3) La leyenda de la guerrilla crece como espuma; ya somos los superhombres invencibles.

4) La falta de contacto se extiende al partido, aunque he-

mos hecho una tentativa a través de Paulino que puede dar resultado.

5) Debray sigue siendo noticia pero ahora está relacionado con mi caso, apareciendo yo como jefe de este movimiento. Veremos el resultado de este paso del gobierno y si es positivo o negativo para nosotros.

6) La moral de la guerrilla sigue firme y su decisión de lucha aumenta. Todos los cubanos son ejemplo en el combate y sólo hay dos o tres bolivianos flojos.

7) El Ejército sigue nulo en su tarea militar, pero está haciendo un trabajo campesino que no debemos descuidar, pues transforma en chivatos a todos los miembros de una comunidad, ya sea por miedo o por engaños sobre nuestros fines.

8) La masacre en las minas aclara mucho el panorama para nosotros (...)

El 6, la asamblea de los mineros de Huanuni manifiesta su solidaridad con los guerrilleros.

El 15, los sindicatos obreros se declaran en estado de emergencia.

El 19, el Che opera como dentista en el pueblo de Moroco, donde tres espías disfrazados de vendedores ambulantes son capturados y luego liberados. Se envía como correo a Cochabamba a un joven recluta campesino, Paulino, a fin de reanudar los contactos con la red urbana, pero es capturado por el ejército.

El 23, los mineros y los estudiantes firman un nuevo pacto de defensa. Los trabajadores declaran a los distritos mineros "territorio libre".

El 24, masacre del día de San Juan. Las Fuerzas Armadas ocupan las principales minas de estaño, cerca de Oruro. El sacerdote Gregorio Iriarte escribe en su libro *Galerías de muerte. Las minas bolivianas*: "Hace tres meses que el país vive sacudido por la guerrilla de Ñacahuasú. Los mineros comentan la posible presencia del Che Guevara en Bolivia. Se sabe que algunos de ellos han partido al sudeste del país con el objeto de engrosar las filas de los guerrilleros... Por primera vez, en ocasión de la asamblea de Catavi, los mineros propusieron ayudar económicamente a la guerrilla. Ese lenguaje parece sacudir las bases mismas del gobierno y del ejército. Por eso, el poder supremo comienza a planificar una incursión punitiva a las minas."

Así, al finalizar la noche de San Juan, del 23 al 24, los soldados venidos en tren abren fuego sobre los huelguistas y matan a veintiséis personas, en su mayoría mineros, pero también mujeres y niños. Cerca de doscientos mineros serán enviados luego a campos de concentración.

El 26, las indicaciones de los tres espías liberados cerca de Piray hacen que la guerrilla pierda a Tuma en la emboscada del río Seco. Mes en que casi todos los jefes militares son cambiados en la 4ª División, con el objeto de endurecer la lucha con un refuerzo de hombres para llegar a mil doscientos, más los seiscientos cincuenta comandos preparados por los asesores norteamericanos.

Y, mientras tanto, prosigue la campaña de intoxicación insistiendo en la desaparición del Che de Cuba, apoyada por el presidente Barrientos.

3 de julio
(...) Tomé algunas fotos que me valieron el interés de todos; veremos cómo revelarlas, ampliarlas y hacerlas llegar: tres problemas (...) Mi asma sigue dando guerra.

Día 8
(...) Me inyecté varias veces para poder seguir usando al final una solución de adrenalina al 1/900 preparada para colirio. Si Paulino no ha cumplido su misión, tendremos que retornar al Ñacahuasú a buscar medicamentos para mi asma.

Día 9
(...) La radio dio la noticia de un acuerdo de 14 puntos entre los trabajadores de Catavi y Siglo XX y la empresa Comibol, constituye una derrota total de los trabajadores.

Día 10
(...) De otro lado, las declaraciones de Debray y el Pelao no son buenas; sobre todo, han hecho una confesión del propósito intercontinental de la guerrilla, cosa que no tenían que hacer.

Día 14
El PRA y el PSB se retiran del frente de la revolución y los campesinos advierten a Barrientos sobre una alianza con Falange. El gobierno se desintegra rápidamente. Lástima no tener 100 hombres más en este momento.

Día 15
(...) matamos una vaca del corregidor, comiendo opíparamente. El asma me ha abandonado un poco.
Barrientos anunció la operación Cintia, para liquidarnos en pocas horas.

Día 19
(...) Siles Salinas [el ex presidente] amenaza a la oposición diciéndole que nuestra llegada al poder les costará la cabeza a todos y llama a la unidad nacional, declarando al país en pie

*de guerra. Parece implorante por un lado y demagógico por otro;
tal vez se prepara a una sustitución.*

Día 24
*(...) Estamos tratando de descifrar un largo mensaje de
Manila. Raúl (...) refutó las calificaciones de los checos sobre el
artículo de los Vietnam. Los amigos me llaman un nuevo
Bakunin, y se lamentan de la sangre derramada y de la que se
derramaría en caso de 3 o 4 Vietnam.*

Día 26
*(...) Por la noche di una pequeña charla sobre el significa-
do del 26 de Julio; rebelión contra las oligarquías y contra los
dogmas revolucionarios. Fidel le dio su pequeña mención a Bolivia.*

Día 27
*(...) Luego de descansar un rato, 8 soldaditos emprendie-
ron la marcha hacia la emboscada. Sólo cayeron en ella 4, pues
el resto venía un poco reposado; hay 3 muertos seguros y el
cuarto probable, pero de todas maneras, herido.*
*El asma me trató duro y se van acabando los míseros cal-
mantes.*
Altura: 800 m.

Día 30
*El asma me apuró bastante y estuve toda la noche des-
pierto (...)*
Desde la cocina oí el diálogo así: Oiga, ¿quién es?
Destacamento Trinidad. Allí mismo la balacera.
*(...) Los caballos tardaron mucho en ser cargados y el Ne-
gro se perdió con el hacha y un mortero que se le había ocupado al enemigo (...)*
*Apuré a la gente y pasé con Pombo, nuevamente bajo el
fuego, el cañón del río donde se acaba el camino y, por ende,
se puede organizar la resistencia. Mandé a Miguel con Coco y
Julio a que tomaran la delantera mientras yo espoleaba la ca-
ballería (...) hirieron a Pacho y mataron a Raúl de un balazo
en la boca. (...) Pacho tiene una herida superficial que le atraviesa las nalgas y la piel de los testículos, pero Ricardo estaba muy grave y el último plasma se había perdido en la mochila de Willy. A las 22 murió Ricardo y lo enterramos cerca
del río, en un lugar bien oculto para que no lo localicen los
guardias.*

Día 31

(...) *Por la noche expliqué los errores de la acción: 1º mal situado el campamento; 2º mal uso del tiempo, lo que les permitió tirotearnos; 3º exceso de confianza que hace caer a Ricardo y luego a Raúl en el rescate; 4º falta de decisión para salvar toda la impedimenta. Se pierden 11 mochilas con medicamentos, prismáticos y algunos útiles conflictivos, como la grabadora en que se copian los mensajes de Manila, el libro de Debray anotado por mí y un libro de Trotsky, sin contar el caudal político que significa para el gobierno esa captura y la confianza que les da a los soldados. (...) Somos 22, entre ellos, dos heridos, Pacho y Pombo, y yo, con el asma a todo vapor.*

Análisis del mes
Las características más importantes son:
1) Sigue la falta total de contacto.
2) Sigue sintiéndose la falta de incorporación campesina aunque hay algunos síntomas alentadores en la recepción que nos hicieron viejos conocidos campesinos.
3) La leyenda de las guerrillas adquiere dimensiones continentales; Onganía cierra fronteras y el Perú toma precauciones.
4) Fracasó la tentativa de contacto a través de Paulino.
5) La moral y experiencia de lucha de la guerrilla aumenta en cada combate: quedan flojos Camba y Chapaco.
6) El ejército sigue sin dar pie con bola, pero hay unidades que parecen más combativas.
7) La crisis política se acentúa en el gobierno pero EE.UU. está dando pequeños créditos que son una gran ayuda a nivel boliviano, con lo que atempera el descontento.

El 4, se divulga la información de que un tren de veintiocho vagones cargados de armas escondidas debajo de bolsas de harina de trigo viene de Tucumán, en la Argentina. Tren protegido por el ejército del sur hasta la localidad fronteriza de La Quiaca. Noticia que provoca reacciones en cadena. El gobierno chileno exige una explicación de los gobiernos argentino y boliviano. El presidente del Paraguay, Alfredo Stroessner, asegura estar dispuesto, en caso de necesidad, a enviar soldados de refuerzo. Todo demuestra hasta qué punto la guerrilla siembra discordia y temor, poniendo al mismo tiempo en evidencia la falta de solidez del gobierno de Barrientos.

El 6, con la toma de Samaipata, capital de la provincia de Florida, a 120 km de La Paz, la guerrilla asesta un duro golpe al enemigo. En efecto, Samaipata está situada sobre la ruta principal del país, que comunica con Cochabamba, Oruro, Sucre y La Paz. Una parada para los automovilistas. Un posible trampolín para la guerrilla.

El 10, Régis Debray responderá a las conjeturas, que se parecen a acusaciones: "Si bien estábamos en la misma prisión con Bustos (Pelao), no compartíamos la misma celda. Por lo tanto, yo no sabía nada de lo que él hacia. Simplemente para mí era un débil de carácter, un hipócrita, que había conseguido hacerle creer al Che que seguía siendo digno de la imagen que le había dado cuando lo conoció unos años antes. Condujo al ejército hasta el campamento y le mostró las grutas, descubriendo fotos, entre ellas la de Tania. Yo lo supe por Rubén Sánchez, un oficial que se unió posteriormente a la guerrilla y que, además, me salvó la vida. Al asistir a los interrogatorios, él estaba bien ubicado para saber lo que Bustos decía. Hábil retratista, dibujó el rostro de los principales miembros de la guerrilla."

El 14, al retirarse dos partidos políticos de la coalición reaccionaria en el poder, las Fuerzas Armadas toman directamente el control del gobierno.

El 20, dos reclutas muy jóvenes de la guerrilla, Eusebio y Chingolo, aprovechan un combate cerca de Ticucha, en la zona de Ñacahuasú, para desertar.

El 24, el Che demuestra una vez más que no se engaña, y lo prueba con su humor habitual haciendo alusión a sus "amigos" de Moscú.

1º de agosto
(...) Se hicieron las trincheritas para tender una emboscada al Ejército si viniera por aquí.
Altura: 650 m.

Día 3
(...) se avanza muy lentamente. No hay noticias. Pacho se recupera bien, yo, en cambio estoy mal; el día y la noche estuvieron duros para mí y no se vislumbra salida a corto plazo. Probé la inyección endovenosa de novocaína sin resultado.

Día 8
Caminamos algo así como una hora efectiva, que para mí fueron dos por el cansancio de la yegüita[14]; en una de ésas le metí un cuchillazo en el cuello abriéndole una buena herida. (...) Pacho se recupera pero yo soy una piltrafa humana y el episodio de la yegüita prueba que en algunos momentos he llegado a perder el control (...) Es uno de los momentos en

---

[14] Sufría de un ántrax en la pata.

que hay que tomar decisiones grandes; este tipo de lucha nos da la oportunidad de convertirnos en revolucionarios, el escalón más alto de la especie humana, pero también nos permite graduarnos de hombres; los que no puedan alcanzar ninguno de estos dos estadios deben decirlo y dejar la lucha. Todos los cubanos y algunos bolivianos plantearon seguir hasta el final (...)

Día 10
Antonio y Chapaco salieron de caza hacia atrás logrando una urina o guaso y una pava.

Día 12
(...) Barrientos anunció el ocaso de los guerrilleros y volvió a amenazar con una intervención en Cuba (...)

Día 14
(...) a la noche el noticiero dio noticias de la toma de la cueva.
(...) También nos tomaron documentos de todo tipo y fotografías. Es el golpe más duro que nos hayan dado; alguien habló. ¿Quién?, es la incógnita.

Día 15
Una emisora de Santa Cruz informó, de pasada, de dos prisioneros hechos por el Ejército al grupo de Muyupampa que, ya no cabe duda, es el de Joaquín y debe estar muy acosado, amén de que esos dos prisioneros hablaron.

Día 16
(...) la mula me tiró limpiamente al suelo al pincharse con un pedazo de madera (...)

Día 17
(...) La radio anunció que presentará documentos y pruebas de las 4 cuevas del Ñacahuasú, lo que indica que también cayó la de los monos.

Día 18
(...) Inti me planteó que Camba quiere irse; según él, sus condiciones físicas no le permiten seguir, además no ve perspectivas a la lucha. Naturalmente, es un caso típico de cobardía y es un saneamiento dejarlo ir, pero ahora conoce nuestra ruta futura para tratar de unirnos a Joaquín y no puede salir.

Día 19
(...) Arturo, estando de posta con Urbano cazó un anta, lo que puso en tensión al campamento pues fueron 7 tiros. (...) Parece que el caballo blanco, el siguiente en la lista, tiene chance de salvarse.

Día 23
El día fue muy trabajoso, pues hubo que bordear una faralla muy mala; el caballo blanco se negó a seguir y lo dejaron enterrado en el fango, sin aprovecharle ni los huesos. (...) Se anunció la postergación del juicio de Debray para septiembre.
Altura: 580 m.

Día 24
(...) Al anochecer volvieron los macheteros con las trampas, un cóndor y un gato podrido, todo fue a parar adentro junto con el último pedazo de anta; quedan los frijoles y lo que se cace. El Camba está llegando al último extremo de su degradación moral; ya tiembla ante el solo anuncio de los guardias.

Día 26
Todo salió mal: vinieron los 7 hombres, pero se repartieron, 5 río abajo y dos a cruzar. Antonio, que era responsable de la emboscada, tiró antes de tiempo y erró, permitiendo que los dos hombres salieran a la carrera a buscar refuerzos (...)

Día 27
El día transcurre en una desesperada búsqueda de salida, cuyo resultado no es claro todavía; estamos cerca del río Grande y ya pasamos Yumon, pero no hay nuevos vados (...) el acontecimiento bueno fue la aparición de Benigno, Ñato y Julio (...)

Día 30
Ya la situación se tornaba angustiosa; los macheteros sufrían desmayos, Miguel y Darío se tomaban los orines y otro tanto hacía el Chino, con resultados nefastos de diarreas y calambres. Urbano, Benigno y Julio bajaron a un cañón y encontraron agua.
Altura: 1.200 m.

Resumen del mes
Fue, sin lugar a dudas, el mes más malo que hemos tenido en lo que va de guerra. La pérdida de todas las cuevas con sus documentos y medicamentos fue un golpe duro, sobre todo psicológico. La pérdida de 2 hombres en las postrimerías del mes y la subsiguiente marcha a carne de caballo desmoralizó a la

331

gente, planteándose el primer caso de abandono, el Camba, lo que no constituye sino una ganancia neta, pero no en esta circunstancia. La falta de contacto con el exterior y con Joaquín y el hecho de que prisioneros hechos a éste hayan hablado también desmoralizó un poco a la tropa. Mi enfermedad sembró la incertidumbre en varios más (...)

Las características más importantes:

1) Seguimos sin contacto de ninguna especie y sin razonable esperanza de establecerlo en fecha próxima.

2) Seguimos sin incorporación campesina, cosa lógica además si se tiene en cuenta el poco trato que hemos tenido con éstos en los últimos tiempos.

3) Hay un decaimiento, espero que momentáneo, de la moral combativa.

4) El Ejército no aumenta su efectividad ni acometividad.

El 4, los dos desertores, Eusebio y Chingolo, detenidos por el Ejército, conducen a los soldados "a las grutas estratégicas", como las llama Régis Debray, disimuladas cerca del campamento central. El descubrimiento de la documentación que se ocultaba en ellas permite a las autoridades desmantelar la red urbana —arresto de Loyola Guzmán— e instruir el "proceso de Camiri" hasta entonces bloqueado.

Mes pasado en filtrar a los periodistas y personalidades venidos del mundo entero para asistir al proceso de Debray y Bustos. Cuando el célebre editor italiano Giancarlo Feltrinelli llega a La Paz el 8 de agosto, sufre el control de los servicios secretos. Más tarde él publicará el *Diario del Che en Bolivia* y morirá de una manera todavía oscura, el 15 de marzo de 1972, cerca de Milán. El editor francés François Maspero, acompañado por el abogado Georges Pinet, el belga Roger Lallemend, representante de la Liga de los Derechos Humanos, y por Jacques Vigneron, de la Facultad de Ciencias de la Universidad de París, viajan por solidaridad con Régis Debray. Maspero es sometido a un interrogatorio de cuatro horas antes de ser acusado de complot contra Bolivia.

Mes en que comienza a actuar el nuevo agregado diplomático de la embajada de los Estados Unidos, Vitautas Dambrava, de origen lituano, convertido en agente de la CIA, quien desde 1965 hasta comienzos de 1967 fue el responsable de la información para *La Voz de los Estados Unidos* en Saigón. Permite a la CIA infiltrar hombres en los principales medios de comunicación del país y así desinformar sobre la acción de los guerrilleros.

El 26 de agosto llega a La Paz el general George Porter, comandante en jefe de las bases norteamericanas situadas al sur de los Estados Unidos, con sede en Panamá. Viene acompañado por otros dos generales y varios coroneles. Objetivo de la misión: evaluar la guerrilla y la situación militar en el país.

El 31, emboscada del Vado del Yeso. La retaguardia de Joaquín, que ha llegado a orillas del río Grande, es conducida por un campesino, Honorato Rojas, hacia un vado donde la espera, oculta en la ribera, una compañía de infantería. Matan a siete guerrilleros cuando atravesaban el río: los cubanos Joaquín (comandante Vilo Acuña Núñez), Alejandro (comandante Gustavo Machin Hoed de Beche), Braulio (teniente Israel Reyes Zayas) y Tania (Tamara Bunke) y los bolivianos Moisés Guevara, Walter Arancibia y Polo (Apolinario Aquino). El Negro (Restituto José Cabrera Flores), médico peruano, y el boliviano Freddy Maimura son capturados y ejecutados. Un sobreviviente boliviano, Paco (José Castillo Chávez), es hecho prisionero. El Che se informa por radio y suspende entonces las búsquedas de la retaguardia. Honorato Rojas, el delator, será ejecutado por el ELN[15], el 14 de julio de 1969.

2 de septiembre

Temprano en la mañana nos retiramos hasta los chacos, dejando una emboscada en la casa, a cargo de Miguel. (...)

A las 13.30 sonaron varios disparos y luego se supo que venía un campesino con un soldado y un caballo. Chino, que estaba de posta junto con Pombo y Eustaquio, lanzó un grito: ¡Un soldado! y palanqueó el fusil; el soldado le tiró y salió huyendo y Pombo tiró, matando el caballo. Mi bronca fue espectacular, pues es ya el colmo de la incapacidad.

(...) Los arrieros contaron que la mujer de Honorato se había quejado del ejército por los golpes que le habían propinado al marido y porque se comieron todo lo que tenía. Cuando los arrieros pasaron, hace 8 días, Honorato estaba en Valle Grande reponiéndose de una mordedura de tigre.

La radio trajo una noticia fea sobre el aniquilamiento de un grupo de 10 hombres dirigidos por un cubano llamado Joaquín en la zona de Camiri; sin embargo, la noticia la dio La Voz de las Américas y las emisoras locales no han dicho nada.

Día 3

(...) los nuestros mataron por lo menos a un soldado, el que traía un perro; los soldados reaccionaron y los rodearon, pero luego se retiraron ante los gritos; no se pudo coger ni un grano

[15] Ejército de Liberación Nacional de Bolivia.

de arroz. El avión voló por la zona y tiró unos cohetecitos, aparentemente por el Ñacahuasú.

Día 4
(...) dieron todas las generales del Negro, el médico peruano, muerto en Palmarito y trasladado a Camiri; en su identificación colaboró el Pelao. Parece que éste sí es un muerto real, los otros pueden ser ficticios o miembros de la resaca.

Día 5
(...) En la casa del hacendado Morón había soldados, los que estuvieron a punto de descubrir al grupo por los perros; al parecer se movilizan de noche. (...) Se descifró el parte total en el que se dice que OLAS fue un triunfo pero la delegación boliviana fue una mierda; Aldo Flores del PCB pretendió ser el representante del ELN; lo tuvieron que desmentir. Han pedido que vaya un hombre de Kolle a discutir; la casa de Lozano fue allanada y éste está clandestino: piensa que pueden canjear a Debray. Eso es todo, evidentemente, no recibieron nuestro último mensaje.

Día 6
Benigno
El cumpleaños de Benigno lucía prometedor: por la madrugada hicimos una harina con lo traído y se tomó un poco de mate con azúcar; luego Miguel, al mando de 8 hombres más, fue a emboscarse mientras León cogía algún novillo más para llevar. Como era un poco tarde, algo más de las 10, y no regresaban mandé a Urbano a avisar que a las 12 suspendieran la emboscada. A los pocos minutos se escuchó un disparo, luego una corta ráfaga y un tiro sonó en nuestra dirección; cuando tomábamos posiciones, llegó Urbano a la carrera; había chocado con una patrulla que traía perros. (...)

Día 7
(...) Radio La Cruz del Sur anuncia el hallazgo del cadáver de Tania la guerrillera en las márgenes del río Grande; es una noticia que no tiene los visos de veracidad de la del Negro; el cadáver fue llevado a Santa Cruz, según informa esa emisora y sólo ella, no Altiplano.
Altura: 720 m.

Día 8
La radio trajo la información de que Barrientos había asistido a la inhumación de los restos de la guerrillera Tania a la que se dio "cristiana sepultura" y luego estuvo en Puerto Mauricio, que es la casa de Honorato; ha hecho una proposi-

ción a los bolivianos engañados, a los que no se pagó el salario prometido, para que se presenten con las manos en la frente a los puestos del Ejército y no se tomarán medidas contra ellos.

Un diario de Budapest critica al Che Guevara, figura patética y, al parecer, irresponsable y saluda la actitud marxista del Partido chileno que toma actitudes prácticas frente a la práctica. Cómo me gustaría llegar al poder, nada más que para desenmascarar cobardes y lacayos de toda ralea y refregarles en el hocico sus cochinadas.

Día 11
La radio trajo por la mañana la noticia de que Barrientos afirmaba que yo estaba muerto desde hacía tiempo y todo era propaganda y por la noche la de que ofrecía $50.000 (4.200 u$s) por los datos que facilitaran mi captura vivo o muerto.

Día 12
El día comenzó con un episodio tragicómico: justo a las 6, hora de la diana, Eustaquio viene a avisar que avanza gente por el arroyo; llamó a las armas y se movilizó todo el mundo; Antonio los ha visto y, cuando le pregunto cuántos son, me contesta con la mano que cinco. A fin de cuentas, resultó una alucinación, peligrosa para la moral de la tropa (...)

Parece que el ofrecimiento de Barrientos ha provocado cierta sensación; en todo caso, un periodista demente opinaba que 4.200 u$s era poca plata dada mi peligrosidad. Radio Habana informaba que OLAS había recibido un mensaje de apoyo del ELN; ¡milagros de la telepatía!

Día 13
La única noticia de la radio es el tiro al aire que le soplaron a Debray padre y que al hijo le secuestraron todos sus documentos preparatorios para la defensa con el pretexto de que no quieren que ésta se convierta en un panfleto político.

Día 15
La radio trae la noticia de la detención de Loyola, las fotos deben ser las culpables. Murió el toro que nos quedaba a manos del verdugo, naturalmente.
Altura: 780 m.

Día 16
Se consumió la jornada en la confección de la balsa y el cruce del río (...)

Día 22
Por la noche Inti dio una charla [en Alto Seco] en el local de la escuela (1 y 2 grados) a un grupo de 15 asombrados y callados campesinos explicándoles el alcance de nuestra revolución, el maestro fue el único que intervino para preguntar si nosotros combatíamos en los pueblos. Es una mezcla de zorro campesino, letrado e ingenuidad de niño; preguntó un montón de cosas sobre el socialismo. Un muchachón se ofreció a servirnos de guía, pero previno contra el maestro al que califican de zorro. (...)

Día 25
Temprano llegamos a Pujio pero allí había gente que nos había visto abajo el día anterior; vale decir, estamos siendo previstos por Radio Bemba. (...)
(...) El corregidor de Higueras[16] está por la zona y le dimos orden a la posta de detenerlo.
Altura: 1.800 m.
Hablamos, Inti y yo, con el Camba y éste quedó en acompañarnos hasta vista La Higuera, punto situado cerca de Pucará y allí tratar de salir hasta S. Cruz.

Día 26
Derrota. Llegamos al alba a Picacho donde todo el mundo estaba de fiesta y es el punto más alto que alcanzamos, 2.280 m; los campesinos nos trataron muy bien y seguimos sin demasiados temores, a pesar de que Ovando había asegurado mi captura de un momento a otro. Al llegar a La Higuera, todo cambió: habían desaparecido los hombres y sólo alguna que otra mujer había. Coco fue a casa del telegrafista, pues hay teléfono, y trajo una comunicación del día 22 en la que el subprefecto de Valle Grande comunica al corregidor que se tienen noticias de la presencia guerrillera en la zona y cualquier noticia debe comunicarse a V.G., donde pagarán los gastos; el hombre había huido, pero la mujer aseguró que hoy no se había hablado porque en el próximo pueblo, Jagüey, están de fiesta. (...)
Cuando salí hacia la cima de la loma, 13.30 aproximadamente, los disparos desde todo el firme anunciaron que los nuestros habían caído en una emboscada. Organicé la defensa en el pobladito, para esperar a los sobrevivientes, y di como salida un camino que sale al río Grande. A los pocos momentos llegaba Benigno herido y luego Aniceto y Pablito, con un pie en

16 En realidad La Higuera.

malas condiciones; Miguel, Coco y Julio habían caído y Camba desapareció dejando su mochila. Rápidamente la retaguardia avanzó por el camino y yo la seguí, llevando aún las dos mulas; los de atrás recibieron el fuego muy cerca y se retrasaron e Inti perdió contacto. Luego de esperarlo media hora en una emboscadita y de haber recibido más fuego desde la loma, decidimos dejarlo, pero al poco rato nos alcanzó. En ese momento vimos que León había desaparecido e Inti comunicó que había visto su mochila por el cañado por donde tuvo que salir; nosotros vimos un hombre que caminaba aceleradamente por un cañón y sacamos la conclusión de que era él. Para tratar de despistar, soltamos las mulas cañón abajo y nosotros seguimos por un cañoncito que luego tenía agua amarga, durmiendo a las 12, pues era imposible avanzar.

Día 27
La radio trajo la noticia de que habíamos chocado con la compañía Galindo dejando 3 muertos que iban a trasladarse a V.G., para su identificación. No han apresado, al parecer a Camba y León. Nuestras bajas han sido muy grandes esta vez; la pérdida más sensible es la de Coco, pero Miguel y Julio eran magníficos luchadores y el valor humano de los tres es imponderable. León pintaba bien.

Día 28
Día de angustias que, en algún momento, pareció ser el último nuestro (...)
A las 10 pasaron enfrente nuestro 46 soldados con sus mochilas puestas, tardando siglos en alejarse. A las 12 hizo su aparición otro grupo, esta vez de 77 hombres y, para colmo, se oyó un tiro en ese momento y los soldados tomaron posición; el oficial ordenó bajar a la quebrada, que parecía ser la nuestra, de todas maneras, pero, al fin, se comunicaron por radio y pareció quedar satisfecho reiniciando la marcha (...)

Día 30
Otro día de tensión. Por la mañana, Radio Balmaceda de Chile anunció que altas fuentes del Ejército manifestaron tener acorralado al Che Guevara en un cañón selvático.

Resumen del mes:
Debiera ser un mes de recuperación y estuvo a punto de serlo, pero la emboscada en que cayeron Miguel, Coco y Julio malogró todo y luego hemos quedado en una posición peligrosa, perdiendo además a León; lo de Camba es ganancia neta.

Por otra parte, parecen ser ciertas varias de las noticias sobre muertos del otro grupo al que se debe dar como liquidado, aunque es posible que deambule un grupito rehuyendo contacto con el Ejército, pues la noticia de la muerte conjunta de los 7 puede ser falsa o, por lo menos, exagerada. (...)

La tarea más importante es zafar y buscar zonas más propicias; luego los contactos, a pesar de que todo el aparato está desquiciado en La Paz donde también nos dieron duros golpes. La moral del resto de la gente se ha mantenido bastante bien, y sólo me quedan dudas de Willy, que tal vez aproveche algún zafarrancho para tratar de escapar solo si no se habla con él.

Testimonio de Benigno: "De los veintidós que quedábamos, veinte de veintiuno decidimos continuar con el Che hasta el fin. Sólo Camba optó por otra forma de lucha. Prosiguió con su fusil, aparte. Nosotros, los veinte, nos mantuvimos solidarios con el Che. Sin medicamentos, sin nada que comer, con cuatro o cinco heridos y cinco enfermos. Camba era miembro del Comité Central del Partido Comunista boliviano. Participó en la lucha de liberación. Se lo acusó de ser de derecha pues había traicionado políticamente. Los de la derecha lo consideraron de izquierda, juzgándolo miedoso. Así, tuvo una vida terrible. Se fue a Suecia a ocultar su tormento. Yo quisiera decir a los que pusieron en duda la fiabilidad de Régis Debray, que fue uno de los nuestros, un hombre notable. Tengo toda la estima del mundo por ese señor. Fue útil a la revolución y le agradezco haber arriesgado su vida por ella, con nosotros."

El 18, *El Diario* indica que el vicepresidente de la República, Luis Adolfo Siles Salinas, y los instructores norteamericanos clausuran los cursos de entrenamiento del regimiento "Rangers" con entrega de diplomas. Y para concluir, el desfile de seiscientos cuarenta "rangers" con uniforme y boina verde.

El 22, primera reunión política de la guerrilla en el pueblo de Alto Seco donde hablan el Che e Inti. Después de lo cual, el alcalde denuncia a los guerrilleros a la guarnición vecina de Valle Grande.

El 26, son muertos, además de Coco Peredo, el hermano de Inti, principal responsable de los preparativos clandestinos desde comienzos de 1966, el cubano Miguel (capitán Manuel Hernández) y Julio (Mario Gutiérrez Ardaya), dirigente universitario boliviano. Quedan diecinueve hombres, uno de ellos herido, Benigno, y un enfermo grave, el médico cubano Moro (Octavio de la Concepción y La Pedraja). El 28, el Ejército captura a dos desertores, Camba (Orlando Jiménez) y León

(Antonio Rodríguez Flores), al que Fidel hará alusión en un discurso a la gloria del Che, diciendo que debió de ser él quien proporcionó las informaciones deseadas por el enemigo. Quedan diecisiete hombres.

1º de octubre
Altura: 1.600 m (...)
Decidí permanecer un día más aquí, pues el lugar está bueno y tiene retirada garantizada, dado que se dominan casi todos los movimientos de la tropa enemiga. (...)

Día 3
Altura: 1.360 m.
Se escuchó una entrevista de Debray, muy valiente frente a un estudiante provocador.

Día 4
(...) A las 18 abandonamos la quebrada y seguimos por un camino de ganado hasta las 19.30, hora en que no se veía nada y paramos hasta las 3.
La radio dio la noticia del cambio de puesto de avanzada del Estado Mayor de la 4ª División de Lagunillas a Padilla, para atender mejor la zona de Serrano donde se presume que pueden tratar de huir los guerrilleros y el comentario de que si me capturan fuerzas de la 4ª me juzgarán en Camiri y si lo hacen los de la 8ª, en Santa Cruz.
Altura: 1.650 m.

Día 6
La radio chilena informó de una noticia censurada que indica que hay 1.800 hombres en la zona buscándonos.
Altura: 1.750 m.

Día 7
Se cumplieron los 11 meses de nuestra inauguración guerrillera sin complicaciones, bucólicamente; hasta las 12.30 horas en que una vieja, pastoreando sus chivas entró en el cañón en el que habíamos acampado y hubo que apresarla. La mujer no ha dado ninguna noticia fidedigna sobre los soldados, contestando a todo que no sabe, que hace tiempo que no va por allí. Sólo dio información sobre los caminos; de resultados del informe de la vieja se desprende que estamos aproximadamente a una legua de Higueras y otra de Jagüey y unas 2 de Pucará. A las 17.30, Inti, Aniceto y Pablito fueron a casa de la vieja que tiene una hija postrada y una medio enana; se le dieron 50 pesos con el encargo de que no fuera a hablar ni una palabra, pero con pocas esperanzas de que cumpla a pesar de sus pro-

339

mesas. Salimos los 17 con una luna muy pequeña y la marcha fue muy fatigosa y dejando mucho rastro por el cañón donde estábamos, que no tiene casas cerca, pero sí sembradíos de papa regados por acequias del mismo arroyo. A las 2 paramos a descansar, pues ya era inútil seguir avanzando. El Chino se convierte en una verdadera carga cuando hay que caminar de noche.

El Ejército dio una rara información sobre la presencia de 250 hombres en Serrano para impedir el paso de los cercados en número de 37 dando la zona de nuestro refugio entre el río Acero y el Oro. La noticia parece diversionista.

Altura: 2.000 m.

XXIX

El hombre desciende del sueño
(Antoine Blondin)

El diario del Che, escrito a veces sobre un árbol, a menudo a la buena de Dios, siempre conciso, preciso, sin perder su humor, se interrumpe allí, el 7 de octubre de 1967, después de haber sido comenzado el 7 de noviembre del año anterior, narrando su séptima vida de gato.

Lo peor se produjo con la deserción en marzo de Daniel[1], que se llevó consigo a Orlando[2]. En Camiri, Daniel contó todo lo que sabía al Ejército. A partir de allí, éste conocía la presencia de los cubanos y hasta el emplazamiento exacto de los escondites subterráneos y de los depósitos preparados cerca del campamento central, golpe fatal asestado al Che y a sus hombres.

Ese mismo 7 de octubre aparece en el *New York Times* un artículo titulado "La última resistencia del Che Guevara". Pinta el escenario de la acción:

"Camiri, Bolivia. Hasta para un hombre que ha viajado tanto como Ernesto Guevara, el callejón sin salida donde los Andes se estrechan en dirección a la cuenca del Amazonas es un lugar verdaderamente alejado de todo. El sol resplandece durante la jornada por encima del valle polvoriento, calentando la tierra y los matorrales. Numerosos insectos, moscas gigantescas y mosquitos, arañas, pican juntos en el silencio general (...) El polvo y las picaduras de insectos transforman la piel de todo ser humano en un manto miserable. (...) La vegetación inextricable, seca y cubierta de espinas, torna prácticamente imposible cualquier desplazamiento, a no ser por los senderos de cabras y la orilla de los ríos, estrechamente vigilados.

"Según los informes militares, el comandante cubano y dieciséis camaradas de guerrilla están rodeados en el valle desde hace dos semanas por las fuerzas armadas. Los militares bolivianos afirman que el comandante Guevara no saldrá vivo de allí.

[1] Pastor Barrera Quintana.
[2] Vicente Rocabado Terrazas.

341

"Por múltiples aspectos, la situación del comandante Guevara, encerrado en su desfiladero infernal, puede servir de metáfora a la revolución armada en todo el hemisferio..."

En cuanto a Inti Peredo, que sobrevivirá a los acontecimientos del Octubre Rojo boliviano, escribirá en su libro *Mi campaña con el Che*:

"La mañana del 8 era fría. Los que poseían un abrigo se lo pusieron. Nuestro avance fue lento porque el Chino caminaba mal de noche, y también porque el estado de salud de Moro empeoraba. De las dos a las cuatro de la mañana nos concedimos una pausa, antes de volver a partir."

Cuando los guerrilleros se detienen a beber en un arroyo, son descubiertos por un joven campesino que regaba su chacra de papas y que resulta ser el hijo del alcalde de La Higuera. Corre al pueblo a advertir al responsable del puesto, el teniente Carlos Pérez Pañoso. De inmediato, por radio, los jefes del ejército apostados en los alrededores envían a dos compañías de soldados entrenados para acciones comando compuesta cada una por ciento cuarenta y cinco hombres y un escuadrón de treinta y siete soldados, o sea trescientos veintisiete gatillos en total, asesorados por dos consejeros norteamericanos. Otras compañías con base en la región reciben igualmente la orden de encaminarse a la hondonada del Churo —que desagua en el río Grande—, donde la columna del Che ahora está cercada.

"A las 5.30", escribe Inti Peredo, "llegamos donde se juntan las dos vertientes de la hondonada. Una magnífica salida del sol nos permitía observar minuciosamente el terreno. Buscábamos una cresta por donde pudiéramos ir luego hasta el río San Lorenzo. Reforzamos las medidas de seguridad, porque la garganta y las cimas que la bordeaban estaban desnudas, cubiertas solamente por arbustos muy bajos, y era imposible esconderse.

"El Che analizó la situación de la siguiente manera: '¿Qué perspectivas nos quedan? No podemos volver atrás. El camino que hemos recorrido, muy al descubierto, nos convierte en una presa fácil para los soldados. Pero tampoco podemos seguir adelante; eso nos conduciría directamente a las posiciones enemigas.' Tomó la única decisión posible: ocultarnos en un pequeño cañón lateral y elegir los lugares donde apostarnos. Entonces eran más o menos las 8.30. Los diecisiete estábamos repartidos en el centro y de cada lado del cañón, esperando. La hondonada del Churo era de siete kilómetros de largo y unos sesenta metros de ancho como máximo, y se estrechaba hasta dejar solamente paso al pequeño torrente que bajaba por ella."

El Che hace entonces un nuevo análisis rápido: "Si nos

atacan entre las diez de la mañana y la una de la tarde, estaremos muy en desventaja y nuestras posibilidades serán mínimas, pues nos será imposible resistir mucho tiempo. Si nos atacan entre la una y las tres de la tarde, podremos neutralizarlos. Y si el combate se produce después de las 15, y en nuestro interés lo más tarde posible, mejores serán entonces nuestras probabilidades, pues la noche caerá pronto y es sabido que ella es la aliada natural de los guerrilleros."

Como táctico que sabe todo de la guerrilla, el Che prevé dónde reagruparse en caso de dispersión: en una pequeña plataforma natural, allí donde encontraron a la vieja campesina. Se programa la defensa con Arturo, Pacho, Willy y Antonio en el punto número 1, el más aguas abajo. El punto número 2, más aguas arriba, será ocupado por Benigno, Inti y Darío en la altura, y por el Che, Ñato, Aniceto[3], Pablito, el Chino, Moro, Eustaquio y Chapaco en la grieta, unos seis metros más abajo. En cuanto a Pombo y Urbano, estarán apostados más arriba. Es decir diecisiete hombres en total, con las siguientes instrucciones: "Si el ejército intenta penetrar por la hondonada, retirarse sobre el flanco izquierdo. Si el ataque se produce en el flanco derecho, replegarse hacia el camino por donde vinimos, y también hacia allí si el ataque viniera de arriba (por las cimas). Una posición segura sobre el lado izquierdo serviría de eventual punto de reagrupamiento."

"A las once de la mañana aproximadamente", prosigue Peredo, "reemplacé a Benigno, pero él no bajó y se quedó tendido allí, porque su herida del hombro supuraba y le dolía. Luego tres de nosotros ocupamos la posición, Benigno, al que ayudamos a trepar, Darío y yo. Cerca de las 11.30 el Che envió al Ñato y a Aniceto a reemplazar a Pombo y a Urbano. Para alcanzar esa posición había que atravesar un espacio dominado por el enemigo. El primero en intentar pasar fue Aniceto, pero fue abatido por una bala. La lucha había comenzado. Benigno, Darío y yo notamos que el ejército dominaba una parte de la garganta impidiéndonos el paso, y que por consiguiente nuestras posiciones se hallaban aisladas unas de otras."

La resistencia de los guerrilleros detiene el avance del Ejército. Pero las posibilidades de escapar en pleno día a miles de soldados concentrados en la región, diez mil según Benigno, son prácticamente nulas, con paredes abruptas que terminan en una zona carente de vegetación, donde los hombres servirían de blanco como en el tiro al pichón. El capitán Gary Prado, jefe de la compañía B, que ha llegado al lugar, anuncia al cuartel general de Valle Grande que el combate ha

---

[3] Aniceto Reynaga, profesor boliviano.

comenzado y que necesita urgentemente helicópteros, pero también aviones y hombres de refuerzo. Se le envían aviones de combate AT-6 cargados de bombas de napalm, pero éstas no serán utilizadas debido a la proximidad demasiado grande entre los soldados y los rebeldes.

La precisión del siguiente relato corresponde no sólo a los testimonios de los sobrevivientes, sino a la escrupulosa investigación realizada por los agentes de la G-2, el espionaje cubano, que buscó activamente información no bien subió al poder un nuevo gobierno en La Paz, en 1969, y los autorizó a investigar. Ellos entrevistaron a los soldados implicados en la captura y en el asesinato del Che, y les sacaron confidencias haciéndose pasar sobre todo por periodistas de diversos países sudamericanos distintos de Cuba.

Cuando Ernesto comprende que el Ejército domina la situación, decide batirse en retirada. Opta por fragmentar su grupo para permitir a los enfermos y heridos escapar, mientras él y los hombres sanos tratan de contener a los soldados. "Quiso salvar a los enfermos, que eran el Moro, Eustaquio y Chapaco", escribe Inti, "y los hizo acompañar por Pablito, que habría podido combatir. Así el Che quedó con el Chino[4], Willy[5], Antonio[6], Arturo[7] y Pacho[8]." Sin duda esperaba poder forzar en seguida la línea de fuego enemiga.

Los enfermos, el Moro[9], Eustaquio[10], Chapaco[11], y Pablito[12] que los acompañaba, lograron escapar de la ratonera cubiertos por el Che y sus compañeros. Serán capturados el 12 de octubre, en la confluencia de los ríos Grande y Mizque, y ejecutados los cuatro. El grupo compuesto por los bolivianos Inti[13], Darío[14] y Ñato[15], y los cubanos Pombo[16], Benigno[17] y

---

[4] Juan Pablo Chang, dirigente del ELN peruano.
[5] Simón Cuba Saravia, dirigente del sindicato de los mineros bolivianos.
[6] Capitán Orlando Patoja, cubano.
[7] Teniente René Martínez Tamayo, cubano.
[8] Capitán Alberto Fernández, cubano.
[9] Octavio de la Concepción, médico militar cubano.
[10] Lucio Galván, técnico de radio.
[11] Jaime Arana, boliviano, miembro del PC.
[12] Francisco Ruance, boliviano, joven estudiante.
[13] Guido Peredo.
[14] David Adriazola.
[15] José Luis Méndez Conné.
[16] Capitán Harry Villegas.
[17] Dariel Alarcón Ramírez.

Urbano[18], logra también romper el cerco. Furiosamente acosados por el Ejército boliviano, lograrán empero cruzar los Andes a pie y penetrar en territorio chileno, donde los acogerá el presidente Salvador Allende, antes de conducirlos personalmente a Tahití. De allí, el embajador de Cuba en Francia, Baudilio Castellanos, los devolverá a La Habana vía París y Praga. Ellos serán los seis únicos sobrevivientes[19] de la expedición boliviana[20].

Cuando el Che quiere a su vez escapar de la trampa con los cinco compañeros que le quedan, el Ejército ha bloqueado todas las salidas. Siempre en la espera de forzar el paso, Ernesto se pone en marcha sosteniendo al Chino, que está sordo y además ve mal a pesar de sus gruesos anteojos, y cuyos pies le fueron rotos en un interrogatorio en Lima. Como no puede caminar normalmente se apoya en el Che para alcanzar lentamente el punto de reunión previsto, situado a más de un kilómetro. Antes de llegar a la pequeña plataforma, el Chino tropieza, pierde sus anteojos y se pone en cuatro pies a buscarlos. El Che trata de ayudarlo. Están entonces en la línea de mira de un nido de ametralladoras comandado por el sargento Bernardino Huanca; los soldados abren fuego y el Che es alcanzado debajo de la pantorrilla derecha. Contesta, pero de pronto su carabina M-1 queda fuera de combate por una bala que la atraviesa. Ernesto toma entonces su revólver, pero se da cuenta de que ya no tiene municiones; sólo le resta su puñal Solingen. Los dos hombres logran empero llegar a la plataforma.

Para el Che, lo más urgente ahora es contener la hemorragia de su pantorrilla. Cerca del torrente en el que corre un agua sulfurosa, imbebible, se sienta en el suelo, saca su pañuelo, lo retuerce para hacer un torniquete que fija por encima de su herida. El ruido de las detonaciones y de las granadas le impide oír acercarse al enemigo, tanto más por cuanto está concentrado en lo que hace.

Entre los soldados que patrullan, tres son los que primero ven perfilarse unas siluetas abajo. Una oscila, cojeando, se apoya en la otra, que se ayuda con su fusil para trepar. La imagen es aún borrosa. El comandante Che Guevara se acerca, pero los soldados todavía ignoran quién es, que se trata

[18] Capitán Leonardo Tamayo.
[19] Inti Peredo será asesinado por la policía boliviana el 9 de septiembre de 1968.
[20] En septiembre de 1995, Éditions du Rocher publicó el libro de Benigno titulado *Les survivants du Che*, narrando su periplo.

de él. Él, que decía: "El hombre es un lobo para el hombre", caerá en sus fauces. El "guerrillero heroico" tan caro a los cubanos, el revolucionario más temido del planeta, no tardará en estar a merced del enemigo.

Después de avistar las dos siluetas, el soldado Balboa corre a buscar al sargento Huanca, que no tiene más que ir a recoger al Che y al Chino como dos frutos de "la higuera". Esto ocurre en el lugar llamado La Huerta de Aguilar, en momentos en que el día va hacia el crepúsculo. Un poco más arriba, Willy, que se ocultaba detrás de un peñasco, también es capturado.

Mientras sus hombres apuntan a los rebeldes, Huanca prefiere comunicarse con el capitán Prado, que le ordena reunirse con él en donde se encuentra, doscientos metros más abajo, llevando a los tres guerrilleros. Prado advierte de inmediato a Valle Grande sobre la captura del Che en la hondonada del Churo.

"Hora: 15.30. Caída de Ramón confirmada. Espero órdenes. Está herido."

A las 16.30 un helicóptero despachado para buscar al Che, considerado una presa mayor, sobrevuela la zona de los combates. Pero no puede posarse porque los guerrilleros que han logrado escapar le disparan. Así pues el piloto regresa a Valle Grande, no sin haber ido antes un poco más lejos a recoger a algunos soldados heridos para devolverlos a la base.

A las 17 este mensaje ambiguo se envía a La Paz:

"Caída de Ramón confirmada. Ignoramos su estado hace cerca de diez minutos."

El Che ve pasar soldados con los cadáveres de Antonio y de Arturo, muertos en el enfrentamiento, mientras que Pacho está gravemente herido. Pide permiso para ir a atender a su compañero, pero se lo niegan y Pacho pronto morirá.

A las 17.30 cuando empieza a caer la noche —demasiado tarde para los guerrilleros—, la columna abandona la zona de operaciones y desciende hasta el pueblo de La Higuera, distante ocho kilómetros. El Che, el Chino y Willy tienen las manos atadas, y el descenso resulta penoso: Willy, en mejores condiciones físicas que sus dos camaradas, los ayuda como puede, y los soldados los sostienen en los pasajes más difíciles. Detrás siguen los cadáveres, transportados por otros soldados. Al acercarse a La Higuera, el siniestro cortejo ve salir a su encuentro a Miguel Ayoroa, comandante del batallón de comandos, y a Andrés Selich, comandante del regimiento de Valle Grande, que han llegado en helicóptero. Están acompañados por Aníbal Quiroga, alcalde del pueblo —su hijo fue quien indicó al Ejército la presencia de los rebeldes—, así como por campesinos con mulas para cargar los cuerpos.

A eso de las 19.30 la columna entra en La Higuera, donde brillan las débiles luces de las lámparas de querosén. Los habitantes emergen silenciosamente de la noche para mirar pasar lo que resta de los guerrilleros, con una mezcla de respeto y de espanto. Los militares acompañan al Che hasta la escuelita de adobe, de suelo de tierra apisonada, y le ordenan sentarse en una de las aulas, donde depositan igualmente los cadáveres de Arturo, Aniceto, Pacho y Antonio. A Willy lo conducen a la segunda aula, del otro lado del tabique de madera, y al Chino a la tercera. En esa modesta escuela de campaña, Ernesto, que durante su vida alfabetizó a tantos campesinos, pasará su última noche.

Hacia las 21 los oficiales, después de haber comido, regresan a intentar sacarle al Che informaciones que permitan atrapar a los guerrilleros fugitivos. Tropiezan con un muro. Andrés Selich[21] avanza, insulta al Che, lo conmina a hablar, le tira de la barba con tanta violencia que le arranca un mechón. Por toda respuesta recibe una cachetada de Ernesto, con el reverso de sus dos manos atadas. Entonces sujetan las muñecas del Che a su espalda.

Los tres militares regresan luego a la casa del telegrafista donde tiene lugar el reparto del botín, compuesto entre otras cosas por cuatro relojes Rolex, el puñal Solingen del Che, una pistola alemana calibre 45, así como dinero, dólares norteamericanos y pesos bolivianos. Selich se apropia del morral de Ernesto, que contiene rollos de fotos y un librito verde en el que ha copiado varios poemas, entre ellos el *Canto general* del chileno Pablo Neruda y *Piedra de Hornos* del cubano Nicolás Guillén. También mapas del estado mayor de la región, acotados y actualizados por el Che. Las fruslerías se dejan para los soldados; antes de que se los repartan, Ninfa Arteaga, la mujer del telegrafista, intercepta algunos objetos que ocultará como reliquias, especialmente el jarro y el cuchillo de Ernesto.

Poco después de las 23, llega un mensaje desde Valle Grande:

"Mantengan a Fernando vivo hasta mi llegada mañana por la mañana, a primera hora, en helicóptero. Coronel Zenteno Anaya."

---

[21] Muerto en La Paz como consecuencia de un interrogatorio cuando preparaba un golpe de Estado contra el general Banzer, presidente de Bolivia.

Cerca de la medianoche, el comandante Miguel Ayoroa hace su ronda. Oye un ruido proveniente del lugar donde los militares y el alcalde Aníbal Quiroga se emborrachan, y al acercarse comprende que se preparan para ultimar al Che. Los suboficiales Bernardino Huanca y Mario Terán, que lo habían insultado un tiempo antes, son los más enardecidos. A fin de obedecer las órdenes, que son de conservar al Che con vida, Ayoroa y Gary Prado eligen entre los jóvenes oficiales a muchachos suficientemente lúcidos y respetuosos de la disciplina para que se turnen junto a él. Mario Huerta Lorenzetti[22] se cuenta entre ellos. Está fascinado a tal punto por el "guerrillero heroico", que tiene la impresión, como lo contará más tarde, de estar hipnotizado por él. El Che le habla de la miseria en la que vive el pueblo boliviano, del respeto con el cual fueron tratados los prisioneros durante la guerrilla.

"Sus dolores aumentaban y murmuró algo. Acerqué mi oído a su boca y escuché que me decía: 'Me siento muy mal. Te pido que hagas algo por mí.' Yo no sabía qué, y él me dio la respuesta diciendo: 'Aquí, en el pecho, por favor...'"

No pudiendo satisfacer el pedido de Ernesto, el joven boliviano le trae una manta y le tiende un cigarrillo.

Al alba del 9, la ayudante de la maestra, Julia Cortés, entra en el aula. Quiere ver de cerca "al diablo en persona", como los oficiales designan al Che. Lo escucha hablar, con una voz baja más que cansada, de la importancia de la tarea que ella cumple, y también del hecho de que en su escuelita se desarrolle un acontecimiento que más tarde pertenecerá a la historia de América Latina.

—Era un hombre íntegro, y de una hermosa nobleza espiritual —repetirá ella más adelante varias veces.

A las 6.30 le piden que se retire, pues el helicóptero que trae al coronel Joaquín Zenteno Anaya[23] y al cubano de la CIA Félix Ramos[24] acaba de posarse. Zenteno cambia algunas palabras sin importancia con el Che, luego éste tiene una violenta disputa con Ramos. Después de lo cual el cubano "del otro bando" instala una cámara fotográfica sobre el escritorio del aula para fotografiar la agenda que contiene el diario del Che.

En el mismo momento, el general Barrientos recibe, des-

---

[22] Será asesinado el 9 de octubre de 1970 por haberse negado a tomar parte en el intento de atentado contra el presidente Juan José Torres, y también por ser un molesto testigo del asesinato del Che.

[23] Abatido el 11 de mayo de 1976 en París donde era embajador.

[24] Félix González, que vive en Miami, y que trabajó en el Banco Nacional cubano cuando el Che lo dirigía.

de Washington, una llamada telefónica de su ministro de Relaciones Exteriores, el doctor Walter Guevara Arce, quien participa de una reunión de la OEA:

—Me parece de la mayor importancia —le dice— que se preserve la vida del Che Guevara. No hay que cometer ningún error al respecto, porque, en caso contrario, proyectaríamos al mundo una muy mala imagen. Sería preferible que usted lo conservara prisionero en La Paz por algún tiempo, el tiempo necesario... Usted sabe que la gente se desvanece de la memoria cuando está en la cárcel. El tiempo pasa y todo se olvida...

Pero el mensaje al que el presidente boliviano presta real atención es el que le ha transmitido el embajador norteamericano Douglas Henderson la noche anterior; a eso de las 23 Henderson había advertido al presidente Lyndon B. Johnson de la presencia de "guerrilleros comunistas" en la selva boliviana, y ahora Washington estima necesario eliminar al Che. Los argumentos son los siguientes: en la lucha conjunta contra el comunismo y la subversión internacional, es importante exhibir a los ojos del mundo la imagen de un Che totalmente vencido, muerto en combate. No hay que dejar con vida a un prisionero tan peligroso. Si se lo retiene en la cárcel, grupos "fanáticos y extremistas" tratarán de liberarlo. Habrá un proceso, la opinión internacional se manifestará, y el gobierno boliviano ya no podrá entonces dominar la situación en el país. El embajador recuerda el proceso de Régis Debray en Camiri, sus consecuencias nefastas para los intereses comunes de los Estados Unidos y de Bolivia. Tiene palabras duras contra el general De Gaulle, que intervino en favor de Debray, y desliza que se habrían evitado muchos problemas si el joven francés hubiese sido eliminado en el momento de su arresto. Reafirma que los intereses de ambos países se verán gravemente lesionados si el Che permanece con vida. Por el contrario, su muerte constituirá un golpe terrible para la Revolución Cubana, y particularmente para Fidel Castro.

Para los Estados Unidos, terminar con el Che es un viejo proyecto que se remonta al fracaso de la Bahía de Cochinos. La CIA ha afirmado regularmente, desde ese abortado intento de invasión, que los días de la Revolución Cubana estaban contados, y elaboró un plan llamado "Cuba", destinado entre otras cosas a eliminar a Fidel, a Raúl y al Che. Ya en enero de 1962, McGeorge Bundy, consejero de la Presidencia para la seguridad nacional, Alexis Johnson, por el Departamento de Estado, Roswell Gilpatrick, por el Pentágono, John McCone por la CIA y Lyman Lemnitzer por el Estado Mayor fueron convocados al despacho del secretario de Estado para informarles que el proyecto Cuba era considerado prioritario. Por consiguiente, la decisión de suprimir al Che se ha tomado mucho tiempo atrás.

Barrientos se apresura a reunir al Estado Mayor con el general Alfredo Ovando Candia, jefe de las Fuerzas Armadas, para participarles su decisión de eliminar al Che. Luego envía la orden cifrada de ejecución a Valle Grande, ciudad hacia la cual no tarda en volar Ovando, con algunos de los jefes militares.

A eso de las diez llega a La Higuera la orden de terminar con el Che. Mario Huerta Lorenzetti se interpone cuando el agente de la CIA se encarniza con Ernesto para intentar arrancarle información. Hacia las once, se advierte a Zenteno, de regreso en el lugar, la decisión de ejecución. Mientras la joven maestra de escuela Élida Hidalgo, hija de Ninfa Arteaga, lleva una sopa al Che, Zenteno propone a Félix Ramos arreglar él mismo el asunto si lo desea. Finalmente se decide, de acuerdo con Selich y Ayoroa, elegir entre los tres suboficiales que se ofrecieron como voluntarios para cumplir la tarea, y se opta por Mario Terán, cuyo cumpleaños es precisamente ese día.

Éste comienza por ayudar al Che a levantarse del banco de escuela en el que aguardaba serenamente. Pero entonces el miedo invade a Terán, al punto de no poder realizar su cometido. El Che lo alienta a terminar:

—¡Tira, no tengas miedo! ¡Tira!

El soldado tiembla. Luego contará:

—Sus ojos brillaban intensamente. Me fascinó. Lo vi grande, inmenso...

Lo hacen beber, pero eso no basta; su dedo se sigue resistiendo a apretar el gatillo. En ese momento se oye una primera ráfaga en el aula vecina, luego una segunda en la otra, y el Che comprende que todo ha terminado para Willy y el Chino.

A las 13.10 oficiales bolivianos y el agente de la CIA apremian tanto a Terán para que cumpla su tarea que termina por obedecer. Dispara una ráfaga con su Uzi belga cerrando los ojos. Apunta tan mal que el Che sigue con vida. Lo ultima una bala en el corazón, golpe de gracia que ninguno de los asistentes reivindicará, y que el informe secreto de la G-2 cubana atribuirá a Félix Ramos. Perseguido por la vindicta de los estudiantes de La Paz, en abril de 1968 Mario Terán se arrojará del cuarto piso del edificio donde vivía.

Ninfa Arteaga ayuda al sacerdote de larga barba blanca, Roger Shiller, a envolver al difunto en una manta y a cerrarle los ojos —ojos marrones transformados de pronto en azules, como si abandonaran el otoño de su vida para entrar en la eternidad del cielo. El sacerdote pronuncia una oración fúnebre antes de limpiar las manchas de sangre y de recoger las cápsulas de las balas fatales. Luego llevan el cuerpo en unas angarillas hasta el helicóptero de las Fuerzas Armadas bolivianas, donde se lo sujeta a un patín de aterrizaje. Así vuela a las 16 a Valle Grande, adonde llega en una media hora.

Un furgón Chevrolet, rodeado al partir por una verdadera multitud prevenida por la radio, marcha hasta el hospital Señor de Malta, donde se deposita el cadáver en el lavadero que servirá de morgue. El cuerpo del Che es escoltado por Eduardo González[25], otro agente de la CIA, que reemplaza a Félix Ramos; médicos y periodistas se preguntan quién es ese hombre de unos treinta años, de uniforme militar, que parece dirigir las operaciones delante de altos oficiales del Ejército boliviano.

El periodista inglés Richard Gott, corresponsal de *The Guardian*, escribe:

"El cuerpo vestido de verde oliva, con una chaqueta con cierre de cremallera, era el mismo del Che que yo había conocido en Cuba en 1963. Fue tal vez la única persona que intentó dirigir las fuerzas radicales del mundo entero en una campaña contra los Estados Unidos. Ahora ha muerto, pero es difícil imaginar que sus ideas hayan podido morir con él."

Las enfermeras de guardia, Susana Osinaga y Graciela Rodríguez, lavan el cuerpo del "guerrillero heroico" antes de que los médicos José Martínez Osso y Moisés Abraham Baptista firmen el certificado de defunción. A pedido de los militares en él no se menciona la hora de la muerte. Se obliga a los hombres de blanco a realizar la autopsia y a inyectar formol en el cuerpo para esperar la llegada de expertos argentinos, de policías. Se invita al desertor Antonio Domínguez Flores, llamado León, a identificar los cadáveres de los otros guerrilleros.

Mientras los "vencedores" celebran el acontecimiento en el hotel Santa Teresita de Valle Grande, el sacerdote Roger Shiller da una misa por el Che en la iglesita de La Higuera, repleta de gente. Piadosamente, los fieles levantan cirios a la memoria del difunto. Y en la noche del Chaco boliviano, el hombre de la Iglesia lanza un terrible anatema:

—Este crimen jamás será perdonado. Los culpables serán castigados.

El día siguiente, 10 de octubre, primero del período pos-Che Guevara, su cuerpo es expuesto en la morgue improvisada, para que la población pueda verificar que ha abandonado este mundo. La larga procesión de bolivianos se prolonga, los

---

[25] Gustavo Villoldo Sampera, de origen cubano.

pobladores andinos retienen el aliento. La hermana María Muñoz dice, en el libro *La CIA contra el Che*[26]: "Reinaba un silencio singular. No se pronunciaba una sola palabra. Él nos miraba, parecía vivo." A la manera del Principito de Saint-Exupéry: "Pareceré estar muerto y no será verdad." Como para devolverle la vida, sus ojos, que extrañamente se volvieron azules, se reabrieron.

Al término de la mañana, dan una conferencia de prensa el coronel Joaquín Zenteno Anaya y el jefe de los servicios secretos bolivianos Arnaldo Saucedo Parada, que perseguía al Che y a sus hombres desde abril de 1967. Exhiben su diario como prueba irrefutable de la acción subversiva que realizaba. Como por su lado el general Ovando Candia expone los hechos a su manera, los periodistas notan contradicciones en los dos relatos, especialmente en cuanto al momento de la muerte del Che, pues el Ejército trata de hacer creer que ha sucumbido a sus heridas. Así comienza a abrirse paso en las mentes la posibilidad de que haya sido asesinado.

El informe de la autopsia indica:

Edad: aproximadamente 40 años.
Raza: blanca.
Estatura: 1,73 m aproximadamente.
Cabello: castaño, ondulado, bigotes y barba igualmente ondulados, cejas pobladas.
Nariz: recta.
Labios: delgados, boca entreabierta con manchas de nicotina, falta del premolar inferior izquierdo.
Ojos: ligeramente azules.
Constitución: regular.
Extremidades: pies y manos bien conservados, con una cicatriz que cubre casi todo el dorso de la mano izquierda.
Al examen general presenta las lesiones siguientes:
1. Herida de bala en la región de la clavícula izquierda, con salida en la región escapular del mismo lado.
2. Herida de bala en la región de la clavícula derecha, con fractura de ésta, sin salida.
3. Herida de bala en la región costal derecha, sin salida.
4. Dos heridas de bala en la región costal lateral izquierda, con salidas en la región dorsal.
5. Herida de bala en la región pectoral izquierda entre las novena y décima costillas, con salida en la región lateral del mismo lado.

[26] Escrito por Adys Cupull y Froilán González.

352

6. Herida de bala en el tercio medio de la pierna derecha.

7. Herida de bala en el tercio medio del muslo izquierdo en sedal.

8. Herida de bala en el tercio inferior del antebrazo derecho, con fractura del cúbito.

La muerte fue causada por las heridas del tórax y por la hemorragia subsiguiente.

Anexo del comunicado:

La comisión de técnicos destacados por el gobierno argentino, a pedido del gobierno boliviano, para confirmar la identificación de los restos de Ernesto Guevara de la Serna, atestigua que efectivamente se trata de él.

En efecto, una escena macabra permite a los policías argentinos verificar que las impresiones digitales que poseen del Che —para su cédula de identidad, número 3.524.272— son idénticas a las de la mano conservada en un frasco de formol. Igualmente en cuanto a la letra, pues la del diario resulta ser la misma que figura en los documentos aportados por los compatriotas de Ernesto. La orden inicialmente dada por Ovando, y que provenía del ministro del Interior, Antonio Arguedas Mendiata, consistía en cortar la cabeza y las manos del Che. Contra la opinión de una parte de sus interlocutores, Zenteno Anaya decidió no proceder a la decapitación. En cuanto a Arguedas —un curioso personaje—, recuperará luego las manos y el molde que de ellas se hizo, las ocultará por un tiempo, luego las enviará a Cuba, donde serán conservadas.

El cadáver mutilado es llevado en jeep en la noche del 10 al 11 de octubre hasta el cuartel del regimiento Pando en Valle Grande.

—Después el cuerpo fue quemado —nos afirma desde Santa Cruz, en Bolivia, el capitán Gary Prado Salmón, quien, luego de haber sido promovido al grado de general, fue embajador en Londres hasta mayo de 1994—. Habiéndome lanzado en persecución de los guerrilleros sobrevivientes, no asistí personalmente a la incineración, pero el oficial que hizo ejecutar la orden me confirmó que había sido cumplida. Fue en las primeras horas del 11 de octubre, en un lugar aislado cerca de la ciudad.

Los cuerpos de los otros guerrilleros son enterrados en una fosa común al borde del campo de aviación. Cuando se enteran de ello, los habitantes de Valle Grande se persuaden de que los restos del Che permanecen también allí, y se realizan búsquedas para encontrar su cuerpo. Pronto el aeródromo local será un lugar de peregrinación para los devotos de Ernesto. Y no se equivocan necesariamente al presentirlo allí...

Existe la hipótesis de que los despojos del Che habrían sido enterrados, a unos ochenta metros de sus camaradas, remontando la pista, igualmente del lado del cementerio, donde existía una boca de desagüe con un filtro y un conducto de control. Al pasar sobre la placa, la topadora encargada de la macabra tarea de cavar la fosa común, la habría arrancado al mismo tiempo que un caño de agua. Testigos y actores fueron tres peones indígenas y el capellán militar que supervisaba las operaciones. El cadáver del Che habría sido depositado en una bolsa de nailon, en el receptáculo situado debajo de la boca del desagüe, que habría sido amurado; se habría repuesto la placa y sembrado césped, a fin de no dejar ningún rastro.

Los tres indígenas desaparecerán de circulación y el capellán aparecerá al año siguiente en Uruguay. En 1980 regresa a Bolivia, país sumamente religioso donde no se bromea con las cosas de la muerte. Presa de remordimientos, decide no contentarse con confiarse a Dios, y termina confiándose al contraespionaje cubano en 1992. La bolsa de protección de nailon habría sido extraída de su escondite para tomar el camino de La Habana.

Para que la historia se mantuviera en el más absoluto secreto, no se habría recurrido a un médico legista o a un especialista sino a un clínico general, hombre de confianza, pero que prácticamente no había ejercido nunca. No puede reconocer los restos del Che, pero comprueba que se trata de un cuerpo con las manos amputadas. Así, sin recurrirse a una comisión antropométrica, se hace desaparecer la bolsa de nailon y su contenido. Al no haberse aportado la prueba de que se trataba del Che, no se habría alertado a Fidel Castro a fin de no atormentarlo por nada...

Alucinante historia, disparatada tal vez, pero que consideramos plausible.

Otra hipótesis será lanzada: el cuerpo habría sido arrojado desde un helicóptero al infierno verde de la Amazonia, cerca de Puerto Rico, nombre del campo de concentración donde el gobierno oculta a sus prisioneros políticos, del otro lado del río Beni, vecino al Brasil, allí donde la selva es más impenetrable.

Ninguna maniobra de Barrientos[27] ni de sus secuaces impedirá empero que nazca y se difunda rápidamente el mito del Che. Si el 9 de octubre de 1967 la vida real del Che finaliza en La Higuera, otra vida póstuma nace allí para él, y ésa no es fácil que termine.

Sale a la luz primero entre los campesinos bolivianos, que

[27] Encontró la muerte el 27 de junio de 1969 en un accidente de helicóptero.

creen que la vida surge de las piedras. La leyenda pretende
que de las profundidades del lago Titicaca nació antaño
Viracocha. Al comprobar que el mundo era oscuro, creó la
luna, el sol y las estrellas, dando así luz a la Tierra. Luego se
dirigió a Cuzco, la capital de los incas, pero a dieciocho leguas de allí, en un lugar llamado Cacha, unos hombres que
no sabían quién era intentaron asesinarlo. Viracocha y sus
guerreros se transformaron entonces en piedras, esperando
el día en que reanudarían la lucha. Para los campesinos de La
Higuera y de los alrededores, también el Che se ha convertido
en piedra y espera su hora para resurgir.

El mundo no tarda en conocer la noticia de la muerte del
Che y en conmoverse. Roberto Guevara es uno de los primeros
en llegar a Santa Cruz, con periodistas de un canal de la televisión argentina. Su intención es llevar los restos de su hermano mayor a Buenos Aires. Al no poder ver el cuerpo, que ya ha
desaparecido, se niega a admitir el deceso, tanto más por cuanto
al principio se anunció a la familia que había sido enterrado,
para luego retractarse. En su deseo de hacer creer que Ernesto
fue muerto en combate y no asesinado después, los militares
no cesan de contradecirse en sus declaraciones sucesivas. En
esas condiciones, ¿por qué no creer que el Che sigue vivo?
Muchas veces en el pasado, desde el desembarco del *Granma*
once años antes, ya se anunciaba falsamente su muerte. Menos de dos semanas atrás, la radio mintió una vez más anunciando que el Che había caído en una emboscada.

En número creciente llegan periodistas del mundo entero
para tratar de saber la verdad. Eso disgusta a los militares,
que se las ingenian para complicarles la tarea. El inglés Ralph
Schoenman, acusado de perturbar el orden público, es expulsado de Bolivia. La francesa Michèle Ray es amenazada de
muerte, y la embajada de Francia recibe llamadas telefónicas
anónimas afirmando que es peligroso para ella permanecer
más tiempo en el país.

El 15 de octubre, en el microprograma de Radio La Habana y en la televisión, Fidel dice al mundo su convicción de
que el Che ha muerto, refutando la posibilidad de un subterfugio, un muñeco de cera por ejemplo, de lo que también se
habla. Más tarde, en junio de 1968, cuando tiene en sus
manos el famoso Diario tan codiciado, verá en él una prueba
evidente de que el hombre que lo llevaba era Ernesto. "Ésta
es su letra; más aún, pues una letra puede imitarse, es el
estilo del Che, su pensamiento, hasta su manera breve y con-
cisa de escribir."

Luego Fidel lanza al éter un panegírico del difunto:

"Se caracterizó por una osadía extraordinaria, por un desprecio absoluto del peligro, por hacer en todos los momentos

más difíciles y peligrosos las cosas más difíciles y peligrosas... Es uno de los ejemplos más extraordinarios de integridad, de coraje, de desprendimiento, de desinterés que la Historia haya conocido. La vida del Che tuvo la virtud de impresionar y de suscitar la admiración hasta de sus peores enemigos ideológicos. Su muerte es como una especie de despertar a las realidades de esta época.

"Hoy, el Consejo de Ministros ha adoptado el siguiente texto:

"Dado que el heroico comandante Ernesto Guevara ha encontrado la muerte combatiendo por la liberación de los pueblos de América a la cabeza del Ejército de Liberación Nacional de Bolivia.

"Dado que el pueblo cubano recordará siempre los extraordinarios servicios prestados por el comandante Ernesto Guevara tanto en nuestra guerra liberadora como en la consolidación y el desarrollo de nuestra Revolución.

"Dado que su infatigable actividad revolucionaria que no conocía fronteras, su pensamiento comunista y su inquebrantable decisión de luchar hasta la victoria o la muerte por la liberación nacional y social de los pueblos del continente y contra el imperialismo, constituyen un ejemplo de convicción y de heroísmo revolucionario que subsistirá eternamente.

"El Consejo de Ministros resuelve:

"Primero: que durante treinta días la bandera nacional sea izada a media asta y que durante tres días a partir de esta medianoche se suspendan todos los espectáculos públicos.

"Segundo: que el día en que cayó heroicamente en combate sea declarado día de homenaje nacional, y que a tal efecto el 8 de octubre sea proclamado 'Jornada del Guerrillero Heroico'.

"Tercero: que sean tomadas todas las iniciativas que permitan perpetuar su vida y su ejemplo en la memoria de las generaciones futuras.

"Al mismo tiempo, el Comité Central de nuestro Partido decreta:

"Primero: crear una comisión compuesta por los comandantes Juan Almeida, Ramiro Valdés, Rogelio Acevedo y Alfonso Zayas, y presidida por el primero de los compañeros citados, para orientar y dirigir todas las iniciativas destinadas a perpetuar la memoria del comandante Ernesto Guevara.

"Segundo: convocar al pueblo, el miércoles 18 de octubre a las 20 horas, a una velada solemne en la Plaza de la Revolución, a fin de rendir homenaje al inolvidable y heroico revolucionario caído en el combate.

"¡Patria o muerte!

"¡Venceremos!"

El 18, en la televisión, Fidel dará libre curso una vez más a su fe guevarista, antes de concurrir a la Plaza de la Revolución.

"(...) El Che era de los que se ganan inmediatamente el afecto de todos, por su sencillez, su carácter, su índole, su simpatía, su personalidad, su originalidad, aun cuando se ignoraran todavía las otras cualidades singulares que lo caracterizaban también. (...) Su inteligencia multiforme era capaz de enfrentar con la mayor seguridad cualquier tarea en todos los dominios. (...) El Che no cayó defendiendo otros intereses, otra causa que la causa de los oprimidos de este continente: la causa por la cual el Che murió es la defensa de los humildes de esta tierra. (...) El Che se ha convertido en un modelo de hombre. Llevó a su más alta expresión el estoicismo revolucionario, el espíritu de sacrificio, la combatividad, el gusto del trabajo revolucionario. Condujo las ideas del marxismo-leninismo a su expresión más fresca, más pura, más revolucionaria. (...) En su corazón y en su mente ya no había banderas, iniquidades, chauvinismos ni egoísmos. Estaba dispuesto a derramar su sangre generosa por la suerte de cualquier pueblo, espontáneamente, sin vacilar. (...)".

En cuanto a Benigno —Dariel Alarcón Ramírez, el muchacho de diecisiete años que vio un día de enero de 1957 llegar a los barbudos a su finca de La Plata y que a partir de entonces fue un incondicional junto al Che, en las buenas y en las malas—, pronuncia otra oración fúnebre. Con sus propias palabras, menos grandiosas que las de Fidel, más familiares, más rudas también, para evocar el recuerdo de un combatiente. Su misión en Bolivia era preparar el camino a los diferentes grupos de acción, el paso de los brasileños, de los argentinos, hacia sus respectivos países, donde deberían infiltrarse una vez listos, a partir de fines de diciembre de 1966, como se había previsto al principio. No tuvo que cumplirla. De nuevo campesino, nos recibe en su casa de la periferia de La Habana, en el lugar bien llamado "la Sierra Maestra", que albergaba hace unos años a los técnicos soviéticos.

—Pasé diez años con el Che —nos dice—. Fue el más bello espejo en el que uno pueda mirarse. Su ejemplo me obligó a mantener una línea firme. Estaba dotado de una sangre fría increíble. Yo, como los demás, solía pensar en preservar mi vida en los momentos más intensos del combate; el Che, jamás. Actuaba poniéndose en el lugar de los otros, siendo su escudo, intelectual pero también físico.

"Recuerdo el 5 de mayo de 1967. Estábamos en posición de combate, el Che apostado tres metros por encima de mí. Me enfrento a tres soldados, con pocas municiones. Le atravieso la pierna al primero a ochenta metros; él grita '¡Mi pier-

na!'. Mato al segundo, un teniente que se descubrió valientemente y no me permitió la menor vacilación. Y también bajé
al tercero, uno muy joven. Me dio pena, pero era él o yo.
Después de lo cual me di vuelta levantando los ojos. El Che
fumaba tranquilamente su pipa: 'No tuve que intervenir, sabía que te las arreglarías solo...'

"Más tarde, el 25 de junio, el Che me gritó: '¡No tires! No
son peligrosos, no nos han visto.' Varias veces nos impidió
abrir fuego para no matar inútilmente. Seguramente habría-
mos podido eliminar a muchos soldados más. A la distancia
es difícil decir quién es el asesino, quién el inocente. En esa
época, teníamos como las tortugas nuestro caparazón, hecho
de nuestra mochila, nuestro sudor y nuestra mugre. Y en las
suelas miles de espinas de cactos u otras porquerías. El Che
insistía también en que los prisioneros fuesen tratados con
respeto. La vida de ese hombre no tiene precio. Les aseguro
que su pensamiento estaba en el espacio antes de que los rusos y los yanquis pusieran el pie en la Luna."

—¿Y si tuviera que conservar una sola imagen del Che,
un mensaje de él?

Benigno reflexiona:

—En Bolivia, en ocasión de los cursos sobre política que
él nos daba en el campamento, en los que afirmaba que todos
los miembros de la guerrilla éramos bolivianos, como seria-
mos peruanos si hubiésemos intentado liberar al Perú, nos
hablaba de la lucha de los irlandeses por su liberación. "Su
lucha es la misma que la de los pueblos de América Latina y
de Vietnam", nos decía, "está dirigida contra un enemigo común: el imperialismo." Y nos explicaba su idea con estas palabras: "El hombre debe marchar con la frente hacia el sol.
Para que éste, al quemarlo, lo marque con su dignidad. Si el
hombre baja la cabeza pierde esa dignidad."

Impulsado por su ideal, y también por sus conocimientos, ¿tenía el pequeño *condottiere*, como él se llamaba a sí
mismo, una posibilidad de triunfar en su íntimo proyecto de
liberar a América Latina del yugo norteamericano y de hacer
de las patrias chicas una patria grande? Régis Debray —que
luego de haber sido condenado a treinta años de prisión fue
amnistiado el 24 de enero de 1970 por el general J. J. Torres— piensa así al respecto:

"Que unos cincuenta guerrilleros aislados en la naturaleza, sin perder su profunda modestia y su alegría natural, pudieran fijarse como objetivo último de guerra la liberación
definitiva de un continente de cerca de trescientos millones
de habitantes, sólo quienes han estudiado las paradojas his-

tóricas originales de América Latina, que recuerdan cómo un puñado de hombres pudo conquistar América detrás de Pizarro y de Cortés, y cómo otro puñado pudo liberar la mitad siguiendo a Bolívar y a San Martín, sólo ésos, decíamos, saben que es poco prudente ridiculizar, en un principio al menos, una ambición de ese tipo.

"En 1967 esa ambición, por desmesurada y majestuosa que pudiera parecer, no era todavía un plan trazado con escuadra como un dibujo acabado, ni un programa definido y detallado, sino sólo un sueño improvisado, una utopía construida con palabras sobre el vacío. (...)

"Del mismo modo que, cuando la columna de Fidel alcanzó el máximo de sus efectivos, se desprendió de ella la columna de Raúl para ir a abrir el segundo frente en el norte de la provincia de Oriente, y luego se desprendieron la de Almeida en la periferia de Santiago, y en agosto de 1958 las columnas del Che y de Camilo hacia Las Villas; del mismo modo debían desprenderse de la columna de Ñacahuasú, cuando ésta hubiese alcanzado su punto de congestión, una pequeña columna hacia el segundo frente boliviano del Chaparé, al norte de Cochabamba, luego otra para abrir el tercer frente del Alto Beni, al norte de La Paz; las dos ya tenían designados a sus responsables en el seno de la guerrilla. El conjunto de esos tres frentes articulados constituiría entonces el núcleo central boliviano. De allí, en una segunda etapa, partirían diversas columnas hacia los países vecinos; una, en dirección del Perú, tendría como núcleo central a los camaradas peruanos presentes en la columna madre, y se uniría a una base guerrillera ya establecida en los Andes de ese país. En dirección de la Argentina se desplazaría otra columna latinoamericana, compuesta por una mayoría de argentinos, más importante sin duda que la precedente, y cuyo mando correspondería evidentemente al Che llegado el momento. Pues no debemos olvidar que, junto con Cuba, la Argentina era la "patria chica" preferida del Che, el sueño latente de toda su vida y tal vez el verdadero objetivo secreto de todas sus acciones, marchas y contramarchas.

"El Che no tenía como objetivo inmediato la toma del poder, sino la construcción previa de un poder popular materializado en su instrumento de acción, una fuerza militar autónoma y móvil. (...) El Che rompía indiscutiblemente con las costumbres golpistas y la propensión a los pronunciamientos del populismo contemporáneo, predominantes en Bolivia y en otras partes. Quería seguir la enseñanza fundamental de Marx, según la cual la revolución proletaria 'no puede simplemente apoderarse de una máquina estatal completamente armada, sino que debe quebrar la máquina militar y burocrática del Estado burgués, e instaurar la dictadura del proletariado'[28]."

Régis Debray, el Danton de la guerrilla boliviana, sabía mejor que nadie —pues ésa fue una parte de su misión— que el terreno no era favorable para el levantamiento de una revolución armada. Porque los campesinos ya habían tenido derecho a su reforma agraria[29] y, por consiguiente, no estaban muy motivados para el combate. Y también porque las condiciones de supervivencia en la selva boliviana eran mucho más penosas que en las montañas cubanas. Eso, sumado a la política del avestruz practicada por el Partido Comunista boliviano, impidió al Che transformar la cordillera de los Andes en una inmensa Sierra Maestra, como él deseaba.

"Fidel quería que el Che partiera más tarde a Bolivia", sigue diciendo Debray, "para preparar mejor el terreno. Yo me pregunto si el Che no se fue allá para terminar. ¿Estaba el fracaso en su subconsciente, con pulsiones secundarias de mártir? En todo caso, había fatalismo en su acción. Podría haberse apoyado en el sindicato de los mineros, que era poderoso, ¡pero no! El Che no concedía demasiada importancia a las cuestiones tácticas y locales.

"Hay que comprender que, para los campesinos bolivianos, el Che y sus cubanos eran extranjeros. De hecho yo creo que el azar desempeñó un papel importante. Si tuvo la mala suerte de ser herido el 8 de octubre, y si es evidente que habría podido escapar sin esa herida, yo me digo también que resulta extraordinario que haya resistido tanto tiempo, con la pasividad de La Paz, que fue lo que más me sorprendió. Desde luego porque el PC se hacía el sordo, pero de todos modos existía una red disidente..."

¿Hasta dónde habría podido llegar el proyecto de Fidel y del Che, con Fidel manejando los controles en La Habana y el Che, fusil en mano en el terreno? Caigamos en la utopía. En caso de éxito, el Che habría despreciado el poder y Fidel hubiese sido el emperador de América Latina. Pero el Che molestaba demasiado, tanto a la derecha como a la izquierda. Quedó atrapado entre las tenazas de los dos grandes, y tanto la CIA como la KGB se encontraron, por razones diferentes, cazando la misma presa. A plena luz la CIA, con los comandos bolivianos que ella había entrenado, y en la sombra la KGB, cortándole la entrada de aire para asfixiarlo.

[28] Extraído de *La guérilla du Che*, Ed. Le Seuil.
[29] En 1952, gracias a la insurrección proletaria, sin su participación directa.

Sin embargo, la acción de Ernesto no termina con él. Provenientes de varias de las piezas del rompecabezas de América Latina, unos sesenta bolivianos, seis chilenos, cuatro argentinos, dos peruanos y dos brasileños, discípulos del Che, se incorporan en julio de 1970 al ELN para entrar en la guerrilla, con declaraciones dignas de su maestro del pensamiento:

"Lo que hoy ocurre no es más que un pálido reflejo de lo que pasará en el futuro. Ello nos obliga a trocar el estudio por la acción, el libro por el fusil, y la vida confortable por el deambular revolucionario, en un combate a muerte contra los que apoyan la explotación imperialista."

La pureza del Che, su muerte trágica, dejan abiertas de par en par las puertas del sueño.

Su encanto, que irradia en la foto de Korda, despertó a la juventud de la vieja Europa y la incitó a trepar a las barricadas en mayo de 1968. "Debajo de los adoquines, la playa, y sobre la playa, el Che, sol de la Revolución", proclamaba un estandarte.

Durante mucho tiempo oculto por su leyenda, el hombre Ernesto Guevara regresa hoy, llamado más o menos conscientemente por una juventud que busca un guía, una estrella a la cual uncir su carro.

El alemán naturalizado sueco Peter Weiss propone: "El drama del cristianismo es que no ha cristianizado el mundo entero. El Che electrizó a los jóvenes del planeta, tal vez porque han cesado de creer en Cristo." Pero no comparemos al ateo Ernesto Guevara con el barbado de Palestina, aun cuando el apodo de Cristo marxista pudiera convenirle. O también el de Quijote de América Latina.

Para Antoine Blondin, "el hombre desciende del sueño". Cuando el comandante escribe sobre su árbol, en la selva boliviana, palabras que presienten su fin terrenal, comienza a ascender. Encaramado entre la Pachamama de los grandes ancestros y su estrella que ya no tardará en alcanzar, el Che termina su séptima vida de gato.

¿Qué ve desde allá arriba? La URSS que hace implosión, el comunismo que explota. Cuba, la bella, que resiste patéticamente el bloqueo del Tío Sam, cuyo resentimiento es tenaz. Su viejo camarada Fidel Castro más y más empecinado, que se obstina en querer ser el Último Comunista contra los vientos y las mareas que alejan de la isla a los balseros. Su hombre nuevo, que también se aparta de la línea tan rígida que él le había trazado. Un mundo hecho únicamente de pequeños Che Guevara sería seguramente utópico. Ello no empaña su generosidad conquistadora, su amor al prójimo sin distinción alguna.

Contrariamente a todos los que se compensan para asegurar bien que mal su equilibrio cotidiano, el Che nunca tuvo que compensarse, pues jamás se dispersó. En él la ternura y la dureza se amalgamaron en un monolito de generosidad.

Devoradora de sus días, alerta de sus noches, el asma fue un diablo rondando en su interior al que él transformó en aguijón para hacer el bien. Este idealista que eligió a los otros recuerda el "Todo está en todo" de Pascal. Médico, guerrillero, escritor, poeta, comandante, embajador, ministro, padre de familia (un poco), el Che es gran parte de un todo llamado lo Humano. Su Humanismo, con una H tan grande como los arcos del rugby de su adolescencia, lo llevó a luchar y a dar muerte para intentar equilibrar la vida entre los demasiado ricos y los demasiado pobres. Con un deseo: "Una nueva sociedad en la que el hombre estuviera en el centro de la vida pública y no a merced del poder que hace las leyes." Y una certeza: "El terrorismo es una forma negativa que no produce de ninguna manera los efectos buscados y que puede incitar a un pueblo a reaccionar contra un movimiento revolucionario determinado."

En respuesta a Strindberg, "sólo la verdad es desvergonzada", palabras que se adaptan al Che como una segunda piel, estas tres frases de su padre:

"Ernesto era un fanático de la verdad. Ése era su fantasma. Así como era glacial en el combate, inflexible en todo lo concerniente a la Revolución, así su ternura era inmensa y su carácter, pleno de buen humor."

El Che no era el vagabundo anarquista que se ha dicho a veces; era un viajero del alma que avanzaba con la esperanza en el corazón, que posaba su mirada magnética en las cosas de la vida de los otros con la voluntad exacerbada de mejorarlas. Para ello tuvo el coraje de elegir el combate. Cuando afirma: "Todo hombre verdadero debe sentir en su mejilla el golpe recibido por otra mejilla", incita a compartir. El Che compartió todo lo que pasaba entre sus manos, y también el dolor de los demás. Es un apóstol del humanismo tal como hay que concebirlo en los albores del tercer milenio, poniendo más que nunca al hombre al servicio del hombre.

"Un sueño sin estrella es un sueño olvidado", dice Éluard.

Un sueño con estrella es un sueño despierto, podría responderse. Conservemos los ojos abiertos, el Che jamás los bajó...

HISTORIA DE UN LIBRO

En París, una noche de invierno en que la luna pasaba a cuarto creciente, cuando iba a comprar un pan a la rue de l'Ancienne-Comédie, a la panadería que no cierra nunca, me dejé arrastrar por un vagabundo del alma a la otra orilla del Misisipí —nombre que dan los habitantes de la noche al boulevard Saint-Germain—, a su propia Luisiana, a los confines del Valle de la Sed.

Al llegar a la esquina de la rue des Canettes y la rue Princesse, mi guía, hábil vaciador de bolsillos, me señala a la altura de los ojos, impresa en la piedra de un edificio, grabada para siempre entre las iglesias Saint-Germain y Saint-Sulpice, la efigie del que fuera apodado por los fervientes partidarios de quien cargó la cruz, el "Cristo guerrillero": el Che Guevara.

Allí, el ermitaño de olor fuerte se transformó en predicador de las sombras: "Va a volver...", anunció. Luego, con un guiño desbordante de felicidad: "Hasta en las noches más negras, siempre hay allá arriba una estrella, la del verdadero pastor, la estrella del Che."

Regresé a mi guarida, comí mi pan y me adormecí para soñar. ¿Y si efectivamente el Che volviera?...

Años más tarde, La Habana, septiembre de 1981.

Dejo a mis colegas periodistas europeos marcharse a Varadero, sus playas, el golf de los Dupont de Nemours donde los cosmonautas soviéticos se divierten mientras sus compañeras se broncean al sol tropical. Yo prefiero quedarme con Alberto Korda, fotógrafo autor de la foto para la eternidad del Che, y primer marido de Norka "la Guerrillera", personaje grandioso que fue mi compañera de fiesta en París a fines de los sesenta cuando ella era maniquí de Dior. Korda siempre se las arregló para ser su propio jefe. Nada holgazán con la copa, como todo cubano que se respete, embarcó al valiente bebedor que era yo en uno de los más arduos recorridos de combatiente de la sed. Ese género de desplazamientos favorece las mejores narraciones. Lo escucho contar sus tribulaciones de autodidacta como fotógrafo oficial de Fidel Castro, a quien acompañó por el mundo entre 1959 y 1968, y describirme en detalle la pesca de altura que reunió a Fidel y al Che en los tiempos en que Ernest Hemingway era el más astuto pescador de merlines.

Se instaura una alegre connivencia entre los periodistas que somos. Al dar vuelta en una callejuela, cerca del puerto viejo, en un cafetín donde el ron pone las meninges de los marineros como andanada en marea alta, Korda me propone ir a la casa de Ernesto Guevara padre... Conduce con mano relativamente firme el volante de su Lada a lo largo del Malecón, a orillas del mar, hacia el barrio de Miramar que alberga a las personalidades de la Revolución y a sus allegados. No lejos del lugar donde, en compañía del pescador Gregorio Fuentes, Hemingway vivió las escenas de las que sacó el material para su libro.

El viejo, como lo llamaba tiernamente Ernesto junior, *el Che*, estaba en la terraza, tranquilo en su mecedora. Un *mojito* de ron, estirado con agua con gas y hierba buena[1], al alcance de sus largas manos, muy conversadoras, siempre en movimiento. Verbo abundante, imagen colorida, me habló de su hijo como si estuviese vivo, o al menos en la región, en alguna parte, casi palpable, asegurándome luego de más de cuatro horas de conversación, en realidad casi de monólogo, que no tardarían en aparecer en América Latina otros Che para retomar la antorcha de la Revolución.

Cuando quise volver a ver al romántico y encantador *Viejo*, para un documental filmado en noviembre de 1987: *Tras las huellas del Che* —ocasión en que conocí a Carlos Puebla, autor de la inolvidable canción del *Comandante*—, con el actor Pierre Richard, me enteré de la noticia de su muerte.

Habiéndose encontrado los dos Ernesto Guevara en el Gran Más Allá, esa realización para la pantalla chica me permitió trabar amistad con ese genial bonachón que es Alberto Granado, el "hermano grande", el que inició en el rugby al débil y asmático adolescente, Ernesto, pronto con un tackle tan bueno que se lo apodó *Fuser*, por *Furibundo de la Serna*. Con Alberto emprendió, a la edad de veintitrés años, su viaje a través de toda América del Sur en la vieja moto de marca Norton. Y también con él atendió a los "intocables" del leprosario de San Pablo.

La filmación del documental me permitió igualmente co-

[1] Hojas de menta.

nocer a Hilda Guevara, la hija mayor del Che, la única hija que tuvo de su primera mujer. Hildita, como se complacía en llamarla su padre. No es fácil ser la hija del Che en Cuba: él está en todas partes, en las casas, en las esquinas, en las memorias y en los labios para las oraciones. Hildita nos ha dejado tempranamente el 21 de agosto de 1995, en el momento en que este libro aparecía por primera vez en francés.

Esta obra resulta de una paciente cacería con lazo. Y de un mosaico compuesto por los testimonios que recogí paso a paso, viaje tras viaje, de boca de las mujeres o de los hombres que estuvieron al lado, ayudaron, amaron al Che. Luego el material viviente sobre este personaje que se apoderaba más y más de mi cabeza y de mi corazón se acumulaba, invasor. Me incitó a dar el paso, a dar el gran salto en el vacío lleno de vidas, a reconstruir el calidoscopio gigantesco que fue Ernesto Guevara de la Serna.

El lazo fue el de la amistad, lanzado hacia esos testigos que, mejor que todos los documentos de que dispone un biógrafo, podían decirme con verdad y precisión quién fue en realidad Ernesto.

Sagradas complicidades nacieron de esas reuniones alrededor del Ausente que me propuse revivir. Como una voz provocando un encuentro, reflejándose en otra mirada, iniciando otra entrevista, esta obra fue adquiriendo poco a poco el aspecto informal, libre, denso de sinceridad que la caracteriza. Y, seguramente, nada hubiese sido posible sin la participación activa de los hombres y mujeres que me prodigaron su tiempo y me ofrecieron los fragmentos de su memoria.

En compañía de Hilda, fuimos tras las mismas huellas del comandante. En el camino, conocimos a una leyenda viviente: Polo Torres, el "capitán descalzo", quien fue uno de los guías del Che.

Entre tantos encuentros, no quiero olvidar a Aleida, la segunda esposa del Che, ni a Omar Fernández, el ministro de Transportes que lo acompañó en sus numerosos viajes diplomáticos, ni a Raúl Roa, hoy embajador de Cuba en Francia, que conoció al Che en México en 1954, ni a Villaseca, su profesor de matemáticas, ni a los sin grado de La Habana, los campesinos de Pinar del Río, los guajiros de la Sierra, a los que prometí volver a recorrer los caminos del Che. Ni a Lidia, la Venus de la Sierra.

Gracias también a Charles Bettelheim, el filósofo y economista francés que entabló apasionadas controversias con Ernesto cuando éste ocupaba la dirección del Banco, luego la cartera de Industrias. Gracias a Régis Debray, que estuvo al lado del revolucionario en la selva boliviana, y del que Benigno se empeñó en destacar ante mí la honestidad intelectual y compromiso. Gracias a Benigno, el tirador eximio, el caminador infatigable, el discípulo de mirada penetrante. Gracias al peruano Ricardo Gadea, cuñado del Che, que ahora defiende sus ideas en España y que ha participado en volcar este libro al castellano. Gracias a los precursores de esta búsqueda permanente, Francis Esparza, Denis Lalanne y Una Liutkus, dos amigos de Biarritz y un lituano de París. Gracias a Jérôme Pernoud, Georges Duthen y Christiane Descombin.

Agradezco igualmente a Danielle Pampuzac, la editora, que guió este libro con tanta obstinación como confianza y amor.

Todas las citas del Che han sido extraídas de innumerables textos, periódicos y manuscritos dejados por el combatiente-médico que leía en el alma de los otros y que escribió en Bolivia, con su sangre, su Diario, en realidad el libro de a bordo de la galera de los otros, sus hermanos, los explotados que él se propuso salvar a su manera.

Como el amor, la amistad puede tener hijos. El nuestro es este libro escrito a múltiples voces.

La Habana, noviembre de 1987 - Espelette, mayo de 1995.

BIBLIOGRAFIA

Mi hijo el Che, Ernesto Guevara Lynch, Editorial Arte y Literatura, Ciudad de La Habana, 1988. Bs. As.

El Che Guevara, Hugo Gambini, Mundo Moderno, Paidós (1ª, 2ª, 3ª ed. 1968; 4ª, 5ª ed. 1973).

El diario del Che en Bolivia, 7 nov. 66-7 oct. 67, Instituto del Libro, La Habana, 1968.

Journal du Che en Bolivie, Maspero, 1968, La Découverte, 1995, París.

Cómo capturé al Che, general Gary Prado Salmón, Serie Reporter, Ediciones B. Grup Zeta.

Un hombre que actúa como piensa, Víctor Pérez Galdós, Editora Política, La Habana, 1987.

Ernesto Che Guevara, Obras Escogidas 1957-1967, Tomo 1, Colección Nuestra América, Casa de las Américas; Tomo 2, La Habana, Cuba.

Con la adarga al brazo, Mariano Rodríguez Herrera, Editora Política, La Habana, 1988.

La CIA contre le Che, Adys Cupull y Froilán González, Ed. EPO, Editora Política, La Habana, 1992.

L'anno in cui non siamo stati da nessuna parte, Paco Ignacio Taibo II (Diario inedito di Che in Africa), Editora Ponte Alle Grazie, 1994.

Moncada - Che, Edición especial, órgano del Ministerio del Interior, octubre de 1987.

Ernesto Che Guevara, Edición de Cultura Hispánica, 1988.

Che, Ediciones Cuba.

De Ñacahuasú a La Higuera, Adys Cupull, Froilán González, Editora Política, La Habana, 1989.

Che, Che, Che, Editorial de Ciencias Sociales, Editora Política, 1969.

Ruptures à Cuba, Janette Habel, La Brèche, 1989.

Atlas histórico, biográfico y militar, Ernesto Guevara, Instituto Cubano de Geodesia y Editorial Pueblo y Educación, 1990.

Atlas de Cuba, Instituto Cubano de Geodesia, La Habana, 1978.

Cuba, Colec. Les Grands Voyages, Delta.
La crise de Cuba. Du mythe à l'histoire, Gabriel Robin, Ed. Económica (IFRI).
Ernesto vivo y presente, Editora Política, La Habana, 1989.
Che Guevara parle, Ed. La Gauche, Bruselas.
Che periodista, Unión de Periodistas de Cuba, 1988.
Le Che dans la bataille... de la production, Gerónimo Álvarez Batista, Sección de Rotativistas del Sindicato General del Libro de París, 1994.
Castro, trente ans de pouvoir absolu, Tad Szulc, Payot.
Che, Messidor.
Notas de Viaje, Ernesto "Che" Guevara, Editorial Abril, 1993.
La guérilla du Che, Régis Debray, Ed. Le Seuil.

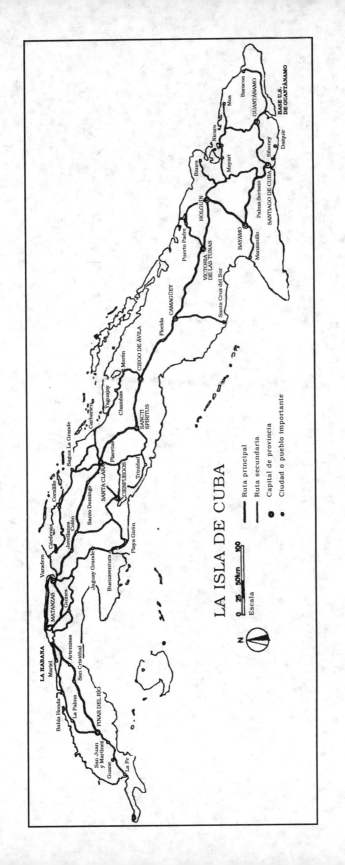

LA ISLA DE CUBA

Escala
0 25 50km 100

Ruta principal
Ruta secundaria
Capital de provincia
Ciudad o pueblo importante

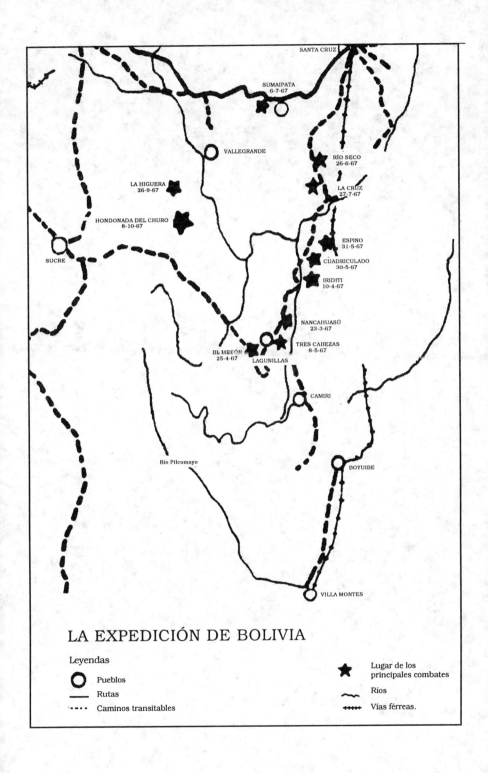

LA EXPEDICIÓN DE BOLIVIA

Leyendas

○ Pueblos

— Rutas

···· Caminos transitables

★ Lugar de los principales combates

~ Ríos

+++ Vías férreas.

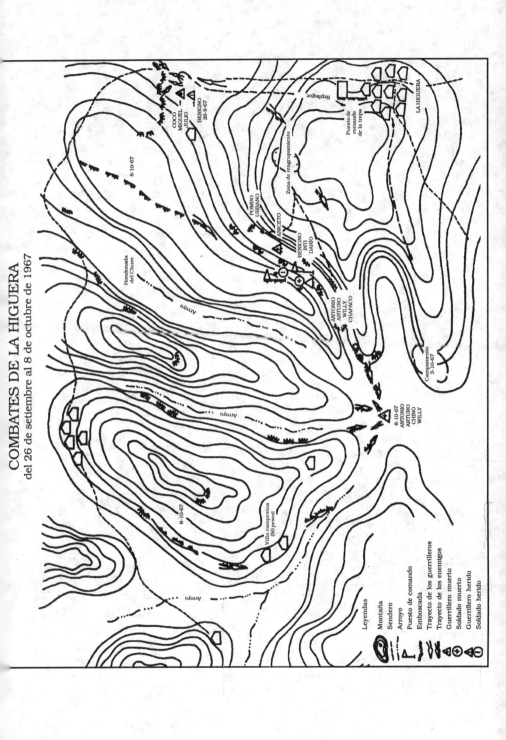

COMBATES DE LA HIGUERA
del 26 de setiembre al 8 de octubre de 1967

Leyendas

Montaña
Sendero
Arroyo
Puesto de comando
Emboscada
Trayecto de los guerrilleros
Trayecto de los enemigos
Guerrillero muerto
Soldado muerto
Guerrillero herido
Soldado herido

LA HIGUERA

Puesto de comando
de la tropa

Repliegue

Zona de reagrupamiento

COCO
MIGUEL
JULIO

BENIGNO
26-9-67

8-10-67

POMBO
URBANO

ANICETO

BENIGNO
INTI
DARÍO

Hondonada
del Churo

ANTONIO
ARTURO
WILLY
CHAPACO

Arroyo

Campamento
3-10-67

8-10-67
ANTONIO
ARTURO
CHINO
WILLY

Arroyo

8-10-67

Villa campesina
(50 pesos)

Arroyo

ÍNDICE

Primera parte:
EN LA BÚSQUEDA DE LOS TIEMPOS IDOS

Segunda parte:
HILDA GADEA Y FIDEL CASTRO

Tercera parte:
LOS OCHENTA Y DOS DEL *GRANMA*

Composición de originales
Gea XXI

Esta edición de 2.000 ejemplares
se terminó de imprimir en
Indugraf S.A.,
Sánchez de Loria 2251, Bs. As.,
en el mes de septiembre de 1997.